NOUVEAU COURS D'HISTOIRE NATIONALE

Ouvrage composé sur le même plan et faisant suite

Au Cours préparatoire et élémentaire
De M. E. BURLE

COURS MOYEN ET SUPÉRIEUR — COURS D'ADULTES

L'HISTOIRE NATIONALE

RACONTÉE AUX ADOLESCENTS

Entretiens et Récits familiers sur les principaux personnages
et les grands faits de notre Histoire

PAR

EDGAR ZÉVORT

Recteur de l'Académie de Caen

APPLICATION DE L'ARRÊTÉ DU 4 JANVIER 1894

PREMIÈRE PÉRIODE	DEUXIÈME PÉRIODE	TROISIÈME PÉRIODE
Des origines à la fin du xvᵉ siècle.	De la fin du xvᵉ siècle à la Révolution.	De la Révolution à nos jours.
Vingt-deux leçons Revision (pages 3 à 65)	Dix-sept leçons Revision (pages 66 à 119)	Vingt-sept leçons Revision (pages 120 à 216)

HISTOIRE ET CIVILISATION — RÉSUMÉS CHRONOLOGIQUES
TABLEAUX GÉNÉALOGIQUES
REVISIONS PÉRIODIQUES — DEVOIRS DE RÉDACTION — LEXIQUES

Avec { 420 gravures historiques expliquées.
33 cartes dressées spécialement.

Pour bien servir la France
il faut la bien connaître
(Ernest Renan)

PARIS
ALCIDE PICARD ET KAAN, ÉDITEUR
11, RUE SOUFFLOT, 11

(Tous droits réservés.)

L'Histoire nationale racontée aux enfants, par BURLE, 1 vol. cart., 0.75. — Notions d'Histoire générale, par EDGAR ZÉVORT, 1 vol. cart.

NOUVEAU COURS D'HISTOIRE NATIONALE

Ouvrage composé sur le même plan et faisant suite

Au Cours préparatoire et élémentaire
De M. E. BURLE

COURS MOYEN ET SUPÉRIEUR — COURS D'ADULTES

L'HISTOIRE NATIONALE

RACONTÉE AUX ADOLESCENTS

Entretiens et Récits familiers sur les principaux personnages
et les grands faits de notre Histoire.

PAR

EDGAR ZEVORT

Recteur de l'Académie de Caen.

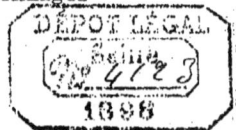

APPLICATION DE L'ARRÊTÉ DU 4 JANVIER 1894

PREMIÈRE PÉRIODE	DEUXIÈME PÉRIODE	TROISIÈME PÉRIODE
Des origines à la fin du XVe siècle.	De la fin du XVe siècle à la Révolution.	De la Révolution à nos jours.
Vingt-deux leçons Revision (pages 3 à 65)	Dix-sept leçons Revision (pages 66 à 119)	Vingt-sept leçons Revision (pages 120 à 205)

HISTOIRE ET CIVILISATION — RÉSUMÉS CHRONOLOGIQUES
TABLEAUX GÉNÉALOGIQUES
REVISIONS PÉRIODIQUES — DEVOIRS DE RÉDACTION — LEXIQUES

Avec { 420 gravures historiques expliquées.
{ 33 cartes dressées spécialement.

Pour bien aimer la France
Il faut la bien connaître.
JULES FERRY.

PARIS
ALCIDE PICARD ET KAAN, ÉDITEURS
11, RUE SOUFFLOT, 11

PRÉFACE

L'homme qui, après Gambetta, a le plus contribué à la fondation de la République, qui a marqué d'une empreinte si profonde l'instruction et l'éducation nationales, *Jules Ferry*, estimait que l'enseignement de l'histoire, bien compris, peut suppléer à l'enseignement civique et à l'enseignement de la morale. Car le patriotisme s'enseigne, comme toute chose, et, à notre époque, il est peut-être particulièrement nécessaire de montrer ce qu'a été la patrie dans le passé, ce qu'elle est dans le présent, d'en conclure ce qu'elle sera dans l'avenir, de dire toutes nos raisons de la servir avec désintéressement et de l'aimer avec passion.

Nul enseignement, mieux que celui de l'histoire, ne se prête à cette démonstration. Sous les Romains comme sous les Francs, au moyen âge comme dans les temps modernes, pendant la Révolution et de nos jours, c'est toujours de la France qu'il s'agit. Un illustre historien l'a personnifiée dans le légendaire *Jacques Bonhomme* qui s'éleva peu à peu, à travers mille souffrances, de l'humilité du servage à la dignité d'homme libre, qui mit des siècles à conquérir dans l'ordre matériel la possession de la terre, dans l'ordre moral les droits civils et politiques et la liberté de la conscience, qui, à peine émancipé lui-même, voulut émanciper les autres et sacrifia son or, son sang, sa vie, pour toutes les idées généreuses, pour toutes les nobles causes.

Oui, l'histoire de Jacques Bonhomme, l'histoire de France, notre histoire est la meilleure école de patriotisme. Aidés par leurs maîtres, les adolescents auxquels nous nous adressons reconnaîtront vite le secret de l'indulgence ou la sévérité de nos jugements.

Nous sommes sévères aux ambitieux et aux égoïstes qui n'ont pensé qu'à eux et travaillé que pour eux. Nous sommes indulgents à ceux qui n'ont eu qu'un but : la grandeur de la patrie, ses progrès matériels ou son amélioration morale. S'ils ont commis des fautes, nous les leur pardonnons, comme la France les leur a pardonnées, parce qu'ils l'ont aimée par-dessus tout.

E. ZEVORT.

Caen, 31 janvier 1898.

COURS MOYEN —· COURS SUPÉRIEUR — COURS D'ADULTES

CET OUVRAGE ENTIÈREMENT NOUVEAU,

RÉDIGÉ CONFORMÉMENT AUX INSTRUCTIONS ET A L'ARRÊTÉ DU 4 JANVIER 1894,
EST CONÇU SUR UN PLAN SPÉCIAL

Il est composé de **69** leçons. Chaque leçon forme un tout complet et contient :

1º Des entretiens avec questionnaires;
2º Des récits à l'appui des entretiens;
3º Des notes et des explications sur les auteurs à consulter;
4º Des descriptions sur les monuments historiques de l'époque;
5º Un lexique;
6º Un résumé chronologique;
7º Un devoir de rédaction avec plan;
8º Des cartes et des gravures expliquées.

A la fin de chacune des trois périodes: MOYEN AGE, page 64; — TEMPS MODERNES, page 118; — CONTEMPORAINE, page 203, — se trouvent des *Revisions périodiques par demandes et par réponses.* Ces revisions, qui renferment la quintessence des leçons précédentes, seront très utilement parcourues au moment des examens.

N.-B. — Les mots marqués d'un astérisque sont expliqués aux lexiques placés à la fin de chaque leçon.

L'HISTOIRE NATIONALE
RACONTÉE AUX ADOLESCENTS

Cours moyen et supérieur — Cours d'adultes

APPLICATION DE L'ARRÊTÉ DU 4 JANVIER 1894

PREMIÈRE PÉRIODE	DEUXIÈME PÉRIODE	TROISIÈME PÉRIODE
Des origines à la fin du XV⁰ siècle.	De la fin du XV⁰ siècle à la Révolution.	De la Révolution à nos jours.
Vingt-deux leçons	**Dix-sept leçons**	**Vingt-sept leçons**
Revision	Revision	Revision
(pages 3 à 65)	*(pages 66 à 119)*	*(pages 120 à 205)*

PREMIÈRE PÉRIODE : DES ORIGINES A LA FIN DU MOYEN AGE

Sixième siècle à premier siècle avant Jésus-Christ.

I. — LA GAULE ET LES GAULOIS
CONQUÊTE ROMAINE. — JULES CÉSAR ET VERCINGÉTORIX

Entretiens

1. — Notre pays s'appelait autrefois la Gaule. La Gaule était plus vaste que la France actuelle : elle s'étendait au *nord-est* jusqu'au *Rhin*.

2. — Les Gaulois étaient très courageux, mais ils étaient divisés en un grand nombre de peuplades souvent ennemies. C'est grâce à ces divisions que les *Romains* purent faire la conquête de la Gaule.

3. — Les Romains, appelés en Gaule par les habitants de *Marseille*, s'établirent d'abord dans la vallée du Rhône et sur les rives de la Méditerranée, où ils fondèrent une province

Fig. 1. — **Carte de la Gaule jusqu'à la mort de Dagobert.** — La France s'appelait autrefois la *Gaule*; nous sommes les descendants des Gaulois. Les limites de la Gaule étaient l'Océan Atlantique, la mer du Nord, le Rhin, le Jura, les Alpes, la mer Méditerranée et les Pyrénées.

qui eut pour villes principales *Aix* et *Narbonne* (118 av. J.-C.).

4. — Jules César, général romain, entreprit la conquête de toute la Gaule (58-51 av. J.-C.).

5. — Les Gaulois s'unirent pour résister sous la conduite de **Vercingétorix.** Vercingétorix battit César à *Gergovie*, mais il fut pris dans *Alésia* (aujourd'hui Alise

Sainte-Reine, dans la Côte-d'Or). Après sa défaite toute la Gaule se soumit aux Romains.

Questionnaire : 1. — Nommez le fleuve qui bornait la Gaule au nord-est.
2. — Pourquoi les Romains purent-ils faire la conquête de la Gaule ?
3. — Quelles sont les deux villes que les Romains fondèrent d'abord en Gaule ?
4. — Nommez le général romain qui conquit la Gaule.
5. — Contre qui Jules César eut-il surtout à lutter ?

Récits

1. Les Gaulois. — Les *Gaulois* habitaient des huttes rondes faites d'un mortier de terre grasse et de paille hachée ; ces huttes avaient un trou au sommet pour laisser passer la fumée. Les Gaulois avaient peu de meubles et se couchaient sur des peaux, soit pour dormir, soit pour dévorer les viandes qu'ils saisissaient à pleines mains. Ils s'enivraient souvent de bière et de cervoise*. Ils portaient, rejetés en arrière, leurs

FIG. 2. — **Les Gaulois** étaient irritables, fous de guerre et prompts au combat. Simples et sans malignité, ils prenaient volontiers en main la cause des opprimés.

cheveux longs qu'ils rendaient roux au moyen d'eau de chaux ; ils étaient vêtus de blouses de toutes couleurs appelées *saies*, et de longs pantalons ou *braies*. Leurs casques étaient surmontés d'ailes d'airain ou ornés d'une roue, indiquant une supériorité politique ou religieuse. Leurs armes offensives étaient une courte épée, souvent mal trempée, et un poignard. Ils savaient manier la lance, mais leur arme favorite était un épieu* qu'ils appelaient *gaïs*, et qu'ils pouvaient lancer de loin.

2. Les druides. — Les prêtres des Gaulois étaient les *druides**; une de leurs grandes fêtes

religieuses était la *cueillette du gui;* elle avait lieu au commencement de l'année. Le gui, plante toujours verte et très vivace, était pour eux un symbole d'espérance et d'immortalité. Les druides faisaient quelquefois à leurs dieux des sacrifices humains, car les Gaulois étaient encore féroces et barbares.

3. César et Vercingétorix. — « *Vercingétorix* était un jeune homme du pays des Arvernes (Auvergne), qui attirait tous les regards par ses qualités personnelles bien plus que par l'illustration de sa famille. Sa haute stature, sa beauté, sa vigueur et son adresse sous les armes, le belliqueux génie qui brillait dans ses yeux, tout produisait en lui ce mélange d'admiration et de crainte qui était l'idéal des Gaulois. » César avait d'abord tâché de le séduire ; il lui avait donné le titre d'*ami;* mais, loin de se laisser

IVLIVS CAESAR

FIG. 3. — **Jules César,** né à Rome, en l'an 100 avant Jésus-Christ, mort assassiné en plein Sénat, à l'âge de cinquante-six ans.

tenter, Vercingétorix revint dans ses montagnes et exhorta ses compatriotes à reconquérir leur indépendance. Il organisa la résistance et battit les Romains à Gergovie, près de la ville actuelle de Clermont-Ferrand.

L'effet moral de cette victoire fut immense. Vercingétorix avait prouvé que l'*invincible* (César) pouvait être vaincu.

4. Siège d'Alésia. — A *Alésia,* les deux armées se retrouvèrent dans la même situation qu'à Gergovie, mais cette fois César conçut le gigantesque projet d'enfermer l'armée gauloise dans une immense circonvallation*, protégée par vingt-trois forts. Devant ces formidables retranchements, malgré sa bra-

captif pendant six années, et le fit étrangler, après l'avoir fait traîner dans les rues de Rome derrière son char de triomphe*.

Fig. 4. — **Catapulte.** — Machine de guerre dont se servirent les soldats de César pour lancer des projectiles sur les Gaulois enfermés dans Alésia.

voure, Vercingétorix ne vit plus d'espérance que dans un effort suprême qui soulèverait toute la Gaule pour la précipiter sur l'envahisseur. Il ordonna aux chefs de sa cavalerie de partir, en leur disant, comme dira le Gouvernement de la défense nationale, en 1870, à Gambetta : « Levez tout ce qui peut tenir une arme et revenez nous délivrer, vos frères et moi. J'ai des vivres pour trente jours ; pour un peu plus, avec une épargne rigoureuse. Nous vous attendrons. »

Fig. 5. — Guerrier gaulois.

Mais il fallut du temps pour organiser cette grande armée ; le terme fixé par Vercingétorix fut dépassé et les provisions des assiégés ne tardèrent pas à être épuisées. L'armée gauloise arrive enfin ; elle livre d'abord des batailles héroïques, qui parfois font espérer la victoire ; mais bientôt le combat n'est plus qu'un massacre, les troupes se débandent dans toutes les directions et « toute cette grande armée s'évanouit comme un rêve ». Vercingétorix et ses braves compagnons sont délaissés sans retour.

5. Dévouement de Vercingétorix. — « Le héros, le patriote n'avait plus rien à faire ici-bas : la patrie était perdue. L'homme pouvait encore quelque chose pour ses frères. Il pouvait peut-être encore les sauver de la mort et de la servitude personnelle. Cette pensée fut la dernière consolation de cette grande âme. » Vercingétorix se dévoua pour sauver ses compagnons. Il se rendit à César ; celui-ci se montra implacable : il l'envoya à Rome, le garda

Fig. 6. — **Vercingétorix se rendant à César.** — Après la défaite d'Alésia, Vercingétorix voulant épargner ses compagnons, décida de se livrer à César ; il se rendit au camp des Romains et jeta fièrement ses armes aux pieds du vainqueur.

CIVILISATION — HISTORIENS MONUMENTS

Fig. 7. — **Monuments mégalithiques.**
Dolmen.   Menhir.

Historiens. — L'historien ancien qui nous fait le mieux connaître les Gaulois est le général romain **Jules César**, conquérant de la Gaule (100-44 av. J.-C.). Il a écrit en latin des *Commentaires* sur la guerre des Gaules ; malheureusement, nous ne pouvons comparer les récits de César avec des récits gaulois, nos ancêtres n'ayant raconté leurs souvenirs et leurs traditions ni dans des livres écrits, ni dans des inscriptions intelligibles.

Monuments préhistoriques. — On appelle improprement monuments *druidiques* des monuments *mégalithiques*, c'est-à-dire faits de grandes pierres, qui ont été élevés par des hommes préhistoriques. Ces monuments affectent diverses formes : le *dolmen* est une pierre posée à plat sur d'autres pierres fichées en terre ; le *cromlech* se compose de pierres rangées en cercle ; le *menhir* est une pierre dressée sur sa pointe. A *Carnac*, en Bretagne, on voit de longues rangées de menhirs alignés.

LEXIQUE. — **Cervoise**, sorte de bière d'orge.
Circonvallation, tranchée avec palissade et parapet pour couper les communications de la place avec le dehors.
Druides, prêtres des Gaulois : ils enseignaient l'immortalité de l'âme.
Épieu, long bâton terminé par une pointe de métal.
Préhistorique, antérieur à l'histoire écrite.
Triomphe. Entrée solennelle à Rome d'un général victorieux ; il était précédé ou suivi des captifs et des richesses conquises dans l'expédition.

Résumé chronologique.

600 (av. J.-C.)	Fondation de Marseille par les Grecs de Phocée.
118 —	Fondation de la province romaine de la Gaule Narbonnaise.
58-53 —	Premières campagnes de César en Gaule.
53 —	Soulèvement des Gaulois sous Vercingétorix.
52 —	Siège et prise d'Alésia.

Devoir de rédaction.

RACONTER LA LUTTE DE VERCINGÉTORIX CONTRE CÉSAR

Plan. — 1. L'organisation de la résistance.
2. La victoire de Gergovie.
3. Le siège d'Alésia, le dernier effort.
4. La captivité et la mort de Vercingétorix, héros de l'indépendance gauloise.

Du premier au cinquième siècle.

II. — LA GAULE SOUS LA DOMINATION ROMAINE
LES GERMAINS EN GAULE. — INVASION D'ATTILA (451)

Entretiens

1. — La Gaule fit partie de l'empire romain* pendant *plus de quatre cents ans*. Elle se transforma alors complètement : on bâtit des villes ornées de beaux *monuments*, on ouvrit des *routes*.

2. — Les Gaulois, oubliant leur propre langue, apprirent à parler latin et on les appela les *Gallo-Romains*.

3. — C'est pendant l'occupation romaine que le christianisme se répandit dans toute la Gaule.

4. — Après une époque de brillante prospérité la décadence commença : la Gaule fut ruinée par l'accroissement des *impôts*, par les *guerres civiles*, par les *invasions*.

La plus importante fut celle de 406, qu'on a nommée la *grande invasion*.

5. — Les Romains, ne pouvant plus défendre la Gaule, laissèrent les *Francs*, les *Burgundes* et les *Wisigoths*, peuples de race germanique*, s'y établir.

6. — En 451, ces peuples s'unirent aux Romains pour repousser l'invasion d'**Attila**, *roi des Huns**.

Questionnaire : 1. — La civilisation de la Gaule fut-elle brillante sous la domination romaine ?
2. — Comment appela-t-on désormais les Gaulois ?
3. — Quelle fut alors la religion des Gaulois ?
4. — Quelles furent les causes de la ruine de la Gaule avec l'autorisation des Romains ?
5. — Quels sont les peuples qui s'établirent en Gaule avec l'autorisation des Romains ?
6. — Quelle est l'invasion qui fut repoussée en 451 ?

Récits

1. Les Romains en Gaule. — La Gaule fut rapidement transformée par les *Romains*, qui construisirent de belles et grandes villes, où ils élevèrent des temples, des arènes*, des théâtres, des arcs de triomphe. Le pays fut sillonné de splendides voies militaires*. De nombreuses écoles furent fondées, notamment à *Autun**, à *Bordeaux** et les Gaulois ne parlèrent plus que le latin. On vit figurer des Gaulois au Sénat de Rome* et dans toutes les fonctions.

2. Le christianisme. — Le *christianisme*, prêché à Lyon vers 160 après Jésus-Christ, se répandit ensuite dans les autres villes. Les premiers chrétiens furent persécutés ; mais, en 312, l'empereur Constantin se convertit à la religion nouvelle, qui peu à peu triompha partout. Au IVe siècle, l'évêque de Tours, saint Martin, passa sa vie à détruire les temples païens et les idoles. Les évêques étaient très puissants au moment des invasions.

3. Les Germains et les invasions. — Les *Germains* figuraient depuis longtemps comme soldats dans les armées de l'empire. Ils étaient belliqueux et encore peu attachés au

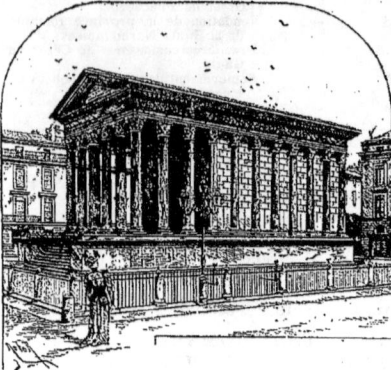

Fig. 8. — **Nîmes. La Maison carrée.** — Temple élevé par les Romains, l'an 1 de l'ère chrétienne, aux petits-fils d'Auguste. Ce monument remarquable, de forme rectangulaire, est entouré de trente colonnes cannelées à chapiteaux corinthiens.

sol. Ils envahirent la Gaule et l'Italie, dans l'espoir de trouver des terres fertiles. Si, au moment de la conquête, ils exercèrent des ravages

Fig. 9. — **Cavaliers germains,** (d'après la colonne Antonine). La colonne Antonine élevée à Rome, dans le Champ de Mars, à Antonin le Pieux, par ses fils, est en granit rose; elle est posée sur un piédestal orné de bas-reliefs en marbre blanc.

cruels, ils ne tardèrent pas à organiser leurs nouvelles possessions : les Burgondes, qui s'établirent en Bourgogne, et les Wisigoths, qui oc-

cupèrent le sud-ouest de la Gaule, permirent aux Gallo-Romains de garder leurs anciennes lois.

CIVILISATION — MONUMENTS

Fig. 10. — **Fragment du discours de Claude,** (d'après une table de bronze conservée au musée de Lyon).

Monuments historiques. — Les *Tables de Claude*, discours de cet empereur en faveur des Gaulois, gravé sur un bronze retrouvé dans le Rhône ; le fac-similé est au musée de Saint-Germain (fig. 10).

Le *Marbre de Thorigny*, piédestal quadrangulaire avec inscription en l'honneur d'un magistrat gaulois, Solemnis ; il se trouve à l'Hôtel de ville de Saint-Lo ; le musée de Saint-Germain en possède une reproduction.

Le Musée de Saint-Germain est très riche en souvenirs de l'époque gauloise et gallo-romaine.

Les *arènes* ou cirques de *Nîmes,* de *Saintes,* d'*Arles,* de *Lillebonne.*

Les *Arches de Jouy,* près de Metz.

La *Maison carrée* à Nîmes (fig. 8).

Le *pont du Gard,* aqueduc (fig. 11).

L'*arc de triomphe* et le *théâtre d'Orange.*

L'*arc de triomphe de Saint-Remy.*

Porte dorée à *Fréjus.*

Ruines romaines de Sanxay. (Vienne).

Nombreuses traces de *voies romaines.*

Fig. 11. — **Le pont du Gard.** — Aqueduc construit par les Romains, sous Auguste, pour amener à Nîmes les eaux de sources situées à plus de dix lieues.

LEXIQUE. — Arènes, vastes édifices, de forme ovale ou ronde, avec plusieurs rangs de gradins pour les spectateurs, et un espace central pour les luttes et les combats.

Autun, s.-pr. de Saône-et-Loire (carte, fig. 1).

Bordeaux, ch.-l. de la Gironde (carte, fig. 1).

Empire romain, cet empire comprenait tous les pays situés autour de la Méditerranée ; il avait pour limites, en Europe, le Danube et le Rhin ; la Grèce, l'Italie, la Gaule, la Bretagne ou Angleterre, l'Espagne faisaient partie de l'empire.

Huns, ce peuple, de race jaune, était d'origine asiatique.

Race germanique, race qui a peuplé, dans le centre de l'Europe, les pays qui correspondent à peu près à l'Allemagne actuelle (carte, fig. 1).

Sénat, assemblée composée des principaux citoyens de l'empire romain.

Voies militaires, routes construites par les Romains pour permettre à leurs armées de se transporter rapidement d'un point à un autre.

Résumé chronologique

406	La grande invasion des Burgundes, Suèves, Alains, Vandales, etc., en Gaule.
448	Mort de Clodion, chef des Francs. Élection de Mérovée.
451	Invasion d'Attila.

Devoir de rédaction.

QUEL ÉTAIT L'ÉTAT DE LA GAULE AU MOMENT DE L'INVASION DES HUNS ?

Plan. — 1. Elle avait joui d'une grande prospérité sous les Romains.

2. Le christianisme y avait été répandu partout par de nombreux apôtres.

3. Quelques tribus germaines venaient de s'y établir et s'y organisaient peu à peu.

Cinquième et sixième siècles.

III. — LES MÉROVINGIENS (448-752)
CLOVIS (481-511). — LES FRANCS MAITRES DE LA GAULE

Entretiens

1. — Attila fut défait, près de Châlons-sur-Marne, dans les Champs catalauniques*, par les Francs qui avaient pour chef **Mérovée**, par des légions romaines que commandait *Aétius* et par les Wisigoths.

2. — Le chef franc, Mérovée, donna son nom à la dynastie *Mérovingienne*. Le plus illustre des Mérovingiens fut **Clovis** ; pendant son règne, qui dura de 481 à 511, les Francs conquirent toute la Gaule.

3. — Clovis battit à *Soissons** le Romain **Syagrius** ; puis il épousa **Clotilde**, princesse burgunde, qui était catholique et, en 496, il repoussa à *Tolbiac** une invasion des *Alamans**.

4. — Après la victoire de Tolbiac, Clovis se fit baptiser par *saint Remi*, évêque * de Reims*. Il eut dès lors l'appui des évêques et de toute la population gallo-romaine contre les Burgundes et les Wisigoths qui étaient hérétiques*.

5. — Il soumit les Burgundes à un tribut* et il battit les Wisigoths à *Vouillé** en 507.

6. — Pour être seul roi, il fit périr les chefs des autres peuplades franques.

7. — Clovis mourut en 511 à Paris, dont il avait fait la capitale du royaume franc.

Questionnaire : 1. — Par qui les Francs étaient-ils commandés à la bataille de Châlons-sur-Marne ?
2. — Sous quel chef les Francs firent-ils la conquête de la Gaule ?
3. — Citez les deux premières victoires de Clovis.
4. — Quel avantage Clovis retira-t-il de sa conversion au catholicisme ?
5. — Quel est le peuple qui fut vaincu à Vouillé ?
6. — Que fit Clovis pour être seul roi ?
7. — Quelle était la capitale du royaume de Clovis ?

Récits

1. Invasion d'Attila. — La dynastie des Mérovingiens. — En 450, *Attila*, roi des Huns, qui se faisait appeler le *Fléau de Dieu*, se dirigea vers la Gaule avec sept cent mille Barbares. Après avoir franchi le Rhin, il dévasta la Belgique, traversa la Moselle, la Seine, menaça Paris, dont les habitants effrayés voulaient s'enfuir ; ils furent retenus par *sainte Geneviève*, qui leur persuada que la ville serait épargnée. Attila vint ensuite camper devant Orléans*, dont les habitants, soutenus par leur évêque, *saint Aignan*, se défendirent vaillamment.

Les Huns, battus enfin dans les Champs catalauniques*, par *Mérovée*, chef des Francs, par le général romain *Aétius* et par les Wisigoths, durent repasser le Rhin.

Après cette belle victoire, qui délivrait la Gaule, Mérovée devint un chef très puissant; c'est lui qui donna son nom à la dynastie des *Mérovingiens*.

Fig. 12. — **Sainte Geneviève** exhorte les Parisiens à ne pas quitter Paris et les persuade qu'Attila n'y entrera pas. (*D'après les peintures de E. Delaunay au Panthéon*).

2. Le vase de Soissons. — *Clovis*, le petit-fils de Mérovée, après s'être assuré l'al-

Fig. 13. — Le soldat brise le vase d'un coup de sa francisque, en disant à Clovis: «Tu n'auras, comme les autres, que ce que le sort t'accordera. »

liance des autres rois francs, attaqua le Romain *Syagrius* et le battit à Soissons* (486). C'est après cette victoire que Clovis avait voulu rendre à l'évêque saint Remi, dont il écoutait volontiers les conseils, un vase sacré enlevé dans l'église de Reims et apporté à Soissons. La plupart des compagnons de Clovis consentaient à lui abandonner le vase précieux; mais l'un d'entre eux le brisa d'un coup de sa francisque*, en disant à Clovis : « *Tu n'auras, comme les autres, que ce que le sort t'accordera* ».

Quelque temps après, Clovis passait ses guerriers en revue; reconnaissant le soldat qui avait brisé le vase, il prétendit que ses armes étaient mal tenues, il lui arracha sa hache, la jeta à terre, et, pendant que le soldat se baissait pour la ramasser, il l'abattit mort à ses pieds, en disant : « *Souviens-toi du vase de Soissons.* »

Fig. 14. **Guerrier franc** armé de la francisque.

3. Conversion de Clovis. — Clovis avait promis au Dieu de Clotilde d'embrasser le christianisme, s'il était vainqueur des Alamans. Après la victoire de Tolbiac*, il se fit baptiser par saint Remi, évêque de Reims*, qui lui adressa ces paroles : *Courbe la tête, fier Sicambre*, adore ce que tu as brûlé, brûle ce que tu as adoré.* Il eut dès lors pour alliés tous les évêques de la Gaule.

Les évêques excitèrent Clovis contre les Burgundes et les Wisigoths, qui étaient hérétiques. Le roi des Francs battit à Dijon et soumit les Burgundes. Puis, il attaqua les Wisigoths, auxquels il infligea une sanglante défaite à *Vouillé**, en 507. La Gaule tout entière, jusqu'aux Pyrénées, appartint alors à Clovis.

Fig. 15. — **Poitiers. — Baptistère de l'église Saint-Jean.** Monument de l'époque mérovingienne.

4. Cruauté de Clovis. — Clovis se considérait comme l'élu de l'Église ; mais il n'avait pu se dépouiller de ses habitudes de perfidie et de cruauté.

Plusieurs tribus franques, tout en l'aidant dans ses guerres, avaient gardé leurs chefs particuliers. Clovis résolut de s'en débarrasser par l'assassinat, afin de régner seul. Clovis mourut à quarante-cinq ans, en 511, et fut enterré à Paris.

CIVILISATION — HISTORIENS MONUMENTS

Historiens. — GRÉGOIRE DE TOURS (544-595), vivait cinquante ans après Clovis ; il fut évêque de Tours ; il a rédigé une *Histoire ecclésiastique des Francs.* Grégoire de Tours est contemporain des fils et des petits-fils de Clovis.

Historiens modernes : AMÉDÉE THIERRY (1797-1872), *Histoire des Gaulois, Histoire d'Attila.* C'est le frère d'Augustin Thierry (1795-1856) ; FUSTEL DE COULANGES.

Monuments historiques. — Le *Temple Saint-Jean* à Poitiers, baptistère d'une église mérovingienne, construit avec des matériaux romains (fig. 15).

La *tour Clovis* à Paris (Lycée Henri IV, près le Panthéon), reste de l'église des apôtres Pierre et Paul, très postérieure à Clovis; mais le soubassement remonte peut-être à son règne.

LEXIQUE. — **Alamans,** peuple de l'ancienne Germanie.

Champs catalauniques, grandes plaines entre Châlons-sur-Marne, ch.-l. de la Marne, et Méry-sur-Seine.

Évêque, d'un mot grec qui veut dire surveillant, chef spirituel d'une circonscription appelée diocèse.

Francisque, sorte de hache en usage chez les Francs.

Hérétique, homme qui professe des opinions religieuses condamnées par l'Église catholique.

Orléans, ch.-l. du Loiret, sur la Loire (carte, fig. 1).

Reims, s.-pr. de la Marne (carte, fig. 1).

Sicambres, nom d'une tribu germanique qui faisait partie de la Confédération des Francs.

Soissons, s.-pr. de l'Aisne (carte, fig. 1).

Tolbiac, aujourd'hui Zulpich, dans la Prusse rhénane, près de Cologne (carte, fig. 1).

Tribut, somme payée par un peuple à un autre, en signe de dépendance.

Vouillé, village du départ. de la Vienne, près de Poitiers (carte, fig. 1).

Résumé chronologique

451	Bataille des Champs catalauniques, défaite d'Attila.
453	Mort d'Attila.
481-511	Règne de Clovis, conquête de la Gaule par les Francs.
486	Clovis bat Syagrius à Soissons (le vase de Soissons).
496	Clovis bat les Alamans à Tolbiac.
500	Soumission des Burgondes qui sont battus à Dijon.
507	Clovis bat les Wisigoths à Vouillé.
511	Mort de Clovis.

Devoir de rédaction.

CLOVIS ET LES ÉVÊQUES DE LA GAULE.

Plan. — 1. Premières relations avec saint Remi, le vase de Soissons.
2. Mariage de Clotilde avec Clovis.
3. Bataille de Tolbiac et baptême de Clovis.
4. Appui donné à Clovis par les évêques, qui l'aident à conquérir toute la Gaule.

Sixième et septième siècles.

IV. — PARTAGE DU ROYAUME DE CLOVIS
RIVALITÉ DE FRÉDÉGONDE ET DE BRUNEHAUT. — DAGOBERT (628-638)

Entretiens

1. — Après la mort de Clovis, en 511, son royaume fut partagé entre ses quatre fils. L'un d'eux, **Clotaire,** ayant survécu à ses frères, réunit tous les Francs sous sa domination; à sa mort, en 561, ses fils firent un nouveau partage.

2. — La Gaule comprit alors plusieurs royaumes : l'*Austrasie,* au nord-est, eut pour roi Sigebert; la *Neustrie,* au nord-ouest, fut gouvernée par Chilpéric.

3. — Les mœurs des Francs étaient encore rudes et sauvages. Clotaire, *roi de Soissons,* et Childebert, *roi de Paris,* s'entendirent pour faire périr leurs neveux, *les enfants de Clodomir,* afin de s'emparer de leur héritage.

4. — La rivalité de *Frédégonde,* reine de Neustrie, et de *Brunehaut,* reine d'Austrasie, amena une longue guerre entre les deux pays. Ces reines sont célèbres par leurs crimes.

5. — Clotaire II, fils de Frédégonde, réunit toute la monarchie franque.

6. — **Dagobert,** fils de Clotaire II, est le dernier roi mérovingien qui ait gouverné lui-même son royaume. Il eut pour conseillers saint Ouen et saint Éloi.

Questionnaire : 1. — Après la mort de Clovis, son royaume ne fut-il pas partagé ?
2. — Quels furent les royaumes des fils de Clotaire Ier ?
3. — Pourquoi Clotaire et Childebert tuèrent-ils leurs neveux ?
4. — Nommez deux reines dont la rivalité amena une longue guerre.
5. — Quel prince réunit encore toute la monarchie franque ?
6. — Parlez de Dagobert et de ses conseillers.

Récits

1. Meurtre des enfants de Clodomir.
— Les successeurs de Clovis restaient barbares et cruels. Après la mort de *Clodomir roi d'Orléans*, ses enfants furent confiés à Clotilde, leur grand'mère, qui les éleva à Paris.

Childebert, *roi de Paris*, et Clotaire, *roi de Soissons*, s'entendirent pour faire périr leurs neveux dont ils voulaient se partager l'héritage. Ils prièrent Clotilde de leur envoyer ses petits-enfants sous prétexte de les élever au trône. Clotilde, sans défiance, les leur envoya. Ils firent alors présenter à Clotilde une épée et des ciseaux, en lui demandant de déclarer si elle voulait que les enfants fussent tués avec l'épée ou tondus avec les ciseaux, en signe de déchéance.

Fig. 16. — Tu mourras à sa place, dit Clotaire à Childebert, si tu as pitié de lui.

J'aime mieux les voir morts que tondus, dit Clotilde, espérant bien que leurs oncles les épargneraient. Il n'en fut rien : Clotaire, d'un coup d'épée, tua l'aîné des enfants. Le cadet, effrayé, se jeta dans les bras de Childebert, en demandant grâce : « *Tu mourras à sa place*, dit Clotaire à Childebert, *si tu as pitié de lui*. » Et il tua le cadet comme il avait tué l'aîné.

Le troisième, appelé Clodoald, sauvé par quelques serviteurs, fut ordonné prêtre et fonda un monastère, dans un lieu qui porte aujourd'hui le nom de *Saint-Cloud**.

2. Brunehaut et Frédégonde.
— Rien ne surpasse les violences de *Frédégonde*, reine de Neustrie, et de *Brunehaut*, reine d'Austrasie.

Ces deux femmes, pour assouvir leur haine, entraînèrent dans une guerre fratricide toute la famille royale, qui fut anéantie, à l'exception du fils de Frédégonde, Clotaire II.

Frédégonde, née de parents obscurs, ne s'éleva qu'à force de crimes et mourut toute puissante en 597. Sa rivale, Brunehaut, fille d'un roi des Wisigoths, d'Espagne, aussi cruelle et aussi débauchée, mais remarquablement intelligente, fut livrée par ses propres sujets à Clotaire II, fils de Frédégonde, qui la fit périr d'une mort affreuse. Elle fut attachée à la queue d'un cheval furieux, qui la traîna sur des rochers où elle fut mise en pièces. Son corps fut brûlé.

Avec ces deux reines commença la lutte qui devait durer si longtemps entre la Neustrie et l'Austrasie. La Neustrie était encore un pays gallo-romain,

Fig. 17. — **Abbaye de Saint-Denis**, près Paris, fondée par Dagobert. Reconstruite par Suger, de 1140 à 1144, sur le même emplacement. État actuel.

tandis que l'Austrasie était occupée, en grande partie, par les populations germaniques.

3. Dagobert (628-638).
— *Dagobert*, fils de Clotaire II, fut le plus puissant des rois mérovingiens.

Secondé par *saint Éloi*, évêque de Noyon, et *saint Ouen*, évêque de Rouen, il fit reviser les lois barbares des Francs et rétablit l'ordre et la justice. Il fonda l'abbaye de Saint-Denis*, où il fut enseveli. Le nom de Dagobert est resté populaire.

4. Gouvernement des Mérovingiens.
— Les rois francs prétendaient vivre à la romaine. Leur cour se composait de fonctionnaires à titres

Fig. 18. — **Fauteuil de Dagobert**, en bronze ciselé, attribué à saint Éloi. *Se trouve au Musée du Louvre, à Paris.*

romains (comtes, chanceliers, camériers ou chambriers). Chilpéric s'entourait de poètes et faisait des vers latins. Les Francs restaient quand même barbares. Les guerriers accompagnaient le roi à la guerre, pour y faire du butin ; ils étaient indisciplinés et ne voulaient pas payer d'impôts.

La justice commençait à échapper à l'autorité royale. On pensait, à cette époque, que l'État ne pouvait poursuivre les crimes, de sa propre initiative. Lorsqu'un homme était tué, seuls les parents de la victime pouvaient intenter un procès au meurtrier ; ils le faisaient condamner à une indemnité fixée par la loi, et que l'on appelait *wergeld*, c'est-à-dire le *prix de l'homme*. La somme variait suivant la condition sociale de la victime : un noble valait plus qu'un simple homme libre, un esclave valait moins qu'un homme libre.

La société mérovingienne, comme l'ancienne société romaine, était *aristocratique* : les nobles, qu'ils fussent d'origine barbare ou romaine, possédaient la richesse et l'autorité ; presque toutes les terres leur appartenaient. Leurs domaines étaient cultivés par des *esclaves* ou par des *colons*, ancêtres des serfs du moyen âge. Il existait encore des hommes libres, de petits propriétaires, trop faibles pour se défendre, et qui devenaient peu à peu les humbles sujets des nobles.

Les rois ne pouvaient maintenir leur autorité qu'en s'entourant de fidèles, qu'on appelait *leudes*, auxquels ils donnaient de riches domaines, et qui remplissaient toutes les fonctions de la cour. Les plus importants de ces personnages furent les *maires du palais*. C'est comme maires du palais que les ancêtres de Charlemagne se rendirent assez puissants pour supplanter la dynastie des Mérovingiens.

CIVILISATION — HISTORIENS MONUMENTS

Historiens. — GRÉGOIRE DE TOURS. Son *Histoire des Francs* s'arrête un peu avant la mort de Gontran.

FRÉDÉGAIRE, nom supposé d'un auteur de Chalon-sur-Saône, ennemi de Brunehaut et de Dagobert. Ses continuateurs vont jusqu'en 768.

FORTUNAT, originaire d'Italie, évêque de Poitiers et poète. Ses poèmes se rapportent à l'histoire de sainte Radegonde et de Brunehaut (590-607).

AUGUSTIN THIERRY, historien moderne (1795-1856). *Récits des temps mérovingiens* extrêmement intéressants (sur les fils et les petits-fils de Clovis).

FUSTEL DE COULANGES. *La Monarchie franque.*

Monuments historiques. — Le *fauteuil de Dagobert*, conservé au musée du Louvre (fig. 18).

La *pierre tombale de Frédégonde* à Saint-Denis (œuvre du XIIᵉ siècle).

Le *tombeau de sainte Radegonde*, femme de Clotaire Iᵉʳ, à Poitiers.

LEXIQUE. — **Saint-Cloud**, petite ville sur la Seine, à l'ouest de Paris.

Saint-Denis, ville située au nord de Paris ; son église renferme les tombeaux de la plupart des rois de France.

Résumé chronologique.

511 Mort de Clovis et partage de son royaume, entre ses fils Thierri, Clodomir, Childebert et Clotaire.
525 Meurtre des enfants de Clodomir.
561 Mort de Clotaire Iᵉʳ ; second partage du royaume franc entre ses fils Caribert, Gontran, Chilpéric et Sigebert.
597 Mort de Frédégonde.
613 Supplice de Brunehaut.

Devoir de rédaction.

CITEZ QUELQUES EXEMPLES DE LA CRUAUTÉ DES ROIS MÉROVINGIENS

Plan. — 1. Clovis fait tuer les rois ses parents.
2. Meurtre des enfants de Clodomir par leurs oncles.
3. Cruautés de Frédégonde et de Brunehaut.
4. Supplice de Brunehaut. — Ces rois étaient encore très barbares.

TABLEAU CHRONOLOGIQUE ET GÉNÉALOGIQUE DES ROIS MÉROVINGIENS

448-458. **Mérovée.**
458-481. **Childéric**, fils de Mérovée.
481-511. **Clovis**, fils de Childéric.
A la mort de Clovis, ses États sont partagés en 4 royaumes, par ses fils.

1º ROYAUME DE METZ (551-555).

2º ROYAUME D'ORLÉANS (511-524).

3º ROYAUME DE PARIS (511-558).

4º ROYAUME DE SOISSONS (511-561).

Clotaire Iᵉʳ, fils de Clovis. Seul roi en 558 après avoir réuni successivement entre ses mains les États de ses frères et de ses neveux. A sa *mort, ses États sont partagés entre ses fils en 4 royaumes.*

1º ROYAUME DE PARIS.

561-567. **Caribert**, fils de Clotaire Iᵉʳ, *Mort sans enfants mâles, ses États sont partagés entre ses trois frères.*

2º ROYAUME D'ORLÉANS ET DE BOURGOGNE.

561-593. **Gontran**, fils de Clotaire Iᵉʳ, partage en 567 le royaume de Paris, avec ses deux frères Sigebert et Chilpéric, et meurt sans enfants.
596-613. Thierri II, second fils de Childebert II ; *meurt sans enfants. Clotaire II hérite de ses États.*

3º ROYAUME D'AUSTRASIE ET DE METZ.

561-575. **Sigebert Iᵉʳ**, fils de Clotaire Iᵉʳ, époux de Brunehaut.
596-612. **Théodebert**, fils de Childebert Iᵉʳ, *meurt sans enfants. Clotaire II hérite de ses États.*

4º ROYAUME DE SOISSONS.

561-584. **Chilpéric Iᵉʳ**, fils de Clotaire Iᵉʳ, époux de Frédégonde.

584-628. Clotaire II, fils de Chilpéric Iᵉʳ réunit toute la monarchie franque.
628-638. **Dagobert Iᵉʳ**, fils de Clotaire II. A sa mort, ses *États sont partagés en deux royaumes.*

1º ROYAUME D'AUSTRASIE.

638-656. **Sigebert II**, fils de Dagobert.
674-679. Dagobert II, fils de Sigebert II. *A partir de 679, l'Austrasie fut gouvernée par les ducs Martin et Pépin.*

2º ROYAUME DE NEUSTRIE ET DE BOURGOGNE.

638-656. **Clovis II**, fils de Dagobert.
737-742. Interrègne sous Charles-Martel, Carloman et Pépin le Bref.
742-752. Childéric III, fils de Chilpéric II, déposé en 752, mort en 755.
La durée de la dynastie mérovingienne a été de 270 ans.

(Carte, page 19.)

Fig. 19. — **Roi fainéant dans son char traîné par des bœufs.** (*Composition de Kreutzberger*). Les derniers rois mérovingiens avaient perdu toute autorité ; ils méritèrent le nom de *rois fainéants*.

Septième et huitième siècles.

V. — LES ROIS FAINÉANTS ET LES MAIRES DU PALAIS. — CHARLES-MARTEL ET PÉPIN LE BREF. — AVÈNEMENT DES CAROLINGIENS (752-987)

Entretiens

1. — Après Dagobert les rois mérovingiens perdirent toute autorité ; ils laissèrent le pouvoir aux *maires du palais* et furent appelés *rois fainéants*.

2. — Pépin d'Héristal, maire du palais d'Austrasie, battit les Neustriens à *Testry**, en 687, et gouverna toute la Gaule.

3. — Son fils **Charles-Martel** repoussa une *invasion des Arabes* par la victoire de *Poitiers**, en 732.

4. — Le fils de Charles-Martel, **Pépin le Bref**, vainquit en Italie Astolphe, *roi des Lombards*.

5. — Il enleva à Astolphe l'exarchat* de Ravenne*, qu'il offrit au pape Étienne II, et que les papes possèderont jusqu'en 1870.

6. — En 752, Pépin le Bref fit déposer le dernier roi *mérovingien*, Childéric III, et se fit proclamer roi des Francs à Soissons par les grands et par les évêques.

7. — Il fut sacré par l'évêque saint Boniface et par le pape Étienne II.

8. — Pépin le Bref fut le premier roi de la dynastie *carolingienne**, ainsi appelée du nom de son fils Charles ou Charlemagne.

Questionnaire : 1. — Après Dagobert, que firent les rois mérovingiens ?
2. — Citez une victoire de Pépin d'Héristal.
3. — Quelle invasion fut repoussée par la victoire de Poitiers ?
4. — Où Pépin le Bref a-t-il fait la guerre aux Lombards ?
5. — Qu'enleva Pépin le Bref au roi des Lombards pour l'offrir au pape ?
6. — Que devint le dernier roi mérovingien ?
7. — Par qui Pépin le Bref fut-il sacré ?
8. — Quelle dynastie fonda Pépin le Bref ?

Récits

1. Les rois fainéants. — Les derniers Mérovingiens perdirent toute leur autorité. Ils portaient encore le titre de roi, mais le pouvoir était entre les mains des maires du palais, c'est-à-dire des majordomes ou intendants de leur maison.

Le roi n'était roi que de nom ; il donnait audience aux ambassadeurs, mais le maire du palais lui dictait ses réponses.

Quand les *rois fainéants* sortaient de leur palais, ils ne montaient pas à cheval, mais ils se couchaient sur un char traîné par des bœufs, qu'un bouvier conduisait à la manière des paysans.

2. Bataille de Testry (687). — A la fin du vii⁰ siècle, ce sont deux maires du palais, Pépin d'Héristal* en *Austrasie* et Ebroïn en *Neustrie*, qui gouvernent le pays des Francs. Ils ne cessent de lutter l'un contre l'autre. Ebroïn est d'abord victorieux; mais, en 687, Pépin remporta sur les Neustriens la *victoire de Testry* et devint alors maître de Paris et de toute la Neustrie. Il mourut en 714.

Fig. 20. — **Pépin d'Héristal.**

3. Bataille de Poitiers (732). — Les Arabes, qui avaient déjà conquis l'Espagne et envahi le midi de la Gaule, s'avançaient vers la Loire. *Charles-Martel* les attendit près de *Poitiers.* Il y avait un contraste remarquable entre les Francs et leurs ennemis : d'un côté les petits hommes venus du midi, coiffés de larges turbans*, vêtus de vêtements blancs et flottants, toujours remuants sur leurs chevaux pleins de feu; de l'autre les robustes soldats austrasiens aux cheveux roux, enfouis sous leurs casques de bronze, revêtus de cuirasses ou de lames de fer, maniant aisément les épées et les haches les plus lourdes, et restant obstinément immobiles au rang qui leur était fixé. Abd-el-Rhaman, le chef des Arabes, donna le

Fig. 21. — **Charles-Martel.**

Fig. 22. — **Bataille de Poitiers (732).** — Les cavaliers musulmans chargèrent toute une journée les guerriers francs.

signal de l'attaque. Les cavaliers musulmans chargèrent toute une journée les guerriers francs, mais ils étaient reçus à grands coups de hache ou de masse d'armes. La légende prétend que Charles-Martel donna si énergiquement l'exemple de la vaillance, qu'il gagna ce jour-là son surnom de *Marteau* ou *Martel*. La bataille se prolongea fort avant dans la journée. Tout à coup la nouvelle se répandit que le chef des Aquitains, Eudes, avait tourné la position des Arabes et pillait leur camp. Les Musulmans abandonnèrent alors le champ de bataille. La bataille de Poitiers n'empêcha pas les Arabes de faire de nouvelles incursions en Gaule et de se maintenir sur le littoral de la Méditerranée.

4. Pépin le Bref. — Avènement de la dynastie carolingienne* (752). — *Pépin le Bref*, fondateur de la dynastie carolingienne, avait été surnommé *le Bref* à cause de sa petite taille. Cependant sa force physique le faisait respecter de tous ses soldats et son autorité morale était encore plus grande. Tous les leudes* le considéraient comme le véritable roi.

Fig. 23. — **Pépin le Bref.** Fondateur de la dynastie carolingienne.

Les Mérovingiens avaient été sacrés par l'Église dans la personne de Clovis; Pépin eut l'habileté de s'assurer l'appui du Saint-Siège. Il envoya des prélats auprès du pape *Zacharie*, qui déclara *que celui qui avait entre les mains le pouvoir devait aussi être roi.* Pépin réunit à Soissons une grande assemblée de leudes et d'évêques, qui le proclamèrent roi des Francs, en 752. En 754 Étienne II, successeur de Zacharie, vint le sacrer une deuxième fois. Le chétif Childéric III fut déposé, et il finit dans un couvent son obscure existence. Ainsi, la *dynastie carolingienne* succédait aux Mérovingiens.

5. La donation de Pépin le Bref au Saint-Siège. — Pépin le Bref devint le fidèle serviteur du Saint-Siège. Les Lombards et leur roi Astolphe voulaient conquérir toute l'Italie et menaçaient l'indépendance du pape Étienne II à Rome. Celui-ci appela les Francs à son secours. Pépin passa deux fois les Alpes, vainquit les Lombards, leur prit une partie de leur territoire, et donna au Saint-Siège l'exarchat de Ravenne et la Pentapole*, c'est-à-dire le pays compris entre l'embouchure

Fig. 24. — **Sceau de Pépin le Bref.**

du Tibre et celle du Pô. Les papes sont restés maîtres de ce pays, appelé *Terres de l'Eglise*, jusqu'au moment où Victor-Emmanuel, entrant à Rome, enleva à Pie IX son pouvoir temporel* en 1870.

CIVILISATION
HISTORIENS
MONUMENTS

Historiens. — LE MOINE DE SAINT-GALL (Suisse) vivait un siècle environ après Charlemagne. Il a raconté un grand nombre d'anecdotes sur Pépin le Bref et Charlemagne.

Monuments historiques. — Le *tombeau de Dagobert* avec les statues de sa femme Nanthilde et de son fils Sigebert, à Saint-Denis. Ce tombeau ne date que du XIIIe siècle (fig. 25).

FIG. 25. — **Tombeau de Dagobert** à l'Abbaye de Saint-Denis.

LEXIQUE. — **Carolingienne,** du mot latin *Carolus*. On dit aussi *carlovingienne*, du mot germanique *Karl*.

Exarchat : on appelait ainsi le pays que gouvernait un exarque, ou officier de l'empereur grec de Constantinople.

Héristal, village de Belgique, à 6 kil. N.-E. de Liège ; les ruines du château-fort de Pépin ont subsisté jusqu'en 1854.

Leudes, guerriers germains de la suite d'un chef ou d'un roi mérovingien.

Pentapole, veut dire cinq villes. parce qu'il y avait dans le pays ainsi nommé cinq grandes villes, dont la principale était Ancône.

Poitiers. sur le Clain, ch.-l. de la Vienne (carte, fig. 29).

Pouvoir temporel, on désigne par ces mots les possessions territoriales des papes, par opposition à leur pouvoir spirituel.

Ravenne, ville de l'Italie, aux embouchures du Pô (carte, fig. 29).

Testry, village du départ. de la Somme (carte, fig. 29).

Turban, pièce d'étoffe roulée autour d'un bonnet, qui sort de coiffure chez plusieurs peuples orientaux.

Résumé chronologique

638	Mort de Dagobert et commencement des rois fainéants, puissance des Maires du palais.
687	Victoire de Pépin d'Héristal sur les Neustriens à Testry ; triomphe des Austrasiens.
732	Victoire de Charles-Martel sur les Arabes à Poitiers.
752	Pépin le Bref prend le titre de roi, et est sacré par Boniface, archevêque de Mayence, puis par Etienne II.
752-987	Dynastie carolingienne.

Devoir de rédaction

PAR QUELS SUCCÈS LES HÉRISTAL SE SONT-ILS PEU A PEU ÉLEVÉS AU TRÔNE ?

Plan. — 1. Faiblesse des derniers Mérovingiens, rois fainéants.
2. Victoire de Pépin d'Héristal à Testry (687).
3. Victoire de Charles-Martel à Poitiers (732), immense service rendu à toute la chrétienté.
4. Couronnement de Pépin le Bref, fondateur de la dynastie carolingienne (752).

Huitième siècle.

VI. — CHARLEMAGNE (768). — GUERRE CONTRE LES AQUITAINS, LES LOMBARDS, LES ARABES D'ESPAGNE, LES SAXONS

Entretiens

1. — **Charlemagne,** fils de Pépin le Bref, lui succéda en 768. Il régna d'abord avec son frère *Carloman;* à la mort de celui-ci, en 771, il fut seul roi jusqu'en 814.

2. — Charlemagne fit beaucoup de guerres heureuses : il réprima une révolte des *Aquitains,* battit les *Lombards** d'Italie, ennemis des papes, les *Arabes* d'Espagne, les *Bavarois**, et un peuple de pillards, les *Avares,* qui habitaient le pays appelé aujourd'hui Hongrie.

3. — Il dirigea *dix-huit expéditions* dans le nord de l'Allemagne, contre les *Saxons* qui étaient encore païens. Le plus célèbre de leurs chefs fut **Witikind.**

4. — Charlemagne eut beaucoup de peine à les soumettre, et, après les avoir vaincus, il les força à se faire chrétiens.

Questionnaire : 1. — Quelles sont les dates du règne de Charlemagne ?
2. – Quelles sont les principales guerres que Charlemagne a faites ?
3. — Quel fut le principal chef de la résistance des Saxons ?
4. — A quoi Charlemagne obligea-t-il les Saxons quand il les eut soumis ?

Récits

1. Portrait de Charlemagne. — Charlemagne, dit *Eginhard**, était gros et robuste de corps. Sa taille était élevée, quoiqu'elle n'excédât pas une juste proportion. Il avait le sommet de la tête arrondi, les yeux grands et vifs, le nez un peu long, de beaux cheveux blancs et la physionomie riante et agréable. Aussi régnait-il dans toute sa personne, soit qu'il fût debout, soit qu'il fût assis, un air de grandeur et de dignité; et, quoiqu'il eût le cou gros et court et le ventre proéminent, il était d'ailleurs si bien proportionné que ces défauts ne s'apercevaient pas. Sa démarche était ferme et tout son extérieur dénotait une grande énergie, mais sa voix claire ne convenait pas parfaitement à sa taille.

2. Roland à Roncevaux*. — Les guerres de Charlemagne ne furent pas toutes heureuses. *Eginhard** raconte que ce prince revenait d'une expédition en Espagne, contre les Sarrasins*, lorsque son arrière-garde fut surprise par les montagnards basques*, dans les forêts de la vallée de *Roncevaux*, et taillée en pièces. Un préfet des Marches* de Bretagne, *Roland*, se trouvait parmi les morts (778). Tels sont les seuls renseignements que l'histoire nous fournisse sur ce Roland que les fictions poétiques, et surtout la célèbre *Chanson de Roland**, ont rendu si fameux.

3. Les guerres contre les Saxons. — Les *Saxons*, encore barbares, avaient conservé les coutumes des anciens Germains. Ils n'obéissaient guère qu'à des chefs militaires, qu'ils choisissaient eux-mêmes. Ils étaient restés fidèles à leurs dieux.

Charlemagne voulut les convertir au christianisme. Il engagea la guerre en 772, les vainquit et les contraignit au baptême, en 777. Mais il leur imposa des lois si oppressives qu'ils se révoltèrent, sous la direction d'un de leurs chefs, l'héroïque *Witikind*. Celui-ci fit enfin sa soumission et reçut le baptême à la *diète* d'Attigny** (785).

Les *Saxons* ne pouvaient rester en repos : Charlemagne fit de nouvelles expéditions contre eux, ravagea leur pays, déporta des tribus entières en Gaule, et enfin en Italie. En 804 seulement la conquête fut terminée: toute l'Allemagne du Nord était gagnée à la civilisation chrétienne.

CIVILISATION — HISTORIENS

Historiens. — ÉGINHARD (760-844), auteur de la *Vie de Charlemagne*.
LE MOINE DE SAINT-GALL (Suisse).
ANGILBERT, l'un des auteurs des *Annales royales*, rédigées par ordre de Charlemagne.
PAUL DIACRE, auteur d'une *Histoire des Lombards*.
VÉTAULT (historien moderne) : *Charlemagne*.
GASTON PARIS. *Histoire poétique de Charlemagne*.
HAURÉAU, *Charlemagne et sa cour*.
MIGNET : *Mémoires historiques. Introduction de la Germanie dans la société civilisée*.

LEXIQUE. — **Attigny,** village sur l'Aisne, où Charlemagne avait une importante métairie (carte, fig. 29).
Basques. Peuple de la race des Ibères, qui habite sur les deux versants des Pyrénées.
Bavarois, habitants de la Bavière, royaume du sud de l'Allemagne.
Chanson de Roland. La plus fameuse des chansons de gestes ou d'exploits, écrite au XIe siècle.
Diète. Assemblée dans laquelle on discute les affaires d'un pays.
Éginhard, historien franc, auteur d'une *Vie de Charlemagne*, en latin.
Lombards, peuple germanique qui envahit l'Italie en 568, et y fonda un royaume qui fut détruit par Charlemagne en 774.
Marches, on appelle *marche*, en ce temps, une province frontière; son chef sera par suite un marquis.
Roncevaux, petit village du nord de l'Espagne, près de la frontière française (carte, fig. 29).
Sarrasins, nom donné aux musulmans au moyen âge.

Résumé chronologique.

768-771 Charlemagne et Carloman, rois des Francs.
771 Mort de Carloman ; Charlemagne seul roi.
772 Commencement de la guerre contre les Saxons.
778 Charlemagne en Espagne. Défaite de Roncevaux, mort de Roland.
785 Soumission et baptême de Witikind, chef des Saxons.
804 Soumission définitive des Saxons.

Devoir de rédaction.

RACONTER LA CONQUÊTE DE LA SAXE PAR CHARLEMAGNE

Plan — 1. Les Saxons étaient restés barbares et païens comme les premiers Germains qui avaient envahi la Gaule.
2. Première conquête de la Saxe: premiers baptêmes.
3. La lutte capitale contre Witikind, jusqu'en 785.
4. Soumission définitive et organisation de la Saxe.
5. Conversion du pays.

Neuvième siècle.

VII. — NOUVEL EMPIRE D'OCCIDENT (800)
ADMINISTRATION DE CHARLEMAGNE. — SA MORT (814)

Entretiens

1. — En l'an 800, Charlemagne fut couronné **empereur** par le pape Léon III. Personne n'avait porté ce titre en *Occident*, depuis la chute de l'empire romain en 476.

2. — L'empire de Charlemagne s'étendait à l'*est* jusqu'à l'Oder et à la Theiss, en *Italie* jusqu'au Garigliano, en *Espagne* jusqu'à l'Èbre.

3. — L'empire se divisait en *comtés**

Charlemagne fit surveiller les comtes par des envoyés appelés *missi dominici**, qui parcouraient les provinces et rendaient compte de leur mission à l'empereur.

4. — Deux fois par an, Charlemagne réunissait les principaux personnages de l'empire, les consultait, et rédigeait ensuite des lois qu'on appelle *capitulaires**, sortes d'ordonnances, par lesquelles il réglait l'organisation de ses États.

5. — Charlemagne s'efforça de transformer les Francs et de les rendre moins grossiers : il appela auprès de lui les hommes les plus savants de son époque et il ordonna d'ouvrir un grand nombre d'écoles.

6. — Après un règne de quarante-six ans, Charlemagne mourut en 814, à Aix-la-Chapelle*, dont il avait fait sa capitale.

Questionnaire : 1. — En quelle année et par qui Charlemagne fut-il couronné empereur ?
2. — Quelles étaient les limites de son empire ?
3. — Par qui les comtes étaient-ils surveillés ?
4. — Comment les lois de Charlemagne étaient-elles faites ?
5. — Charlemagne n'essaya-t-il pas d'instruire les Francs ?
6. — Quelle a été la durée du règne de Charlemagne ?

Récits

1. Charlemagne empereur. — En l'an 800, Charlemagne se trouvait à Rome pendant les fêtes de Noël et il assistait à l'office divin, lorsque le pape *Léon III* lui plaça sur la tête la couronne impériale aux applaudissements de tous les assistants qui s'écrièrent : *A Charles*

Fig. 26. — **Couronnement de Charlemagne.**
Léon III, accablé de mauvais traitements par les Romains, s'était réfugié auprès de Charlemagne, qui lui facilita la reprise de son siège (799). Peu après, Léon III, reconnaissant, couronna Charlemagne empereur d'Occident.

Auguste, couronné par Dieu, grand et pacifique Empereur des Romains, vie et victoire. Charlemagne prétendit, en effet, restaurer l'ancien empire romain, en rétablir les frontières et en conserver les institutions.

2. L'empire de Charlemagne. — L'empire de Charlemagne comprenait toute la Gaule, le nord et le centre de l'Italie, le nord de l'Espagne. Il s'étendait à l'est jusqu'à l'Elbe et à l'Oder supérieur. Il comprenait toute la partie occidentale de l'Autriche actuelle, et le pays des Avares, ancêtres des Hongrois. Les Avares avaient été battus et soumis au tribut*.

Fig. 27. — **Mosaïque de la salle à manger du pape Léon III à Saint-Jean-de-Latran,** représentant saint Pierre assis ; Léon III, et Charlemagne tenant la bannière sont agenouillés. (Œuvre de 797).

3. Gouvernement de Charlemagne. — Charlemagne se préoccupait surtout de rendre la justice et de maintenir l'ordre dans son immense empire. Dans les provinces, il déléguait son pouvoir à des *comtes,* qui remplis-

2

saient toutes les fonctions. Ces comtes étaient fort riches ; grands propriétaires, ils cherchaient à se rendre indépendants ; l'empereur, pour les surveiller, envoyait des inspecteurs, appelés *missi dominici**, dans toutes les provinces.

Charlemagne se considérait en outre comme un chef religieux, un véritable pape : il donnait des ordres aux évêques, même sur des questions de foi.

4. Charlemagne visite l'école établie dans son palais. — L'empereur attachait une grande importance à l'instruction. Il établit dans son palais une savante Académie,

Fig. 28. — Sachez que si vous ne réparez pas votre négligence passée par un travail assidu, vous n'obtiendrez jamais rien du roi Charles.

qu'il présidait lui-même et où l'on remarquait Eginhard, Alcuin*, Angilbert, Paul Diacre. Il créa aussi une École, où il fit venir, à la fois, des enfants pauvres et des enfants nobles. Un jour qu'il visitait l'école, nous raconte le *moine de Saint-Gall*, il remarqua que les pauvres travaillaient beaucoup, tandis que les nobles négligeaient toute étude. Il félicita les premiers, leur promit abbayes et monastères. Il réprimanda vivement les autres : « Vous qui êtes nobles, fils des premiers du royaume, leur dit-il, enfants pleins de grâce et de gentillesse, fiers

de votre naissance et de vos richesses, au mépris de mes ordres et de votre propre gloire, vous avez négligé l'étude des lettres pour vous livrer au plaisir, au jeu, à la paresse. Par le roi des cieux, je ne fais pas grand cas de votre noblesse et de votre beauté : que d'autres vous admirent ! Sachez que si vous ne réparez pas votre négligence passée par un travail assidu, vous n'obtiendrez jamais rien de bon du roi Charles. »

On comprend que Charlemagne soit devenu le patron des Écoles. Il est fêté le 28 janvier.

CIVILISATION — MONUMENTS

Lire dans VICTOR HUGO, *Hernani*, Charles-Quint au tombeau de Charlemagne.

Monuments historiques. — La *mosaïque du Vatican*, représentant le gouvernement de Charlemagne.
La *mosaïque de la salle à manger de Léon III à Saint-Jean-de-Latran* (fig. 27).
Le *dôme d'Aix-la-Chapelle*.
L'église de la ville de Thiers (Puy-de-Dôme).

LEXIQUE. — **Aix-la-Chapelle**, ville de la Prusse rhénane, entre le Rhin et la Meuse, capitale de Charlemagne (carte, fig. 29).
Alcuin (735-804), savant anglo-saxon, appelé en Gaule par Charlemagne.
Capitulaires. Ce nom fut donné au recueil des ordonnances, parce qu'il était divisé en *chapitres*.
Comté, territoire qui appartenait à un comte.
Missi dominici, envoyés du souverain.
Tribut. Impôt que lève un gouvernement sur un État qui dépend de lui.

Résumé chronologique

800	25 décembre	Charlemagne couronné empereur d'Occident, à Rome.
814	28 janvier	Mort de Charlemagne, à Aix-la-Chapelle.

Devoir de rédaction.

COMMENT L'EMPIRE DE CHARLEMAGNE ÉTAIT-IL GOUVERNÉ ?

Plan. — 1. Cet empire était très étendu ; il y fallait un gouvernement régulier et fort.
2. Charlemagne réunissait les principaux personnages de l'empire auprès de lui, et leur donnait ses instructions.
3. Il faisait exécuter ses volontés partout par des comtes et des *missi dominici*.
4. D'ailleurs il avait personnellement beaucoup de prestige et était très redouté.

Neuvième siècle.

VIII. — TRAITÉ DE VERDUN (843), CHARLES LE CHAUVE ET LES INVASIONS DES NORMANDS. — LE RÉGIME FÉODAL

Entretiens

I. — Les peuples que Charlemagne avait réunis cherchèrent bientôt à se séparer de l'empire. **Louis le Débonnaire**, son fils, qui régna de 814 à 840, était sans autorité ;

il passa son temps à lutter contre les révoltes de ses enfants.

2. — A sa mort, **Lothaire**, l'aîné de ses fils, prit le titre d'empereur*, mais il fut battu à *Fontanet** par ses frères, *Charles* et *Louis*, et dut accepter le *traité de Verdun**, qui partageait l'empire en trois royaumes : *la France, l'Allemagne et l'Italie* (843).

3. — Lothaire eut *l'Italie* et la *Lotharingie*, longue bande de terre s'étendant de la mer du Nord à la mer Méditerranée; la partie située entre l'Allemagne et la France a donné son nom à la *Lorraine*, et depuis, l'Allemagne et la France se sont toujours disputé cette bande intermédiaire.

4. — Charles le Chauve, qui eut le *royaume de France*, ne sut pas le défendre contre les *Normands*, ni se faire obéir des *seigneurs féodaux*, qui devinrent presque indépendants.

5. — Louis le Germanique reçut l'Allemagne. A partir de cette époque la France, l'Italie et l'Allemagne auront chacune leur destinée et leur histoire séparées (843).

6. — Charles le Gros réunit tout l'héritage de Charlemagne, mais, après le *siège de Paris* par les Normands, il fut déposé et, en 887, l'empire fut de nouveau partagé en plusieurs royaumes.

7. — Ces royaumes se subdivisèrent en *principautés féodales*, dont les chefs se mirent à lever des troupes, à rendre la justice, à établir des impôts.

8. — Les seigneurs féodaux étaient unis entre eux par des devoirs et des droits réciproques : le supérieur s'appelait *suzerain* et l'inférieur, *vassal*.

9. — Ceux qui n'étaient pas nobles, les *serfs* et les *vilains*, étaient accablés de redevances et ruinés par les guerres que les seigneurs se faisaient entre eux.

10. — L'Église s'efforça de rendre ces

Fig. 20. — **Carte de l'empire de Charlemagne.** — Charlemagne était maître de toute la Gaule, d'une partie de l'Espagne, de l'Italie et de l'Allemagne. — Par le *traité de Verdun* (843), l'empire d'Occident est partagé en trois royaumes ; la *France*, la *Germanie* ou Allemagne et l'*Italie*.

guerres moins fréquentes en instituant la *trêve de Dieu*. Elle chercha aussi à adoucir les mœurs féodales en développant la *chevalerie*.

Questionnaire : 1. — Les peuples de l'empire de Charlemagne restèrent-ils longtemps réunis?
2. — Par quel traité l'empire fut-il partagé?
3. — Qu'était-ce que la Lotharingie?
4. — Charles le Chauve fut-il un prince énergique?
5. — A partir de quelle date les trois nations auront-elles leur histoire séparée?
6. — Après la déposition de Charles le Gros que devint l'empire de Charlemagne?
7. — Que firent les chefs des principautés féodales?
8. — Qu'étaient le suzerain ? le vassal?
9. — Quelle était la condition des serfs et des vilains ?
10. — Que fit l'Église pour rendre les guerres moins fréquentes et moins cruelles?

Récits

1. Bataille de Fontanet* (841). —

Lothaire, fils aîné de Louis le Débonnaire, prit le titre d'empereur et voulut obliger ses frères, Charles et Louis, à reconnaître son autorité; ceux-ci s'y refusèrent et, après avoir réuni leurs soldats, ils livrèrent à Lothaire la fameuse bataille de *Fontanet*, près Auxerre, où quatre-vingt mille hommes périrent dans la mêlée.

Fig. 30. — **Louis le Débonnaire entre deux de ses conseillers,** *d'après un manuscrit du ixe siècle, conservé à la Bibliothèque nationale, à Paris.*

2. Traité de Verdun* (843). —

Lothaire s'était retiré à Aix-la-Chapelle, où il s'était assuré de nouvelles ressources. Il ne tarda pas à reprendre l'offensive, mais Charles le Chauve et Louis le Germanique signèrent un traité d'alliance à Strasbourg.

À la suite de cette manifestation, les trois frères se réconcilièrent et le *traité de Verdun* fut signé en 843 : *Lothaire* eut l'Italie avec le titre d'empereur*; *Louis le Germanique* reçut l'Allemagne et *Charles le Chauve* obtint la France.

La *Lotharingie* était une longue bande de terre qui s'étendait de la mer du Nord à la mer Méditerranée. Une partie de ce territoire a donné son nom à la *Lorraine*, qui, depuis, a été constamment l'objet de discussions entre l'Allemagne et la France.

L'empire de Lothaire comprenait les vastes territoires situés entre les Alpes et le Rhin à l'*est;* l'Escaut, la Meuse, la Saône et le Rhône à l'*ouest*. Rome et Aix-la-Chapelle, ancienne capitale de l'empire en dépendaient.

L'histoire de la Gaule et des Francs se termine en 843. À partir de ce moment, celle de la France commence.

3. Les Normands*. —

Sous Charles le Chauve, le royaume de France commence à se démembrer. L'autorité du roi fut surtout affaiblie par les invasions des *Normands*. Ces barbares étaient, dit Henri Martin, « matelots et soldats tout ensemble. Dans les nuits orageuses, quand les marins des autres peuples se hâtent de chercher un abri et de rentrer au port, ils mettent toutes voiles au vent, ils font bondir leurs frêles esquifs sur les flots furieux; ils en-

Fig. 31. — **Les Normands** pénétraient par l'embouchure des fleuves et les remontaient sur leurs longues embarcations jusqu'au cœur du continent.

trent dans l'embouchure des fleuves avec la marée écumante et ne s'arrêtent qu'avec elle; puis ils remontent le fleuve et ses affluents jusqu'au cœur du continent, sur leurs longues et sveltes embarcations aux deux voiles blanches, à la proue aiguë, à la carène* aplatie, sur leurs *dragons de mer* à la tête menaçante. Leurs chefs étaient les *Rois de la mer*, qui ne cherchaient jamais refuge sous un toit et ne vidaient leur cornet à boire auprès d'aucun foyer. »

4. Le siège de Paris (885). —

Au mois de novembre 885, une grande bande de Normands

Fig. 32. — **Siège de Paris par les Normands.** — En 885, les Normands vinrent assiéger Paris; les Parisiens, sous les ordres de leur évêque Gozlin et du comte Eudes résistèrent avec une indomptable énergie.

vint assiéger *Paris*, défendu par l'évêque Gozlin et le comte Eudes, l'ancêtre des Capétiens. Les Parisiens résistèrent avec une énergie indomptable. Au bout de quelques mois, la famine devenait menaçante; Eudes sortit de la ville bloquée alla trouver l'empereur Charles le Gros, obtint de lui la promesse d'un important secours et vint se renfermer dans Paris

Après une longue attente, l'armée impériale arriva enfin et parut sur les hauteurs de Montmartre. Les Parisiens croyaient à une grande bataille et se préparaient à y jouer leur rôle; ils apprirent tout à coup que l'empereur avait traité avec les Normands et leur abandonnait la Bourgogne à piller. Du moins, ils refusèrent de laisser les barques ennemies passer au pied de leurs murailles, et les Normands durent faire un long détour et traîner leurs embarcations sur le sable pour aller ravager la Bourgogne. Charles le Gros, bientôt après, fut déposé, et Eudes, fils du comte de Paris, Robert le Fort, fut proclamé roi en 887.

5. Les châteaux féodaux. — Les invasions des Normands déterminèrent l'établisse-

Fig. 33. — **Ruines du château de Coucy** (Aisne). — Un des plus remarquables châteaux féodaux du xiii⁰ siècle, construit par Enguerrand III de Coucy. Il a la forme d'un carré avec une tour ronde à chaque angle; le donjon, de 55 mètres de hauteur et 99 mètres de circonférence, se dresse au milieu. Ce château a été démantelé par Mazarin.

ment du *régime féodal*, c'est-à-dire du régime des *fiefs*, des terres concédées par un suzerain à un vassal. Les nobles, qui se rendaient indépendants du roi, élevèrent partout des *châteaux-forts* dont les ruines qu'on rencontre encore à chaque pas, nous racontent la vie de ceux qui s'abritaient derrière leurs épaisses murailles, et nous disent les craintes, les inquiétudes perpétuelles d'une époque de troubles et de guerres, où l'on redoutait sans cesse une attaque.

Le seigneur féodal construisait en général sa demeure sur le bord d'une colline abrupte ou

d'un rocher à pic. Là il élevait une double et triple enceinte d'épaisses murailles et les entourait de fossés profonds qui étaient remplis d'eau toutes les fois que cela était possible. A la première alerte le *pont-levis* qui permettait de franchir le fossé était relevé; les défenseurs du château se postaient sur le *chemin de ronde*, qui longeait le haut du mur, et d'où ils lançaient des flèches, des pierres, du plomb fondu par les *créneaux* * et par les *mâchicoulis* *. A l'intérieur, on trouvait tout ce qu'il fallait pour soutenir un long siège sans être affamé, d'immenses salles pleines de provisions, des caves, des greniers remplis de blé, des fours pour cuire le pain, des puits ou des citernes. Au milieu de la cour se dressait le *donjon* qui était comme un château dans le château, entouré d'un second fossé et d'une nouvelle enceinte de murailles. Le donjon contenait la salle d'honneur, où le seigneur recevait ses hôtes, sa chambre à coucher, les chambres de sa famille, et, dans le sous-sol, la prison.

6. La Chevalerie. — Au moyen âge, les seigneurs n'avaient d'autre occupation que la guerre. Mais le métier des armes exigeait un long apprentissage; cet apprentissage était nécessaire à tout gentilhomme, même au roi, qui voulait devenir *chevalier*. Le jeune homme servait d'abord un autre seigneur comme *écuyer*

Fig. 34. — **Armement d'un chevalier au XIII⁰ siècle.** — Le parrain donnait au nouveau chevalier trois coups du plat de son épée sur la nuque en lui disant : au nom de Dieu, de saint Michel et de saint Georges, je te fais chevalier; sois preux, hardi et loyal.

ou *varlet*. Puis il était reçu chevalier après une assez longue cérémonie : le seigneur qui lui servait de parrain lui donnait l'accolade, c'est-à-dire trois coups du plat de son épée sur l'épaule ou sur la nuque, en disant : « Au nom de Dieu, de saint Michel et de saint Georges, je te fais chevalier; sois preux, hardi et loyal. »

Cette cérémonie s'appelait *adoubement*, ce qui veut dire armement.

Fig. 35. — **Hommes d'armes** (IXᵉ siècle).

Fig. 36. **Comte banneret** (IXᵉ siècle).

Au XIIIᵉ siècle, l'église ajouta des cérémonies religieuses : le jeune homme priait toute la nuit dans une église, c'est ce qu'on appelait la *veillée des armes;* il jeûnait, il entendait un sermon.

7. La Trêve de Dieu. — Pour diminuer les ravages des guerres privées*, l'Église institua la *Trêve de Dieu* qui défendait de se battre les jours de grande fête et, toutes les semaines, depuis le mercredi soir jusqu'au lundi matin. Elle transforma la chevalerie : les seigneurs qui se faisaient armer chevaliers s'engageaient à protéger tous ceux qui étaient faibles, les femmes, les orphelins, les prêtres.

8. Le peuple à l'époque féodale. — Les paysans, à l'époque féodale, formaient une classe inférieure. Jusqu'au XIIIᵉ siècle, presque tous étaient *serfs** : le seigneur pouvait exiger d'eux tout ce qu'il voulait, il leur faisait cultiver ses terres, c'est-à-dire les soumettait aux corvées : les serfs étaient *taillables et corvéables à merci.** Peu à peu, leur condition s'améliora. Le seigneur finit par ne plus percevoir que des taxes fixées à l'avance, des redevances* : les paysans devinrent des *vilains**.

CIVILISATION — HISTORIENS MONUMENTS

Historiens. — *Historiens contemporains* : L'évêque de Reims, HINCMAR, contemporain de Charles le Chauve, rédacteur des *Annales de Saint-Bertin.*

Les moines de Reims, FRODOARD et RICHER, dont les *chroniques* racontent les règnes des derniers Carolingiens. *Histoires de France* d'HENRI MARTIN et de MICHELET.

Monuments historiques. — Parmi les très nombreux châteaux féodaux qui subsistent, on peut citer la *tour de Montlhéry* (fig. 42), près de Paris, les ruines du *château de Coucy* (fig. 33), du *château de Falaise.*

LEXIQUE. — A merci, c'est-à-dire jusqu'à ce que le seigneur ait pitié, ou tant qu'il veut.

Carène, la quille et les flancs d'un navire.

Créneau, échancrure pratiquée au sommet d'un mur.

Empereur. Au moyen âge le titre d'empereur est supérieur à celui de roi.

Fontanet, ou **Fontenoy-en-Puisaye**, village de l'Yonne, à 24 kil. d'Auxerre (carte, fig. 29).

Guerres privées, guerres que les seigneurs se faisaient entre eux.

Mâchicoulis, galerie saillante et à jours au sommet d'un mur.

Normands, hommes du Nord, ainsi appelés parce qu'ils venaient des pays du Nord, le Danemark et la Norvège.

Redevance, chose qui est due à époque fixe ; les redevances féodales se payaient rarement en argent, mais plus souvent en nature par l'abandon d'une part de la récolte.

Serfs, de la même racine que servir ; les serfs étaient presque aussi malheureux que des esclaves.

Taille, redevance payée en argent, qui porte sur la personne du serf.

Verdun, ch.-l. de la Meuse (carte, fig. 29).

Vilains, nom donné au moyen âge aux gens du peuple qui habitaient un village.

Résumé chronologique

814-840	Règne de Louis le Pieux ou le Débonnaire.
841	Bataille de Fontanet.
842	Serment de Strasbourg (premier monument de la langue française.)
843	Partage de l'empire à Verdun : Germanie, Italie, France.
843-877	Règne de Charles le Chauve ; invasions des Normands.
884-887	Règne de Charles le Gros qui réunit tout l'empire.
885-886	Siège de Paris par les Normands ; héroïsme d'Eudes ; lâcheté de Charles le Gros.

Devoir de rédaction.

DÉCRIRE UN CHÂTEAU FÉODAL ET SES ENVIRONS

Plan. — 1. Le château, ses murs, ses tours ; son aspect terrible.

2. Les habitants du château ; le chevalier ; les guerres continuelles entre les seigneurs.

3. Le village au pied du château ; ses maisons misérables.

4. Travaux et souffrances des vilains ; charges et impôts ; ravages des guerres privées ; pestes et famines.

TABLEAU CHRONOLOGIQUE ET GÉNÉALOGIQUE DES ROIS CAROLINGIENS

752-768. **Pépin le Bref**, fils de Charles-Martel.

768-771. **Carloman et Charlemagne**, ses fils.

771-814. **Charlemagne** ; empereur d'Occident en 800.

814-840. **Louis Iᵉʳ, le Débonnaire**, empereur, fils de Charlemagne.

840-877. **Charles II, le Chauve**, empereur en 875.

884-887. **Charles le Gros**, fils de Louis le Germanique, empereur, déposé en 887, mort en 888.

887-898. **Eudes**, comte de Paris et duc de France, fils de Robert le Fort.

898-922. **Charles III, le Simple**, fils de Louis II.

922-923. **Robert Iᵉʳ**, frère d'Eudes.

923-936. **Raoul ou Rodolphe**, duc de Bourgogne, beau-frère de Hugues, duc de France.

936-954. **Louis IV d'outre-mer**, fils de Charles le Simple.

954-986. **Lothaire**, fils de Louis d'Outre-mer.

986-987. **Louis V, le Fainéant**, fils de Lothaire, mort sans enfants.

La durée de la dynastie carolingienne a été de 235 ans.

(Carte, page 19.)

Fig. 38. — **Fragment de la tapisserie de Bayeux.** — Cette tapisserie, qui se trouve à la bibliothèque de Bayeux, a 50 centimètres de largeur sur 70 mètres de longueur; elle est due à Mathilde, femme de Guillaume le Conquérant. C'est une bande de toile de lin, divisée en 55 tableaux, où revivent toutes les phases de la conquête de l'Angleterre par Guillaume le Conquérant.

Dixième et onzième siècles.

IX. — AFFAIBLISSEMENT DES CAROLINGIENS
AVÉNEMENT DES CAPÉTIENS (987). — CONQUÊTE DE L'ANGLETERRE
PAR LE DUC DE NORMANDIE (1066)

Entretiens

1. — Les *Capétiens*, ou rois de la troisième race, descendaient de **Robert le Fort** qui combattit les Normands pendant le règne de Charles le Chauve.

2. — Le fils de Robert, **Eudes**, comte de Paris, fut élu roi de France en 887, après le siège de Paris par les Normands.

3. — Durant tout le x⁰ siècle, les derniers Carolingiens essayèrent de lutter contre le démembrement politique du royaume, mais leur autorité diminua de jour en jour.

4. — Pendant ce temps, les comtes de Paris devenaient des princes de plus en plus puissants.

5. — En 987, **Hugues Capet** fut élu roi par les prélats et les principaux seigneurs : avec lui commence la dynastie des *Capétiens*.

6. — Les premiers Capétiens, **Robert le Pieux, Henri Ier** et **Philippe Ier**, eurent très peu de pouvoir; les vrais maîtres de la France étaient alors les *seigneurs féodaux*, vassaux du roi, mais souvent plus puissants que lui.

7. — Le principal vassal des rois de France était le duc de Normandie : dès 912, le roi **Charles le Simple** avait donné à un chef normand, **Rollon**, la partie de la Neustrie qui, depuis lors, s'est appelée la *Normandie*.

8. — Le duc de Normandie, **Guillaume le Conquérant**, s'empara de l'Angleterre en 1066, par la *bataille d'Hastings**. C'est de ce moment que date la rivalité de la France et de l'Angleterre.

2. — A quelle date Eudes devint-il roi de France ?
3. — Les derniers Carolingiens purent-ils empêcher le démembrement du royaume ?
4. — Les comtes de Paris étaient-ils de puissants seigneurs ?
5. — A quelle date commence la dynastie des Capétiens ?
6. — Les premiers Capétiens eurent-ils beaucoup de pouvoir ?
7. — Quel est le roi qui, en 912, donna la Normandie à Rollon ?
8. — Quel est le duc de Normandie qui fit la conquête de l'Angleterre ?

Récits

1. Robert le Fort. — Le démembrement de l'empire de Charlemagne a été le signal de la décadence des Carolingiens. Une famille parut en France au milieu du IXe siècle, qui devait leur enlever la couronne. C'est la famille des *comtes de Paris*. Alors que les populations effrayées fuyaient devant les Normands, un seigneur des *marches* ou frontières de l'Anjou, *Robert le Fort*, c'est-à-dire *le brave*,

Fig. 39. — **Mort de Robert le Fort, à Brissarthe.** — Robert ayant oublié de mettre son armure et son casque se précipita à la tête de ses hommes, mais il fut bientôt mortellement frappé.

lutta avec succès contre les envahisseurs. Charles le Chauve l'avait fait comte de Paris en 861 et lui avait confié la défense du pays entre Seine et Loire. Après avoir remporté de grands succès, Robert le Fort périt en 866, dans les circonstances suivantes : quatre cents Normands, mêlés de Bretons, après avoir pillé la ville du Mans, s'étaient retranchés dans l'église de *Brissarthe**, près d'Angers ; c'était le soir : Robert et Rainulf, qui poursuivaient les pirates, remirent l'attaque au lendemain. Tout à coup les Normands font une sortie. Robert, oubliant de mettre son armure et son casque, se précipite à la tête de ses hommes : il est mortellement frappé.

Eudes, fils de Robert le Fort, régna de 887 à

898 ; il se reconnut vassal d'Arnulf, roi de Germanie, et eut pour successeur un prince carolingien, *Charles le Simple* (898-922). Charles le Simple et ses successeurs, qui étaient cependant des princes énergiques, ne purent rétablir l'ordre dans le royaume : ils s'appauvrissaient de plus en plus, tandis que les descendants de Robert le Fort et en particulier Hugues le Grand, qui refusa trois fois la couronne, étendaient sans cesse leurs domaines.

2. Hugues Capet* (987-996). — L'un des fils de Hugues le Grand, *Hugues Capet*, en qui on reconnaissait « un protecteur, non seulement de la chose publique, mais de la chose de chacun », fut proclamé roi à Noyon, à la mort de Louis V, au détriment de *Charles de Lorraine*, descendant de Charlemagne, à qui l'on reprochait de « n'être entouré que de parjures et de sacrilèges. » Il fut le premier roi de la dynastie des Capétiens. « Son avènement, dit Augustin Thierry, est, à la fin du règne des Francs, la substitution d'une royauté nationale au gouvernement fondé par la conquête. »

Hugues Capet et ses premiers successeurs (Robert le Pieux, Henri Ier et Philippe Ier), ne furent pas beaucoup plus puissants que les comtes et les ducs qui, cependant, se reconnaissaient leurs *vassaux*, c'est-à-dire leurs inférieurs.

Un jour, Hugues Capet demandait au comte de Périgord : « *Qui t'a fait comte ?* » celui-ci lui répondit : « *Qui t'a fait roi ?* » et le comte ne fut pas inquiété. Cette impertinence, restée impunie, prouve bien le peu d'autorité du roi à cette époque.

3. Robert le Pieux (996-1031). — De tous les premiers Capétiens, celui auquel la légende s'est le plus attachée est le bon roi *Robert*. Il avait été l'élève d'un savant archevêque de Reims, *Gerbert*, qui fut plus tard pape sous le nom de Sylvestre II. Robert était instruit, charitable et pieux ; il composa des hymnes d'église. Sa charité était contrariée par l'orgueil et la dureté de sa femme *Constance*. Un jour que la reine avait orné sa lance d'une cordelière d'argent, le roi Robert vit un pauvre, l'appela et l'envoya chercher des ciseaux, en lui disant : « Hâte-toi, de peur que mon in-

Fig. 40. — **Robert le Pieux.** — Robert le Pieux laissa, un jour, un mendiant, qu'il nourrissait, couper la frange dorée de son manteau.

constante Constance ne te voie », et il lui fit don de l'ornement précieux. Un autre jour, il laissa un mendiant, qu'il nourrissait, couper la frange dorée de son manteau.

4. L'an 1000. — Sous le règne de Robert, le bruit se répandit que l'*an 1000* serait la fin du monde; ce fut une terreur universelle; les uns se hâtèrent de jouir de la vie, les autres comblèrent les églises de présents, dans l'espoir d'assurer leur salut. Quand l'an 1000 fut passé, le peuple et les grands témoignèrent leur reconnaissance à Dieu en redoublant de générosité à l'égard du clergé et, selon l'expression d'un contemporain, « la terre se couvrit alors comme d'une robe blanche d'églises ».

5. Rollon. — Établissement des Normands en France. — Les ducs de Normandie étaient plus puissants et plus riches que les rois de France. Repoussés de Paris, après le siège de 885-886, les Normands n'avaient pas tardé à s'établir à demeure à Rouen et dans la vallée inférieure de la Seine. Leur principal chef, vers la fin du IXe siècle, était *Rollon*.

Les archevêques de Rouen tentèrent de convertir au christianisme ces barbares qui ne quittaient plus le pays. Les rois de France, désespérant de reprendre les territoires occupés par les Normands, se décidèrent à négocier. En 912, par le *traité de Saint-Clair-sur-Epte*, Charles le Simple céda à Rollon les territoires compris entre la rivière de l'Epte et les limites de la Bretagne, c'est-à-dire le pays qui, depuis

ce temps-là, porte le nom de *Normandie*. Rollon et ses compagnons se firent chrétiens.

A partir de leur établissement en France, les Normands renoncèrent à leurs habitudes de pillage. Des lois sévères furent faites pour protéger les propriétés. La Normandie devint le plus civilisé des États féodaux.

6. Conquête de l'Angleterre par les Normands (1066). — *Guillaume le Conquérant* réunit une puissante armée, composée d'aventuriers de toute espèce; puis il débarqua en Angleterre et remporta sur les Saxons la victoire d'*Hastings* qui lui livra tout le pays, en 1066.

Guillaume, vassal du roi de France, devenait beaucoup plus puissant que lui. C'est de cette époque que date la rivalité des rois de France et des rois d'Angleterre, qui fut l'un des grands événements du moyen âge.

Fig. 41. — **Statue de Guillaume le Conquérant, à Falaise.** — Guillaume le Conquérant, duc de Normandie, fils de Robert le Diable et d'une jeune fille de Falaise, naquit en 1027. Il soumit ses vassaux, rebelles, conquit l'Angleterre en 1066, fit peser une lourde tyrannie sur les Anglais, lutta contre le roi de France, Philippe Ier, et reçut une blessure mortelle au siège de Mantes en 1087

Fig. 42. — **Vue du donjon de Montlhéry** (Seine-et-Oise). — Thibaut-File-Étoupes, de la maison de Montmorency, avait élevé ce château en 990. Louis VI le prit et le rasa, en n'épargnant que le donjon encore existant et en partie ruiné qui servit plusieurs fois de prison d'État.

CIVILISATION — HISTORIENS
MONUMENTS

Historiens. — RICHER, moine de Saint-Remi à Reims ; sa *Chronique* va de l'élection d'Eudes (887) à la mort de Hugues Capet (996).

RAOUL GLABER, sa *Chronique* embrasse tous les événements de 900 à 1046.

AUGUSTIN THIERRY, *Histoire de la conquête de l'Angleterre par les Normands.*

Monuments historiques. — *Tapisserie de Bayeux*, brodée par la reine Mathilde, femme de Guillaume le Conquérant ; cette tapisserie, conservée au musée de Bayeux, représente les épisodes de la conquête de l'Angleterre (fig. 38).

La *tour de Montlhéry* (fig. 42), les ruines du *château de Coucy* rappellent la puissance des seigneurs féodaux, même dans le voisinage de Paris (fig. 33).

LEXIQUE. — **Brissarthe**, village de Maine-et-Loire, sur la Maine, près d'Angers.

Capet, ainsi surnommé parce qu'il portait d'habitude une cape ou capuce.

Hastings, ville d'Angleterre au sud de Londres, sur la côte de la Manche (carte, fig. 47).

Saint-Clair-sur-Epte, village sur l'Epte, affluent de droite de la Seine, qui forme la frontière entre la Normandie et l'Ile-de-France (carte, fig. 29).

Résumé chronologique.

887-987	Lutte des Carolingiens et des Capétiens.
887-898	Eudes, roi de France.
898-922	Charles le Simple (Carolingien).
912	Charles le Simple cède la Normandie à Rollon, chef des Normands, dont les descendants conquerront l'Angleterre.
922-923	Robert (famille Capétienne), tué en luttant contre Charles-le-Simple.
923-936	Raoul (famille Capétienne).
936-954	Louis IV (Carolingien), peu à peu dépouillé, comme ses successeurs, par le fils du roi Robert, Hugues-le-Grand.
954-986	Lothaire (Carolingien).
986-987	Louis V id.
987-996	Hugues Capet, roi de France, fondateur de la dynastie capétienne.
996-1031	Robert le Pieux : sous son règne, le peuple redoute la fin du monde en l'an 1000.
1031-1060	Henri Ier.
1060-1108	Philippe Ier.
1066	Conquête de l'Angleterre par les Normands, sous Guillaume le Conquérant.
1087	Mort de Guillaume le Conquérant.

Devoir de rédaction.

COMMENT LES ROBERTIENS SE SONT-ILS ÉLEVÉS AU TRONE ?

Plan. — 1. Robert-le-Fort ; son héroïsme contre les Normands.

2. Eudes : son héroïque défense de Paris contre les Normands ; il est proclamé roi.

3. Habileté de Hugues-le-Grand, qui dépouille peu à peu les Carolingiens de leurs terres et de leur autorité.

4. Avènement de Hugues-Capet (987).

Onzième siècle.

X. — LA PREMIÈRE CROISADE (1095)
COMMENCEMENT DU MOUVEMENT COMMUNAL

Entretiens

1. — La première croisade, prêchée par Pierre l'Ermite, fut décidée au *concile* de *Clermont*. Ce concile avait été convoqué par le pape Urbain II, en 1095.

2. — Les croisés, conduits par **Godefroy de Bouillon**, s'emparèrent de *Jérusalem* le 15 juillet 1099. Ils fondèrent le *royaume de Jérusalem*,

FIG. 43. — **Carte des croisades.** — Les croisades ont été au nombre de huit : la première eut lieu en 1095 et la dernière en 1270. Après la première, les chrétiens fondèrent le royaume de Jérusalem ; la dernière fut celle que saint Louis dirigea contre Tunis, où il mourut en 1270.

formé des provinces conquises sur les musulmans, et Godefroy de Bouillon en fut le premier souverain.

3. — Vers la fin du XIᵉ siècle et au commencement du XIIᵉ, un grand nombre de villes obtinrent de leurs seigneurs des *chartes* de commune.

4. — Par ces chartes, les seigneurs s'engageaient à ne plus faire payer qu'une somme d'impôts fixée à l'avance, et ils permettaient aux bourgeois de choisir les magistrats qui gouverneraient les villes.

Questionnaire : 1. — Par qui fut prêchée la première croisade?
2. — Quel fut le résultat de la première croisade?
3. — A quelle époque les villes obtinrent-elles des chartes de commune?
4. — A quoi les seigneurs s'engageaient-ils par ces chartes?

Récits

1. La Première croisade. — Sous le règne de Philippe Iᵉʳ (1060-1108) eut lieu la *première croisade*. Les croisades furent des guerres religieuses entreprises pour enlever aux Turcs Jérusalem, où se trouvait le tombeau de Jésus-Christ, et délivrer les chrétiens d'Orient. C'est le pape *Urbain II* qui prit l'initiative de la croisade. Il convoqua à Clermont* une grande

Fig. 44. — **Départ pour la croisade.** — Les prédications du pape Urbain II et de Pierre l'Ermite entraînèrent tout le monde : les prêtres, les chevaliers, les serfs et jusqu'aux femmes et aux enfants s'attachèrent sur la poitrine une croix d'étoffe rouge et se mirent en marche.

assemblée d'évêques, un concile* (1095). Le pape et un pèlerin, *Pierre l'Ermite*, parlèrent avec tant d'éloquence qu'ils entraînèrent tout le monde : les prêtres, les chevaliers, les serfs, et jusqu'aux femmes et aux enfants, voulurent s'armer et partir. Ils attachèrent sur leur poitrine une croix d'étoffe rouge, d'où leur nom de *croisés*.

2. Croisade populaire. — Un grand nombre de croisés se mirent presque aussitôt en marche sous la conduite de Pierre l'Ermite; c'étaient, pour la plupart, de pauvres gens qui traînaient leurs enfants dans des chariots attelés de bœufs, « et ces petits, dit un historien, à chaque ville ou château qu'ils apercevaient, demandaient, dans leur simplicité : « N'est-ce pas là cette Jérusalem où nous allons? »

Mais cette première armée sans discipline et sans ressources, fut presque entièrement détruite avant d'arriver en Asie.

3. Croisade des seigneurs. — Une seconde armée, formée par les nobles et commandée par *Godefroy de Bouillon*, duc de Basse-Lorraine, fut plus heureuse. Elle vainquit les Turcs et s'empara de *Jérusalem*. Le carnage fut affreux dans la mosquée*, où beaucoup de Turcs* s'étaient réfugiés; le sang s'élevait, dit un témoin, jusqu'au poitrail des chevaux. Le royaume de Jérusalem fut fondé par Godefroy de Bouillon, qui en fut le premier souverain; les autres seigneurs eurent des fiefs*, comme en Europe. Des six cent mille hommes qui s'étaient croisés, il n'en restait guère que dix mille.

Les croisades devaient contribuer aux progrès du commerce et de l'industrie; elles eurent encore l'avantage, en occupant l'activité guerrière des seigneurs, de rendre l'Europe plus tranquille et le pouvoir royal plus fort.

4. Les communes. — Jusqu'au XIᵉ siècle, les villes appartiennent, en toute propriété, au seigneur, et la condition de leurs habitants n'est guère meilleure que celle des paysans. Mais bientôt, grâce au commerce et à l'industrie, les bourgeois s'enrichissent et forment des associations pour la conquête et la défense de leurs libertés. Ils essaient partout d'obtenir des garanties contre le seigneur. Parfois, ils concluent pacifiquement un traité, une *charte de commune*, avec lui; parfois, surtout dans le nord de la France, ils se révoltent contre lui, le battent et lui imposent *la charte*.

La constitution des villes varie à l'infini. Cependant, dans toutes les communes, on voit des *magistrats municipaux*, qui rendent la justice, font lever les impôts, dirigent la milice.

5. Les paysans au onzième siècle. — A cette époque la plupart des paysans étaient encore des serfs. Dans quelques régions, leur condition devenait moins pénible; en Normandie, ils commençaient à s'affranchir de la servitude; aussi supportèrent-ils moins aisément qu'ailleurs les charges qui pesaient encore sur eux. Ils se soulevèrent à plusieurs reprises contre leurs seigneurs. *Guillaume de Jumièges* nous raconte l'une de ces révoltes et nous fait connaître les doléances des paysans :

« Les seigneurs, disaient ces pauvres gens, ne nous font que du mal. Ils ont tout, prennent tout, mangent tout, et nous font vivre en souffrance et pauvreté. Chaque jour est pour nous jour de peine, tant il y a de redevances à payer, de dîmes, et de corvées gratuites. Or, ne sommes-nous pas hommes comme eux? Nous avons les mêmes membres, la même force pour souffrir. Jurons de nous défendre l'un l'autre, et nul homme n'aura de seigneurie sur nous, et nous pourrons faire enfin notre volonté au bois, dans les prés et sur l'eau. »

Fig. 45. — **Abbeville, vue du Beffroi.** — Tour carrée construite en 1209 et encastrée de nos jours dans les bâtiments beaucoup plus récents de l'Hôtel de ville.

Les opprimés formèrent une vaste confédération; ils projetaient d'organiser un soulèvement général, lorsqu'ils furent tous surpris et arrêtés. La répression fut terrible. Beaucoup de ces malheureux subirent les plus atroces supplices.

Ceux qui survécurent furent renvoyés mutilés dans leurs villages pour y inspirer la terreur par leur aspect.

CIVILISATION — HISTORIENS MONUMENTS

Historiens. — GUIBERT DE NOGENT, auteur d'une *Histoire des croisades*.

GUILLAUME DE TYR, archevêque de cette ville, a écrit une *Histoire des croisades.*

Assises de Jérusalem ou recueil des lois qui ont été données par les Croisés au royaume de Jérusalem délivré.

LUCHAIRE. *Les Institutions des premiers Capétiens.*

AUGUSTIN THIERRY (1802-1856). *Histoire du tiers état. Lettres sur l'histoire de France* (pour les communes).

Monuments historiques. — Aux XI° et XII° siècles, la France se couvre d'églises de style roman : la *cathédrale d'Angoulême* (fig. 46). *Notre-Dame* et *Saint-Hilaire*, à Poitiers, *Saint-Lazare* à Autun, *Saint-Sernin* à Toulouse, *Saint-Front* à Périgueux

Fig. 46. — **Angoulême, cathédrale Saint-Pierre.** Superbe église romane commencée au XI° siècle et continuée au XII°, consacrée en 1128. Les sculptures de la façade figurent, dans leur ensemble, la scène du jugement dernier.

en sont de beaux spécimens encore debout. Le mouvement communal a été l'occasion de la construction de nombreux hôtels de ville ou beffrois, comme ceux d'*Abbeville* (fig. 45). de *Furnes*, de *Bruges*, de *Valenciennes*. Ils sont comme le symbole de l'émancipation des bourgeois.

LEXIQUE. — **Charte,** titre concédant des libertés.
Clermont-Ferrand, ch.-l. du Puy-de-Dôme (carte, fig. 47).
Concile, réunion d'évêques.
Fiefs, terres féodales.
Mosquée, temple musulman.
Turcs, peuple originaire du Turkestan, converti à la religion musulmane et très fanatique.

Résumé chronologique.

1095	Concile de Clermont, prédication de la première croisade.
1099	Prise de Jérusalem, par Godefroy de Bouillon.

Devoir de rédaction.

RACONTER LA PREMIÈRE CROISADE

Plan. — 1. Le concile de Clermont.
2. L'expédition.
3. La prise de Jérusalem (1099).
4. L'organisation du royaume de Jérusalem.

Douzième siècle.

XI. — LOUIS VI (1108-1137)
LOUIS VII (1137-1180) ET LA DEUXIÈME CROISADE (1147)
LA LUTTE CONTRE LES ROIS D'ANGLETERRE

Entretiens

1. — Louis VI, le Gros, régna de 1108 à 1137. Avec lui la royauté commença à se relever. Secondé par l'abbé de Saint-Denis, **Suger**, il réprima les brigandages des *petits seigneurs* du domaine royal.

2. — Louis VI encouragea, au détriment de ses vassaux, le *mouvement communal*, qui avait commencé au XI⁰ siècle et qui se continua sous son règne.

3. — Il essaya d'enlever la *Normandie* au roi d'Angleterre, mais, battu à Brémule*, il dut renoncer à son projet.

4. — Peu avant sa mort, Louis le Gros avait assuré le mariage de son fils, Louis VII, avec **Éléonore de Guyenne**, duchesse d'*Aquitaine*.

5. — **Louis VII** (1137-1180) compromit l'œuvre de son père : malgré Suger, il partit pour la *deuxième croisade*, prêchée par saint Bernard*, abbé de Clairvaux.

6. — A son retour, Louis VII répudia *Éléonore de Guyenne*, qui, par un nouveau mariage, porta ses immenses domaines à **Henri Plantagenet***, comte d'*Anjou*, duc

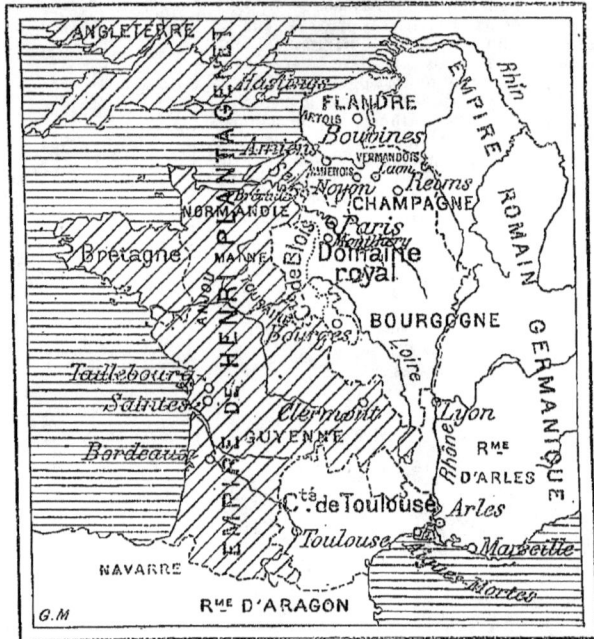

FIG. 17. — **Carte de la France de 907 à 1270**, montrant les possessions anglaises en France en 1154.

de *Normandie*, et bientôt *roi d'Angleterre*, sous le nom de *Henri II*.

Questionnaire : 1. — Contre qui Louis VI eut-il continuellement à batailler?
2. — Quelle fut la conduite de Louis VI à l'égard des communes.
3. — Réussit-il à enlever la Normandie au roi d'Angleterre?
4. — Qui épousa le fils de Louis VI?
5. — Louis VII a-t-il maintenu l'œuvre de son père?
6. — Quelles furent les conséquences de son divorce avec Éléonore de Guyenne?

Récits

1. Louis VI (1108-1137). — A l'avènement de *Louis VI*, l'autorité du roi n'était pas respectée même dans le domaine royal. De petits seigneurs, véritables brigands, interceptaient les routes, pillaient les marchands et les pèlerins. Entre Paris et Orléans le seigneur de Montlhéry*, du haut de sa tour qui dominait le pays (fig. 42), défiait toutes les forces du roi : « *J'ai vieilli*, disait Philippe 1er, *de la vexation que m'a donnée cette tour.* »

Prince actif, malgré son embonpoint qui le fit surnommer *le Gros*, Louis VI parcourut les grands chemins, casque en tête et lance au poing. Il assura la sécurité des voyageurs, défendit les églises et les abbayes et fit régner partout l'ordre et la justice.

Fig. 48. — **Louis VI** parcourait les routes pour assurer la sécurité des voyageurs.

2. Louis VI et les villes. — Pour lutter contre ses vassaux, Louis VI soutient les communes qui s'établissent sur leurs terres. Mais, dans son propre domaine, il ne crée que des *villes de bourgeoisie,* auxquelles il accorde des privilèges commerciaux, mais non politiques; ses successeurs useront des mêmes procédés.

3. Louis VI et Suger. — Louis VI fut secondé par un habile ministre, l'abbé *Suger.* De naissance obscure, Suger avait été élevé dans l'abbaye de Saint-Denis*. Grâce à sa volonté et à ses remarquables aptitudes, il devint un des plus puissants seigneurs de France et le plus habile conseiller de Louis VI et de Louis VII.

4. Lutte contre Henri 1er d'Angleterre et Henri V empereur d'Allemagne. — Dans le dessein d'aider son neveu, *Robert Cliton*, à faire valoir ses droits sur la Normandie, Louis VI engagea la lutte contre *Henri 1er*, roi d'Angleterre et duc de Norman-

die, mais battu à *Brémule**, près des Andelys (1119), il abandonna son projet.

Six années plus tard, *Henri V*, empereur d'Allemagne, ligué avec le roi d'Angleterre, envahit la France. En présence du danger, Louis VI fit un chaleureux appel à la France; il vit alors accourir sous ses étendards les grands seigneurs en même temps que les milices communales. Ce déploiement de forces effraya Henri V, qui se décida à retourner en Allemagne et la paix fut rétablie.

5. La commune de Laon. — *Augustin Thierry*, dans un récit très dramatique, a raconté la formation de la *commune de Laon**. L'évêque de cette ville était un certain Gaudry, Normand de naissance, qui avait des goûts et des mœurs militaires, comme beaucoup d'évêques à cette époque. Les bourgeois, opprimés par lui, obtinrent à prix d'argent une *charte de commune*. Mais plus tard Gaudry se repentit des concessions qu'il avait faites et il donna au roi Louis VI une grosse somme d'argent pour être autorisé à détruire la charte. Les habitants de Laon, exaspérés, se révoltèrent et envahirent l'évêché. Ils découvrirent Gaudry caché

Fig. 49. — **Mort de Gaudry, évêque de Laon.** — Les habitants de Laon révoltés envahirent l'évêché; ils découvrirent Gaudry dans son cellier, caché derrière un tonneau, et le tuèrent.

dans son cellier, derrière un tonneau, et l'égorgèrent. Craignant alors la vengeance du roi, ils se mirent sous la protection du châtelain de Coucy, *Thomas de Marle*, véritable brigand, qui profita de la circonstance pour piller la ville de Laon. Louis VI assiégea bientôt le château de Coucy, le prit d'assaut et punit tous ceux des meurtriers de Gaudry qui s'y étaient réfugiés.

6. Mort de Louis VI (1137). — Avant de mourir le roi avait préparé le mariage de son fils Louis VII, le Jeune, avec *Eléonore de*

Guyenne, fille d'un des plus puissants et des plus riches seigneurs de la France. Par son mariage, Éléonore apportait en dot la Guyenne, la Gascogne, le Poitou et le Limousin. Le mariage eut lieu à Bordeaux; quand Louis VII, avec sa jeune femme, revint à Paris, son père venait de succomber.

Fig. 50. — Sceau de Louis VII.

7. Louis VII (1137-1180). — *Louis VII*, fils de Louis VI, ne sut pas continuer l'œuvre de son père. Au lieu d'écouter les sages conseils de Suger, qui voulait le retenir dans le royaume, il entreprit une croisade. Cette *deuxième croisade*, prêchée par saint Bernard*, excita beaucoup moins d'enthousiasme que la première. Elle ne fut pas heureuse : Louis VII et l'empereur d'Allemagne, *Conrad III*, assiégèrent Damas*, mais ne purent s'en emparer.

8. Henri Plantagenet. — A son retour, Louis VII répudia sa femme Éléonore d'Aquitaine*, qui épousa bientôt *Henri Plantagenet*. Par ce mariage, la dot d'Éléonore (Guyenne, Poitou, Périgord, Limousin, Angoumois, Saintonge) fut réunie aux possessions d'Henri Plantagenet (Normandie, Maine, Anjou, Touraine). Le domaine des

Fig. 51.—Éléonore de Guyenne, Duchesse d'Aquitaine. *Statue en pierre peinte et dorée, conservée à Fontevrault.*

Plantagenets, cinq fois plus vaste que celui des rois de France, comprenait à peu près quarante de nos départements actuels. Le danger fut encore plus grand, lorsque le mari d'Éléonore devint roi d'Angleterre, sous le nom d'Henri II (1154).

CIVILISATION — HISTORIENS MONUMENTS

Historiens. — Suger a écrit une *Vie de Louis VI*. A. Thierry (1802-1856). *Histoire du tiers état*, (pour les communes).
Luchaire. *Philippe-Auguste. Les communes françaises. Annales de la vie de Louis le Gros.*

Monuments. — Le style gothique prit naissance en France vers le milieu du XIIe siècle. *Notre-Dame de Paris*, fut commencée sous Louis VII, par l'évêque Maurice de Sully (fig. 55). Il y a en France beaucoup de cathédrales gothiques, à *Reims, Amiens, Chartres, Beauvais, Bourges, Rouen.*
Suger a fait construire *l'abbaye de Saint-Denis*, à peu près telle que nous la voyons aujourd'hui.

LEXIQUE. — **Aquitaine**, vaste duché qui comprenait le Poitou, la Saintonge, l'Angoumois, le Limousin, Bordeaux, le Périgord, l'Agénois, la Marche, le Berry et l'Auvergne. Le duché de Gascogne y avait été réuni en 1052 (carte, fig. 29).
Brémule, village du département de l'Eure (carte, fig. 47).
Damas, ville de la Syrie, au nord de Jérusalem (carte, fig. 43).
Laon, ch.-l. du département de l'Aisne (carte. fig. 47).
Montlhéry, village de Seine-et-Oise; on y voit encore les ruines du château pris par Louis le Gros (carte, fig. 47).
Plantagenet, surnom donné à Geoffroy, père d'Henri, parce qu'il portait une branche de genêt à son casque.
Saint Bernard (1091-1153), né près de Dijon, devint moine de Citeaux et fonda le couvent de Clairvaux. (Aube). Il fut célèbre par ses vertus, sa science et son éloquence.
Saint-Denis, ville du département de la Seine.

Résumé chronologique.

1108-1137	Louis VI le Gros.
1119	Bataille de Brémule ; défaite de Louis VI par le roi d'Angleterre.
1137-1180	Louis VII le Jeune.
1147-1149	Deuxième croisade; échec de Louis VII devant Damas.
1151	Mort de Suger, ministre de Louis VI et de Louis VII.
1154	Henri Plantagenet, roi d'Angleterre.

Devoirs de rédaction.

I. — LES ROIS DE FRANCE ET LES SEIGNEURS FÉODAUX

Plan. — 1. Louis VI combat les petits seigneurs de son domaine.
2. Pour lutter contre leurs vassaux, Louis VI et Louis VII soutiennent les gens des communes.
3. Ils combattent les rois d'Angleterre, ducs de Normandie.
4. Les Plantagenets deviennent les ennemis les plus redoutables de la royauté capétienne.

II. — QU'EST-CE QUE LE MOUVEMENT COMMUNAL ?

Plan. — 1. Oppression des bourgeois par les seigneurs au moyen âge.
2. Révolte des bourgeois ; — les chartes.
3. La commune de Laon (comme exemple).
4. Liberté et par suite prospérité des villes.

(Cartes, pages 19, 26 et 29.)

Fig. 52. — **Entrée de Philippe-Auguste à Paris après la victoire de Bouvines.** (*Composition de Kreutz-berger*). — Ferrand, comte de Flandre, enfermé dans une cage, est raillé par la foule qui lui crie : « Eh bien ! Ferrand, te voilà enferré, tu ne pourras plus te révolter contre ton maître. » Au fond, on aperçoit le Louvre, bâti par Philippe-Auguste.

Douzième et treizième siècles.

XII. — PHILIPPE-AUGUSTE (1180-1223)
DÉFAITE DES PLANTAGENETS. — VICTOIRE DE BOUVINES (1214)

Entretiens

1. — Philippe-Auguste, qui a régné de 1180 à 1223, voulut reprendre aux Plantagenets les provinces qu'ils possédaient en France.

2. — D'abord ami de Richard Cœur de Lion, avec lequel il entreprit la *troisième croisade*, il lui fit plus tard la guerre, mais ne put lui prendre la Normandie.

3. — Après la mort de Richard, la guerre continua avec **Jean sans Terre**, son frère et successeur, et Philippe put s'emparer de la *Normandie*, du *Maine*, de l'*Anjou* et de la *Touraine*.

4. — Philippe-Auguste remporta à **Bouvines***, en 1214, une grande victoire sur l'empereur Othon IV, et sur les seigneurs du nord de la France, que Jean sans Terre, pour se venger, avait soulevés contre lui.

5. — Philippe-Auguste s'abstint de prendre part à la *quatrième croisade*, qui se termina par la prise de Constantinople, ainsi qu'à la terrible **croisade des Albigeois**, dirigée par *Simon de Montfort* contre les hérétiques du comté de Toulouse.

6. — Paris s'embellit sous ce règne : une *nouvelle enceinte* protégea la ville, quelques rues furent *pavées*, on continua la construction de Notre-Dame; de grands privilèges furent accordés aux maîtres et aux écoliers de l'Université.

Questionnaire : 1. — Quelle fut la politique de Philippe-Auguste?
2. — Quelles furent les relations de Philippe-Auguste avec Richard Cœur de Lion?
3. — Quelles provinces Philippe-Auguste enleva-t-il à Jean sans Terre?
4. — Que savez-vous de la victoire de Bouvines?
5. — Qu'était-ce que la croisade des Albigeois?
6. — Parlez de Paris sous Philippe-Auguste.

Récits

1. Philippe-Auguste (1180-1223). —

Le fils de Louis VII, *Philippe II*, surnommé *Dieu-Donné* ou *Auguste*, n'a que quinze ans à son avènement; mais par son intelligence et son habileté il rend à la royauté capétienne la force et le prestige qu'elle a perdus sous le faible Louis VII. Il réunit à la couronne trois belles provinces, le *Vermandois**, l'*Amiénois* et l'*Artois*; il lutte avec succès contre les vassaux rebelles; il déclare fièrement que *le roi de France ne doit rendre hommage à personne*, et, s'il se laisse entraîner dans la troisième croisade(1190) avec son rival le roi d'Angleterre, *Richard Cœur de Lion*, il s'empresse de l'abandonner à la première occasion; il le laisse donner de beaux coups d'épée en *Palestine*, remporter des victoires stériles sur les infidèles et il revient en Europe pour profiter de l'absence de son ennemi.

Fig. 53. — *Statue en pierre peinte et dorée conservée à Fontevrault, représentant* **Richard Cœur de Lion**. *Cette statue est du XIIIᵉ siècle.*

2. Philippe-Auguste et Jean sans Terre. —

Le roi d'Angleterre, *Jean sans Terre*, successeur de Richard, continua la guerre contre le roi de France. Dans le dessein de s'emparer de tous ses biens, il fit assassiner son propre neveu Arthur, duc de Bretagne, héritier de la couronne d'Angleterre. Philippe-Auguste, son suzerain, le cita devant sa cour pour l'obliger à rendre compte de ce crime; comme Jean refusa de comparaître, la cour confisqua tous ses domaines situés dans le royaume de France, c'est-à-dire la Normandie, le Maine, l'Anjou et la Touraine.

3. Bataille de Bouvines (1214). —

Pour se venger du roi de France, Jean fit alliance avec l'empereur d'Allemagne Othon IV et avec les comtes de Flandre et de Boulogne, inquiets des progrès de la royauté.

Philippe-Auguste marcha contre ses ennemis à la tête de ses chevaliers et des *milices communales**. L'armée était arrivée au village de *Bouvines**, près de Lille, et le roi, fatigué par la chaleur, se reposait à l'ombre d'un frêne quand on annonça que l'ennemi approchait. Aussitôt Phi-

lippe se lève, monte à cheval, les trompettes sonnent et le cri : *Aux armes!* retentit. Le roi dispose ses soldats de manière à avoir à dos le soleil qui, au contraire, éblouissait les rangs en-

Fig. 54. — **Bataille de Bouvines.** — Les Allemands réussirent à renverser Philippe-Auguste de son cheval en le tirant avec leurs lances armées de crocs. Il allait périr, quand ses chevaliers, attirés par les cris de son porte-étendard, le délivrèrent.

nemis. La bataille s'engage, le choc est terrible, Philippe court un grand danger: les Allemands avaient réussi à le renverser de cheval en le tirant avec leurs lances armées de crocs, et il allait périr, quand les cris de son porte-étendard attirèrent les chevaliers qui le délivrèrent. Philippe repoussa Jean et Othon et s'empara du comte de Flandre, *Ferrand*.

Le retour à Paris fut un triomphe; des fleurs jonchaient les chemins, et la foule se pressait autour des vainqueurs, raillant le comte Ferrand, disant qu'il était « enferré », et ne pourrait plus «lever le talon contre son maître (1214)(fig. 52). »

Fig. 55. — **Notre-Dame de Paris** (état actuel). Superbe cathédrale, construite à la pointe de l'île de la Cité, aux XIIᵉ et XIIIᵉ siècles. Souvent remaniée, elle a été restaurée merveilleusement par Lassus et Viollet-le-Duc. Les tours ont 67 mètres de hauteur.

4. Paris sous Philippe-Auguste. —

Paris, devenu capitale de la France depuis

3

l'avènement de Hugues Capet, s'était beaucoup agrandi. Philippe-Auguste établit une nouvelle enceinte pour protéger les faubourgs, il fit paver plusieurs rues et construire des ponts.

L'église Notre-Dame, commencée sous le règne de Louis VII, fut continuée. Elle fut le chef-

FIG. 56. — **Restes de l'enceinte de Philippe-Auguste**, rue Clovis, à Paris. (*D'après une photographie*).

d'œuvre de l'architecture dite gothique ou ogivale, ou plutôt française, caractérisée par l'emploi des arcs brisés, appelés ogives, qui donnent au monument une élévation et une grâce incomparables.

La forteresse du Louvre, qui devint une résidence royale, s'éleva sur la rive droite de la Seine.

De grands privilèges furent accordés à l'Université, réunion de maîtres illustres, dont les leçons attiraient à Paris des écoliers de tous les pays.

CIVILISATION — MONUMENTS

Monuments. — Les fondations du *Louvre* de Philippe-Auguste, marquées par des lignes d'asphalte blanc et de pierres noires dans la cour du Louvre actuel.
Vestiges de *l'enceinte de Philippe-Auguste*, rue Clovis (fig. 56).

LEXIQUE. — Bouvines, village près de Lille (Nord) (carte, fig. 47).
Milices communales, milices formées de bourgeois des communes.
Vermandois, pays de Saint-Quentin.

Résumé chronologique.

1154-1189	Henri II, roi d'Angleterre.
1189-1199	Richard Cœur de Lion, roi d'Angleterre.
1199-1216	Jean sans Terre, roi d'Angleterre.
1180-1223	Philippe-Auguste, roi de France; conquête de la Normandie, de l'Anjou, du Poitou.
1214	Bataille de Bouvines.

Devoir de rédaction.

RÉSUMER LE RÈGNE DE PHILIPPE-AUGUSTE

Plan. — 1. La troisième croisade peu glorieuse.
2. La conquête de la Normandie, etc.
3. Coalition contre la France. — La belle victoire de Bouvines.
4. Embellissement de Paris.

Treizième siècle.

XIII. — SAINT LOUIS (1226-1270). — RÉGENCE DE BLANCHE DE CASTILLE VICTOIRES ET SAGE ADMINISTRATION DU ROI. — DERNIÈRES CROISADES

Entretiens

1. — *Louis VIII*, qui ne régna que trois ans, de 1223 à 1226, eut pour successeur son fils Louis IX ou *saint Louis*.

2. — Pendant la minorité de saint Louis, la France fut gouvernée par **Blanche de Castille**, sa mère.

3. — La régente déjoua les complots des grands et prépara la réunion du comté de Toulouse au domaine royal.

4. — Saint Louis, devenu majeur, battit les Anglais à *Taillebourg* * et à *Saintes* * (1242).

5. — En 1248, il fit une *croisade* et débarqua en Égypte *. Battu et fait prisonnier à la bataille de *Mansourah*, en 1250, il ne revint en France qu'après la mort de Blanche de Castille.

6. — Saint Louis administra le royaume avec fermeté et justice; afin de rendre les guerres privées moins fréquentes, il établit, comme Philippe-Auguste, la *Quarantaine-le-Roy* *; il abolit les *duels judiciaires* * et les remplaça par des *procès réguliers*. Il entreprit une nouvelle *croisade* et mourut devant Tunis * en 1270.

Questionnaire : 1. — Quel fut le successeur de Louis VIII ?

2. — Qui gouverna la France pendant la minorité de saint Louis ?
3. — Que fit la régente pendant la minorité de son fils ?
4. — Citez deux victoires de saint Louis sur les Anglais.
5. — Après quelle bataille fut-il fait prisonnier ?
6. — Parlez de l'administration de saint Louis.

Récits

1. Blanche de Castille (1186-1252).

— Louis IX n'avait que douze ans à la mort de son père, mais le royaume fut habilement gouverné par la reine-mère, *Blanche de Castille*. Les grands vassaux voulaient reconquérir la puissance que Philippe-Auguste leur avait enlevée et ils formèrent, avec le roi d'Angleterre, une ligue redoutable. La reine-mère, douée d'une grande énergie, sut détacher de la ligue tous les coalisés.

Fig. 57. — Saint Louis. — *D'après le buste en or donné par Philippe le Bel et conservé à la Sainte-Chapelle de Paris*. — Louis IX naquit à Poissy en 1215 et mourut devant Tunis en 1270. Comme roi, il fut un des plus grands de la monarchie; comme homme, il donna l'exemple de toutes les vertus.

Blanche de Castille, « qui avait un courage d'homme avec un cœur de femme, » fit de son fils un roi vertueux. Saint Louis était animé d'un grand esprit de justice et de charité. Il traitait avec la même équité tous ses sujets, qu'ils fussent nobles ou paysans. Aussi est-il resté populaire et son règne est-il l'un des plus célèbres et des meilleurs de notre histoire.

2. Victoires de Taillebourg et de Saintes (1242).

— De grands vassaux de l'ouest, comme le comte de la Marche, ayant refusé de reconnaître l'autorité royale, Louis IX leur déclara la guerre. Ces seigneurs révoltés, quoique soutenus par un puissant allié, le roi d'Angleterre, *Henri III*, furent battus à *Taillebourg* * et à *Saintes* *. Ils se soumirent et le roi d'Angleterre signa un traité qui nous assurait une partie des conquêtes de Philippe-Auguste.

3. La croisade de saint Louis en Égypte.

— Saint Louis, pour détruire la domination musulmane, s'embarqua en 1248 près d'*Aigues-Mortes* * et arriva dans l'île de Chypre, d'où il résolut d'attaquer l'*Égypte* * et le Caire.. Il prit terre à Damiette, dispersa les infidèles et s'empara de la ville, au siège de laquelle il perdit plusieurs mois.

Fig. 58. — Ruines du château de Taillebourg, sur la rive gauche de la Charente. C'est près de là que se livra la bataille de 1242.

A la *Mansourah*, les musulmans écrasèrent l'armée chrétienne et ils s'emparèrent du roi, qui les frappa par sa grandeur d'âme et sa résignation; ils ne lui rendirent la liberté que contre une forte rançon et la restitution de Damiette.

Il put alors gagner la *Palestine*, où il resta trois ans encore, relevant les fortifications des villes que les chrétiens avaient conservées en Terre-Sainte, rachetant les prisonniers aux infidèles; saint Louis ne revint en France qu'en 1254, après la mort de sa mère.

4. Administration de saint Louis.

— Saint Louis accrut le pouvoir royal tout en respectant les droits des seigneurs féodaux. Il permit de porter en appel devant les tribunaux du roi beaucoup de causes déjà jugées par les seigneurs. Pour diminuer le fléau des guerres privées, il maintint une institution de Philippe-Auguste, la *quarantaine-le-roy**, trêve de 40 jours

Fig. 59. — **Les murailles d'Aigues-Mortes.** — Construites en 1275 par Philippe le Hardi, ces murailles sont dans un parfait état de conservation.

entre la déclaration de guerre et le commencement des hostilités. Il supprima devant les tribunaux royaux le *duel judiciaire**, très injuste, car le vaincu perdait toujours son procès.

Saint Louis aimait à rendre lui-même la justice. *Joinville* raconte que souvent, en été, il allait s'asseoir au bois de Vincennes et que tous ceux qui le désiraient venaient librement lui parler.

Fig. 60. — **Saint Louis rendant la justice.** — En été, raconte Joinville, le roi allait s'asseoir au bois de Vincennes et tous ceux qui le désiraient venaient librement lui parler.

Il améliora aussi l'administration de ses domaines, dont les revenus suffisaient encore à tous les besoins de la royauté. Sa réputation d'équité était si grande que plusieurs fois des princes et des rois étrangers le prirent pour arbitre dans leurs querelles.

Sur la fin de son règne il entreprit une nouvelle croisade, débarqua près de *Tunis** et mourut de la peste sous les murs de cette ville, en 1270.

Il fut un des plus grands rois du moyen âge.

5. Les monuments religieux et militaires au XIII⁰ siècle.

— Le XIII⁰ siècle est l'époque du grand développement de *l'architecture française gothique* ou *ogivale*, ainsi nommée à cause de la construction des voûtes soutenues par des nervures appelées ogives.

Fig. 61. — **Cathédrale de Chartres, vue du portail latéral nord.** — La cathédrale de Chartres est une des plus belles de l'art gothique du XIII⁰ siècle.

Cette architecture, qui succéda au style roman*, produisit alors les plus beaux monuments, ceux qui nous étonnent encore par leur immensité, par la grâce et la grandeur de leurs proportions, par leurs détails si pittoresques et si amusants.

Il aurait fallu des siècles pour construire les châteaux, les forteresses, les hôtels de ville avec leurs beffrois* et surtout les chapelles et les églises qui couvrirent alors le sol de la France, si des *confréries* d'architectes et de maçons ne s'étaient formées, qui parcouraient le pays et élevaient les plus vastes monuments, avec l'aide quelquefois volontaire des pieuses populations.

Les principaux monuments religieux de cette époque sont les grandes cathédrales de *Reims, Chartres, Amiens, Metz, Strasbourg, Paris* et *Bourges*, avec leurs vastes nefs, leurs piliers à colonnes, leurs galeries à balustrades, leurs fenêtres étroites et leurs immenses roses aux vitraux éclatants, leur pavage en carreaux émaillés formant des dessins, leurs portails couverts de statues et leurs clochers gigantesques qui souvent restaient inachevés. Ces églises, œuvres de la foi autant que de l'art, étaient éminemment propres à développer le sentiment religieux, et Montaigne a pu dire qu'en y entrant « *il n'est âme si revêche qui ne se sente touchée de quelque révérence.* »

CIVILISATION — HISTORIENS
MONUMENTS

Historiens. — *Les Établissements de saint Louis* (code). Étienne Boileau, *Le livre des métiers de Paris* (statuts de 150 corporations).
Joinville, *Histoire de saint Louis*.
Wallon, *Histoire de saint Louis* (moderne).

Monuments historiques. — Les grandes cathédrales gothiques, dont les plus célèbres sont celles de *Paris* (fig. 55), *Amiens, Chartres* (fig. 61), *Reims, Rouen* ; la *Sainte-Chapelle*, à Paris, construite par saint Louis. — L'église ogivale, soutenue par des arcs-boutants extérieurs, a pu s'élever à une hauteur extraordinaire ; les fenêtres se sont multipliées : on a remplacé les ouvertures arrondies ou en plein cintre par des ouvertures formées en arcs brisés. — L'architecture gothique, née dans la France centrale, s'est répandue dans toute l'Europe. Le collège de *Sorbonne* et l'hôpital des *Quinze-Vingts* datent aussi de saint Louis.

LEXIQUE. — **Aigues-Mortes**, petite ville du département du Gard (carte, fig. 47).
Beffroi. Tour ou clocher où l'on sonne l'alarme.
Duel judiciaire. Duel autorisé par les juges et où les combattants soutenaient leurs droits en luttant l'un contre l'autre.
Égypte, contrée de l'Afrique du nord, arrosée par le Nil (carte, fig. 43).
Quarantaine-le-Roy. Institution qui interdisait les guerres privées pendant quarante jours après l'injure.
Roman. Style d'architecture, du cinquième au douzième siècle, caractérisé par les voûtes à plein cintre.
Saintes, sous-préfecture du département de la Charente-Inférieure (carte, fig. 47).
Taillebourg, village de la Charente-Inférieure (carte, fig. 47).
Tunis, ville du nord de l'Afrique, capitale de la Tunisie qui est sous le protectorat de la France depuis le traité du Bardo en 1881 (carte, fig. 43).

Résumé chronologique.

1223-1226	Louis VIII, le Lion ; conquête du Languedoc.
1226	Louis IX ou saint Louis.
1242	Batailles de Taillebourg et de Saintes, victoires de saint Louis sur les Anglais.
1248-1254	Croisade d'Égypte, saint Louis prisonnier à la Mansourah.
1270	Croisade de Tunis, mort de saint Louis.

Devoir de rédaction.
LA JUSTICE DE SAINT LOUIS

Plan. — 1. Saint Louis fut le roi justicier par excellence.
2. Le chêne de Vincennes.
3. La quarantaine-le-roy et l'abolition du duel judiciaire.
4. Saint Louis mérita, par sa justice autant que par sa piété, d'être vénéré comme un saint.

Treizième et quatorzième siècles.

XIV. — PHILIPPE LE BEL (1285-1314). — BATAILLE DE COURTRAI (1302)
HUMILIATION DE BONIFACE VIII ET ABOLITION DES TEMPLIERS (1312)

Entretiens

1. — Philippe III, le Hardi régna de 1270 à 1285. Après une guerre sans résultat contre le roi d'Aragon, il mourut à Perpignan en 1285.

2. — Son fils, Philippe le Bel (1285-1314), fit la guerre aux Anglais et aux Flamands : battu à *Courtrai** en 1302, il prit sa revanche à *Mons-en-Puelle** en 1304, et garda une partie de la Flandre.

3. — La querelle de Philippe le Bel avec le pape Boniface VIII amena l'élection d'un pape français, *Clément V*, qui vint résider à Avignon*.

4. — Philippe le Bel abolit l'ordre des *Templiers* et s'empara de leurs richesses. Pour augmenter son trésor, il altéra les monnaies.

5. — Les *états généraux*, composés des représentants de la noblesse, du clergé et du tiers état, sont convoqués pour la première fois, en avril 1302.

6. — Avec les trois fils de Philippe le Bel, *Louis X, Philippe V* et *Charles IV*, qui se succédèrent en vertu de la loi salique*, finit la famille des Capétiens directs.

Récits

1. La bataille de Courtrai (1302). — Victoire de Mons-en-Puelle (1304).

— La chevalerie française était pleine de mépris pour les manants et les artisans qui cons-

Fig. 62. — **Bataille de Courtrai (1302).** — Les chevaliers vinrent s'entasser dans le fossé. Les Flamands n'eurent plus qu'à les égorger et à les assommer à coups de massue. Dans un marais qui s'appelle depuis « la prairie du sang, » ils tuèrent 12 000 sergents d'armes*. Sur le champ de bataille, on mesurait au boisseau les éperons dorés des chevaliers.

tituaient les milices flamandes : elle courut à leur rencontre sans apercevoir un canal assez profond qui la séparait de l'ennemi. Le connétable de Nesle, qui commandait l'armée, voulut modérer cette fougue imprudente. « Est-ce que vous avez peur de ces lapins, ou porteriez-vous vous-même de leur poil? s'écria le comte d'Artois. — « Sire, répondit le connétable, si vous venez où j'irai, vous viendrez bien avant. » Et, en effet, il s'élance vers les Flamands : la chevalerie se précipite à sa suite. Aveuglés par la poussière, emportés par leur ardeur, les Français s'engouffrent dans le canal, où les Flamands les achèvent à coups de massue. Le connétable périt avec six mille des siens et les vainqueurs purent suspendre dans leurs églises quatre mille paires d'éperons dorés.

Deux ans plus tard, Philippe le Bel répara la défaite de Courtrai par sa victoire de *Mons-en-Puelle**. La paix, signée à *Athis-sur-Orge*, en 1305, laissait à Philippe la Flandre française avec Lille, Douai, Béthune et Orchies.

2. Philippe le Bel et Boniface VIII. — Clément V.

— Une lutte éclata entre *Philippe le Bel* et le pape *Boniface VIII*, parce que le roi voulut forcer le clergé français à contribuer aux charges de l'État. Boniface VIII dont les prétentions avaient blessé tous les souverains envoya au roi de France comme ambassadeur ou *légat* l'évêque de Pamiers, *Bernard de Saisset*: Philippe le Bel fit arrêter le légat. Excommunié pour ce fait, le roi fit brûler la bulle* d'excommunication à Paris, et, pour intéresser ses sujets à sa cause, il appela autour de lui les trois ordres de la nation : *clergé, noblesse et tiers état*, qui se réunirent à Notre-Dame en 1302 et formèrent les premiers *états généraux*.

Le pape menace alors de déposer le roi de France et convoque un concile à Rome. Au moment où il allait mettre ses menaces à exécution, le chancelier de Philippe le Bel, *Guillaume de Nogaret*, et l'Italien *Sciarra Colonna*, assistés de quelques troupes, pénètrent dans la petite ville *d'Anagni*, et outragent violemment le pape qui y résidait. Délivré par la population, Boniface se réfugie à Rome, où il meurt bientôt de chagrin.

Fig. 63. — **Avignon. Le palais des papes.** — En vertu d'un traité conclu en 1305 avec Philippe le Bel, le pape Clément V vint établir sa résidence à Avignon. Les papes y séjournèrent jusqu'en 1377 d'abord, et ensuite de 1379 à 1411.

Benoît XI, qui lui succéda, mourut au bout de peu de mois, et l'archevêque de Bordeaux, *Bertrand de Got*, fut élu avec l'appui de Philippe le Bel. Après avoir résidé dans plusieurs villes de France, le nouveau pape, qui prit le nom de *Clément V*, s'établit à *Avignon**, où ses successeurs, tous Français, résidèrent pendant soixante-huit ans.

3. Les Templiers. — Les *Templiers*, créés autrefois (1118), pour défendre le temple de Jérusalem, possédaient des richesses considérables.

Fig. 61. — La tour du Temple. — Cette tour, qui se trouvait dans l'enclos du Temple, avait été construite par les Templiers en 1212. Louis XVI et sa famille y furent enfermés. Elle fut abattue en 1811.

Ils faisaient le commerce de l'argent, et les tours de leurs châteaux-forts étaient souvent des lieux de dépôt pour les trésors des rois et des princes. Leur grand-maître était alors un Bourguignon, *Jacques de Molay*.

Philippe le Bel connaissait la forteresse du Temple à Paris; il savait que d'importantes richesses y étaient entassées. Pressé par le besoin d'argent, il voulut s'en emparer. Pour supprimer l'ordre du Temple, il lui fallait l'approbation du pape, qui résista d'abord à ses demandes. Enfin, au mois d'octobre 1307, il donna l'ordre d'arrêter le même jour les plus importants d'entre les Templiers. Il les fit comparaître devant le tribunal de l'Inquisition*; les tortures les plus affreuses leur furent infligées, et beaucoup d'entre eux, sous l'influence des tourments, avouèrent des crimes imaginaires. Jacques de Molay, lui-même, fit des aveux qui n'avaient aucune vraisemblance.

En 1309, cinquante-neuf chevaliers qui étaient revenus sur leurs aveux furent brûlés publiquement. Clément V ne se résignait pas à la suppression de l'ordre; mais comme il habitait Avignon, ce qui le plaçait sous la puissance de Philippe le Bel, il dut, en 1312, prononcer l'abolition des Templiers. Le roi de France s'empara de presque tous leurs biens.

CIVILISATION — HISTORIENS MONUMENTS

Historien. — Boutaric, *Philippe le Bel* (moderne).

Monument historique. — Le *Temple*, résidence des Templiers à Paris; on y voyait une tour qui a été démolie en 1811 (fig. 61).

LEXIQUE — **Avignon**, ch.-l. du Vaucluse; a appartenu aux papes jusqu'en 1791, date de sa réunion à la France (carte, fig. 72).

Bulle. Lettre du pape scellée avec une *boule* en plomb.

Courtrai, ville de Belgique (carte, fig. 72).

Inquisition, tribunal chargé de punir les hérétiques.

Loi salique. On nomme ainsi la réunion des coutumes suivies chez les Francs Saliens.

Mons-en-Puelle, village du Nord (carte, fig. 72).

Sergents d'armes ou de bataille; institués par Philippe-Auguste pour la garde du roi, ils furent supprimés par Charles V.

Résumé chronologique.

1270-1285	Philippe III, le Hardi.
1285-1314	Philippe IV, le Bel.
1296-1304	Guerre de Flandre; conquête de Lille et de la Flandre française.
1297-1303	Lutte contre Boniface VIII; humiliation du pape à Anagni.
1302	13 avril, première convocation des états généraux.
1312	Abolition de l'ordre des Templiers.
1314-1316	Louis X, le Hutin.
1316-1322	Philippe V, le Long, application de la loi salique.
1322-1328	Charles IV, le Bel.

Devoir de rédaction.

LA LUTTE DE PHILIPPE LE BEL CONTRE LE PAPE

Plan. — 1. La querelle, à l'occasion des impôts sur le clergé et de la nomination de Bernard de Saisset comme légat.

2. La réunion des premiers états généraux (1302); la nation soutient le roi.

3. L'affaire d'Anagni (1303).

4. Les papes à Avignon; la condamnation des Templiers.

TABLEAU CHRONOLOGIQUE ET GÉNÉALOGIQUE DES ROIS CAPÉTIENS DIRECTS

987-996. Hugues-Capet, fils de Hugues le Grand, comte de Paris.	**1137-1180. Louis VII, le Jeune**, fils de Louis VI.	**1285-1314. Philippe IV, le Bel**, fils de Philippe III.
996-1031. Robert II, le Pieux, fils de Hugues Capet.	**1180-1223. Philippe II, Auguste**, fils de Louis VII.	**1314-1316. Louis X, le Hutin**, fils de Philippe le Bel.
1031-1060. Henri Ier, fils de Robert II.	**1223-1226. Louis VIII, le Lion**, fils de Philippe II.	**1316-1322. Philippe V, le Long**, 2^e fils de Philippe le Bel.
1060-1108. Philippe Ier, fils de Henri Ier.	**1226-1270. Louis IX, le Saint**, fils de Louis VIII.	**1322-1328. Charles IV, le Bel**, 3e fils de Philippe le Bel.
1108-1137. Louis VI, le Gros, fils de Philippe Ier.	**1270-1285. Philippe III, le Hardi**, 2e fils de Louis IX.	*La durée de la dynastie des Capétiens directs a été de 341 ans.*

Fig. 65. — **Bataille de Poitiers (1356)**. *Composition de Kreutzberger d'après des documents de l'époque.* — Le roi Jean se mit courageusement à la tête de ses troupes. Il engagea imprudemment ses chevaliers dans un sentier étroit, afin d'atteindre l'ennemi ; criblés de flèches, ils furent obligés de rétrograder.

Quatorzième siècle.

XV. — AVÈNEMENT DES VALOIS (1328-1498). — COMMENCEMENT DE LA GUERRE DE CENT ANS (1337). DÉFAITES DE CRÉCY (1346) ET DE POITIERS (1356). — ÉTIENNE MARCEL. LA JACQUERIE.

Entretiens

1. — Philippe VI de Valois*, cousin germain des trois derniers Capétiens directs, fut proclamé roi en 1328, en vertu de la *loi salique*, vieille coutume qui interdisait aux femmes de régner.

2. — Dès le début de son règne, les Flamands se révoltèrent et Philippe VI les battit à *Cassel*.

3. — Le roi d'Angleterre, Édouard III, qui, par sa mère, était petit-fils de Philippe le Bel, réclama la couronne. Ce fut l'origine de la **guerre de Cent ans** (1337-1453).

4. — Philippe VI fut battu à *Crécy* en 1346 et, l'année suivante, malgré la courageuse résistance des habitants, *Calais* fut pris par les Anglais.

5. — Jean le Bon, fils de Philippe de Valois, fut battu et fait prisonnier à *Poitiers*, en 1356, par le *Prince Noir*, fils d'Édouard III, d'Angleterre.

6. — Les *états généraux*, dirigés par Étienne Marcel, prévôt des marchands* de Paris, s'emparèrent du pouvoir, mais ils furent obligés de se soumettre au Dauphin*, le futur Charles V.

7. — A la même époque les paysans, exaspérés par les souffrances de la guerre, se révoltèrent contre les seigneurs; cette révolte a été appelée la *Jacquerie*.

8. — Pour obtenir sa liberté, le roi Jean signa, en 1360, le honteux *traité de Brétigny*, qui cédait à Édouard III, outre la ville de Calais, presque tout le sud-ouest de la France.

Questionnaire : 1. — En quelle année Philippe de Valois devint-il roi ?
2. — Quelle victoire Philippe VI remporta-t-il sur les Flamands ?
3. — Pourquoi Édouard III réclamait-il la couronne ?
4. — Où Philippe VI fut-il battu ?

5. — Où Jean le Bon fut-il battu ?
6. — Que firent les états généraux dirigés par Étienne Marcel ?
7. — Pourquoi les paysans se sont-ils révoltés ?
8. — Quelles étaient les conditions de la paix de Brétigny ?

Récits

1. Origines de la guerre de Cent ans.

— Les trois fils de Philippe le Bel étant morts sans laisser d'enfants mâles, on invoqua, à trois reprises, la loi salique pour écarter les femmes du trône. Ce qu'on voulait surtout éviter, c'est qu'un étranger pût devenir roi de France par un mariage.

Avec Philippe VI commence la branche capétienne des *Valois*, qui a occupé le trône de 1328 à 1589. — Sans la loi salique, deux princes, Charles le Mauvais, roi de Navarre, et Édouard III, roi d'Angleterre, auraient eu des droits supérieurs à ceux de Philippe de Valois ; ils ne firent pas d'abord valoir leurs prétentions. Philippe put

Fig. 66. — **Bataille de Cassel (1328)**. — Cette bataille fut très meurtrière pour les Flamands, qui portaient de lourdes cuirasses de cavaliers ; seize mille furent tués. La victoire de Cassel fit de Philippe VI un roi légitime aux yeux des Anglais eux-mêmes.

faire la guerre aux Flamands révoltés contre leur comte et les battre à *Cassel* (1328).

Mais, en 1337, Édouard III, roi d'Angleterre, qui, par sa mère, était petit-fils de Philippe le Bel, prit le titre de *roi de France* et alors commença la *guerre dite de Cent Ans*, qui a duré en réalité 116 ans, de 1337 à 1453.

2. La bataille de Crécy* (1346).

— Philippe de Valois atteignit les Anglais à *Crécy*, non loin d'Abbeville ; il les attaqua sans laisser à son armée, fatiguée par une longue marche sous une pluie battante, le temps de réparer ses

forces. Les Français s'élancèrent et arrivèrent sur les Anglais dans une horrible confusion.

Fig. 67. — **Bombarde en fer forgé** ouverte aux deux extrémités et se chargeant par la culasse, employée par les Anglais à la bataille de Crécy (1346).

Les ennemis étaient munis de bombardes ou de pierriers dont on se servait en France depuis 1340 et qui paraissaient pour la première fois dans une bataille. De plus, excellents archers, ils tiraient à coup sûr dans une masse presque incapable de mouvement et abattaient à chaque trait homme ou cheval : trente mille Français, et parmi eux onze princes et l'élite de la noblesse, restèrent sur le champ de bataille.

Fig. 68. — **Dévouement d'Eustache de Saint-Pierre et des cinq bourgeois de Calais.** — Quand Eustache et les cinq bourgeois vinrent se mettre à genoux, les mains jointes, devant Édouard III, il les regarda furieusement et commanda qu'on leur coupât la tête. Les Anglais pleuraient tous et suppliaient en vain le roi. Il fallut que la reine se jetât à ses pieds pour obtenir merci.

3. Les Bourgeois de Calais* (1347).

— Les Calaisiens avaient résisté héroïquement pendant les onze mois que dura le siège ; mais, épuisés, manquant de tout, ils se virent forcés de se rendre. Le roi d'Angleterre, Edouard III, exigea que six bourgeois vinssent *en chemise, pieds nus, la corde au cou,* lui apporter les clefs de la ville. *Eustache de Saint-Pierre* et cinq autres habitants se dévouèrent pour sauver la vie de leurs compatriotes. Le roi ordonna aussitôt de les livrer au supplice, mais la reine se jeta aux pieds de son mari, et obtint leur grâce.

Une partie des habitants de Calais fut expulsée et la ville, *« la clef de la France, »* appartint aux Anglais jusqu'en 1558.

4. Bataille de Poitiers* (1356). — Traité de Brétigny* (1360). — Le fils de Philippe VI, *Jean le Bon,* incapable et dépensier, était brave jusqu'à la témérité. Grâce aux subsides votés par les états généraux, il put équiper plus de cinquante mille hommes, avec lesquels il marcha contre les Anglais qui, au nombre de dix mille seulement, ravageaient nos provinces de l'ouest. Jean pouvait cerner les Anglais et les réduire à capituler en leur coupant les vivres; mais, voulant tirer vengeance du désastre de Crécy, il préféra combattre. Plus de trois cents de ses meilleurs chevaliers s'engagèrent dans un sentier étroit pour atteindre les ennemis; criblés de flèches, ils furent forcés de se retirer en désordre, et une partie de l'armée française, commandée par le *Dauphin* Charles* et par le duc d'Orléans, frère du roi, s'enfuit sans combattre. Jean avait encore des forces supérieures à celles des Anglais : il se mit courageusement à la tête de ses troupes. C'est alors que son fils Philippe, âgé de treize ans, qui combattait à ses côtés, lui criait : « *Père, gardez-vous à droite, Père, gardez-vous à gauche.* » Jean fut fait prisonnier et conduit à Londres.

Il ne fut rendu à la liberté qu'en 1360, par le désastreux *traité de Brétigny*,* qui, outre une rançon de trois millions d'écus d'or, livrait à Édouard III, avec Calais*, presque tout le sud-ouest de la France.

5. Étienne Marcel et les états généraux de 1357. — Le fils de Jean le Bon, le Dauphin Charles, nommé régent du royaume pendant la captivité de son père, revint à Paris et convoqua les *états généraux,* afin d'en obtenir des subsides. Mais les états, dirigés par *Etienne Marcel,* prévôt des marchands* de Paris, et par *Robert le Coq,* évêque de Laon, voulurent se saisir du Gouvernement et réformer l'administration. Ils réclamèrent, pour les délégués des états le droit de lever les impôts; puis ils formèrent un *Conseil de la couronne,* composé

de trente-six membres élus par les députés des trois ordres.

Ce n'était pas là de simples réformes, mais bien une véritable Révolution; c'était le *pouvoir de la nation,* représentée par les députés des états, substitué à *celui de la royauté.* C'était, trois siècles avant la Révolution de 1789, la chute du pouvoir absolu et l'établissement du gouvernement de la France par ses représentants.

FIG. 69. — **Assassinat d'Étienne Marcel.** (*D'après une miniature du manuscrit du duc de Berry, à la Bibliothèque nationale de Paris*). Le matin du 31 juillet, Marcel était allé relever les gardes des portes. A la porte Saint-Antoine, il fut rejoint par les conjurés; il n'essaya pas de disputer sa vie aux meurtriers. « Pourquoi voulez-vous me tuer? leur dit-il, ce que j'ai fait, je l'ai fait pour le bien de tous, pour maintenir l'œuvre des états, que vous mêmes me fites jurer de défendre de tout mon pouvoir. »

Le Dauphin, d'abord obligé de céder, ne tarda pas à se montrer hostile aux réformes : il quitta Paris et, aidé par la noblesse, il assiégea la ville. Etienne Marcel, mal soutenu par les députés des provinces, périt assassiné en 1358, et la tentative des états généraux n'eut aucun résultat.

6. La Jacquerie* (1358). — Depuis la bataille de Poitiers, le nord de la France n'était plus cultivé. Le roi, pour faire la guerre, employait des aventuriers, des routiers*. Ces routiers pillaient les campagnes, soumettaient les paysans à d'odieux traitements, suppliciaient même les femmes et les enfants. Les paysans, les *Jacques,* comme on les appelait par dérision, se réfugièrent dans les cavernes et les forêts. Là, exaspérés par leurs souffrances, ils s'armèrent de fourches, d'épieux et de massues et se jetèrent impitoyablement sur les châteaux des nobles qu'ils saccagèrent.

Le Dauphin fit appel à tous ceux que menaçaient les Jacques. Les seigneurs se réunirent

Fig. 70. — **Défaite des Jacques à Meaux.** *(D'après une miniature du manuscrit de Froissart à la Bibliothèque nationale de Paris).* — Les Jacques attaquaient le château de Meaux-en-Brie occupé par le Dauphin, la garnison était peu nombreuse; mais le comte de Foix et le captal de Buch vinrent se joindre à elle. Les chevaliers sortirent du château et, se ruant sur les Jacques qui étaient mal armés, ils les massacrèrent comme des bêtes. Plus de 70 000 Jacques furent tués.

pour cerner les malheureux paysans, dont les armes étaient insuffisantes contre les cuirasses, les lances et les lourdes épées des soldats. Les Jacques furent presque tous massacrés à Meaux*.

CIVILISATION — HISTORIENS
MONUMENTS

Historiens. — Historien contemporain : FROISSART (1337-1410). *Chroniques.* Froissart raconte avec beaucoup de vivacité les épisodes les plus brillants de la guerre de Cent ans. Il aime les belles batailles, les vaillants coups d'épée et les rencontres chevaleresques. C'est le grand historien de la chevalerie.

Monuments historiques. — Le *donjon de Vincennes* près Paris, bâti au XIV° siècle sous Philippe VI (fig. 71). — Statue d'*Étienne Marcel*, à l'Hôtel de ville de Paris.

LEXIQUE. — **Brétigny**, hameau de l'arrondissement de Chartres (carte, fig. 72).

Calais, sur le Pas-de-Calais, en face de la ville anglaise de Douvres (carte, fig. 72).

Cassel, petite ville du département du Nord (carte, fig. 72).

Crécy, petite ville de la Somme, près d'Abbeville (carte, fig. 72).

Dauphin, Philippe VI avait acheté le Dauphiné et depuis lors le titre de dauphin fut donné au fils aîné du roi.

Jacquerie. vient de *Jacques Bonhomme*, surnom donné par dérision au paysan.

Meaux, s.-pr. du départ. de S.-et-Marne (carte, fig. 72).

Poitiers, sur le Clain, ch.-l. de la Vienne (carte, fig. 72).

Prévôt des marchands, chef élu des corporations de métiers, avait des fonctions à peu près semblables à celles d'un maire. Comme chef de la *hanse* parisienne ou des *marchands de l'eau*, il avait la police de la navigation de la Seine.

Prince noir, Prince de Galles, fils d'Édouard III, ainsi nommé à cause de la couleur de son armure.

Routiers, du vieux mot *route*, bande de soldats, nom que l'on donnait à des bandes d'aventuriers pillards.

Valois, pays de l'ancienne France, partie orientale du département de l'Oise.

Fig. 71. — **Le donjon de Vincennes.** — La construction du château de Vincennes, près Paris, fut commencée au XIV° siècle sous Philippe VI. Le donjon encore debout est un magnifique spécimen de l'architecture militaire de cette époque; il s'élève à 52 mètres de hauteur, a cinq étages composés chacun de cinq salles. Les murs ont trois mètres d'épaisseur.

Résumé chronologique.

1328	Avènement de Philippe VI de Valois.
1337	Début de la guerre de Cent Ans.
1346	Bataille de Crécy, défaite de Philippe VI.
1347	Prise de Calais.
1350	Avènement de Jean le Bon ou le Brave.
1356	Bataille de Poitiers. — Captivité de Jean le Bon.

1356-1858 Étienne Marcel. — Lutte des états généraux contre le Dauphin Charles.	**Généalogie des Valois et d'Édouard III**
1358 La Jacquerie.	
1360 Paix de Brétigny.	

Philippe III, e Hardi (1270-1285)

Philippe IV, le Bel (1285-1314)   Charles de Valois

Louis X (1314-1316)   Philippe V (1316-1322)   Charles IV (1322-1328)   Isabelle Épouse Édouard II, roi d'Angleterre

Jean Ier vécut 5 jours   Jeanne, reine épouse de Navarre Philippe d'Evreux

Édouard III   Philippe VI de Valois (1328-1350)

Charles le Mauvais

Devoir de rédaction.

LES BATAILLES DE CRÉCY ET DE POITIERS

Plan. — 1. A Crécy, Philippe VI fut battu pour avoir engagé trop vite le combat et ne s'être pas servi de ses archers.

2. A Poitiers, Jean le Bon fut battu pour avoir voulu emporter témérairement la position très forte des ennemis.

3. Ces chevaliers français étaient très braves, mais très imprudents; ils ne savaient pas attendre avec le calme des Anglais et ne songeaient qu'à frapper de brillants coups d'épée.

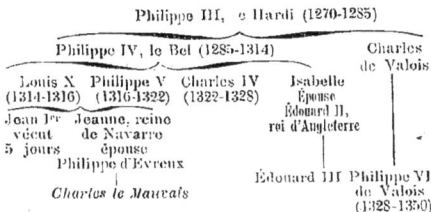

Quatorzième siècle.

XVI. — CHARLES V (1364-1380)
VICTOIRE DE COCHEREL REMPORTÉE PAR DUGUESCLIN

Fig. 72. — **Carte de la France pendant la guerre de Cent ans.** — La guerre de Cent ans, qui, en réalité, a duré 116 ans (1337-1453), a été amenée par la rivalité de Philippe VI, roi de France, et d'Édouard III, roi d'Angleterre. Elle a été terminée en 1453, après la victoire de Castillon et la capitulation de Bordeaux. — A partir de cette date, les Anglais ne conservent plus en France que la ville de Calais.

Entretiens

1. — Le prudent Charles V régna de 1364 à 1380. Aidé par un vaillant capitaine, Duguesclin, il débarrassa la France des *Grandes Compagnies** qui la ravageaient, et chassa presque complètement les *Anglais*.

2. — Dès son enfance, Duguesclin se faisait remarquer par ses goûts belliqueux; il s'exerçait à la lutte avec les petits paysans.

3. — Il inaugura le règne de Charles V par la victoire de *Cocherel*, remportée sur le *Captal** de *Buch*, Jean de Grailly (1364).

4. — A la suite de cette victoire, le roi de *Navarre** fut forcé de renoncer à ses prétentions à la couronne de France.

5. — Moins heureux la même année, à la *bataille d'Auray**, Duguesclin fut fait prisonnier, mais le roi n'hésita pas à payer la rançon qui le fit mettre en liberté.

Questionnaire : 1. — Par qui Charles V fut-il aidé contre les Anglais ?

2. — Dès son enfance, Duguesclin n'avait-il pas des goûts militaires ?

3. — Quelle fut la victoire qui inaugura le règne de Charles V ?

4. — Quelle fut la conséquence de la victoire de Cocherel ?

5. — Dites ce qui arriva à la bataille d'Auray.

Récits

1. Charles V (1364-1380).

— *Charles V* différait profondément de son père et de son grand-père, rois chevaliers qui n'aimaient que la guerre. D'un tempérament maladif, il préférait la ruse et la diplomatie aux batailles. C'était un esprit sage, réfléchi; son habile politique devait triompher des Anglais. Il eut aussi l'intelligence de prendre à son service un brave guerrier, *Duguesclin*, qui fut le meilleur capitaine de cette époque.

Fig. 73. — **Sacre de Charles V.** (*D'après une miniature de l'Histoire de Charles V, à la Bibliothèque nationale de Paris*.) — Charles V fut sacré roi de France, à Reims, le 19 mai 1364.

2. La jeunesse de Duguesclin.

— *Bertrand Duguesclin*, né vers 1320, à la Motte-Broons, près de Dinan*, d'un petit seigneur breton du parti français, était laid, violent et grossier. Dans son enfance, il fut sacrifié par ses parents à ses autres frères, et négligé comme incapable d'acquérir jamais les qualités qu'on réclamait alors des nobles. Laissé à ses instincts batailleurs, il fréquenta les petits paysans du voisinage, s'exerçant avec eux à la lutte. Ses goûts militaires se révélèrent de bonne heure; mais son père ne voulait pas le laisser combattre dans les tournois, où luttaient entre eux les nobles.

Fig. 74. — **Duguesclin refuse de combattre contre son père.** — Après avoir vaincu les plus célèbres chevaliers au tournoi de Rennes, Duguesclin releva la visière de son casque pour ne pas être obligé de combattre contre son père qui le provoquait. Son père, le reconnaissant, se précipita vers lui et serra dans ses bras ce *mauvais garçon*, qui devint la gloire de la Bretagne.

Il obtint un jour, d'un de ses parents, des armes et un cheval pour se rendre à un grand tournoi qui avait lieu à Rennes*, aux fêtes du mariage de Jeanne de Penthièvre avec Charles de Blois. Méconnaissable sous son casque, il vainquit les plus célèbres chevaliers de Bretagne; mais provoqué par son père, qui était présent et qui ne l'avait point reconnu, il leva sa visière, pour ne pas être obligé de le combattre. Son père, le reconnaissant, se précipita vers lui et serra dans ses bras ce « *mauvais garçon*, » qui devint la gloire de la Bretagne.

3. Bataille de Cocherel (1364).

— Aussi avisé qu'il était brave, habile à se garder et à surprendre l'ennemi, Duguesclin inaugura le règne de Charles V par la victoire de *Cocherel*, près d'Evreux*.

L'armée de Charles le Mauvais, composée de Navarrais et d'Anglais, était fortement établie sur une colline. Duguesclin, simulant une fuite en désordre, entraîne ses ennemis dans la plaine, puis, se retournant contre eux, il engage un combat acharné et remporte la victoire. Le captal* de Buch, Jean de Grailly, qui comman- dait les Navarrais et les Anglais, est fait pri- sonnier et le roi de Navarre*, qui s'était vanté d'empêcher le sacre de Charles V à Reims, est obligé de renoncer à toute prétention sur la couronne de France.

4. Bataille d'Auray*(1364).

— Quelques mois après la bataille de Cocherel, Duguesclin, que le roi avait nommé *maréchal de Nor- mandie*, fut moins heureux en Bre- tagne, où Charles V l'avait envoyé au secours de Charles de Blois, qui, pour s'emparer du duché de Bre- tagne, luttait contre Jean de Mont- fort. A la bataille d'*Auray*, Charles de Blois fut tué et Duguesclin fait prisonnier par un capitaine anglais, *Chandos*. La Bretagne resta à Jean de Montfort, qui fit alliance avec le roi de France.

Charles V, appréciant de plus en plus les grandes qualités de Du- guesclin, n'hésita pas à payer sa rançon afin d'obtenir sa liberté.

FIG. 75. — Archer (1300 à 1410).

CIVILISATION — HISTORIENS

Historiens. — Historien contemporain : FROISSART. Historien moderne : SIMÉON LUCE. *Histoire de Bertrand Duguesclin; la France pendant la guerre de Cent ans.*

LEXIQUE. — **Auray**, petite ville près du golfe de Morbihan (carte, fig. 72).

Captal, veut dire capitaine.

Dinan, s.-pr. du départ. des Côtes-du-Nord.

Évreux, ch.-l. du départ. de l'Eure.

Grandes Compagnies. Bandes d'aventuriers et de mercenaires.

Rennes, ch.-l. du départ. d'Ille-et-Vilaine.

Roi de Navarre. La Navarre ne fit partie du royaume de France qu'à partir de l'avènement de Henri IV (1589).

La Teste-de-Buch est une petite ville au bord du bassin d'Arcachon.

Résumé chronologique.

1364-1380	Règne de Charles V, le Sage.
1364	Bataille de Cocherel.
1364	Bataille d'Auray.

Devoir de rédaction.

LA JEUNESSE DE DUGUESCLIN

Plan. — 1. Enfant violent et batailleur.
2. Sa force et son adresse; le tournoi de Rennes.
3. Sa haine contre les Anglais.

Quatorzième siècle.

XVII. — SUITE DES SUCCÈS MILITAIRES DE DUGUESCLIN. HABILE ADMINISTRATION DE CHARLES V.

Entretiens

1. — Envoyé avec les *Grandes Compa- gnies* en Espagne, **Duguesclin** après quel- ques succès, fut de nouveau fait prisonnier, puis remis en liberté moyennant une rançon de cent mille doublons* d'or.

2. — En récompense de ses nombreux services, Charles V le nomma connétable, c'est-à-dire chef de toute l'armée française.

3. — Duguesclin mourut en 1380, au siège de Châteauneuf-de-Randon*. Le roi voulut qu'il fût inhumé à Saint-Denis, sé- pulture des rois de France.

4. — Charles V fut un administrateur habile : il fixa la *majorité* des rois à 13 ans

accomplis, défendit de donner des fiefs ter- ritoriaux aux cadets de la famille royale, et s'efforça de mieux organiser l'armée.

5. — Il fit construire la Bastille*; dans son *Hôtel Saint-Paul*, il s'entoura d'ar- tistes et de savants, et eut dans sa Tour du Louvre une importante librairie ou *bi- bliothèque*.

Questionnaire : 1. — Duguesclin fut-il plus heureux en Espagne ?

2. — Que fit Charles V pour récompenser les services de Duguesclin ?

3. — En quelle année mourut Duguesclin et où a-t-il été inhumé ?

4. — Indiquez les principales réformes de Charles V.

5. — Quelle forteresse a-t-il fait bâtir à Paris ?

Récits

1. Duguesclin en Espagne. — Dugues- clin avait été fait prisonnier à la bataille d'Au- ray; à peine eut-il recouvré sa liberté qu'il fut

chargé par le roi Charles V de débarrasser le royaume des *Grandes Compagnies*. Les grandes compagnies étaient composées de bandes d'aven- turiers qui ravageaient la France. Duguesclin réussit à les conduire en Espagne où deux princes, *Pierre le Cruel*, allié des Anglais, et son frère, *Henri de Transtamare*, allié des Français, se disputaient le trône de Castille*. Duguesclin, d'abord victorieux, renversa Pierre le Cruel, et Henri de Transtamare monta sur le trône. Pierre le Cruel fit alors appel au *Prince de Galles*, fils du roi d'Angleterre, et Duguesclin fut battu et fait prisonnier à la bataille de *Navarette* (1367). Pierre le Cruel reprit possession du trône de Castille.

2. Duguesclin prisonnier des Anglais. — Un jour que le prince de Galles était en gaieté, il fit venir son prisonnier et lui dit : « *Comment vous trouvez-vous, Bertrand ? — A merveille, Dieu merci,* répliqua-t-il. *Comment ne serais-je pas bien ? Depuis que je suis ici, je me trouve le premier chevalier du monde. On dit partout que vous me craignez, que vous n'osez me mettre à rançon.* »

Fig. 76. — **Duguesclin et le prince de Galles.** — « Depuis que je suis ici, je me trouve le premier chevalier du monde. On dit partout que vous me craignez, que vous n'osez me mettre à rançon. »

L'Anglais, piqué au vif, répondit : « *Si vous croyez que c'est pour votre bravoure que nous vous gardons, vous vous trompez, Messire Bertrand ; je ne vous crains point. Et la preuve, c'est que je vous permets de fixer vous-même le prix de votre rançon. Vous serez libre dès qu'elle sera payée.* » Duguesclin offrit cent mille doublons* d'or; et, comme le prince de Galles s'étonnait de la somme en disant : « *Mais c'est une rançon de roi que vous m'offrez là!* » Duguesclin ajouta : « *Monseigneur, le roi de Castille en paiera bien la moitié et le roi de France le reste. D'ailleurs, si ce n'était pas assez, il n'y a pas une fileuse en France qui ne veuille filer une quenouille, pour m'aider à payer ma rançon.* » Sa rançon payée, il retourna en Espagne, renversa Pierre le Cruel et rétablit sur le trône de Castille Henri de Transtamare, qui devint un puissant auxiliaire de la France contre les Anglais.

3. Duguesclin connétable. — A son retour d'Espagne, en 1370, Duguesclin, en récompense de ses services, avait été nommé *connétable*, c'est-à-dire chef de toute l'armée française.

La lutte contre les Anglais recommença. Duguesclin n'engagea pas de grandes batailles; il laissa les Anglais s'épuiser peu à peu sur le territoire français, et ne les attaqua qu'au moment où leur armée allait succomber à la famine.

A la mort de Charles V, en 1380, les Anglais ne possédaient plus en France que *Bordeaux, Bayonne*, Brest*, Cherbourg* et *Calais*. Le roi d'Angleterre, désespéré, s'écriait : « Que Dieu nous « aide! Il n'y eut jamais en « France un roi qui moins « s'armât et qui cependant « nous donnât tant à faire ».

Fig. 77. — **Duguesclin** (d'après son tombeau à Saint-Denis). — Duguesclin mourut en 1380, au siège de Château-neuf-de-Randon. Charles V voulut qu'il fût enterré à l'abbaye de Saint-Denis.

Fig. 78. — **Le Louvre sous Charles V.** — De 752 à 987 le Louvre était tout à la fois un rendez-vous de chasse et une forteresse qui commandait le fleuve et défendait Paris contre les invasions des Normands. Vers 1201, Philippe-Auguste agrandit le Louvre et bâtit au centre une grosse tour qui fut longtemps trésor et prison d'État. Charles V enferma le Louvre dans l'enceinte de Paris, en 1367, et en fit sa résidence.

4. Mort de Bertrand Duguesclin. — Duguesclin mourut en 1380, au siège de *Châteauneuf-de-Randon*, en Gévaudan. Sur la demande du maréchal de Sancerre qui avait succédé à Duguesclin, le gouverneur anglais, afin de rendre hommage au vaillant capitaine, apporta les clefs de la place assiégée sur son cercueil. Charles V voulut que son fidèle serviteur fût inhumé à Saint-Denis. Il ne lui survécut que de quelques mois.

5. Administration de Charles V, le Sage.

— Charles V fit de bonnes lois : en fixant à 13 ans accomplis la majorité des rois, il voulut rendre moins longues les minorités, toujours troublées par l'ambition des grands et des princes; en décidant que les cadets de la famille royale ne recevraient plus des apanages* en terres, mais une pension en argent, il voulut empêcher un nouveau démembrement du domaine royal.

Il chercha à substituer une armée permanente aux armées féodales qui étaient mal disciplinées ; il surveilla étroitement les capitaines des compagnies; mais, pour payer son armée, il dut augmenter les impôts : il organisa toute une nouvelle administration financière.

Charles V fit construire à Paris la forteresse de la Bastille*, qui fut plus tard une prison. Il tenait, à l'Hôtel Saint-Paul, une cour très brillante; il protégea les savants et les écrivains et fit réunir dans la Tour du Louvre (fig. 78) une bibliothèque de 910 manuscrits.

FIG. 79. — Sceau de la confrérie ou hanse des Nautes ou marchands de l'eau. — Cette confrérie datait de la domination romaine, elle fut constituée par Philippe-Auguste et supprimée par Louis XIV. Elle avait le monopole de la navigation de la Seine à Paris et à 7 ou 8 lieues en amont et en aval.

CIVILISATION – HISTORIENS MONUMENTS

Historiens. — *Historiens contemporains :* FROISSART (1337-1410). *Chroniques.*

CHRISTINE DE PISAN, *Le livre des bonnes mœurs et faits du roi Charles le Sage.*
Historiens modernes : SIMÉON LUCE, *Histoire de Bertrand Duguesclin.* — HENRI SÉE : *Histoire de Bertrand Duguesclin.*

Monuments historiques. — La *chapelle de Vincennes*, construite par Charles V.
Les *Tombeaux de Charles V et de Duguesclin* à Saint-Denis (fig. 77).
La *Bastille.* de Paris.

Paris sous Charles V. — L'industrie et le commerce furent très actifs à ce moment. La foire du Lendit, à Saint-Denis, était une des plus fréquentées de l'Europe. La confrérie des Nautes, ou marchands de l'eau, avait le monopole de la navigation de la Seine, de Charenton à Mantes. Ces marchands tenaient leurs réunions au Parloir aux Bourgeois, près de la porte Saint-Jacques, puis à la Maison aux Piliers, sur la place de Grève, qui est devenue l'Hôtel de ville. Hugues Aubriot, prévôt des marchands sous Charles V, embellit et assainit la ville et fit établir un grand nombre d'égouts. Paris se partageait alors en trois quartiers principaux : la Cité, dans l'île ; la Ville, sur la rive droite, centre du commerce; l'Université, sur la rive gauche, remplie de collèges et d'abbayes. Paris avait alors près de 300 000 habitants.

LEXIQUE. — **Apanage.** Terres ou revenus que les souverains assignaient à leurs fils cadets.
Bastille, prison d'État qui fut détruite par le peuple de Paris, le 14 juillet 1789.
Bayonne, à l'embouchure de l'Adour, s.-pr. des Basses-Pyrénées (carte, fig. 72).
Brest, aujourd'hui port militaire, s.-pr. du Finistère (carte, fig. 72).
Castille, une des principales régions de l'Espagne, où se trouve Madrid (carte, fig. 72).
Châteauneuf-de-Randon, bourg dans les Cévennes, départ. de la Lozère (carte, fig. 72).
Cherbourg, aujourd'hui port militaire, s.-pr. du départ. de la Manche (carte, fig. 72).
Doublon. Le doublon d'or valait au moins 20 francs de notre monnaie. En France le *double* de cuivre ne valait que quelques centimes.
Prince de Galles, était surnommé le Prince Noir.

Résumé chronologique.

1367	Duguesclin en Espagne ; bataille de Navarette ; captivité de Duguesclin.
1370	Duguesclin nommé connétable.
1369-1375	Reprise de la guerre contre les Anglais; victoires de Duguesclin.
1380	Mort de Duguesclin et de Charles V.

Devoir de rédaction.

LA FRANCE A LA FIN DU RÈGNE DE CHARLES V

Plan. — 1. Délivrée presque complètement des Anglais. 2. Pacifiée et bien administrée. 3. Paris embelli. 4. La sagesse de Charles V avait été autrement profitable à la France que les brillants coups d'épée de Philippe VI et de Jean le Bon.

Quinzième siècle.

XVIII. — CHARLES VI. — LES ARMAGNACS ET LES BOURGUIGNONS. DÉFAITE D'AZINCOURT (1415). — TRAITÉ DE TROYES (1420).

Entretiens

1. — Charles VI régna de 1380 à 1422; il laissa d'abord gouverner ses oncles, dont l'avidité excita plusieurs révoltes, puis il rappela, en 1388, les anciens ministres de son père, hommes sages et honnêtes.

2. — Malheureusement, en 1392, pendant

une expédition contre le duc de Bretagne, le roi devint fou en traversant la forêt du Mans*. Ses oncles reprirent le pouvoir et une rivalité éclata entre les Armagnacs et les Bourguignons.

3. — En 1407, le duc de Bourgogne, **Jean Sans-Peur***, fit tuer le frère du roi, le duc d'Orléans, auquel il disputait l'autorité.

4. — Paris prit parti pour les *Bourguignons* contre les *Armagnacs**, amis du duc d'Orléans.

5. — Profitant de cette guerre civile, le roi d'Angleterre, **Henri V**, s'empara de la Normandie et battit les Français à *Azincourt** en 1415.

6. — Le dauphin Charles ayant fait assas-

siner Jean Sans-Peur au pont de Montereau*, en 1419, **Philippe le Bon**, fils de Jean Sans-Peur, passa aux Anglais, avec la reine *Isabeau de Bavière*, femme de Charles VI.

7. — Par le honteux **traité de Troyes*** (1420), Henri V d'Angleterre était reconnu comme le successeur de Charles VI. Mais il mourut en même temps que Charles VI, en 1422.

Questionnaire : 1. — Qui gouverna au début du règne de Charles VI ?
2. — En quelles circonstances Charles VI devint-il fou ?
3. — Pourquoi Jean Sans-Peur fit-il tuer le duc d'Orléans ?
4. — Quel est le parti qui voulut venger le duc d'Orléans ?
5. — Quel est le vainqueur d'Azincourt ?
6. — Où Jean Sans-Peur fut-il assassiné ?
7. — Quelles étaient les conditions du traité de Troyes ?

Récits

1. Charles VI. — Le long règne de *Charles VI* (1380-1422) fut une époque désastreuse pour la France, et si ce prince a été surnommé le *Bien-Aimé*, c'est qu'il ne fut pas responsable des maux que souffrirent ses sujets.

À son avènement au trône il n'avait que douze ans. Il régna d'abord sous la tutelle de ses oncles, les ducs d'*Anjou*, de *Bourgogne* et de *Berry*, qui ne

Fig. 80. — **Chevalier armé en guerre (1340).**

tardèrent pas à se rendre impopulaires. Non contents de gaspiller les trésors amassés par Charles V, ils créèrent encore de nouveaux impôts pour satisfaire leur avidité.

À Paris, le peuple se souleva; il s'empara de maillets qui étaient à l'Arsenal*. Cette insurrection porte le nom de *Révolte des Maillotins*.

2. Bataille de Roosebeke* (1382). — En Flandre, les habitants de Gand, ayant à leur

tête *Philippe Arteveldt*, se soulevèrent contre leur seigneur, le duc de Bourgogne. Celui-ci, qui disposait de l'armée française, envoya contre les bourgeois révoltés le connétable *Olivier de Clisson*, qui gagna la bataille de *Roosebeke*, où Philippe Arteveldt périt avec 25.000 Flamands.

3. Les Marmousets.* — Les oncles du roi étaient des princes féodaux, qui ne songeaient qu'à étendre leur puissance et leurs domaines particuliers: ils gaspillaient le trésor royal et molestaient les sujets de leur neveu.

Fig. 81. — **Le connétable Olivier de Clisson.** (*D'après une statue mortuaire.*) — Né à Josselin (Morbihan) vers 1332, mort en la même ville en 1407.

Charles VI, qui atteignait sa majorité, rappela les conseillers de son père, humbles gentilshommes ou bourgeois, qui gouvernèrent le royaume avec sagesse et honnêteté : les parents du roi les appelaient, par dérision, des *Marmousets*. Le plus remarquable de ces conseillers, *Olivier de Clisson*, était surtout exécré des princes.

4. Folie de Charles VI. — Le duc de Bretagne envoya à Paris Pierre de Craon pour tuer Olivier de Clisson. À la sortie de l'hôtel Saint-Paul, le connétable fut assailli par des assassins apostés rue Culture-Sainte-Catherine.

4

Il tomba sur la porte entr'ouverte d'un boulanger qui le recueillit et le sauva.

Fig. 82. — **Folie de Charles VI.** — Charles VI traversait la forêt du Mans, lorsqu'un homme à demi nu se jeta devant lui en criant : « Arrête, noble roi, tu es trahi! »

Charles VI jura de le venger et marcha sur la Bretagne; comme il passait dans la forêt du Mans*, par la grande chaleur, un homme à demi vêtu se jeta devant lui en criant : « Arrête, noble roi, tu es trahi! ». On l'écarta et la marche continua. Tout à coup, un homme d'armes qui s'était assoupi laissa tomber sa lance sur la cuirasse de son voisin. A ce bruit, le roi entra dans un transport de frénésie en s'écriant : Trahison! trahison! puis il s'élança sur ceux qui l'entouraient et tua quatre cavaliers avant d'être maîtrisé... Il était fou.

Fig. 83. — **Jean Sans-Peur, duc de Bourgogne.** (D'après une miniature d'un manuscrit du xvᵉ siècle, conservé à la Bibliothèque nationale de Paris.)

5. Armagnacs* et Bourguignons. — Le royaume fut alors livré aux intrigues des parents du roi. Pendant plusieurs années, le puissant duc de Bourgogne, *Philippe le Hardi*, oncle de Charles VI, eut le pouvoir. Mais bientôt, *Louis de France*, duc d'Orléans, frère de Charles VI, supplanta les Bourguignons. *Jean Sans-Peur*, fils de Philippe le Hardi, feignit en 1407, de se réconcilier avec le *duc d'Orléans*; il l'attira à la porte de l'hôtel Montagu, dans la rue Vieille-du-Temple, et le fit assassiner.

Le fils du duc d'Orléans, *Charles*, résolut de venger la mort de son père. Il épousa la fille de *Bernard* comte d'Armagnac, l'un des seigneurs les plus puissants du midi, qui domina Paris de 1413 à 1418. Il s'appuya sur la noblesse, tandis que Jean Sans-Peur se donnait comme l'allié des bourgeois, et surtout des Parisiens. Jean Sans-Peur flattait la puissante corporation des bouchers et écorcheurs de Paris, dont le plus violent représentant était *Caboche*; aussi donna-t-on aux Bourguignons le surnom de *Cabochiens*.

6. La bataille d'Azincourt* (1415). — Le roi d'Angleterre, Henri V, profita de ces dissensions pour envahir de nouveau la France. Après plusieurs expéditions, il rencontra l'armée française à *Azincourt*. Comme à Crécy et à Poitiers, la noblesse française fut victime de son imprévoyance et de sa témérité; elle ne put se développer sur un terrain détrempé par les pluies, et fut écrasée par les archers anglais; plus de 10 000 des nôtres périrent ou furent faits prisonniers.

7. Assassinat de Jean Sans-Peur (1419). — La victoire des Anglais ne devint définitive qu'après leur alliance avec les Bourguignons. En 1419, Jean Sans-Peur, qui dési-

Fig. 84. — **Assassinat de Jean Sans-Peur sur le pont de Montereau (1419).** — Malgré les avis qu'il avait reçus, Jean Sans-Peur s'engageait sur le pont, suivi de deux compagnons, lorsque Tannegui Duchâtel lui fendit le crâne à coups de hache.

rait se réconcilier avec le roi, demanda une entrevue au Dauphin, le futur Charles VII; elle eut lieu au *pont de Montereau* : là, Jean Sans-Peur fut assassiné par Tannegui Duchâtel, chambellan du duc d'Orléans et prévôt de Paris, sur l'ordre du Dauphin.

8. Traité de Troyes* (1420). — L'assassinat de Jean Sans-Peur poussa Philippe le Bon,

son fils dans le parti des Anglais. Il décida la reine *Isabeau de Bavière*, femme de Charles VI, à signer avec Henri V d'Angleterre le honteux *traité de Troyes:* le royaume tout entier était livré aux Anglais. Mais Henri V et Charles VI moururent la même année (1422).

Fig. 85. — Dame noble et son page (1400), et un bourgeois (1420).

Le fils de Charles VI, *Charles VII*, s'établit dans le centre de la France, et la guerre recommença avec le nouveau roi d'Angleterre, *Henri VI*, qui,

Fig. 86. — Cambrai. — Porte du Saint-Sépulcre ou de Paris. Cette construction, qui remonte à 1390, fait partie de l'ancien mur d'enceinte.

en vertu du traité de Troyes, avait été proclamé roi de France et d'Angleterre, en 1422.

La bourgeoisie impuissante, la noblesse battue dans les combats, la royauté humiliée laissaient à une pauvre fille des champs, *Jeanne d'Arc*, le soin d'éveiller le patriotisme et de délivrer la France tombée aux mains des Anglais.

CIVILISATION — HISTORIENS
MONUMENTS

Historiens contemporains. — *Mémoires d'un Bourgeois de Paris.*

Mémoires de JUVÉNAL DES URSINS, chancelier de France

Monuments historiques. — Les guerres permanentes du XIVe siècle déterminèrent la construction d'un grand nombre d'ouvrages militaires : forteresses, murailles, portes, etc.; la France en est couverte encore : les uns sont en ruines, les autres en bon état de conservation. *La porte du Saint-Sépulcre ou de Paris,* à Cambrai (fig. 86) en est un spécimen intéressant. – *La Tour de Jean Sans-Peur* à Paris. — La porte et le pont-levis du château, à Caen.

LEXIQUE. — Armagnac, pays du midi de la France dans la Gascogne. Le parti d'Orléans s'appela ainsi parce que Charles d'Orléans, fils du duc d'Orléans assassiné, épousa la fille du comte d'Armagnac. Celui-ci fut également assassiné à Paris, dans une émeute populaire, en 1418.

Arsenal, Magasin d'armes et de munitions de guerre.

Azincourt, dans le dép. du Pas-de-Calais (carte, fig. 72)

Cabochiens. De concert avec les docteurs de la Sorbonne les Cabochiens rendirent en 1413 une ordonnance fameuse pour la réforme du royaume.

Jean Sans-Peur, fils de Philippe le Hardi, qui était lui-même fils de Jean le Bon.

Le Mans, ch.-lieu du départ. de la Sarthe (carte, fig. 72)

Marmousets. On appelait ainsi les figures grotesques sculptées sur les murs ou au portail des églises.

Montereau (Seine-et-Marne) au confluent de la Seine et de l'Yonne (carte, fig. 72).

Roosebeke, village de Belgique (carte, fig. 72).

Troyes, ch.-l. du départ. de l'Aube (carte, fig. 72).

Résumé chronologique.

1380-1422	Règne de Charles VI.
1388-1392	Gouvernement des Marmousets.
1392	Folie du roi.
1407	Assassinat du duc d'Orléans, par des serviteurs de Jean Sans-Peur. Commencement de la guerre civile des Armagnacs et des Bourguignons.
1415	Défaite d'Azincourt.
1419	Assassinat de Jean Sans-Peur, à Montereau.
1420	Traité de Troyes : la France livrée aux Anglais.
1422	Mort de Henri V et de Charles VI.

Devoir de rédaction.

LA QUERELLE DES ARMAGNACS ET DES BOURGUIGNONS:

Plan. — 1. Rivalité de Louis d'Orléans et de Jean Sans-Peur : Louis d'Orléans assassiné (1407).

2. La France déchirée entre les deux partis : Paris particulièrement troublé.

3. Jean Sans-Peur assassiné (1419).

4. Résultat de ces querelles intestines : défaite d'Azincourt et traité de Troyes (1420); la France livrée aux Anglais.

Quinzième siècle.

XIX. — CHARLES VII (1422-1467). — JEANNE D'ARC
ORGANISATION DE L'ARMÉE. — FIN DE LA GUERRE DE CENT ANS (1453)

Entretiens

1. — Pendant que Charles VII, fils de Charles VI, était proclamé roi à *Bourges**,

Henri VI, un enfant, fils de Henri V d'Angleterre, était proclamé roi à *Paris*.

2. — Les Anglais allaient s'emparer d'Orléans, lorsqu'une jeune Lorraine, **Jeanne d'Arc**, délivra la ville en 1429 ; puis elle entraîna le roi à Reims* et l'y fit sacrer. Abandonnée de Charles VII, elle fut prise par les Anglais et brûlée à Rouen en 1431.

3. — Charles VII signa le *traité d'Arras**, qui le réconciliait avec Philippe le Bon, duc de Bourgogne, en 1435, et, en 1436, il redevint maître de Paris.

4. — Pour remplacer la chevalerie des nobles et les anciennes bandes féodales, Charles VII établit une armée permanente, composée de *compagnies d'ordonnance* et de *francs-archers;* pour entretenir cette armée, il créa la *taille permanente.*

5. — Charles VII reconquit la Normandie par la bataille de *Formigny** en 1450, et la Guyenne par la bataille de *Castillon** en 1453. Les Anglais ne possédaient plus en France que *Calais.*

6. — La *Guerre de cent ans*, commencée en 1337, était terminée (1453).

La fin de la vie de Charles VII fut attristée par les révoltes de son fils, le *dauphin Louis.*

Récits

1. Charles VII. — En 1422, le fils de Charles VI, *Charles VII,* était proclamé roi de France à Bourges*, pendant que *Henri VI,* un enfant, était reconnu, à Paris, roi de France et d'Angleterre.

Charles VII, « qui ne rêvait que fêtes et plaisirs, » n'était entouré que d'intrigants et d'aventuriers. Indolent et sans énergie, il était incapable de résister aux Anglais ; aussi *La Hire,* l'un de ses capitaines, a-t-il pu dire que « le roi de France ne pouvait perdre plus gaîment son royaume.»

C'est alors qu'une paysanne, *Jeanne d'Arc,* « la bonne Lorraine, » réveilla le patriotisme et sauva son pays que le roi ne savait pas défendre.

FIG. 87. — **Charles VII** *(d'après le tableau de Clouet, au Musée du Louvre).* — Roi de France, né à Paris, le 22 janvier 1403, mort au château de Mehun-sur-Yèvre, le 22 juillet 1461.

2. Enfance de Jeanne d'Arc. — *Jeanne d'Arc* naquit dans un village de la Lorraine, à Domrémy*. Ses parents étaient de pauvres paysans, qui avaient bien de la peine à vivre avec leurs cinq enfants. Jeanne, l'aînée, était laborieuse et dévouée; elle aidait sa mère dans les soins du ménage; souvent elle allait aux champs pour travailler avec son père ou pour garder le troupeau. Elle était bonne et douce. Elle aimait à soigner les malades et à secourir les indigents.

Cependant le pays de Domrémy était constamment menacé par les Anglais et par les Bourguignons. A Domrémy, on était au courant

FIG. 88. — **Vue intérieure d'une des pièces de la maison où est née Jeanne d'Arc, à Domrémy** *(État actuel d'après une photographie).*

de tous les événements. On plaignait le pauvre roi Charles, qui, déshérité par sa mère, la reine Isabeau, était privé des deux tiers de son royaume, chassé de Paris, sa capitale, et que ses ennemis, pour se moquer, appelaient le *roi de Bourges*.

Jeanne écoutait ces récits, et dans son cœur elle sentait naître une grande pitié pour ce malheureux pays de France, un ardent désir de voir les Anglais battus et mis hors du royaume.

3. Les visions de Jeanne d'Arc. — Un jour que Jeanne d'Arc était au bois Chenu où elle gardait les moutons, il lui sembla qu'elle entendait près d'elle des voix célestes qui lui disaient de s'armer pour aller secourir le roi de France et l'aider à chasser les Anglais. Jeanne d'abord fut prise de peur et elle se mit à fondre en larmes. Mais les voix lui parlèrent de nouveau, et, après avoir douté et résisté pendant longtemps, elle finit par être persuadée que Dieu la destinait à sauver la France.

4. Jeanne d'Arc à Chinon. — Ses parents voulaient la détourner de ses projets.

Fig. 89. — **Jeanne d'Arc à Chinon.** — Jeanne reconnut Charles VII qui s'était dissimulé au milieu de ses courtisans; elle l'aborda et lui annonça qu'elle était venue pour délivrer Orléans et pour faire sacrer le vrai roi de France à Reims.

Jeanne, bien décidée, se rendit à Vaucouleurs chez un de ses oncles; elle alla trouver le gouverneur de cette place, le sire de Baudricourt, et le convainquit si bien qu'il lui donna une escorte de quelques hommes d'armes, avec lesquels elle traversa la France et se rendit à Chinon* où se trouvait le roi. Là elle aborde Charles VII, qu'elle appelle le « gentil Dauphin, » et lui annonce qu'elle est venue pour délivrer Orléans assiégé par les Anglais et pour faire sacrer le vrai roi de France à Reims.

On lui donna un cheval, une armure, une belle bannière blanche, semée de fleurs de lys, et elle put partir pour l'armée. Jeanne, née le 6 janvier 1412, avait alors dix-sept ans.

5. Jeanne d'Arc à Orléans. — Les Anglais avaient mis le siège devant la ville d'Orléans; s'ils avaient réussi à s'en emparer,

ils auraient pu se répandre dans les provinces au sud de la Loire, et c'en était fait de la France.

Fig. 90. — **Jeanne d'Arc à Orléans.** — On voyait toujours flotter la bannière blanche de Jeanne d'Arc au plus fort de la mêlée.

Les habitants résistaient avec courage; la famine allait bientôt les forcer à se rendre.

Jeanne, résolument, traverse l'armée anglaise et se jette dans la ville assiégée. Son intrépidité rend du cœur aux moins braves. Au plus fort de la mêlée on voyait toujours flotter sa bannière blanche. Blessée dans une sortie, elle arrache elle-même le fer de sa plaie et revient combattre les Anglais qui la croyaient mourante. En dix jours Orléans est délivré (8 mai 1429).

6. Sacre de Charles VII. — Jeanne poursuit les Anglais; puis elle va chercher le roi pour le faire sacrer à Reims. Le pays, d'Orléans à Reims, était occupé par les Anglais ou par les Bourguignons

Fig. 91. — **Jeanne d'Arc au sacre de Charles VII à Reims.** (*D'après le tableau d'Ingres, au Musée du Louvre*). — Jeanne d'Arc se tenait debout, au premier rang, ayant à la main sa bannière « qui avait été à la peine et qui méritait bien d'être à l'honneur. »

leurs alliés ; mais, à l'arrivée de Jeanne, les ennemis s'enfuient et toutes les villes ouvrent leurs
portes.

Ce fut un beau jour pour Jeanne que celui du
sacre de Charles VII. Au premier rang, à droite
du roi, au milieu des seigneurs et des grands
du royaume, elle se tenait debout, ayant à la
main sa bannière, « qui avait été à la peine et
qui méritait bien d'être à l'honneur. »

Comme elle eût voulu alors revenir dans son
village ! Mais sa tâche n'était point finie, puisqu'il y avait encore des Anglais en France.

**7. Captivité et procès de Jeanne
d'Arc.** — Jeanne d'Arc tenta de s'emparer de
Paris ; elle fut blessée et ne réussit point à
prendre la ville. Quelques jours plus tard, près
de Compiègne*, un seigneur bourguignon la fit
prisonnière et la vendit aux Anglais.

Le roi Charles ne comprit jamais la grandeur
du service que lui rendit Jeanne d'Arc, il avait
laissé sans secours l'héroïque jeune fille qui
chassait l'ennemi de son royaume ; il ne fit rien
pour la délivrer des Anglais qui étaient décidés
à la faire périr. On l'accusa d'être sorcière. On
la conduisit à Rouen, où elle comparut devant
un tribunal composé de prêtres et d'évêques et
qui avait pour président Pierre Cauchon, évêque
de Beauvais.

8. Jeanne d'Arc devant ses juges.
— La pauvre fille, qui ne savait ni lire ni écrire,
seule, sans appui, sans personne pour la conseiller, dut répondre à quarante juges qui lui
tendaient des pièges et qui lui posaient des questions perfides pour l'amener à témoigner contre
elle-même.

Plusieurs fois pourtant elle déconcerta ses
juges par son éloquence naïve, son bon sens qui
déconcertait les subtilités, sa foi fervente. On
lui demandait comment elle faisait pour vaincre.

— Je disais seulement : Entrez hardiment parmi les Anglais, et j'y entrais moi-même.

— Avouez si vous n'aviez pas quelque sor-
tilège ?

— Mes sortilèges, c'était l'amour de la France
et le mépris du danger.

— Dieu hait-il les Anglais ?

— De l'amour ou haine que Dieu a pour les
Anglais, je n'en sais rien. Mais je sais bien
qu'ils seront tous mis hors de France, sauf ceux
qui y périront.

9. Supplice de Jeanne d'Arc. — Jeanne
fut condamnée à être brûlée vive. Le 30 mai 1431,
on la conduisit sur la place du Vieux-Marché
où un bûcher avait été préparé. En arrivant sur
le lieu du supplice elle eut un moment d'émotion, et s'écria : « Rouen ! Rouen ! mourrai-je

donc ici ? » Et elle fondit en larmes. Mais elle
fut vite remise. Elle monta sur le bûcher et
bientôt la flamme et la fumée l'enveloppèrent.
Presque tous les assistants pleuraient. On entendit les Anglais s'écrier : « Nous sommes perdus, nous avons brûlé une sainte. »

Jeanne d'Arc est restée l'une des plus pures
incarnations du patriotisme. La France recon-
naissante honore l'humble fille des champs à
l'égal de ses plus grands serviteurs.

Fig. 92. — **Supplice de Jeanne d'Arc** (30 mai 1431).
— Les Anglais condamnèrent Jeanne à être brûlée vive.
En se rendant sur la place du Vieux-Marché où était
élevé le bûcher, elle reconnut Pierre Cauchon et lui dit :
« Évêque, je meurs par vous. »

10. L'armée et la taille permanentes.
— Charles VII créa une *armée permanente*
composée de quinze compagnies d'ordonnance,
dont il nommait les capitaines ; ces compagnies
formèrent un corps de cavalerie de 9 000 hommes
environ. Les hommes d'armes re-
çurent une solde fixe et durent vivre
dans des garnisons déterminées.

Pour avoir une infanterie, il décida qu'un homme dans chaque
paroisse s'exercerait au maniement
de l'arc ; ces hommes recevaient une
petite somme d'argent et étaient
francs d'impôts, de là le nom de
francs-archers qui leur fut donné.

L'artillerie, qui commençait à
jouer un grand rôle, fut organisée
par les frères *Jean* et *Gaspard Bureau*. L'impôt, que les rois avaient
pris l'habitude de lever pendant la
guerre de Cent Ans, devint per-

Fig. 93. —
Franc-ar-
cher.

manent : ce fut la *taille permanente*, que les
souverains lèveront désormais sans consulter
les états généraux.

**11. Fin de la guerre de Cent Ans
(1453).** — Charles VII, qui s'était montré si
indifférent pour Jeanne d'Arc, acheva pourtant

son œuvre; il expulsa les Anglais et assura la prospérité du royaume.

En 1435, par le *traité d'Arras**, il se réconcilia avec le duc de Bourgogne, qui promit d'être désormais « bon *Français*, » et peu après les troupes royales rentraient dans Paris.

A la tête d'une armée régulière et bien disciplinée, qui remplaça les armées féodales et les soldats mercenaires, pourvu d'un impôt qui lui permettait de payer ses troupes, Charles VII reprit la guerre contre les Anglais. Le connétable de Richemont s'empara de la Normandie par la victoire de *Formigny* en 1450; Dunois occupa la *Guyenne* l'année d'après; la Gascogne se souleva et les Anglais rentrèrent à Bordeaux. Vaincus enfin, par la victoire de *Castillon*, en 1453, ils furent chassés de France, et ne conservèrent que la ville de *Calais*. La guerre de Cent ans était terminée.

12. Jacques Cœur. — Charles VII eut pour argentier*, c'est-à-dire pour administrateur de son trésor, un riche commerçant de

Fig. 91. — **Maison de Jacques Cœur à Bourges.** — Construit de 1443 à 1453, cet hôtel passa longtemps pour la plus belle maison du royaume. Il sert aujourd'hui de Palais de Justice.

Bourges*, *Jacques Cœur*, qui lui rendit de grands services; ingrat envers lui comme envers Jeanne d'Arc, il le laissa condamner et dépouiller, en 1454. Nommé capitaine général de l'Eglise contre les infidèles, Jacques Cœur alla mourir dans l'île de Chio en 1456. Il avait pris pour devise : *A vaillant Cœur rien d'impossible*.

13. La Praguerie. — Les nobles ne voyaient pas sans inquiétude les progrès du pouvoir royal. Ils se révoltèrent et formèrent une ligue que l'on appela la *Praguerie**; ils furent battus et châtiés. Ces nobles eurent pour allié

le Dauphin Louis qui, plus tard, lorsqu'il fut devenu roi sous le nom de *Louis XI*, devait être leur plus terrible ennemi.

14. Mort de Charles VII. — En 1461, Charles VII, que l'on a surnommé le *Victorieux* et le *Bien-servi*, découragé par l'ingratitude de son fils, et craignant d'être empoisonné, se laissa mourir de faim.

CIVILISATION. — HISTORIENS
MONUMENTS

Historiens contemporains. — ALAIN CHARTIER, *Histoire de Charles VII*. — THOMAS BASIN, *Histoire de Charles VII et de Louis XI*.

Historiens modernes. — P. CLÉMENT, *Jacques Cœur et Charles VII*.

MICHELET, *Histoire de Jeanne d'Arc* (dans le premier volume des *Extraits* publiés par Mme Michelet).

Monuments historiques. — Hôtels seigneuriaux (du *Bourgtheroulde*, à Rouen), et belles habitations privées. Les *ruines du château de Mehun-sur-Yèvre*, qui fut l'une des résidences de Charles VII.

La *maison de Jacques Cœur*, à Bourges, qui sert aujourd'hui de Palais de Justice (fig. 94).

A cette époque fut construite la *Chartreuse* de Dijon, qui fut le lieu de sépulture des ducs de Bourgogne.

LEXIQUE. — Argentier, trésorier.

Armée permanente, armée qui est toujours réunie.

Arras, ch.-l. du départ. du Pas-de-Calais (carte, fig. 72).

Bourges, ch.-l. du départ. du Cher (carte, fig. 72).

Castillon, dép. de la Gironde (carte, fig. 72).

Chinon, s.-préf. de l'Indre-et-Loire (carte, fig. 72).

Compiègne, s.-préf. du dép. de l'Oise.

Domrémy, dép. des Vosges (carte, fig. 72).

Formigny, dép. du Calvados (carte, fig. 72).

Praguerie, la révolte des seigneurs fut ainsi appelée parce qu'alors la ville de Prague, capitale de la Bohême, était aussi très troublée.

Reims, c'est à Reims que les rois devaient être sacrés; jusqu'au sacre, ils n'étaient pas considérés comme de véritables rois (carte, fig. 72).

Résumé chronologique.

1422-1461	Règne de Charles VII.
1428	Siège d'Orléans. — Jeanne d'Arc.
1429	Délivrance d'Orléans (8 mai).
1431	Supplice de Jeanne d'Arc, à Rouen, le 30 mai.
1435	Traité d'Arras : réconciliation du duc de Bourgogne avec Charles VII.
1444-1448	Création des compagnies d'ordonnance et des francs-archers : armée permanente.
1450	Bataille de Formigny : reprise de la Normandie.
1453	Bataille de Castillon et fin de la guerre de Cent Ans. — La même année, prise de Constantinople par les Turcs ayant pour chef Mahomet II. *C'est à cette date (1453) que se termine la période de l'histoire appelée moyen âge et que commencent les temps modernes.*
1461	Mort de Charles VII.

Devoir de rédaction.

JEANNE D'ARC.

Plan. — 1. Son enfance ; — son arrivée à Chinon. 2. Délivrance d'Orléans ; — sacre du roi à Reims. 3. Jeanne prise à Compiègne, vendue aux Anglais. 4. Son procès et sa mort.

FIG. 95. — Le château de Péronne. (*Dessin de Notor, d'après une photographie*). — C'est dans ce château qu'eu lieu, en 1468, l'entrevue de Louis XI et de Charles le Téméraire.

Quinzième siècle.

XX. — LOUIS XI (1461-1483). — LUTTE CONTRE CHARLES LE TÉMÉRAIRE ET LA FÉODALITÉ. — AGRANDISSEMENT DU DOMAINE ROYAL.

FIG. 96. — **Carte de la France à la mort de Louis XI.** — Après la mort de Charles le Téméraire, tué sous les murs de Nancy, en 1477, Louis XI s'empara de la Bourgogne, de la Franche-Comté, de la Picardie et de l'Artois. — Il acquit le Roussillon, et une succession lui assura le Maine, l'Anjou et la Provence.

Entretiens

1. — La lutte contre les grands seigneurs et contre **Charles le Téméraire**, duc de Bourgogne, le plus puissant de tous, remplit le règne de **Louis XI** (1461-1483).

2. — Les seigneurs révoltés formèrent, en 1464, la *Ligue du Bien public*; ils livrèrent à Louis XI la bataille indécise de Montlhéry, en 1465.

3. — Retenu prisonnier, en 1468, pour avoir excité les Liégeois contre Charles le Téméraire, le roi signa le *traité de Péronne* qui lui rendait la liberté.

4. — En 1472, Charles le Téméraire échoua au siège de Beauvais*, bravement défendue par sa garnison et par Jeanne Hachette.

5. — Au lieu d'employer toutes ses forces contre le roi, Charles le Téméraire attaqua les **Suisses**, qui le battirent à *Grandson** et à *Morat**, en 1476 ; puis, ayant voulu prendre la Lorraine, il fut tué devant *Nancy*, en 1477.

6. — Vaincu à *Guinegate**, en 1479, Louis XI signa, en 1482, avec Maximilien* d'Autriche, époux de Marie de Bourgogne, fille et héritière de Charles le Téméraire, le *traité d'Arras* qui laissait à la France : la *Bourgogne*, la *Picardie*, l'*Artois* et la *Franche-Comté*.

7. — Louis XI réunit encore au domaine royal la *Provence*, l'*Anjou*, le *Maine* et le *Roussillon*. Il abaissa la féodalité et fit du roi le seul maître de la France.

8. — Il encouragea le commerce et l'industrie, institua les *postes** et introduisit l'imprimerie en France vers 1470.

9. — Ce roi méfiant, cruel avec ses ennemis, superstitieux à l'excès, fut cependant un grand serviteur de la France, dont il prépara l'unité.

10. — Louis XI mourut au château de Plessis-lès-Tours, en 1483.

Questionnaire : 1. — Quelle fut la politique de Louis XI ?
2. — Comment s'appela la Ligue des seigneurs contre Louis XI ?
3. — Pourquoi Louis XI signa-t-il le traité de Péronne ?
4. — Parlez du siège de Beauvais.
5. — Comment mourut Charles le Téméraire ?
6. — Quelles furent les provinces acquises au traité d'Arras ?
7. — Nommez d'autres provinces réunies au domaine royal par Louis XI.
8. — Louis XI n'a-t-il rien fait pour le commerce, les postes, l'imprimerie ?
9. — Quel était le caractère de Louis XI ?
10. — Où mourut-il ?

Récits

1. Caractère et politique de Louis XI.

Fig. 97. — **Louis XI.** (*D'après une aquarelle de Henri Pille.*) — Né à Bourges en 1423, mort à Plessis-lès-Tours en 1483.

— *Louis XI* allait avoir à combattre les puissantes maisons féodales, qui menaçaient encore le royaume. Il était merveilleusement armé pour cette lutte : d'une intelligence fine et déliée, d'une mémoire prodigieuse, d'une activité étonnante, il savait mieux que personne se renseigner sur les choses et sur les gens ; il tirait parti des moindres événements. Avec une ruse extrême, il cherchait sans cesse à tromper ses ennemis et à corrompre, par des présents ou des promesses, les hommes dont il avait besoin. Habile à « *diviser pour commander*, » il estimait en outre que « *qui ne sait pas dissimuler ne sait pas régner* ».

On a appelé Louis XI un roi *bourgeois ;* il détestait les habitudes chevaleresques, il était toujours vêtu avec la plus grande simplicité et s'entourait de petites gens ; parmi ses conseillers on cite son barbier, *Olivier le Daim*.

On lui a reproché sa cruauté ; mais, si Louis XI fut impitoyable pour les révoltés, c'est qu'il avait une haute idée de son autorité : il considérait que la maison de France était la plus noble « qui fût sous le firmament ». Il pensait que toutes ses forces devaient être employées à étendre les limites de son royaume. Il voulait acquérir tous les pays situés en deçà du Rhin, et il y parvint presque.

2. Charles le Téméraire.

— Le plus redoutable adversaire de Louis XI était le duc de Bourgogne, *Charles*, que son courage emporté fit surnommer *le Téméraire*. Bien différent du roi de France, il aimait les exercices chevaleresques et préférait la guerre aux négociations. Extrêmement violent, il ne ménageait personne et ne sut même pas conserver les meilleurs de ses conseillers, comme l'historien *Philippe de Commines**, qui devait passer du côté de Louis XI. Charles le Téméraire possédait, avec la Bourgogne, l'Artois et les Pays-Bas*, si riches et si prospères, renommés pour leur commerce et leur industrie; mais ses possessions étaient disséminées et ne formaient pas une nation comme celles du roi de France.

3. La Ligue du Bien Public. —

Dès son avènement, Louis XI se fit beaucoup d'ennemis : il augmenta les impôts, il menaça les privilèges de la noblesse. Les princes profitèrent du mécontentement général : sous le prétexte de sauver

Fig. 98. — **Charles le Téméraire.** — Duc de Bourgogne, né à Dijon en 1433 ; mort sous les murs de Nancy en 1477.

la France de la ruine, ils formèrent une Ligue, dite du *Bien Public*. Ils rencontrèrent l'armée royale à Montlhéry (1465); le résultat de la bataille fut indécis. Louis XI, par les traités de Conflans et de Saint-Maur, fit de grandes concessions aux révoltés; mais en signant ces traités, il était bien décidé à ne pas tenir ses engagements.

4. Traité de Péronne* (1468). —

Louis XI ne tarda pas à exciter les Liégeois contre Charles le Téméraire. Celui-ci allait recommencer la guerre, lorsque Louis XI, qui espérait le duper par de belles paroles, alla le trouver à *Péronne*. A peine venait-il d'y arriver que Charles apprit la révolte de *Liège*. Furieux, le duc enferma le roi dans une tour et voulut l'y faire périr (fig. 95). Mais le roi corrompit les conseillers de son ennemi, qui signa avec lui le *traité de Péronne*, par lequel Louis XI s'engageait à combattre en personne les Liégeois ses alliés, et à donner la Champagne à son jeune frère Charles, duc de Berry. Mais, comme toujours, il ne tint pas ses promesses; à la place de la Champagne, il fit accepter à son frère le duché de Guyenne.

5. Siège de Beauvais* (1472). —

Charles le Téméraire fit alors alliance avec le duc de Guyenne. Mais celui-ci mourut subitement : le duc de Bourgogne, déçu dans ses projets, accusa sans preuves Louis XI d'avoir empoisonné le jeune prince et recommença la guerre; il se jeta sur la Picardie, saccagea et brûla tout sur son passage, prit *Nesle* dont il massacra non seulement la garnison, mais encore les habitants.

Par sa cruauté, Charles le Téméraire ne réussit qu'à ameuter le peuple contre lui et, quand il arriva devant *Beauvais*, qu'il espérait enlever facilement, il y fut reçu par une population qui se défendit héroïquement; les femmes, elles-mêmes, montaient sur les remparts et aidaient les combattants : une jeune fille, Jeanne Fourquet, dite *Jeanne Hachette*, arracha des mains d'un Bourguignon un étendard planté sur la muraille.

La courageuse résistance de Beauvais

Fig. 99. — **Jeanne Hachette au siège de Beauvais (1472).** — Quand Charles le Téméraire vint mettre le siège devant Beauvais, la population se défendit héroïquement. Les femmes, sous la conduite d'une jeune fille, Jeanne Fourquet, surnommée Jeanne Hachette, montèrent sur les remparts et contribuèrent à repousser les Bourguignons.

obligea Charles le Téméraire à abandonner la place, « laquelle ville, dit-il, par dépit, il lui eût été facile d'avoir à son plaisir et volonté ». Peu après, cependant, il est contraint de signer avec Louis XI, la *Trêve de Senlis*.

6. Défaites et mort de Charles le Téméraire. —

Las de lutter sans succès contre Louis XI, Charles le Téméraire, dévoré d'ambition, voulut accroître ses États et il chercha à conquérir l'Alsace. Les Alsaciens trouvèrent des alliés dans les *Suisses*. Charles ne voulait pas battre en retraite devant des montagnards : il engagea la bataille auprès de *Grandson*, où il fut vaincu. Défait une seconde fois à *Morat* (1476), il essaya de reconquérir la Lorraine soulevée; il se précipita sur *Nancy*, en janvier 1477. A la première sortie de René, duc de Lorraine, le duc de Bourgogne fut repoussé. Pendant le combat, il disparut. Ce fut seulement quelques jonrs plus tard qu'en explorant les environs de Nancy, on retrouva, caché sous la glace, le cadavre du Téméraire, à quelque distance du champ de bataille.

7. Conquêtes de Louis XI.

— A la mort de son rival, Louis XI s'empara de l'héritage de *Marie de Bourgogne*, fille unique de Charles le Téméraire. Cet héritage se composait de la Bourgogne, de la Franche-Comté, de la Picardie et de l'Artois. Il essaya aussi de mettre la main sur la Flandre en mariant la princesse au Dauphin, mais Marie préféra épouser *Maximilien d'Autriche*. Ce mariage est l'origine de la longue rivalité des maisons de France et d'Autriche.

Fig. 100. — **Costumes des seigneurs sous Louis XI.** *(D'après une miniature des Chroniques de Froissart, manuscrit de la Bibliothèque nationale, à Paris.)*

Maximilien revendiqua les droits de sa femme et battit les Français à *Guinegate* (1479). Mais Marie vint à mourir et Maximilien fut forcé de signer le *Traité d'Arras* (1482). Louis XI conservait la *Bourgogne*, la *Picardie*, l'*Artois* et la *Franche-Comté*. Ces deux dernières provinces devaient servir de dot à Marguerite d'Autriche, fiancée au fils de Louis XI, mais le mariage ne se fit pas.

A la mort du roi René, Louis XI hérita des biens de la maison d'Anjou (Anjou, Maine et Provence). Il conquit aussi le Roussillon sur le roi d'Aragon. Enfin il ruina complètement les maisons féodales d'Alençon, d'Armagnac, de Saint-Pol et de Nemours. Le duc de Nemours et le connétable de Saint-Pol furent décapités et Jean d'Armagnac poignardé dans sa ville de Lectoure, dont les habitants furent exterminés.

8. Le progrès sous Louis XI.

Louis XI encouragea le commerce et l'industrie, établit partout des foires, fit créer à Tours des manufactures de soieries, favorisa l'établissement de l'imprimerie à Paris (1470) ; il fit établir sur les routes des relais pour les coureurs à cheval au service du roi : c'est l'origine des *Postes*.

Si Louis XI fut un prince avare, un roi dur et despote, il fut aussi un grand serviteur de la France, dont il prépara l'unité. Son règne marque le triomphe définitif de l'autorité royale ; et cette autorité était seule capable d'établir en France l'ordre et la paix.

CIVILISATION — HISTORIENS MONUMENTS

Historiens contemporains. — COMMINES (1445-1509), *Mémoires*. — TH. BASIN, *Histoire de Charles VII et de Louis XI*.

Historiens modernes. — MICHELET, *Histoire de France* (T. 8).
HENRI SÉE, *Louis XI et les Villes*.

Monuments historiques. — *Ruines de Plessis-lès-Tours*, château où mourut Louis XI.
Tombeau de Louis XI, à Cléry (Loiret).
Tombeaux des ducs de Bourgogne, à Dijon.

LEXIQUE. — **Beauvais**, ch.-l. de l'Oise (carte, fig. 96).
Grandson, Morat, villes de Suisse (carte, fig. 96).
Guinegate, Pas-de-Calais (Carte, fig. 96).
Lectoure, s.-préf. du Gers (carte, fig. 96).
Liège, ville des Pays-Bas qui appartenait à Charles le Téméraire (carte, fig. 96).
Maximilien, empereur d'Allemagne (1493-1519), grand-père de Charles-Quint.
Pays-Bas. Ils comprenaient les riches contrées qui forment aujourd'hui la Hollande et la Belgique : les principales villes des Pays-Bas étaient Anvers, Gand, Bruges (carte, fig. 96).
Péronne, s.-préf. de la Somme (carte, fig. 96).
Philippe de Commines, auteur de *Mémoires* sur les règnes de Louis XI et de Charles VIII ; d'abord au service de Charles le Téméraire, il s'attacha, en 1472, à Louis XI.
Postes, relais placés de distance en distance pour le service des voyageurs et des correspondances.
René (1400-1480), chef de la maison d'Anjou, possédait l'Anjou, le Maine et la Provence et se considérait comme l'héritier du royaume de Naples.
Tours, ch.-l. d'Indre-et-Loire (carte, fig. 96).

Résumé chronologique.

1461-1483	Règne de Louis XI ; lutte contre les seigneurs et le duc de Bourgogne.
1465	Ligue du Bien public.
1468	Entrevue de Péronne ; Louis XI un instant prisonnier de Charles le Téméraire.
1470	Introduction de l'imprimerie en France.
1472	Le duc de Bourgogne échoue devant Beauvais : héroïsme de Jeanne Hachette.
1476	Batailles de Grandson et de Morat : victoires des Suisses sur Charles le Téméraire.
1477	Mort du Téméraire devant Nancy.
1479	Défaite de Louis XI à Guinegate.
1482	Traité d'Arras, qui donne à la France la Bourgogne, la Picardie, l'Artois et la Franche-Comté.
1483	Mort de Louis XI à Plessis-lès-Tours.

Devoir de rédaction.

RACONTER LA LUTTE DE LOUIS XI CONTRE CHARLES LE TÉMÉRAIRE

Plan. — 1. Succès de Charles le Téméraire : Ligue du Bien public ; traité de Péronne.
2. Défaites de Charles le Téméraire : Beauvais, Grandson, Morat, Nancy.
3. Louis XI recueille les plus belles provinces de la succession de Bourgogne.
4. Caractères comparés de Louis XI et de Charles le Téméraire.

Quinzième siècle.

XXI. — CHARLES VIII (1483-1498). — COMMENCEMENT DES GUERRES D'ITALIE

Entretiens

1. — Charles VIII, fils de Louis XI, lui succéda. Le royaume fut d'abord gouverné par *Anne de Beaujeu**, qui continua la politique de Louis XI, son père, dont elle avait les qualités sans les défauts.

2. — Le duc d'Orléans et les nobles voulurent s'emparer du pouvoir; ils entreprirent la *Guerre folle,* mais ils furent vaincus à Saint-Aubin-du-Cormier* en 1488.

3. — Par son mariage avec la duchesse Anne, héritière de la *Bretagne,* en 1491, Charles VIII prépara la réunion de cette belle province au domaine royal.

4. — Mais il commit la faute d'abandonner l'*Artois,* la *Franche-Comté* et le *Roussillon,* que son père avait acquis, pour aller en Italie conquérir le *royaume de Naples**. Il s'en empara, mais ne put le garder et revint en France après la stérile victoire de *Fornoue** (1495).

5. — Charles VIII mourut au château d'Amboise, des suites d'un accident. Avec lui s'éteignait la branche des Valois directs.

Questionnaire : **1.** — Qui a gouverné au début du règne de Charles VIII ?
2. — Parlez de la Guerre folle.
3. — Quel a été le résultat du mariage de Charles VIII avec Anne de Bretagne ?
4. — Que savez-vous de l'expédition de Charles VIII en Italie ?
5. — Comment mourut-il ?

Récits

1. Régence d'Anne de Beaujeu*. — Les États de 1484. — Charles VIII, qui n'était encore qu'un enfant, fut d'abord dirigé par sa sœur aînée, *Anne de Beaujeu,* digne fille de Louis XI, qui continua l'œuvre de son père.

Les nobles, que Louis XI avait réduits à l'impuissance, relevèrent la tête. Ils demandèrent d'abord la convocation des états généraux, afin d'affaiblir l'autorité royale. Ces états se réunirent à Tours, en 1484; ils indiquèrent de nombreuses réformes dans l'administration, mais n'osèrent pas s'attaquer au gouvernement d'Anne de Beaujeu.

Fig. 101. — Mariage de Charles VIII et d'Anne de Bretagne. (*D'après une tapisserie de Bruges*).

2. La Guerre folle. — Le résultat de la réunion des états mécontenta les nobles; ils prirent les armes contre la régente. Ils avaient à leur tête des princes puissants, tels que Louis, duc d'Orléans, qui devait plus tard régner sous le nom de *Louis XII,* et le duc de Bretagne. Ils ne purent pourtant résister à la puissante armée qu'avait formée Louis XI; c'est pourquoi la guerre qu'ils avaient entreprise fut considérée comme une folie : on l'appela la *Guerre folle.* Les révoltés furent vaincus, en Bretagne, à *Saint-Aubin-du-Cormier**, en 1488, par Louis de la Trémoille, le *chevalier sans reproche.*

3. Mariage de Charles VIII avec Anne de Bretagne (1491). — Le duc de Bretagne mourut la même année et sa fille, Anne, craignant que la Bretagne ne pût conserver son indépendance, se proposa d'épouser Maximilien d'Autriche. Mais Charles VIII, qui prétendait à sa main, envahit ses États et *Anne de Bretagne* dut consentir à ce mariage : ainsi fut préparée la réunion de la Bretagne à la couronne de France (1491).

4. Commencement des guerres d'Italie. — Les rois de France, Charles VIII d'abord, Louis XII et François Ier ensuite, entreprirent les guerres d'Italie pour faire valoir leurs prétentions sur le royaume de Naples* et sur le duché de Milan.

Charles VIII, nourri de la lecture des romans de chevalerie, voulait aussi se signaler par de brillants exploits : il entreprit la conquête du royaume de Naples. Ce fut l'origine des *guerres d'Italie*, guerres inutiles, où furent dépensées les forces de la France qu'il eût mieux valu employer, au nord et à l'est, à conquérir la Flandre, la Lorraine et l'Alsace, qui ne nous appartenaient pas encore.

Afin d'obtenir leur neutralité, avant son départ, Charles VIII signa avec ses voisins de désastreux traités : il céda plusieurs des acquisitions de Louis XI, l'*Artois*, la *Franche-Comté*, le *Roussillon*. Une brillante armée française traversa le Piémont, le Milanais et fit à Rome puis à Naples une entrée triomphale. Déjà le roi

Fig. 102. — **Entrée de Charles VIII à Naples.** — Charles VIII fit son entrée dans Naples au milieu des acclamations populaires (22 février 1495).

méditait d'autres conquêtes, Constantinople, l'Orient, Jérusalem, lorsqu'il apprit qu'une ligue s'était formée contre lui et qu'une armée de quarante mille Italiens s'était postée sur sa ligne de retraite. Charles VIII, avec onze mille hommes, escaluta à *Fornoue**, mais le royaume de Naples, qu'il venait à peine de conquérir, fut perdu.

5. Fin de la branche directe des Valois (1498). — La mort de Charles VIII, survenue accidentellement au château d'Amboise, en 1498, marqua la fin de la branche des Valois. La famille des *Valois directs* avait commencé avec Philippe VI, en 1328.

Louis XII, cousin de Charles VIII, qui avait provoqué la *Guerre folle*, lui succéda ; il fut le premier prince de la branche des *Valois-Orléans*, qui conservera le pouvoir jusqu'en 1515.

CIVILISATION — HISTORIENS MONUMENTS

Historiens contemporains. — *Mémoires de Fleuranges* (1490-1537).

MASSELIN, *Journal des états généraux de 1484.*

Historiens modernes. — DE CHERRIER, *Histoire de Charles VIII.*

Fig. 102 *bis.* — **Le Château d'Amboise.** (*État actuel d'après une photographie*). — Charles VIII venait de commencer la reconstruction du château d'Amboise, où il était né, lorsqu'il mourut en 1498. Louis XII et François Ier en achevèrent la construction.

Monuments historiques. — *Château d'Amboise*, résidence de Charles VIII.

Château de Langeais, où fut célébré le mariage de Charles VIII et d'Anne de Bretagne.

Château de Nantes, résidence des ducs de Bretagne.

LEXIQUE. — **Beaujeu**, pays de Beaujeu ou Beaujolais, dans les Cévennes septentrionales.

Fornoue, en Italie, au nord de Florence (carte, fig. 103).

Naples, grande ville de l'Italie méridionale, au pied du Vésuve (carte, fig. 103).

Saint-Aubin-du-Cormier, départ. d'Ille-et-Vilaine, au nord de Vitré (carte, fig. 137).

Résumé chronologique.

1483-1498	Règne de Charles VIII.
1491	Mariage de Charles VIII et d'Anne de Bretagne ; réunion de la Bretagne à la France.
1494	Charles VIII en Italie ; conquête de Naples.
1495	Bataille de Fornoue.

Devoir de rédaction.

EXPÉDITION DE CHARLES VIII EN ITALIE

Plan. — 1. Pour être plus libre dans cette expédition, Charles VIII traita avec les États voisins.

2. Expédition facile, vraie promenade militaire ; conquête de Naples, presque sans coup férir.

3. Mais une coalition se forme ensuite contre Charles VIII ; il est vainqueur à Fornoue, grâce à la Trémoille, et perd l'Italie.

TABLEAU CHRONOLOGIQUE ET GÉNÉALOGIQUE DES VALOIS DIRECTS

1328-1350. **Philippe VI de Valois,** fils de Charles de Valois, frère de Philippe le Bel.	1364-1380. **Charles V, le Sage,** fils de Jean II.	1461-1483. **Louis XI,** fils de Charles VII.
1350-1364. **Jean II, le Bon,** fils de Philippe VI.	1380-1422. **Charles VI, le Bien-Aimé,** fils de Charles V.	1483-1498. **Charles VIII,** fils de Louis XI.
	1422-1461. **Charles VII, le Victorieux,** fils de Charles VI.	*La branche des Valois directs a régné pendant 170 ans.*

Quinzième et seizième siècles.

XXII. — AVÈNEMENT DES VALOIS-ORLÉANS : LOUIS XII (1498-1515)
PERTE DU MILANAIS ET DU ROYAUME DE NAPLES

Fig. 103. — **Carte de l'Italie pendant les guerres de Charles VIII, de Louis XII et de François Ier.** — Charles VIII conquit le royaume de Naples; Louis XII vainquit les Vénitiens et Jules II et s'empara du Milanais; mais ils durent l'un et l'autre abandonner leurs conquêtes; l'Italie fut perdue pour la France. François Ier reconquit le Milanais et s'empara de la Lombardie par la victoire de Marignan; il perdit toutes ses conquêtes par la défaite de Pavie, où il fut battu et fait prisonnier (1525).

tagea le *royaume de Naples* avec Ferdinand d'Espagne; mais les Espagnols devinrent bientôt nos ennemis et nous chassèrent de Naples.

3. — Louis XII signa, en 1504, le *traité de Blois**, par lequel il promettait sa fille à Charles d'Autriche, le futur *Charles Quint*, avec la Bourgogne et la Bretagne en dot; mais les états généraux firent rompre ce traité.

4. — Après la victoire d'*Agnadel** remportée sur les Vénitiens, en 1509, il déclara la guerre au pape Jules II, qui forma la *Sainte-Ligue*, dans le dessein de nous chasser d'Italie.

5. — Un jeune et audacieux général, **Gaston de Foix**, battit nos ennemis à Bologne* et à Brescia*, mais il fut tué à *Ravenne** et le Milanais fut perdu pour la France.

6. — A l'intérieur, la bonne administration de Louis XII lui valut le titre de *Père du peuple*.

Entretiens

1. — Louis XII épousa la veuve de Charles VIII, Anne de Bretagne, pour conserver son duché.

2. — Il s'empara du *Milanais** et par-

Questionnaire : 1. — Pourquoi Louis XII épousa-t-il la veuve de Charles VIII?
2. — Citez les pays d'Italie conquis par Louis XII.
3. — Quelles étaient les conditions du traité de Blois?
4. — Qu'était-ce que la Sainte-Ligue?
5. — Quelles victoires Gaston de Foix remporta-t-il?
6. — Louis XII fut-il un bon roi?

Récits

1. Les guerres d'Italie sous Louis XII. — Louis XII épousa la veuve de Charles VIII, *Anne de Bretagne*, afin d'assurer la réunion du duché de Bretagne à la France. — En Italie il ne réclamait pas seulement Naples,

mais aussi le duché de Milan, comme héritage de sa grand'mère, *Valentine Visconti*, femme de ce duc d'Orléans qui fut tué par Jean Sans-Peur. — Le Milanais* fut rapidement conquis. Pour s'emparer de Naples, Louis XII s'entendit avec le roi d'Espagne, Ferdinand le Catholique. Bientôt des difficultés s'élevèrent pour le partage des provinces conquises, et les Espagnols, devenus nos ennemis, nous chassèrent de Naples.

2. Traité de Blois (1504).
— Découragé par cet échec, Louis XII promit, par le *traité de Blois*, de marier sa fille à Charles d'Autriche (plus tard Charles-Quint) et de lui donner pour dot, outre le Milanais, les provinces françaises de Bourgogne et de Bretagne.

Fig. 104. — Louis XII entre les prélats et les grands seigneurs de son conseil. (*D'après une miniature de la Chronique de Louis XII. Manuscrit de la Bibliothèque nationale à Paris.*)

Heureusement ce traité, qui démembrait la France, fut rompu deux ans plus tard, à la demande des états généraux de Tours, et la fille de Louis XII épousa son cousin, François d'Angoulême, (plus tard François 1er).

3. Perte de l'Italie.
— Louis XII se laissa ensuite entraîner dans la ligue de Cambrai formée contre les Vénitiens qui furent battus à Agnadel* (1509); cette victoire n'eut pour nous aucun résultat. Le pape Jules II, violent ennemi des Français, forma la Sainte-Ligue pour nous chasser d'Italie. Un général de 22 ans, *Gaston de Foix, duc de Nemours*, neveu du roi, battit les troupes de la Ligue à Bologne*, à Brescia* et à Ravenne* (1512); il fut tué dans cette dernière bataille, et bientôt la défaite de Novare* nous fit perdre le Milanais.

4. Administration de Louis XII.
— Après avoir vécu dans les plaisirs, le duc d'Orléans devint un roi prudent et sage. A son avènement, un grand nombre de ceux qui l'avaient combattu sous Charles VIII n'étaient pas rassurés; Louis XII leur fit bon accueil en leur disant « le roi de France ne venge pas les injures du duc d'Orléans. »

Louis XII s'efforça de faire régner l'ordre dans le royaume par une administration douce et équitable; il favorisa le développement du commerce et de l'industrie, assura le respect des personnes et des propriétés, diminua les impôts. Ce roi populaire disait : « J'aime mieux voir les courtisans rire de mon avarice que le peuple pleurer de mes dépenses. » Aussi, les états généraux réunis à Tours, en 1506, lui décernèrent-ils le beau nom de *Père du peuple*.

CIVILISATION — HISTORIENS
MONUMENTS

Historiens contemporains. — *Histoire du gentil chevalier Bayard*, composée par le LOYAL SERVITEUR. Cl. SEYSSEL, *La victoire de Louis XII contre les Vénitiens*.

Monuments. — *Château de Blois*. — *Palais de Justice*, à Rouen. — *Armure de Louis XII*, dite *Armure aux lions* au musée du Louvre.

LEXIQUE. — Agnadel, ville d'Italie (carte, fig. 103).
Blois, ch.-l. du dép. de Loir-et-Cher (carte, fig. 137).
Bologne, ville d'Italie, près de Ravenne (carte, fig. 103).
Brescia, ville d'Italie, à l'est de Milan (carte, fig. 103).
Milanais, État du nord de l'Italie, ayant Milan pour capitale (carte, fig. 103).
Novare, ville d'Italie, à l'ouest de Milan (carte, fig. 103).
Ravenne, ville d'Italie, (carte, fig. 103).

Résumé chronologique.

1498-1515	Règne de Louis XII.
1504	Traité de Blois, concessions impolitiques faites à l'Espagne.
1509	Bataille d'Agnadel, victoire de Louis XII sur les Vénitiens.
1512	Victoire de Ravenne, mort de Gaston de Foix.

Devoir de rédaction.

LES GUERRES D'ITALIE SOUS LOUIS XII

Plan. — 1. Conquête facile du Milanais et du royaume de Naples.
2. Perte du royaume de Naples; traité de Blois.
3. Victoires d'Agnadel et de Ravenne; mais mort de Gaston de Foix et perte du Milanais.

TABLEAU CHRONOLOGIQUE ET GÉNÉALOGIQUE DES VALOIS-ORLÉANS

1498-1515. **Louis XII, le Père du peuple**, fils de Charles, duc d'Orléans. Il était arrière-petit-fils de Charles V et cousin de Charles VIII.

1ʳᵉ REVISION[1]

DES ORIGINES A LA FIN DU XVᵉ SIÈCLE

1. Les Gaulois et les Francs.

1. Quels peuples habitaient autrefois la France?

Les *Gaulois* furent les premiers habitants de la France.

2. Quel chef gaulois a défendu la Gaule contre les Romains?

Vercingétorix a défendu la Gaule contre le général romain Jules César; il fut pris à Alésia (51 av. J.-C.) et envoyé à Rome : après six années de captivité, César le fit étrangler.

3. Les Gaulois ont-ils accepté facilement la civilisation romaine?

Les Gaulois ont très vite adopté les mœurs des Romains. Ils se sont distingués dans les lettres et dans les arts.

4. Quels peuples ont donné leur nom à la France?

Ce sont les *Francs*, qui ont conquis la Gaule sous leur chef Clovis (481-511).

5. Combien y eut-il de dynasties de rois francs?

Il y eut d'abord la dynastie des *Mérovingiens*, qui eut pour principaux rois Clovis et Dagobert; puis ces rois perdirent toute autorité. Une nouvelle dynastie franque, celle des *Carolingiens*, s'établit sur le trône avec Pépin le Bref, en 752.

6. Quel fut le plus grand des Carolingiens?

Ce fut *Charlemagne*, qui devint empereur en l'an 800. Il régnait alors de l'Océan Atlantique à l'Elbe, et de la mer du Nord à la mer Méditerranée. Il convertit les Saxons au christianisme et tenta de reconstituer l'empire romain. Il essaya de civiliser et d'instruire les Francs. Il leur donna des lois.

2. La Féodalité et l'Église.

7. L'empire de Charlemagne eut-il une longue durée?

Non, en l'an 843, au traité de Verdun, il fut partagé en trois royaumes : *France, Germanie, Italie*.

---

1. D'après ÉDOUARD DRIAULT, **Histoire Nationale**, A. Picard et Kaan, éditeurs.

8. Quels barbares vinrent alors piller la France?

Les *Normands* pillèrent longtemps la France; mais ils ne purent prendre *Paris*, qui se défendit vaillamment en 885-886.

9. Les rois surent-ils lutter énergiquement contre ces pirates?

Non, les rois se montrèrent impuissants contre eux. Ce furent les *seigneurs* qui défendirent le pays, aussi prirent-ils bientôt beaucoup d'autorité. Ils furent indépendants dans leurs fiefs.

10. Qu'est-ce que la féodalité?

C'est l'époque où les seigneurs furent de véritables rois dans leurs domaines, parce que les rois carolingiens ne savaient plus se faire obéir.

11. Quelle fut la condition des paysans pendant la féodalité?

Les *paysans* furent d'abord soumis à l'autorité arbitraire des seigneurs; mais plus tard ils s'affranchirent du servage.

12. La foi était-elle vive en ce temps-là?

La *foi* était alors très vive : c'est au moyen âge que furent construites la plupart des cathédrales françaises.

13. Quelles expéditions religieuses furent entreprises au moyen âge?

Les chevaliers chrétiens entreprirent de nombreuses *croisades* pour délivrer Jérusalem conquise par les Musulmans. Les chrétiens fondèrent en Orient des royaumes qui, d'ailleurs, n'eurent qu'une assez courte existence.

3. La Royauté française.

14. Les bourgeois des villes ne se sont-ils pas ensuite soulevés contre la domination des seigneurs?

Les bourgeois des villes se soulevèrent, formèrent des *communes* libres, et les rois les aidèrent à se débarrasser de l'oppression féodale.

15. Quelle dynastie avait remplacé les Carolingiens?

Hugues Capet, comte de Paris, descendant de Robert le Fort, le vainqueur des Normands, avait fondé, en 987, la dynastie *capétienne*.

16. Quels furent les quatre plus grands rois de la dynastie des Capétiens directs?

Louis VI le Gros protégea les pauvres gens contre les seigneurs; *Philippe-Auguste* enleva la Normandie, le Maine, l'Anjou et la Touraine aux Anglais; *saint Louis* fut un roi bon et juste, il tenta de supprimer les guerres privées qui désolaient le royaume; *Philippe le Bel* acheva de fortifier la royauté.

17. Quelle grande victoire remporta Philippe-Auguste?

Philippe-Auguste remporta, en 1214, la belle victoire de *Bouvines* sur l'empereur d'Allemagne et le roi d'Angleterre.

18. Comment Louis IX a-t-il mérité le titre de saint?

Il était pieux autant que brave. Il entreprit deux croisades et mourut dans la seconde, à Tunis, en 1270.

19. Contre qui Philippe le Bel a-t-il surtout lutté?

Philippe le Bel a résisté aux empiétements de la papauté, qui avait été très puissante pendant tout le moyen âge. Il s'est appuyé, pour la combattre, sur les états généraux.

20. Qu'est-ce que la loi salique?

C'est une ancienne loi franque, rétablie sous les règnes des fils de Philippe le Bel, par laquelle on écarta les femmes du trône de France.

4. La guerre de Cent Ans. — Jeanne d'Arc.

21. Qu'est-ce que la guerre de Cent Ans?

C'est une guerre qui a duré plus d'un siècle, de 1337 à 1453, entre la France et l'Angleterre.

22. Quelles principales défaites la France a-t-elle subies?

La France a été vaincue à *Crécy*, sous Philippe VI, en 1346; à *Poitiers*, sous Jean le Bon, en 1356; à *Azincourt*, sous Charles VI, en 1415.

23. Quel fut le rôle des états généraux?

Les états généraux, que les rois convoquaient pour en obtenir des secours, tentèrent de surveiller et de contrôler l'administration royale; mais ils ne purent y parvenir.

24. Que fut Bertrand Duguesclin?

Bertrand Duguesclin fut un vaillant chevalier qui, sous Charles V, chassa les Anglais de presque toute la France. Mais ils revinrent plus forts après la bataille d'*Azincourt*, et occupèrent presque tout notre pays.

25. Qui donc a sauvé la France envahie par les Anglais?

Jeanne d'Arc a sauvé la France. Elle délivra *Orléans*, que les Anglais assiégeaient, et leur infligea des défaites dont ils ne se relevèrent pas. Elle fit sacrer à Reims le roi Charles VII. Elle fut prise par les Anglais et brûlée vive à *Rouen*, en 1431.

26. Quels sont les deux rois qui ont relevé la royauté française après la guerre de Cent Ans?

Charles VII (1422-1461) acheva de chasser les Anglais. *Louis XI* (1461-1483) vainquit les seigneurs rebelles, et surtout détruisit la grande puissance du duc de Bourgogne, *Charles le Téméraire*. Il réunit à la couronne plusieurs belles provinces; son administration fut habile.

27. La Guerre de Cent Ans a-t-elle contribué à fortifier la royauté française?

Oui. C'est grâce à la guerre de Cent Ans que fut créée l'*armée permanente* (les compagnies d'ordonnance de Charles VII) et que fut établie la *taille permanente* : ces deux institutions donnèrent au roi, avec des soldats et de l'argent, un pouvoir absolu.

Les guerres d'Italie.

28. Les guerres entreprises en Italie par Charles VIII et Louis XII ont-elles été profitables à la France?

Non. Charles VIII avait bien conquis le royaume de Naples; Louis XII avait vaincu les Vénitiens et le pape Jules II et s'était emparé du Milanais. Mais l'un et l'autre durent abandonner leurs conquêtes et l'Italie fut perdue pour la France.

DEUXIÈME PÉRIODE

DE FRANÇOIS Ier A LA RÉVOLUTION

HISTOIRE DES TEMPS MODERNES

FIG. 105. — **Entrevue du Camp du Drap d'or.** *(Dessin de Notor, d'après les bas-reliefs de l'hôtel Bourgtheroulde à Rouen).* — Cette entrevue entre François Ier et Henri VIII d'Angleterre eut lieu en 1520, à mi-chemin entre Ardres et Guines, en Flandre.

Seizième siècle.

XXIII. — VALOIS-ANGOULÊME (1515-1589)

FRANÇOIS Ier (1515-1547). — RIVALITÉ DE FRANÇOIS Ier ET DE CHARLES-QUINT
LA ROYAUTÉ ABSOLUE

Entretiens

1. — **François Ier** était duc de Valois et comte d'Angoulême; il succéda à Louis XII, son cousin, dont il épousa la fille. C'était un prince chevaleresque, instruit et spirituel.

2. — Il passa les Alpes, reconquit le Milanais par la *victoire de Marignan** sur les Suisses en 1515, et, après la bataille, se fit armer *chevalier* par Bayard.

3. — François Ier eut bientôt à lutter contre un formidable adversaire, **Charles-Quint***, petit-fils de Maximilien, empereur d'Allemagne, roi d'Espagne, maître des Pays-Bas et du royaume de Naples.

4. — Par l'*entrevue du Camp du Drap d'or**, en 1520, François Ier avait essayé de s'assurer l'alliance du roi d'An-gleterre, Henri VIII, qui se déclara pourtant en faveur de Charles-Quint.

5. — En 1521, **Bayard** défendit glorieusement Mézières* et préserva le nord de la France d'une invasion redoutable.

6. — Le connétable de Bourbon trahit la France et passa à l'ennemi. Bayard, le *chevalier sans peur et sans reproche*, tomba mortellement blessé à Biagrasso* en 1524.

7. **Bourbon** envahit la Provence où, partout, il rencontra une grande résistance. **Marseille*** se défendit vigoureusement et l'ennemi fut obligé de lever le siège.

8. — Battu et pris à Pavie* en 1525, François Ier signa le *traité de Madrid** qui fut heureusement modifié, en 1529, par le *traité de Cambrai**, moins désastreux, puisque, s'il nous faisait perdre l'Italie, il nous laissait la Bourgogne.

9. — Pour continuer la lutte, François Iᵉʳ fit alliance avec les *protestants* d'Allemagne et avec les *Turcs**, qui causaient de grands embarras à Charles-Quint.

10. — Il réussit à repousser toutes les invasions et même à occuper les états du duc de Savoie. Il mourut, trois ans après la paix de Crespy*, en 1547.

11. — François Iᵉʳ réorganisa l'armée, améliora les finances, favorisa le commerce et l'industrie et protégea les lettres et les arts. Sous son règne, **Jacques Cartier** fonda la colonie du Canada.

12. — François Iᵉʳ fut un *roi absolu*; il ne souffrit aucune indépendance dans son royaume. En 1545 eut lieu le *massacre des Vaudois*.

Questionnaire : 1. — Quel fut le successeur de Louis XII ?

2. — Que fit-il après la victoire de Marignan ?

3. — Quel fut le grand ennemi de François Iᵉʳ ?

4. — Quel a été le résultat de l'entrevue du Camp du Drap d'or ?

5. — Que fit Bayard en 1521 ?

6. — Quel est le traître qui passa alors au camp des Impériaux ?

7. — Parlez de la défense de Marseille.

8. — Quelles furent les conséquences de la défaite de François Iᵉʳ à Pavie ?

9. — Avec qui François Iᵉʳ fit-il alliance ?

10. — Réussit-il à repousser les invasions des ennemis ?

11. — Que savez-vous des progrès accomplis sous François Iᵉʳ ?

12. — Quel est le massacre qui eut lieu sous son règne ?

Récits

1. François Iᵉʳ. — **Bataille de Marignan (1515).** — Le cousin de Louis XII, *François Iᵉʳ*, qui lui succéda, était un prince chevaleresque et ambitieux. A peine sur le trône, il résolut de reconquérir le Milanais. Le duc de Milan avait à sa solde une armée suisse qui gardait les passages du Mont-Cenis et du Mont-Genèvre dans les Alpes. L'armée de François Iᵉʳ,

FIG. 106. — **Bataille de Marignan (1515).** *(D'après les bas-reliefs du tombeau de François Iᵉʳ, à l'abbaye de Saint-Denis.)* — Ce fut, au dire des vieux soldats, « une bataille de géants »: 15 000 Suisses y trouvèrent la mort; François Iᵉʳ s'y couvrit de gloire.

pour les tourner, passa plus au sud, par le col de l'Argentière. Les Suisses se retirèrent précipitamment sur Milan, et furent attaqués en avant de cette ville, à *Marignan**. Après trois jours de combat, ils durent céder devant l'artillerie française.

Après la bataille, François Iᵉʳ se fit armer chevalier par Bayard. Cette éclatante victoire eut de grands résultats : le pape Léon X se hâta de signer avec le roi le traité de Viterbe

et le Concordat* (1516); les Suisses, par les traités de Genève* et de Fribourg* ou *paix perpétuelle*, s'engagèrent à lui fournir des mercenaires*; enfin le jeune Charles d'Autriche, qui venait de succéder en Espagne à son grand-père Ferdinand le Catholique, se lia au vainqueur de Marignan par le traité de Noyon. Mais cette alliance ne devait pas être durable.

2. François Iᵉʳ et Charles-Quint. — François Iᵉʳ eut bientôt dans *Charles-Quint** un terrible rival, contre lequel il défendit péniblement l'indépendance de la France et l'équilibre de l'Europe.

FIG. 107. — **Charles-Quint.** *(D'après le tableau du Titien.)* — Roi d'Espagne, né à Gand, en 1500; empereur d'Allemagne de 1519 à 1555, abdiqua alors et se retira au monastère de Saint-Just (Espagne), où il mourut en 1558.

Charles-Quint, roi d'Espagne et de Naples, maître de l'Autriche et des Pays-Bas, fut élu empereur d'Allemagne en 1519. Contre ce puissant adversaire, François Iᵉʳ recherche l'alliance du roi d'Angleterre, Henri VIII, mais il ne put l'obtenir. Dans l'entrevue qu'ils eurent au *Camp du drap d'or** et où ils rivalisèrent de luxe et de faste, les deux souverains se brouillèrent (fig. 105).

La guerre ne nous fut point favorable : la glorieuse défense de Mézières* par Bayard préserva bien d'une invasion le nord de la France, mais le Milanais fut perdu encore une fois après la défaite de la Bicoque* (1522).

3. Trahison du connétable de Bourbon. — Mort de Bayard (1524). — Un prince français, le *connétable de Bourbon*, gendre d'Anne de Beaujeu, le meilleur capitaine de François Ier, un de ceux qui avaient le plus contribué à la victoire de Marignan, trahit sa patrie en passant au service de Charles-Quint. A la tête d'une armée ennemie, il vainquit les Français en Italie.

C'est en couvrant la retraite que Bayard, le *chevalier sans peur et sans reproche*, fut blessé mortellement à *Biagrasso**. On le plaça sous un arbre, la face tournée du côté de l'ennemi : *Ne lui ayant jamais tourné le dos*, disait-il, *je ne veux pas commencer à la fin de ma vie.* A ce moment le connétable de Bourbon vint à passer devant lui et s'écria : « Ah! messire Bayard dans quel piteux état je vous vois!

FIG. 108. — **Mort du chevalier Bayard.** — Le « chevalier sans peur et sans reproche », Pierre du Terrail, seigneur de Bayard, naquit en 1475, au château de Bayard, à 48 kilomètres de Grenoble; il fut blessé mortellement sur le champ de bataille, en protégeant la retraite de l'armée française (1524).

— Ce n'est pas moi qu'il faut plaindre, répondit Bayard, car je meurs en homme de bien; mais j'ai pitié de vous qui servez contre votre roi, contre votre patrie et contre vos serments. »

L'ennemi fit rendre les honneurs au plus brave des Français; la France considéra sa perte comme un deuil national, et le roi eut plus d'une fois l'occasion de déplorer la mort prématurée du « chevalier sans peur et sans reproche. »

4. Siège de Marseille* (1524). — La défection du connétable de Bourbon et la mort

FIG. 109. — **Siège de Marseille (1524).** — Le connétable de Bourbon vint mettre le siège devant Marseille le 19 août 1524; la ville résista si bien, qu'il dut se retirer le 28 septembre. Les femmes prirent part à la défense et contribuèrent à élever le *rempart des dames.*

de Bayard à Biagrasso augmentèrent l'audace de nos ennemis, qui envahirent la Provence : *Marseille*, assiégée, résista héroïquement, malgré Bourbon qui prétendait que « trois coups de canon étonneraient si fort les bons bourgeois, qu'ils viendraient, la corde au cou, lui apporter les clefs de leur cité ». Toutes les femmes de Marseille contribuèrent à élever le *rempart des dames.* Le duc de Bourbon fut obligé de lever le siège.

5. Bataille de Pavie* (1525). — François Ier entra de nouveau en Italie; mais, à la bataille de *Pavie*, il commit la faute de se précipiter en avant de son artillerie, qu'il rendit ainsi inutile. Il fut battu et fait prisonnier (1525). Le soir de la bataille, il écrivait à sa mère : « Madame, tout est perdu, fors l'honneur. »

Emmené en Espagne, où il resta pendant une année, il finit par accepter le désastreux *traité de Madrid* : il renonçait à Naples et à Milan et il cédait la Bourgogne. Rendu à la liberté, François Ier refusa d'exécuter ce traité. La guerre recommença : cette fois, les petits États italiens et le pape étaient pour nous et signèrent avec François Ier la Ligue de Cognac*. Le connétable de Bourbon mena contre Rome une armée de luthériens fanatiques; Bourbon fut tué en montant à l'assaut, mais Rome fut prise par ses soldats et livrée au pillage pendant neuf mois.

Les alliés de François Ier en Italie furent accablés par les Impériaux; le pape Clément VII se rapprocha de Charles-Quint; une armée française, commandée par Lautrec ne put s'emparer de Naples; après ces échecs, en 1529, la mère de François Ier et la tante de Charles-Quint signèrent, à Cambrai, la *Paix des Dames*, qui nous laissait la Bourgogne; mais nous renoncions à l'Italie.

6. Victoire de Cérisoles et traité de Crespy (1544). — Pour reprendre la lutte, François Ier traita avec les protestants d'Allemagne et avec le sultan des Turcs*, Soliman le Magnifique. C'était inaugurer une politique nouvelle, à laquelle les rois de France resteront fidèles pendant plus d'un siècle.

La Provence, envahie de nouveau, fut sauvée par le connétable de Montmorency, qui n'hésita

Fig. 110. — **François Ier.** (*D'après un tableau du temps attribué à Clouet, conservé au Musée du Louvre*.) — Né le 12 septembre 1494, à Cognac, François Ier mourut à Rambouillet, le 31 mars 1547. Comte d'Angoulême, duc de Valois, petit-fils de Charles d'Orléans et de Louise de Savoie, il succéda comme roi de France, le 1er janvier 1515, à son beau-père Louis XII.

pas à ravager le pays pour empêcher l'ennemi de se ravitailler. La dernière bataille de ces longues guerres fut celle de *Cérisoles**, gagnée par le comte d'Enghien. Le traité de *Crespy** (1544) consacra de nouveau l'abandon de nos prétentions en Italie.

7. Armée et finances. — La guerre fut la grande occupation de François Ier. Aussi donna-t-il tous ses soins à l'armée; aux compagnies d'ordonnance il ajouta 6 légions provinciales, de 6 000 hommes chacune; ces légions devinrent plus tard les régiments de l'infanterie française.

Pour tant d'expéditions lointaines, il fallait beaucoup d'argent : François Ier tripla la taille*,

créa la loterie et contracta de nombreux emprunts. Il améliora l'administration financière en établissant le *Trésor de l'épargne*.

8. Le pouvoir absolu. — Les nobles ne songeaient plus à combattre l'autorité royale. François Ier les employait dans ses armées, les attirait à sa cour, dans ses splendides châteaux de Chambord*, de Blois, de Fontainebleau, où il donnait des fêtes somptueuses. Il put donc régner en monarque absolu, ne connaissant d'au-

Fig. 111. — **Château de Chambord.** — Un des plus beaux châteaux de la Renaissance, commencé en 1526 par ordre de François Ier sur les dessins de Pierre Trinqueau dit Nepveu; il ne fut terminé que sous Henri II. François Ier y résida dans les dernières années de sa vie. Charles-Quint y fut reçu en 1539. Il fut habité successivement par Henri II, François II, Charles IX, Louis XIV, Stanislas Leckzinski, le maréchal de Saxe, etc. Le château de Chambord a 156 mètres sur 117 mètres. Le nombre des pièces est de 440.

tre règle que son « bon plaisir. » Il enleva au Parlement* le droit de faire des remontrances au sujet des ordonnances royales.

Par le *Concordat**, qu'il conclut avec le pape Léon X, il obtint le droit de nommer lui-même à toutes les charges ecclésiastiques.

9. L'ordonnance de Villers-Cotterets (1539). — François Ier tenta de sérieuses réformes dans l'administration de la justice. Par la grande ordonnance de *Villers-Cotterets**, il décida : 1° que les plaidoiries devant les tribunaux auraient lieu en français et non plus en latin; 2° que les registres des naissances, des mariages et des décès seraient tenus régulièrement dans les paroisses, et portés en double au tribunal le plus voisin. C'est l'origine de notre état civil.

10. Le Commerce et les Colonies. — François Ier encouragea le commerce. Il créa, à l'embouchure de la Seine, le port du *Havre*, qui était destiné à un brillant avenir. Il envoya en Amérique l'explorateur *Jacques Cartier*; celui-ci découvrit le Canada, qui devint au XVIIe siècle l'une des plus belles colonies de la France.

11. Massacre des Vaudois (1545). —

François Ier, qui ne pouvait souffrir aucune indépendance dans son royaume, ne permit pas à ses sujets d'avoir une autre religion que la sienne. Allié des protestants au dehors, il essaya d'arrêter le protestantisme, qui commençait à pénétrer en France. Les Vaudois, qui habitaient la vallée de la Durance, et qui depuis longtemps s'étaient séparés de l'Eglise catholique, essayèrent de se rapprocher des protestants : condamnés comme hérétiques par le parlement d'Aix, ces malheureux, au nombre de 3000, furent impitoyablement massacrés. Le roi avait sanctionné l'arrêt du Parlement.

CIVILISATION - HISTORIENS - MONUMENTS

Historiens contemporains. — LE LOYAL SERVITEUR, *Histoire de Bayard.* — MONLUC, *Commentaires.* — MIGNET, *Rivalité de François Ier et de Charles-Quint.* (moderne). — P. PARIS, *Études sur le règne de François Ier.* (moderne).

Monuments historiques. — *Château de Chaumont-sur-Loire,* construit sous Louis XII (fig. 112). *Château de Chambord* (fig. 111). *Château de Saint-Germain.* A cette époque furent construits un grand nombre d'autres châteaux ; c'est la période dite de la *Renaissance.* (Voir p. 72).

a. 112. — **Château de Chaumont-sur-Loire.** — Ce château fut reconstruit sous Louis XII, par le cardinal d'Amboise. Placé sur un coteau, à 94 mètres de hauteur, il domine la vallée de la Loire. Après la famille d'Amboise, il fut habité par Diane de Poitiers, par Catherine de Médicis, par le père de Turenne, par Mme de Staël et par Benjamin Constant.

LEXIQUE. — **Biagrasso,** à l'ouest de Milan (carte, fig. 103).

Cambrai, s.-préf. du Nord, sur l'Escaut (carte, fig. 137).

Camp du drap d'or, appelé ainsi à cause du luxe qui y fut déployé. Il se tint entre Guines, dépendance du roi d'Angleterre, et la ville française d'Ardres (fig. 105).

Cérisoles, au sud de Turin (Italie) (carte, fig. 103).

Chambord, le château de Chambord, dans le dép. de Loir-et-Cher, est un des plus beaux monuments de la Renaissance (carte, fig. 137).

Charles-Quint : *Quint* signifie cinquième du nom. (Charles V.)

Cognac, s.-préf. de la Charente, sur la rivière de ce nom (carte, fig. 137).

Concordat, se dit d'un accord entre le Saint-Siège et un gouvernement.

Crespy. village du dép. de l'Aisne (carte, fig. 137).

Genève, Fribourg, villes de Suisse (carte, fig. 137).

La Bicoque, à l'est de Milan (carte, fig. 103).

Madrid, cap. de l'Espagne.

Marignan, village de Lombardie (carte, fig. 103).

Marseille, ch.-l. des Bouches-du-Rhône (carte, fig. 137).

Mercenaires, soldats étrangers dont on paye les services.

Mézières, ch.-l. des Ardennes, sur la Meuse (c., fig. 137).

Parlement, à Paris haute cour de justice qui, outre sa mission d'enregistrer les édits royaux, chercha souvent à s'immiscer dans les questions politiques. Les parlements de provinces ne jouissaient pas des mêmes prérogatives que celui de Paris.

Pavie, ville de Lombardie, sur le Tessin, un peu au nord de son confluent avec le Pô (carte, fig. 103).

Taille. Impôt payé par les roturiers en proportion de leurs biens et de leurs revenus.

Turcs. Les Turcs, maîtres de Constantinople depuis 1453, menaçaient alors l'Autriche dans la vallée du Danube. Les Turcs sont musulmans.

Villers-Cotterets, ch. l. de c. (Aisne) (carte, fig. 137).

Résumé chronologique.

1515-1547	François Ier.
1515	Bataille de Marignan : victoire de François Ier sur les Suisses.
1520	Entrevue du Camp du drap d'or, entre François Ier et Henri VIII d'Angleterre.
1525	Bataille de Pavie : François Ier prisonnier.
1526	Traité de Madrid : concessions onéreuses acceptées par François Ier.
1529	Traité de Cambrai, moins désastreux que celui de Madrid.
1544	Bataille de Cérisoles. Traité de Crespy.

Généalogie de Louis XII et de François Ier.

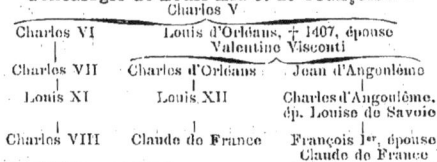

Charles V

Charles VI	Louis d'Orléans, † 1407, épouse Valentine Visconti	
Charles VII	Charles d'Orléans	Jean d'Angoulême
Louis XI	Louis XII	Charles d'Angoulême, ép. Louise de Savoie
Charles VIII	Claude de France	François Ier, épouse Claude de France

Devoir de rédaction.

LES GRANDES BATAILLES DU RÈGNE DE FRANÇOIS Ier

Plan. — 1. Marignan ouvre brillamment le règne. 2. Désastre de Pavie, François Ier battu malgré sa bravoure et fait prisonnier. 3. Cérisoles jette une dernière auréole de gloire sur la fin du règne.

Quinzième et seizième siècles.

XXIV. — FIN DU MOYEN AGE ET COMMENCEMENT DES TEMPS MODERNES (1453). — LES GRANDES DÉCOUVERTES

Entretiens

1. — L'histoire se divise en trois grandes périodes : *l'antiquité,* le *moyen âge,* les *temps modernes.*

2. — C'est vers le milieu du XVe siècle, en 1453, date de la prise de Constantinople par les Turcs, qu'on place la fin du *moyen âge* et le commencement des *temps modernes.*

3. — Le monde a été transformé, à cette époque, par plusieurs grandes découvertes.

4. — L'invention de la *poudre à canon*, en permettant de battre en brèche les murs des châteaux féodaux, a contribué aux progrès de la royauté.

5. — L'invention de la *boussole** a facilité les grands voyages maritimes.

6. — Christophe Colomb a découvert l'Amérique en 1492.

7. — Le Portugais Vasco de Gama a, le premier, contourné l'Afrique, en doublant le cap de Bonne-Espérance en 1497, pour atteindre l'Inde.

Questionnaire : 1. — Nommez les trois grandes périodes de l'histoire.
2. — A quelle date place-t-on la fin du moyen âge ?
3. — Quelle est l'importance de cette époque ?
4. — Quel a été le résultat de l'invention de la poudre ?
5. — Quelle invention a facilité les voyages maritimes ?
6. — Qui a découvert l'Amérique ?
7. — Qui a le premier contourné l'Afrique ?

Récits

1. Les temps modernes. — On appelle *histoire de l'antiquité* celle des anciens peuples de l'Orient, des Grecs et des Romains. On nomme *moyen âge* la période qui s'étend de la chute de l'Empire d'Occident, envahi par les barbares (v° siècle après J.-C.), jusqu'à la prise de Constantinople par les Turcs (1453).

Les *temps modernes*, de 1453 à la Révolution, diffèrent beaucoup du moyen âge : les grands États remplacent les principautés féodales; des découvertes, telles que celles de la poudre à canon, de la boussole* et de l'imprimerie, changent la face du monde; la littérature, les beaux-arts et les sciences prennent un essor inattendu.

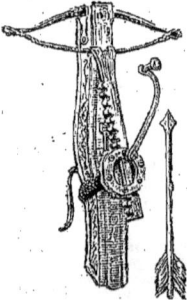

2. Les premiers canons. — Les premiers canons étaient en fer fondu ou forgé, parfois même on employait de simples cylindres de bois cerclés de fer. Ce n'est que vers le milieu du xv° siècle qu'on fit usage du bronze*, qui est plus résistant que le fer. Les premières pièces d'artillerie avaient des formes variées : les *bombardes* étaient des tubes assez courts; les *couleuvrines*, au contraire, étaient très allongées. Ces canons lançaient des balles de fer ou de plomb, ou des boulets de pierre. Le tir ne portait pas très loin et n'avait aucune précision.

Fig. 113. — Arbalète à cranequin*. L'Arbalète fut encore employée malgré les armes à feu. On cessa d'en faire usage au xvii° siècle.

3. Les armes à feu portatives. — On imagina bien vite d'avoir, outre les canons, qui étaient très lourds à manier, de petites armes à feu qu'un homme ou deux pourraient porter. L'*arquebuse à croc*, la plus ancienne des armes à feu portatives, avait un canon de 1 m,50 de longueur, d'un calibre beaucoup plus fort que celui de nos fusils. Elle était portée sur un chevalet en bois et retenue par un croc; elle pesait de 25 à 30 kilogrammes et il fallait deux hommes pour s'en servir. L'*arquebuse à mèche* était déjà plus commode : par un appareil mécanique assez simple, le tireur mettait en mouvement une mèche allumée qui enflammait la poudre. Dans l'*arquebuse à rouet*, la mèche était remplacée par une étincelle produite par le frottement d'un rouet d'acier contre une pierre à feu.

4. Premier voyage de Christophe Colomb. — *Christophe Colomb*, né près de Gênes*, s'embarqua très jeune, et pendant 25 ans de navigation visita tous les pays connus des marins de son temps. C'était l'époque où les Portugais cherchaient une nouvelle route pour aller aux Indes*, en contournant l'Afrique par le sud. Déjà *Barthélemy Diaz*, en 1486, avait aperçu le terrible

Fig. 114. — Arquebuse ou plutôt *haquebuse* à mèche, appelée aussi *mousquet*. On l'appuyait sur une fourche pour tirer.

cap des *Tempêtes* ou *cap de Bonne-Espérance*, que *Vasco de Gama* devait doubler en 1497.

Fig. 115. — **Christophe Colomb.** — Célèbre navigateur né en 1436 ou en 1441 à Gênes; mort à Séville, dans le dénuement et dans le chagrin, en 1506. Christophe Colomb découvrit l'Amérique le 12 octobre 1492.

Fig. 116. — **Vasco de Gama.** — Célèbre navigateur portugais, né à Sinès, vers 1469. Il doubla le cap de Bonne-Espérance en novembre 1497 et arriva dans l'Inde, à Calicut, en mai 1498. Nommé vice-roi des Indes, après être resté dans l'oubli pendant 21 ans, il mourut à Cochin en 1524.

Pour arriver au même but, Colomb résolut de prendre un autre chemin que celui que Diaz avait suivi. Puisque la terre est ronde, ne pouvait-on parvenir à la côte orientale d'Asie en se dirigeant droit vers l'ouest, à travers l'océan Atlantique? Plusieurs savants considéraient cette tentative comme possible. Mais ni les Génois, ni le roi de Portugal, ni le roi d'Angleterre, auxquels Colomb s'adressa, ne voulurent faire les frais de l'expédition.

Enfin Colomb put obtenir d'exposer son plan, à Ferdinand d'Aragon* et à sa femme Isabelle de Castille*. Il fut d'abord éconduit, et c'est seulement en 1492 qu'il fut rappelé par Isabelle : la reine lui accorda tout ce qu'il avait demandé. Il se rendit à Palos, petit port du sud de l'Espagne, pour y préparer son départ; trois petits vaisseaux, à moitié pontés, que l'on appelait des caravelles, furent mis à sa disposition. La *Santa-Maria* fut commandée par Colomb, la *Pinta* et la *Niña*, par les frères Pinzon. Le vendredi 3 août 1492, on quittait Palos et on se dirigeait sur les îles Canaries*, puis vers l'ouest.

Le voyage se serait effectué sans incident, s'il n'y avait eu quelques tentatives de révolte des hommes de l'équipage, effrayés par cette lointaine navigation sur une mer inconnue. Dans la nuit du 11 au 12 octobre, à deux heures du matin, le cri : « Terre, terre » retentit sur la *Pinta* qui marchait en avant : deux heures après, Colomb prenait possession d'une des îles Lucayes*, qu'il nomma *San Salvador*. Le *Nouveau-Monde* était découvert; Colomb, pourtant, ne s'en doutait pas : il était persuadé qu'il avait seulement trouvé la route de l'Asie par l'Ouest et l'Amérique fut d'abord appelée *Indes Occidentales*.

CIVILISATION — HISTORIENS

Historien moderne. — Washington Irving, Christophe Colomb.

Les *Lusiades*, du grand poète portugais Camoens, sont un poème consacré à la gloire de Vasco de Gama.

LEXIQUE. — **Aragon. Castille.** provinces d'Espagne, qui furent autrefois des royaumes séparés et dont l'union date du mariage de Ferdinand et d'Isabelle.

Boussole, cadran au centre duquel est fixée une aiguille aimantée et mobile dont la pointe se dirige vers le nord.

Bronze, alliage de cuivre et d'étain.

Canaries, archipel de l'Océan Atlantique à l'ouest de l'Afrique. Les Canaries appartiennent à l'Espagne.

Constantinople, grande ville sur le Bosphore, à l'entrée de la mer Noire; capitale de la Turquie.

Cranequin. Instrument en fer qui servait à bander l'arbalète.

Gênes, ville maritime de l'Italie septentrionale, dont le commerce fut très important au moyen âge (carte, fig. 103).

Indes, nom de deux presqu'îles de l'Asie méridionale, l'Hindoustan et l'Indo-Chine.

Lucayes ou Bahama, archipel de l'Océan Atlantique au sud-est de l'Amérique du Nord.

Résumé chronologique.

1346	Bataille de Crécy : premier emploi de l'artillerie dans une bataille.
1453	Prise de Constantinople par les Turcs (fin du moyen âge).
1492	Premier voyage de Colomb : découverte de l'Amérique.
1497	Vasco de Gama double le cap de Bonne-Espérance et atteint la côte de l'Inde.

Devoir de rédaction.

LE PREMIER VOYAGE DE CHRISTOPHE COLOMB

Plan. — 1. Difficultés pour obtenir des vaisseaux. 2. Le départ; la route; les inquiétudes des compagnons de Colomb. 3. L'arrivée sur une terre nouvelle; joie de tous.

Quinzième et seizième siècles.

XXV. — DÉCOUVERTE DE L'IMPRIMERIE
LA RENAISSANCE EN ITALIE ET EN FRANCE

Entretiens

1. — La découverte de l'*imprimerie* par Gutenberg, en multipliant les livres et en les rendant moins chers, a augmenté le nombre des hommes instruits.

2. — Dès le XIVe siècle, les Italiens se

mettent à rechercher et à étudier les *œuvres de l'antiquité*. Les savants de Constantinople, chassés par les Turcs, contribuent aussi à faire connaître les auteurs anciens.

3. — Après le moyen âge, où les esprits étaient comme engourdis, une vie nouvelle a commencé. C'est l'époque de la **Renaissance**, qui a vu tant de grands écrivains, tant d'artistes et de savants, encouragés par François Ier et par les papes Jules II et Léon X.

4. — En Italie, *Léonard de Vinci, Michel-Ange et Raphaël* s'illustrèrent dans la peinture.

5. — En France vivaient des artistes comme le peintre-sculpteur *Jean Cousin* et

les sculpteurs *Jean Goujon* et *Germain Pilon;* des architectes comme *Philibert Delorme* et *Pierre Lescot;* des poètes comme *Marot* et *Ronsard;* des prosateurs comme *Rabelais* et *Montaigne*.

6. — *Ambroise Paré* s'illustra dans la médecine; *Bernard Palissy* fabriqua des poteries artistiques, émaillées en couleur.

Questionnaire 1. — Nommez l'inventeur de l'imprimerie.
2. — Qui a fait connaître aux occidentaux les œuvres de l'antiquité ?
3. — Parlez de la Renaissance.
4. — Quels furent les grands peintres italiens?
5. — Citez des noms d'artistes, d'architectes et d'écrivains français qui vivaient au temps de la Renaissance.
6. — Parlez d'Ambroise Paré et de Bernard Palissy.

Récits

1. L'imprimerie. — Une découverte des plus importantes fut celle de *l'imprimerie*. Auparavant, on n'avait que des manuscrits, c'est-à-dire des livres écrits de main d'homme; ces manuscrits étaient rares et d'un prix élevé. Le livre imprimé, au contraire, se tirait à beaucoup d'exemplaires, se vendait bon marché, et devenait accessible à tous.

C'est un Allemand, *Jean Gutenberg* (1400-1468), né à Mayence* et établi à Strasbourg*, qui inventa l'imprimerie vers 1440. L'imprimerie s'introduisit en France pendant le règne de Louis XI. Sous François Ier, il y avait déjà vingt-quatre imprimeurs à Paris.

Fig. 117. — Gutenberg. (*D'après sa statue, par David d'Angers, à Strasbourg*). Inventeur de l'imprimerie typographique, né à Mayence, vers 1400, mort en 1468.

2. La Renaissance. — La *Renaissance* commence en Italie beaucoup plus tôt que dans les autres pays : dès le XIVe siècle, des poètes italiens parcourent les bibliothèques, à la recherche des manuscrits des monastères, à la recherche des manuscrits de l'antiquité. Ils étudient les auteurs anciens et les imitent.

La période la plus brillante de la Renaissance italienne comprend le XVe et le XVIe siècles. Les artistes et les littérateurs furent protégés par

les princes, notamment par les *Médicis*, riches banquiers qui gouvernaient Florence*; *Laurent le Magnifique*, à la fin du XVe siècle, et, plus tard

Fig. 118. — Le Collège de France (*État actuel, d'après une photographie*). — Fondé par François Ier, le 24 mars 1531, sous le titre de *Collège royal*, avec un nombre de quatre, furent les professeurs, d'abord chargés d'enseigner le grec et l'hébreu. On y créa depuis un grand nombre de chaires, où l'on donne gratuitement l'enseignement supérieur. Les cours du Collège de France sont publics.

le pape *Léon X* se distinguèrent par leur goût éclairé, par leur passion pour les lettres, les arts et les beaux monuments.

En France, la Renaissance commença au XVe siècle et se développa grâce aux relations avec l'Italie. François Ier protégea les artistes et les savants. Il contribua à la fondation du *Collège de France* (1531), où devait s'enseigner tout ce qui ne pouvait avoir place dans l'ancienne Sorbonne, fondée en 1250, sous saint Louis, et qui restait systématiquement hostile aux nouveautés. Il fit venir d'Italie les artistes les plus célèbres : Léonard de Vinci, Le Rosso, Le Primatice, qui décorèrent le château de Fontainebleau; Benvenuto Cellini, le célèbre orfèvre, etc. Il commanda des tableaux à Raphaël, l'un des plus grands artistes de l'Italie.

3. Les arts et la littérature en France au XVIᵉ siècle.

— Bientôt se forme toute une génération d'artistes fran-

FIG. 119   FIG. 120   FIG. 121
Jean Cousin   Jean Goujon   Germain Pilon
(1500-1580).   (1515-1572).   (1535-1590).

FIG. 122   FIG. 123   FIG. 124
Pierre Trinqueau Ph. Delorme Pierre Lescot
14..-15..)   (1518-1577).   (1510-1571).

FIG. 125   FIG. 126   FIG. 127   FIG. 128
Cl. Marot   Ronsard   M. Régnier   Malherbe
(1495-1544). (1524-1585). (1573-1613). (1555-1628).

çais. Ce sont : Jean Cousin, sculpteur et grand peintre; les sculpteurs Jean Goujon et Germain Pilon; les architectes Pierre Trinqueau, qui éleva le *château de Chambord*, Philibert Delorme, qui

commença les *Tuileries* en 1563, et Pierre Lescot qui construisit une partie du *Louvre*.

FIG. 129   FIG. 130   FIG. 131   FIG. 132
Calvin   Rabelais   Amyot   Montaigne
(1509-1564). (1495-1553). (1513-1593). (1533-1592).

FIG. 133   FIG. 134   FIG. 135   FIG. 136
Cujas   Amb. Paré   Viète   B. Palissy
(1522-1590). (1516-1590). (1540-1603). (1510-1590).

C'est au XVIᵉ siècle que brillent dans les lettres les poètes Marot, Ronsard, Régnier et Malherbe; les prosateurs Calvin, Rabelais, Amyot et Montaigne; dans le droit, Cujas; dans la médecine, Ambroise Paré; dans les mathématiques, Viète; un artiste, qui fut aussi un savant, le potier Bernard de Palissy, créa les belles poteries vernissées qu'il appelait les *rustiques figulines**.

LEXIQUE. — Figuline, vase en terre cuite.
Florence, ville d'Italie, sur l'Arno. Les Médicis, qui ne furent d'abord que les premiers citoyens de la République de Florence, devinrent au XVIᵉ siècle grands ducs de Toscane (carte, fig. 103).
Léon X, pape de la famille des Médicis. Il fit achever le dôme de Saint-Pierre, à Rome, et protégea les artistes et les lettrés.
Mayence, ville d'Allemagne, sur le Rhin, près du confluent du Mein (carte, fig. 137).
Strasbourg, ancien ch.-l. du Bas-Rhin, en Alsace carte, fig. 143).

Résumé chronologique.

1400-1468	Naissance et mort de Gutenberg.
1440	Invention de l'imprimerie, par Jean Gutenberg de Mayence.
1531	Fondation du Collège de France par François Iᵉʳ.
1563	Commencement de la construction des Tuileries.

Devoir de rédaction.

LA RENAISSANCE

Plan. — 1. Qu'appelle-t-on Renaissance ?
2. Quelles causes l'ont produite ?
3. Principaux écrivains et artistes français du XVIᵉ siècle?

Seizième siècle.

XXVI. — HENRI II (1547-1559). — FIN DES GUERRES D'ITALIE
COMMENCEMENT DE LA RÉFORME EN FRANCE

Entretiens

1. — Henri II, fils et successeur de François Ier, continua la lutte contre Charles-Quint et conquit, en 1552, les *trois évêchés* de Metz*, Toul* et Verdun*.

2. — Charles-Quint abdiqua en 1556, laissant l'empire d'Allemagne à son frère *Ferdinand Ier*, et l'Espagne, les Pays-Bas et les possessions d'Italie, à son fils *Philippe II*.

3. — Philippe II, presque aussi redoutable que Charles-Quint, continua la guerre contre la France, et battit Montmorency à *Saint-Quentin**, en 1557; mais François de Guise reprit *Calais** aux Anglais en 1558.

4. — La *paix de Cateau-Cambrésis**, signée, en 1559, termina les guerres d'Italie en laissant Naples et Milan à l'Espagne. La France conserva Calais, Metz, Toul et Verdun.

5. — Henri II fut tué dans un tournoi, par son capitaine des gardes, Montgomery.

6. — Avec les trois fils de Henri II, François II (1559-1560), Charles IX (1560-1574) et Henri III (1574-1589), finit la *branche capétienne des Valois**.

Fig. 137. — **Carte de France de 1458 à 1559.** Le mariage de Charles VIII avec Anne de Bretagne (1491) réunit la Bretagne à la France. En 1552, les trois évêchés : Metz, Toul et Verdun furent conquis; en 1558, François de Guise s'empara de Calais, dont le traité de Cateau-Cambrésis (1559) confirma la possession à la France.

7. — Ces trois règnes sont troublés par les querelles religieuses. Les *protestants* voulaient célébrer librement leur culte, mais les *catholiques*, qui étaient en majorité, leur refusèrent la liberté religieuse

Questionnaire : 1. — Nommez la principale conquête du règne de Henri II.
2. — Comment furent partagés les États de Charles-Quint après son abdication ?
3. — Par qui Calais fut-il repris ?

4. — Quel a été le résultat de la paix de Cateau-Cambrésis ?
5. — Comment périt Henri II ?
6. — Nommez les trois fils de Henri II.
7. — Par quoi sont troublés ces règnes ?

Récits

1. Conquête des Trois Évêchés. — Abdication de Charles-Quint. —

En 1548 la guerre recommença contre Charles-Quint; Henri II, s'étant allié aux protestants d'Allemagne, pénétra en Lorraine et occupa les trois évêchés, Metz*, Toul* et Verdun* (1552).

Charles-Quint, qui s'était réconcilié avec Maurice de Saxe, le chef des protestants allemands, voulut reprendre Metz; mais, grâce à la vigoureuse défense de François de Guise, il n'y put parvenir; il battit en retraite, en abandonnant ses bagages, son artillerie et ses malades. Il s'écriait, en quittant la place : « Je vois bien que la fortune est femme : mieux aime-t-elle un jeune roi qu'un vieil empereur ».

Découragé par cet insuccès, Charles-Quint abdiqua en 1556. Il laissait à son fils Philippe II l'Espagne, le Nouveau-Monde, le Milanais, Naples, les Pays-Bas (Hollande-Belgique), et à son frère, Ferdinand Ier, le titre d'empereur, l'Autriche, la Bohême et la Hongrie.

FIG. 138. — **François de Lorraine**, duc de Guise. (*D'après un médaillon en émaux de couleur, par Léonard Limousin, conservé au musée du Louvre*). — Le plus grand homme produit par la maison de Guise. Né au château de Bar en 1519, mort devant Orléans en 1563.

FIG. 139. — **Philippe II.** Roi d'Espagne de 1556 à 1598, fils de Charles-Quint et d'Isabelle de Portugal; né à Valladolid en 1527, mort en 1598.

2. Reprise de Calais et traité de Cateau-Cambrésis. —

Philippe II, presque aussi redoutable que Charles-Quint, épousa la reine d'Angleterre, Marie Tudor, et continua à lutter contre le roi de France. Ses armées sont victorieuses sur nos frontières du nord; elles s'emparent un instant de Saint-Quentin* et menacent Paris.

Le duc de Guise, rappelé d'Italie, repoussa les Espagnols, mit le siège devant Calais* et s'en empara : c'était la dernière place française que les Anglais occupassent encore. Marie Tudor mourut, dit-on, du chagrin que lui causa la perte de cette ville. « Si l'on ouvrait mon cœur, disait-elle, on y trouverait le nom de Calais. »

FIG. 140. — **Henri II est blessé mortellement dans un tournoi** (29 juin 1559). (*D'après une gravure de 1570, par Tortorel et Périssin*). — A l'occasion du mariage d'Élisabeth, fille du roi, avec Philippe II, un tournoi eut lieu à Paris. Henri II, qui aimait montrer sa force et son adresse, y prit part. Un jeune officier de ses gardes, Montgomery, eut le malheur de lui enfoncer dans l'œil droit le tronçon de sa lance qui pénétra jusqu'au cerveau, Henri II languit quelques jours et expira le 10 juillet 1559

Par la *paix de Cateau-Cambrésis** (1559), la France renonça à l'Italie, mais garda Calais et continua à occuper les trois évêchés, qui ne nous furent cédés définitivement qu'en 1648.

Peu de temps après ce traité, Henri II fut blessé mortellement dans un tournoi par le capitaine de sa garde écossaise, Montgomery (1559).

3. La Réforme. —

Le XVIe siècle a été appelé le *siècle de la Renaissance :* on pourrait aussi l'appeler le *siècle de la Réforme*. Cette Réforme est un des plus grands événements qui se soient produits dans le monde avant la Révolution française.

Jusqu'au XVIe siècle, toute l'Europe chrétienne avait reconnu l'autorité du pape. En 1516, un moine allemand, *Luther*, rejeta cette autorité, en prétendant *réformer* la religion chrétienne. Malgré les efforts de Charles-Quint, la plus grande partie de l'Allemagne se déclara pour Luther : beaucoup de princes organisèrent le nouveau culte dans leurs états.

D'autres réformateurs s'élevèrent : *Zwingle* en Suisse, *Calvin* à Genève* et en France, le roi *Henri VIII* en Angleterre, *Knox* en Ecosse, et la moitié de l'Europe abandonna le pape et le catholicisme, pour pratiquer une religion nouvelle que l'on appela la *réforme* ou le *protestantisme*.

Fig. 141. — **Jean Calvin.** (*D'après une gravure du temps*). — Chef de la seconde branche du protestantisme à laquelle il a donné son nom. Né à Noyon (Oise) en 1509, mort à Genève en 1564.

4. La première église protestante. — Les doctrines protestantes furent condamnées en France : François 1er, qui cependant s'était allié, en 1532, avec les princes protestants d'Allemagne, faisait supplicier les luthériens sous ses yeux en 1535. Les supplices restaient sans effet et, en cette même année 1535, *Calvin* publiait un livre intitulé l'*Institution chrétienne*, dans lequel les nouvelles doctrines étaient exposées avec beaucoup de force et d'éloquence. D'autre part, les *Vaudois* furent massacrés en 1545.

Sous Henri II, malgré de nouveaux supplices en 1549, malgré l'interdiction par le Parlement des réunions que les protestants tenaient dans la campagne et que l'on appelait les *écoles buissonnières*, le calvinisme s'établissait en France, de 1550 à 1560; la première église du culte réformé était créée à Paris en 1555. Beaucoup de nobles, de bourgeois se convertirent à la nouvelle religion on les nomma *calvinistes* ou *huguenots*.

CIVILISATION — HISTORIENS MONUMENTS

Historiens contemporains. — *Mémoires* de TAVANNES, de MONLUC, de CASTELNAU. — *Histoire universelle* de d'AUBIGNÉ. — *Histoire universelle* de DE THOU.

Historiens modernes. — MIGNET, l'*Abdication de Charles-Quint*.

Monuments. — Henri II fit commencer, par Pierre Lescot, le *Louvre* tel que nous le connaissons aujourd'hui.
Catherine de Médicis chargea Philibert Delorme d'élever les *Tuileries* le long de la Seine.
Le *château d'Anet* fut construit pour Diane de Poitiers.

Un grand sculpteur de ce temps, *Jean Goujon*, fit la *Diane chasseresse* qui est au musée du Louvre, les gracieuses figures de la *fontaine des Innocents* à Paris. Un autre, *Germain Pilon*, fit le groupe des *Trois Grâces* qui devait supporter une urne renfermant le cœur de Henri II; ce groupe est au Louvre.

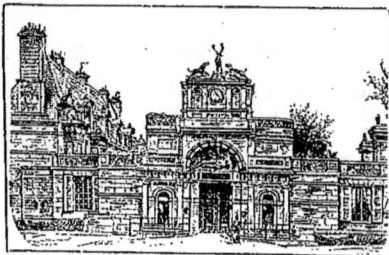

Fig. 142. — **Château d'Anet** (Eure-et-Loir). (*D'après une photographie*). — Ce château, construit aux frais d'Henri II pour Diane de Poitiers, par Philibert Delorme, en 1552, fut décoré par Jean Goujon, Germain Pilon et Jean Cousin et détruit en partie pendant la Révolution.

LEXIQUE. — **Calais** (Pas-de-Calais), aux Anglais de 1347 à 1558 (carte, fig. 137).
Cateau-Cambrésis, (Nord) (carte, fig. 137).
Genève, ville de Suisse (carte, fig. 137).
Huguenots, d'un mot allemand qui signifie confédérés par le serment.
Metz, sur la Moselle, ancien chef-lieu du département de la Moselle, en Alsace-Lorraine (carte, fig. 137).
Saint-Quentin, s.-préf. de l'Aisne (carte, fig. 137).
Toul, s.-préf. de Meurthe-et-Moselle (carte, fig. 137).
Valois. Il y eut treize rois de la famille des Valois, depuis Philippe VI jusqu'à Henri III (1328-1589).
Verdun, s.-préf. de la Meuse (carte, fig. 137).

Résumé chronologique

1547-1559	Règne de Henri II.
1552	Conquête des Trois-Évêchés : Metz, Toul, Verdun.
1556	Abdication de Charles-Quint.
1557	Bataille de Saint-Quentin, défaite des Français.
1558	Prise de Calais par François de Guise.
1559	Traité de Cateau-Cambrésis.

Devoir de rédaction.

LES CONQUÊTES DE LA FRANCE SOUS HENRI II

Plan. — 1. Sous ce règne, la France renonce aux expéditions coûteuses et inutiles en Italie.
2. Conquête des Trois-Évêchés, conquête très facile : « On entrait dans ces villes comme dans du beurre, » dit un contemporain.
3. Conquête de Calais.
4. Ces conquêtes furent confirmées par la paix de Cateau-Cambrésis; elles reculèrent considérablement la frontière française dans la direction du Rhin.

Seizième siècle.

XXVII. — FRANÇOIS II (1559-1560). — CHARLES IX (1560-1574). — LES PREMIÈRES GUERRES DE RELIGION. — MASSACRE DE LA SAINT-BARTHÉLEMY

Fig. 143. — **Carte de la France pendant les guerres religieuses et civiles.** — Les guerres religieuses commencèrent en 1562, après le massacre des protestants à Vassy. Les protestants furent battus à Dreux, la *première guerre* fut terminée par la paix d'Amboise; la *seconde guerre* par la paix de Longjumeau (1568), après la bataille de Saint-Denis. Pendant la *troisième guerre*, les protestants furent battus à Jarnac et à Moncontour; elle se termina par la paix de Saint-Germain (1570). Le massacre de la Saint-Barthélemy amena une *quatrième guerre* qui prit fin en 1574. La paix de Beaulieu (1576) accorde de grands avantages aux protestants; c'est alors que le duc de Guise organisa la *Ligue*, association qui avait pour but de supprimer le culte protestant. Les guerres de religion prirent fin avec l'avènement de Henri IV, en 1589.

Entretiens

1. — François II, marié à la reine d'Écosse, *Marie Stuart*, laissa gouverner les Guises, chefs du parti catholique.

2. — Condé et les chefs protestants formèrent le projet d'enlever le roi, mais ce complot, qui a été appelé la *conjuration* d'Amboise, fut cruellement réprimé. Condé ne fut sauvé que par la mort du roi (1560).

3. — Charles IX, dirigé par sa mère, Catherine de Médicis, suivit d'abord la politique conciliante du *chancelier de l'Hôpital*.

4. — Mais, après le *massacre des protestants à Vassy*, les guerres religieuses éclatèrent.

5. — Dans la *première guerre*, terminée par la *paix d'Amboise*, les protestants furent battus à Dreux, et *François de Guise* fut assassiné, au siège d'Orléans, par un gentilhomme protestant nommé *Poltrot de Méré*.

6. — La *seconde guerre*, après la bataille de Saint-Denis, où fut tué le connétable *de Montmorency*, se termina par la *paix de Longjumeau* en 1568.

7. — Les défaites des protestants à *Jarnac* et à *Moncontour*, puis la *paix de Saint-Germain* (1570), furent les principaux événements de la *troisième guerre*.

8. — Enfin, l'horrible massacre des protestants, dans la nuit de la *Saint-Barthélemy*, le 24 août 1572, amena une *quatrième guerre*, terminée en 1574.

9. — Charles IX, troublé par les remords, mourut à vingt-quatre ans, en 1574.

Questionnaire : 1. — A qui François II était-il marié?
2. — Contre qui fut faite la conjuration d'Amboise?
3. — Par qui Charles IX fut-il dirigé?
4. — A quelle occasion commencèrent les guerres religieuses?
5. — Par qui François de Guise fut-il assassiné?
6. — Par quel traité s'est terminée la seconde guerre?
7. — Quels sont les principaux événements de la troisième guerre?
8. — Donnez la date de la Saint-Barthélemy.
9. — En quelle année meurt Charles IX?

Récits

1. François II. — *François II* n'avait que seize ans quand il monta sur le trône; il avait épousé, en 1558, *Marie Stuart*, reine d'Écosse. Ce prince, faible et maladif, laissa le gouvernement aux oncles de sa femme, le duc *François de Guise* et le *cardinal de Lorraine*. Tous deux voulaient faire triompher le catholicisme; ils enlevèrent aux protestants leurs charges et leurs grades militaires.

2. Conjuration d'Amboise. — Les protestants formèrent un complot auquel prirent

Fig. 144. — **L'exécution d'Amboise** (15 mars 1560). (*D'après une gravure du temps, de Tortorel et de Périssin*). — Les conjurés furent d'abord jetés en prison et mis à la torture, puis exécutés dans la cour du château d'Amboise. *La Renaudie* fut pendu, on le voit sur la gravure, à la potence au pied de la tour; le *baron de Castelnau* et ses compagnons furent décapités; *Villemongis*, sur l'échafaud, trempe ses mains dans le sang de ses compagnons; sept sont pendus aux créneaux du château; les autres sont menés au supplice.

part beaucoup de catholiques mécontents. Ce complot avait pour chef apparent un seigneur obscur, *Godefroi de la Renaudie*, et pour chef réel le *prince de Condé*, qui voulait enlever le roi; mais les Guises, avertis, firent bonne garde. Les conjurés furent dispersés ou pris et beaucoup de prisonniers furent pendus dans la cour du château d'*Amboise*, où le roi s'était réfugié.

Puis on convoqua les états généraux, à Orléans; Condé qui s'y trouvait fut arrêté sur l'ordre des Guises et condamné à la peine capitale : il ne fut sauvé que par la mort du roi (1560).

3. Catherine de Médicis. — *Charles IX*, frère de François II, monta sur le trône à l'âge de dix ans. Le royaume fut gouverné par sa mère, *Catherine de Médicis*, princesse dissimulée, sans scrupules et avide de pouvoir. Pour garder l'autorité, elle chercha à maintenir la balance égale entre le parti protestant et le parti catholique.

À l'avènement de Charles IX, Catherine de Médicis redoutait

Fig. 145. — **Catherine de Médicis.** (*D'après un portrait du temps, à la Bibliothèque Sainte-Geneviève*). Reine de France, fille de Laurent de Médicis, née à Florence le 13 avril 1519, morte au château de Blois le 5 janvier 1589. Elle épousa Henri II en 1533 et le rendit père de dix enfants.

surtout les Guises : pour les battre en brèche, elle laissa l'autorité au chancelier *Michel de l'Hôpital*, magistrat intègre et vertueux, qui disait : « Otons ces noms diaboliques : *huguenots, papistes*, et conservons le beau nom de *chrétiens* ». Il voulait établir la tolérance religieuse et, en 1561, il promulgua une amnistie* générale en faveur des réformés.

4. Massacre de Vassy (1562). — Les efforts de Michel de l'Hôpital ne purent triompher du fanatisme. En 1562, le duc de Guise voyageait avec une troupe nombreuse d'hommes d'armes : en passant dans la petite ville de *Vassy*, en Champagne, ses soldats entendirent des protestants qui chantaient des psaumes dans une grange; ils leur cherchèrent querelle, se jetèrent sur eux et les massacrèrent. Ce crime fut le signal des guerres de religion.

5. Les guerres de religion.

— Chacun des deux partis fit appel aux étrangers : les ca-

FIG. 146. — **Massacre de la Saint-Barthélemy** (23-24 août 1572). (*D'après une ancienne gravure de la collection Hennin*). — A deux heures du matin, le dimanche 24 août, les cloches de Saint-Germain-l'Auxerrois sonnèrent le tocsin; c'était le signal du massacre.

tholiques, aux Espagnols; les protestants, aux Allemands et aux Anglais.

Dans la première guerre, terminée par la *paix d'Amboise* (1563), les catholiques furent vainqueurs à *Dreux**, mais François de Guise, leur chef, fut assassiné d'un coup de pistolet au siège d'Orléans, par un fanatique, *Poltrot de Méré*.

Dans la deuxième guerre, terminée par la *paix de Longjumeau**, en 1568, les protestants attaquèrent Paris et se firent battre à *Saint-Denis*.

Dans la troisième, les protestants furent battus à *Jarnac**, où Condé fut tué, et à *Moncontour**. La *paix de Saint-Germain*, signée en 1570, leur accorda la liberté de culte dans un grand nombre de villes et quatre places de sûreté* : La Rochelle*, Cognac*, Montauban* et La Charité*.

Coligny devint le conseiller de Charles IX et projeta d'enlever les Pays-Bas à l'Espagne. Ses ennemis, pour se défaire de lui, provoquèrent le massacre de la Saint-Barthélemy.

6. Le massacre de la Saint-Barthélemy.

— L'odieux massacre de la *Saint-Barthélemy* fut ordonné, dans la nuit du 23 au 24 août 1572, par le roi Charles IX. Cet ordre, arraché au roi par sa mère, la perfide Catherine de Médicis, coûta la vie, à Paris seulement, à près de 2 000 protestants. L'*amiral Coligny*, le meilleur, le plus sûr conseiller de Charles IX, qui l'appelait son père, fut la principale victime.

Ces abominables carnages se répétèrent dans beaucoup de villes de province, mais un grand nombre de gouverneurs, comme *Montmorency*, dans l'Ile de France, *Longueville*, en Picardie, refusèrent de s'y associer. A Lyon et à Troyes, les bourreaux ne voulurent pas prêter la main à une « tuerie », disant : « Si nous avons pour mission d'exécuter des malfaiteurs, nous ne sommes pas pour cela des assassins ». Les catholiques, comme le pape Grégoire XIII et Philippe II, roi d'Espagne, approuvèrent les massacres.

Le crime inutile de la Saint-Barthélemy provoqua une nouvelle guerre, dont le résultat fut d'assurer aux protestants de nouvelles concessions.

Les catholiques durent lever le siège de *La Rochelle* et furent obligés de confirmer la paix de *Saint-Germain* (1572-1574).

7. Mort de Charles IX (1574).

— Charles IX était né avec d'excellentes dispositions. Comme son aïeul, François Ier, il aimait les arts et les lettres, mais la mauvaise éducation qu'il avait reçue et l'abus des plaisirs avaient perverti tous ces dons naturels. Sa fin, troublée par les remords, fut misérable; sa nourrice, qui était protestante,

FIG. 147. — **Charles IX** (*D'après un tableau de Clouet, au musée du Louvre*). — Fils de Henri II et de Catherine de Médicis, né à Saint-Germain-en-Laye le 27 juin 1550, mort à Vincennes, le 30 mai 1574. Il succéda comme roi de France, le 5 décembre 1560, à son frère François II.

lui témoignait beaucoup d'affection. Elle l'entendit se plaindre et pleurer en s'écriant : « Ah! que de sang et que de meurtres! Ah! que j'ai été mal conseillé! »

Il mourut âgé de vingt-quatre ans, en 1574.

CIVILISATION — HISTORIENS

Historiens modernes — Anquez, *Michel de L'Hôpital.*
Forneron, *Histoire des ducs de Guise.*
Cette époque des guerres de religion, terrible à tous égards, a été aussi funeste aux monuments : le gouvernement n'eut pas le loisir d'en faire construire, et beaucoup souffrirent de l'exaltation des haines religieuses.

LEXIQUE. — Amnistie, pardon accordé à des condamnés, qui efface tous les effets de la condamnation.
Cognac, Charente (carte, fig. 143).
Dreux, s.-préf. du dép. d'Eure-et-Loir (carte, fig. 143).
Jarnac, Charente (carte, fig. 143).
La Charité, en aval de Nevers (carte, fig. 143).
La Rochelle, Charente-Inférieure (carte, fig. 143).
Longjumeau, Seine-et-Oise (carte, fig. 143).
Moncontour, Vienne (carte, fig. 143).

Montauban, Tarn-et-Garonne (carte, fig. 143).
Places de sûreté, places où les protestants tenaient garnison et qu'ils administraient librement.
Vassy, s.-préf. Haute-Marne (carte, fig. 143).

Résumé chronologique.

1559-1560	François II. Conjuration d'Amboise.
1560-1574	Charles IX, d'abord gouverné par sa mère Catherine de Médicis.
1568	Paix de Longjumeau.
1569	Batailles de Jarnac et de Moncontour, défaites des protestants.
1570	Paix de Saint-Germain.
1572	24 août, massacre de la Saint-Barthélemy.

Devoir de rédaction.

RACONTER LE MASSACRE DE LA SAINT-BARTHÉLEMY

Plan. — 1. Haine réciproque des deux partis qui en sont venus aux mains; — rôle de Catherine de Médicis.

2. Le signal du massacre; — la tuerie; — les ordres de Henri de Guise; — la mort de Coligny.

3. Quelques gouverneurs de provinces refusent de laisser commettre ce crime.

4. Inutilité de ce massacre, qui ne détruisit pas la Réforme, qui hâta la mort de Charles IX bourrelé de remords; l'un des crimes les plus odieux de l'histoire.

Seizième siècle.

XXVIII. — HENRI III (1574-1580)
LA LIGUE. — FIN DE LA DYNASTIE DES VALOIS-ANGOULÊME

Entretiens

1. — Henri III, frère et successeur de Charles IX, était superstitieux et débauché; il continua les guerres contre les protestants, qui, par le *traité de Beaulieu**, obtinrent de grands avantages.

2. — Henri de Guise*, surnommé le *Balafré*, organisa la *Sainte-Ligue*, dirigée autant contre le roi de France que contre l'héritier protestant du trône, **Henri de Bourbon, roi de Navarre.**

3. — Henri III fit assassiner Henri de Guise à Blois, en 1588; lui-même fut poignardé à Saint-Cloud, par le moine *Jacques Clément*, en 1589.

4. — Avec Henri III finit la dynastie des *Valois-Angoulême.*

Questionnaire : 1. — Quel était le caractère de Henri III?
2. — Par qui la Ligue fut-elle formée?
3. — Comment mourut Henri III?
4. — Quelle est la dynastie qui finit avec Henri III?

Récits

1. Henri III et la Ligue catholique. — A Charles IX succéda son frère *Henri III.* Prince brillant, débauché, superstitieux, faible de caractère, il fut le jouet de toutes les intrigues qui se tramèrent en cette époque troublée. Il ne put mettre un terme aux guerres religieuses. La paix de Beaulieu* (1576) ayant accordé aux protestants la liberté du culte, les catholiques exaltés organisèrent la *Sainte-Ligue*, association qui avait pour but la suppression du culte protestant, et dont le chef fut le fils de François de Guise, Henri le *Balafré*, qui aspirait au trône.

La Ligue recruta de nombreux partisans dans les principales villes de France et surtout à Paris; les Guises flattaient le peuple, et des moines, prédicateurs fanatiques, surexcitaient ses instincts de révolte. Henri III reconnut la Ligue et voulut en devenir le chef; mais, de plus en plus, il perdait toute autorité.

2. Henri de Navarre. — Henri III n'avait pas d'enfant. Après la mort de son frère, le duc d'Anjou, quatrième fils de Henri II (1584), l'héritier de la couronne était un prince protestant, *Henri de Bourbon*, roi de Navarre, qui descendait d'un fils de saint Louis. Pour l'écarter, Henri de Guise fait alliance avec le roi d'Espagne, Philippe II; la Ligue redouble de violences et Henri III, effrayé, interdit le culte protestant.

Une nouvelle guerre civile éclata (1585-1587),

6

les résultats en furent indécis, car si Henri de Navarre était victorieux à *Coutras** (1587), Henri

FIG. 148. — **Procession de la Ligue dans les rues de Paris, le 14 mai 1590.** (*D'après une gravure du temps*). — La Ligue fut d'abord dirigée contre les protestants, puis contre Henri III, et après lui contre Henri IV. Elle ne cessa qu'en 1598.

de Guise battait les protestants à *Auneau*, près de Chartres.

3. Assassinat du duc de Guise (1588).

— La guerre terminée, le duc de Guise rentra à Paris. Les Parisiens, enthousiastes du *Balafré*, le soutinrent et élevèrent des barricades contre les troupes royales. Henri III se réfugia à Blois, et y convoqua les états généraux : c'est là qu'il fit poignarder le duc de Guise. Le duc fut appelé pour prendre part au Conseil. A peine est-il entré dans la salle que le roi le prie de venir le trouver dans sa chambre. Il va y pénétrer, lorsque les gardes du roi se jettent sur lui et le criblent de coups de poignard. Il tombe expirant au pied du lit de Henri III.

FIG. 150. — **Henri de Guise, dit le Balafré.** (*D'après une gravure du temps*). — Né le 31 décembre 1550, assassiné à Blois le 23 décembre 1588.

4. Mort de Henri III (1589).

— La mort du duc de Guise ne fit que redoubler la haine

des Ligueurs contre le roi : la Ligue catholique organisa à Paris un gouvernement composé de seize membres, qu'on appela les *Seize*, et qui déclara Henri III déchu du trône. Le roi fut

FIG. 151. — **Assassinat de Henri III par Jacques Clément.** (*D'après une estampe populaire du temps*). — Henri III campait à Saint-Cloud : le 1er août à 8 heures du matin, il venait de se lever quand un moine dominicain de Paris demanda à lui parler. Le roi le reçut, et pendant qu'il lisait la lettre que venait de lui remettre Jacques Clément, celui-ci lui plongea dans le ventre un couteau qu'il cachait dans sa manche. Le roi s'écria : « Ah le méchant moine, il m'a tué, qu'on le tue ! » Les gardes accoururent et massacrèrent le moine.

alors obligé de s'allier avec Henri de Navarre, et tous deux vinrent assiéger Paris. C'est à ce moment qu'un moine dominicain, *Jacques Clément*, tua le roi d'un coup de poignard à Saint-Cloud. (1er août 1589).

Avec Henri III s'éteignait la dynastie des Valois.

LEXIQUE. — Beaulieu, Corrèze (carte, fig. 143).
Coutras, Dordogne (carte, fig. 143).
Guise, sur l'Oise supérieure. La famille de Guise était une branche cadette de la maison de Lorraine.

Résumé chronologique.

1574-1589	Règne de Henri III.
1576	Paix de Beaulieu.
1584	Mort du duc d'Anjou.
1587	Bataille de Coutras.
1588	Assassinat du duc de Guise à Blois.
1589	1er août, assassinat de Henri III à Saint-Cloud.

Devoir de rédaction.

LA LIGUE

Plan. — 1. Les haines religieuses partagent la France en deux camps hostiles au gouvernement; formation de la Ligue.
2. Les Ligueurs, et à leur tête Henri de Guise, prétendent détrôner le roi Henri III ; la journée des Barricades.
3. Henri III fait tuer le chef de la Ligue ; les Ligueurs font tuer Henri III. Ils empêcheront longtemps encore Henri IV d'entrer dans Paris.

TABLEAU CHRONOLOGIQUE ET GÉNÉALOGIQUE DES VALOIS-ORLÉANS-ANGOULÊME

1515-1547. François Ier, fils de Charles d'Orléans et gendre de Louis XII.	**1547-1559. Henri II**, fils de François Ier. **1559-1560. François II**, fils aîné de Henri II.	**1560-1574. Charles IX**, deuxième fils de Henri II. **1574-1589. Henri III**, troisième fils de Henri II.

(Carte, page 78.)

Fig. 152. — **Entrée de Henri IV à Paris, par la porte Neuve, le 22 mars 1594.** (*Dessin de Notor, d'après une gravure du temps*). — La conversion de Henri IV amena la ruine du parti des Ligueurs. Quand Paris eut ouvert ses portes, les chefs de la Ligue traitèrent avec le roi et toutes les grandes villes se rendirent.

Seizième siècle.

XXIX. — AVÈNEMENT DES BOURBONS (1589 à 1792 et 1814 à 1880)
PREMIÈRE PÉRIODE DU RÈGNE DE HENRI IV (1589-1598). — PAIX DE VERVINS ET ÉDIT DE NANTES (1598)

Entretiens

1. — Après la mort de Henri III, Henri IV fut forcé de lever le siège de Paris. Il remporta sur **Mayenne**, chef de la Ligue, les deux belles victoires d'*Arques** et d'*Ivry**.

2. — Il revint assiéger Paris, mais le général espagnol **Farnèse** le força encore de s'éloigner. Farnèse fut blessé mortellement au combat de *Caudebec**.

3. — En 1593, pour terminer la guerre, Henri IV se décida à *abjurer la religion protestante*. Il se fit sacrer à Chartres en 1594, et Paris lui ouvrit ses portes.

4. — Les chefs de la Ligue firent leur soumission, moyennant de grosses sommes d'argent. Les Espagnols furent battus à *Fontaine-Française** en 1595, et Philippe II, roi d'Espagne, signa le *traité de Vervins** en 1598.

5. — L'édit de Nantes (1598) accorda aux protestants la *liberté de conscience*, plusieurs *places de sûreté* et termina définitivement la guerre civile.

Questionnaire : 1. — Quelles sont les victoires que Henri IV remporta sur les Ligueurs?
2. — Quel général espagnol lui fut opposé?
3. — Que fit Henri IV pour terminer la guerre?
4. — Comment les Espagnols furent-ils forcés à la paix?
5. — Quel a été le résultat de l'édit de Nantes?

Récits

1. Victoire de Henri IV sur la Ligue. — Abandonné par beaucoup de catholiques, qui ne voulaient pas servir un roi protestant, Henri IV dut lever le siège de Paris. Il se retira en Normandie, où il fut poursuivi par Mayenne, frère du Balafré et chef des Ligueurs.

Henri IV donnait à tous l'exemple de la bonne humeur et du courage : « Compagnons, criait-il à Ivry*, si vous perdez vos enseignes, ralliez-vous à mon panache blanc, vous le verrez toujours dans le chemin de l'honneur et de la victoire. » Mayenne fut battu à *Arques** en 1589 et à *Ivry** en 1590.

Après ce succès, le roi courut sur Paris qu'il assiégea de nouveau. La résistance des Parisiens fut énergique, malgré la peste, malgré une épouvantable famine (1591). Au moment où la ville désespérait, le général espagnol, Alexandre Farnèse*, réussit à la ravitailler*.

Le roi se rejeta encore en Normandie et assiégea Rouen; mais Farnèse vint au secours de la ville; Henri IV essaya vainement de l'arrêter au glorieux combat

Fig. 153. — **Arquebusier** (1590).

Fig. 154. — **Henri IV à la bataille d'Ivry** (1590. — « Compagnons, criait-il, si vous perdez vos enseignes, ralliez-vous à mon panache blanc, vous le verrez toujours dans le chemin de l'honneur et de la victoire. »

d'*Aumale*; il fut même obligé de repasser la Seine après l'affaire de *Caudebec**, où Farnèse fut blessé mortellement.

2. Entrée de Henri IV à Paris (fig. 152). — Henri revint alors dans les environs de Paris, et, sur le conseil de Sully, résolut de se convertir au catholicisme afin de gagner à sa cause les catholiques raisonnables. Il abjura solennellement la religion protestante à Saint-Denis (juillet 1593). Pendant ce temps, le désordre régnait à Paris. Mayenne avait convoqué les états généraux pour disposer de la couronne. Philippe II la réclamait pour sa fille Isabelle, petite-fille de Henri II. Les prétentions de l'Espagne, les violences des Ligueurs et leur alliance avec l'étranger avaient révolté tous les esprits modérés. L'abjuration du roi rallia ceux qui

hésitaient encore. Le gouverneur Brissac lui ouvrit les portes de la ville le 22 mars 1594.

Quelques bourgeois parisiens : Gillot, Pierre Pithou, Florent Chrestien, Nicolas Rapin avaient préparé le triomphe d'Henri IV, en composant contre le roi d'Espagne et contre les Ligueurs un pamphlet très spirituel, la *Satire Ménippée**, qui eut un vif succès.

3. Victoire de Fontaine-Française. — Il fallait chasser les Espagnols et soumettre les gouverneurs de province. Henri IV marcha contre les Espagnols, que Mayenne avait introduits en Bourgogne, et les battit à *Fontaine-Française** en 1595. Il s'empara d'Amiens, que les troupes de Philippe II avaient un moment occupé, et força le roi d'Espagne à traiter : par la *paix de Vervins** (1598), Philippe II renonça à toute prétention sur la France, et abandonna toutes ses conquêtes.

Le traité de Vervins termina la première période de rivalité entre la France et l'Espagne.

4. Fin des guerres civiles. — **L'Édit de Nantes (1598).** — En même temps que le traité de Vervins terminait la guerre étrangère, les guerres civiles prenaient fin; les gouverneurs de province qui tenaient encore contre le roi n'avaient prolongé la résistance que pour faire payer plus cher leur soumission.

Par l'*Edit de Nantes*, Henri IV achevait la pacification du royaume : il accordait aux protestants la liberté de conscience et le droit de célébrer librement leur culte. Les protestants purent être admis à toutes les charges. Ils obtinrent, dans un certain nombre de parlements, des *chambres mi-partie*, c'est-à-dire composées, par moitié, de magistrats catholiques et de magistrats protestants. Ils obtinrent même des privilèges politiques, le droit de tenir des assemblées générales, et la possession de nombreuses places de sûreté, telles que Cognac, Saintes, La Rochelle, Montauban, Saumur. Ils purent ainsi former un puissant parti politique.

CIVILISATION — HISTORIENS

Historiens contemporains. — D'AUBIGNÉ, *Histoire universelle*.
    SULLY, *Mémoires ou Économies royales*.
Historiens modernes. — LAVISSE, *Sully*.
    POIRSON, *Histoire de Henri IV*.
    GASQUET, *Henri IV et Sully*.

LEXIQUE. — Arques, Seine-Inférieure, près de Dieppe (carte, fig. 143).
    Caudebec, sur la Seine, Seine-Inférieure (carte, fig. 143).
    Farnèse, Alexandre Farnèse, duc de Parme (Italie), était le neveu de Philippe II, roi d'Espagne.
    Fontaine-Française, Côte-d'Or, au nord-est de Dijon (carte, fig. 143).
    Ivry-la-Bataille, Eure (carte, fig. 143).

Ravitailler, introduire des vivres dans une place assiégée.

Satire Ménippée, ainsi nommée parce que les auteurs de ce pamphlet imitaient le genre où s'était illustré Ménippe, écrivain satirique du IVᵉ siècle av. J.-C. Une satire, un pamphlet sont des écrits où l'auteur critique des travers, flétrit des vices.

Vervins, s.-préf. de l'Aisne (carte, fig. 143).

Résumé chronologique
1589-1610 Règne de Henri IV.
1589   Victoire de Henri IV à Arques.
1590   Victoire de Henri IV à Ivry.

1593	Henri IV se fait catholique.
1595	Les Espagnols battus à Fontaine-Française.
1598	Traité de Vervins.
1598	Édit de Nantes.

Devoir de rédaction.

COMMENT HENRI IV TERMINA-T-IL LES GUERRES DE RELIGION ?

Plan. — 1. Il bat les Ligueurs, à Arques et à Ivry, et se fait catholique.

2. Il bat les Espagnols et leur impose la paix de Vervins.

3. Il termine la guerre civile par l'Édit de Nantes.

Seizième et dix-septième siècles.

XXX. — DEUXIÈME PÉRIODE DU RÈGNE DE HENRI IV (1598-1610) SAGE ADMINISTRATION

Entretiens

1. — Henri IV et son ministre Sully travaillèrent à refaire la prospérité de la France, ruinée par les guerres de religion.

2. — Sully rétablit l'ordre dans les *finances;* il protégea les paysans; il prétendait que la véritable richesse de la France consistait dans l'agriculture. Il fit creuser le *canal de Briare**.

3. — Sous ce règne, le commerce et l'industrie furent également encouragés.

4. — Henri IV étendit encore les possessions territoriales du royaume; en 1601, par le *traité de Lyon*, il obtenait du duc de Savoie la *Bresse*, le *Bugey* et le *Valromey**.

5. — Aux colonies, les Français prirent possession, dans l'Amérique du nord, de la belle colonie du *Canada*, où Champlain fonda la ville de *Québec* en 1608.

6. — Henri IV voulait agrandir la France aux dépens de la *maison d'Autriche* (Espagne et Allemagne). Il avait fait alliance avec les protestants d'Allemagne et il se disposait à attaquer l'Empire*, lorsqu'il fut assassiné par **Ravaillac** (mai 1610).

Questionnaire : 1. — Quel fut le grand ministre de Henri IV?

2. — Comment Sully contribua-t-il à la prospérité du royaume?

3. — Le commerce et l'industrie furent-ils encouragés?

4. — Quel fut le résultat du traité passé avec le duc de Savoie?

5. — Quelle est la colonie occupée alors par les Français?

6. — Quels étaient les projets politiques de Henri IV?

Récits

1. Henri IV et Sully. — Le royaume était reconquis, mais la France était ruinée par les guerres civiles : les paysans étaient misérables; l'industrie et le commerce étaient délaissés. Henri IV, dans la seconde partie de son règne, s'efforça de rendre à la France son ancienne prospérité.

Dans cette œuvre, il fut aidé par son fidèle compagnon, le duc de *Sully*, qui l'avait suivi dans toutes ses campagnes et qu'il aimait beaucoup. Plusieurs fois des courtisans jaloux voulurent le brouiller en calomniant le ministre. Un jour, comme Sully venait de se justifier d'une de ces calomnies, il se jeta aux pieds du roi. « Relevez-vous, dit Henri; on croirait que je vous pardonne; » et, s'avançant vers les courtisans : « Messieurs, leur dit-il, entre M. de Sully et moi, c'est à la vie, à la mort. »

2. Les Finances. — Sully, par ses talents militaires, avait mérité la charge de grand maître de l'artillerie. Mais il était, en même temps, un habile administrateur et surtout un bon financier. Le trésor était obéré* : la dette de la France était alors de 350 millions, somme qui représenterait aujourd'hui plus d'un milliard; sur 150 millions d'impôts, que payaient les paysans, c'est à peine si 30 millions entraient dans les caisses de l'État, par suite des détournements des agents du trésor. Sully, nommé surintendant des finances, obligea ces agents à restituer les sommes détournées. Il reconstitua le trésor royal, et diminua les impôts, qui alors pesaient surtout sur les paysans.

3. L'Agriculture. — Sully encouragea l'agriculture par tous les moyens. Il défendit d'enlever aux paysans leurs bœufs et leurs instruments de labour, même quand ils ne pourraient pas payer l'impôt; il les protégea aussi contre les violences des soldats, qui, en courant la campagne, les rançonnaient durement.

Pour Sully, l'agriculture était la source de toute richesse et prospérité : « Labourage et pâturage, disait-il, sont les deux mamelles dont la France est alimentée. » Henri IV, de son côté, voulait le bonheur du peuple et désirait que « tout paysan pût mettre la poule au pot chaque dimanche. »

Fig. 155. — **Henri IV et Sully**. — **Henri IV**, roi de France et de Navarre, fils de Jeanne d'Albret et d'Antoine de Bourbon, né au château de Pau le 14 décembre 1553, assassiné à Paris le 14 mai 1610. — **Sully**, ministre de Henri IV, né au château de Rosny (Seine-et-Oise) le 13 décembre 1560, mort au château de Villebon (Eure-et-Loir) le 22 décembre 1641.

4. L'Industrie et le Commerce. — Sully n'aimait guère l'industrie, mais Henri IV comprenait à merveille qu'elle pouvait contribuer à la prospérité de son royaume. L'industrie de la soie, qui, depuis longtemps, était négligée, fut encouragée : le roi fit planter des mûriers pour élever des vers à soie, et dès lors les fabriques de Lyon, de Nîmes* et de Tours, reprirent leur ancienne activité.

Des fabriques de glaces, de verre, de faïence furent créées; la manufacture de tapisseries des Gobelins*, si célèbre dans le monde entier, devint un établissement de l'État.

Pour favoriser le commerce, Henri IV et Sully, grand-voyer, firent réparer les anciennes routes, en tracèrent de nouvelles et firent creuser le canal de Briare*, qui unit la Seine à la Loire. On conclut des traités de commerce avec les États étrangers. Henri IV se préoccupa aussi du commerce maritime et des colonies naissantes de la France : il envoya au Canada *Champlain*, qui fonda la ville de Québec, en 1608. Cette colonie se peupla rapidement de Français et mérita bientôt le nom de *Nouvelle-France*.

5. Politique de Henri IV. — Henri IV conçut le plan, suivi plus tard par Richelieu et par Louis XIV, d'agrandir la France aux dépens de la maison d'Autriche. Cette maison était divisée en deux branches depuis l'abdication de Charles-Quint : 1° L'Espagne, avec les Pays-Bas, une

Fig. 156
Assassinat de Henri IV par Ravaillac (14 mai 1610). (*D'après une gravure du temps.*) — Quand Henri IV, après 18 tentatives avortées, fut frappé par Ravaillac de deux coups de couteau il poussa quelques petits cris. M. de Montbazon lui ayant demandé : Qu'est-ce, Sire? Il lui répondit : « Ce n'est rien, ce n'est rien. » Ce furent ses dernières paroles.

partie de l'Italie et les possessions d'Amérique; — 2° L'Autriche, dont le souverain fut, pendant plusieurs siècles, élu Empereur d'Allemagne.

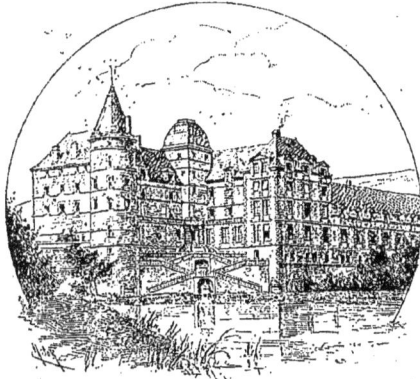

Fig. 157. — **Château de Vizille** (Isère). — Château bâti par le connétable de Lesdiguières, sous Henri IV. C'est un beau spécimen de l'architecture de l'époque. Les états du Dauphiné se réunirent au château de Vizille en 1788.

Le roi d'Espagne et l'Empereur soutenaient partout le catholicisme; Henri IV s'allia aux protestants des Provinces-Unies (Hollande) révoltés contre l'Espagne, et aux protestants allemands ligués contre l'Empereur. Une armée était rassemblée en Champagne et la guerre allait éclater, lorsque le roi fut assassiné.

6. Assassinat de Henri IV (1610). —

Le 14 mai 1610, Henri IV, accompagné de quelques seigneurs, se rendait à l'Arsenal pour visiter Sully, lorsqu'un misérable nommé *Ravaillac*, profitant d'un embarras de voitures, dans la rue de la Ferronnerie, monta sur une roue du carrosse royal et frappa le roi de deux coups de couteau. Henri expira aussitôt : c'était la vengeance des Ligueurs (fig. 156).

Le nom de Henri IV, « seul roi de qui le pauvre ait gardé la mémoire, » est resté justement populaire.

CIVILISATION — HISTORIENS
MONUMENTS

Historiens contemporains. — D'AUBIGNÉ, *Histoire universelle*
SULLY, *Mémoires ou Économies royales.*

Historiens modernes. — LAVISSE, *Sully.*
POIRSON, *Histoire de Henri IV.*

Monuments historiques. — Du temps de Henri IV datent le *Pont-Neuf*, de Paris, où fut élevée plus tard sa statue; l'*Hôtel de Sully*, à Paris; l'*Hôtel de ville* de Reims.

Henri IV fit continuer le *Louvre*, achever l'*Hôtel de ville* de Paris, commencer la *place Royale*; le *château de Vizille* (Isère), construit par Lesdiguières et dans lequel se tinrent les états du Dauphiné, en 1788.

LEXIQUE. — **Bresse, Bugey, Valromey.** petits pays qui forment aujourd'hui le dép. de l'Ain (carte, fig. 143).
Briare, dans le Loiret, sur la Loire.
Empire. L'Empire d'Allemagne, fondé par Othon le Grand, en 962.
Gobelins. Cette manufacture se trouve à Paris.
Nîmes, ch.-l. du dép. du Gard (carte, fig. 143).
Obéré. Endetté.

Résumé chronologique.

1599	Sully, ministre de Henri IV, rétablit les finances.
1605	Commencement des travaux du canal de Briare, qui sera terminé en 1642.
1608	Champlain fonde la ville de Québec, au Canada.
1610	Henri IV est assassiné par Ravaillac.

Devoir de rédaction.

SULLY

Plan. — 1. Sully fut un des bons soldats et le meilleur conseiller de Henri IV.
2. L'ordre rétabli dans les finances.
3. Encouragements à l'industrie et au commerce.
4. Rétablissement de la prospérité du royaume, capable désormais de jouer un grand rôle dans la politique européenne.

Dix-septième siècle.

XXXI. — LOUIS XIII (1610-1643)
RÉGENCE DE MARIE DE MÉDICIS. — MINISTÈRE DE RICHELIEU
COMMENCEMENT DE LA GUERRE DE TRENTE ANS

Entretiens

1. — Louis XIII n'avait que neuf ans, en 1610, quand Henri IV, son père, fut assassiné.

2. — **Marie de Médicis,** veuve de Henri IV, nommée régente par le Parlement, donna toute sa confiance à l'Italien **Concini,** qu'elle avait fait *maréchal d'Ancre,* et à sa femme *Éléonore Galigaï.* Elle eut le grand tort de priver Sully de toute autorité.

3. — Concini, avide et incapable, eut à lutter contre les nobles qui réclamèrent la convocation des états généraux. On les réunit en 1614, mais ils n'eurent aucun résultat pratique.

4. — En 1617, Louis XIII, las d'être tenu en tutelle, fit assassiner Concini et le remplaça par *Albert de Luynes,* son favori.

5. — **Albert de Luynes,** nommé connétable de France, eut également à lutter contre les révoltes des nobles et des protestants. Il échoua contre les protestants, au *siège de Montauban*,* et mourut en 1621.

6. — Le cardinal de Richelieu, ministre en 1624, s'appliqua à ruiner le parti protestant, à forcer les nobles à l'obéissance et à rétablir l'autorité royale.

7. — Après la prise de *La Rochelle*,* il enleva aux protestants leurs places de sûreté; la *paix d'Alais*,* signée en 1629, ne leur laissa que la liberté de conscience.

8. — **Marie de Médicis** et les nobles conspirèrent contre Richelieu qui, découvrant le complot, fit éloigner la reine-mère ainsi que ses partisans; c'est la *Journée des Dupes.*

9. — A l'extérieur, Richelieu, reprenant les projets de Henri IV, voulut abattre la *maison d'Autriche;* il fit alliance avec **Gustave-Adolphe,** roi de Suède, et avec les

88   RÉGENCE DE MARIE DE MÉDICIS. — DE LUYNES   (Carte, page 78.)

protestants d'Allemagne révoltés contre l'empereur.

10. — Il prit part à la **guerre de Trente Ans** et nos armées occupèrent l'*Alsace*[*], l'*Artois*[*] et le *Roussillon*[*].

11. — Richelieu mourut en 1642, et Louis XIII en 1643.

Questionnaire : 1. — Quel fut le successeur de Henri IV ?

2. — A qui la régente Marie de Médicis donna-t-elle sa confiance?
3. — Quelle fut la conduite des nobles ?
4. — Comment mourut Concini ?
5. — Quel fut le gouvernement du duc de Luynes? A quel siège échoua-t-il ?
6. — En arrivant au pouvoir que fit Richelieu ?
7. — Quel a été le résultat de la paix d'Alais ?
8. — Qu'est-ce que la Journée des Dupes?
9. — Quelle fut la politique de Richelieu au dehors ?
10. — A quelle guerre prit-il part ?
11. — Dates de la mort de Richelieu et de Louis XIII.

Récits

1. Régence de Marie de Médicis. — Les états généraux de 1614.
— Louis XIII étant âgé de neuf ans, le Parlement donna la régence à sa mère, *Marie de Médicis*. Elle prit

Fig. 158. — **La reine Marie de Médicis et son fils Louis XIII, en 1610.** (*D'après une peinture de F. Quesnel*). — Dès qu'elle connut l'assassinat de Henri IV, sa femme, Marie de Médicis, sur le conseil des nobles, prit le titre et les fonctions de régente jusqu'à la majorité de son fils Louis XIII, qui n'avait alors que neuf ans.

pour ministre son compatriote, le Florentin *Concini*, qui ne songea qu'à s'enrichir et qui se fit donner le titre de maréchal d'Ancre. Les nobles se révoltèrent deux fois sous la conduite de Condé; on les apaisa avec des places et de l'argent. Ils réclamèrent eux-mêmes la convocation des *états généraux*, qui se réunirent en 1614 et qui furent les derniers avant ceux de 1789; mais les disputes des trois ordres empêchèrent toute besogne utile. Les vœux émis par les députés du tiers état étaient pourtant remarquables.

Ils demandaient l'abolition du servage, l'égalité de tous les Français devant l'impôt, la suppression des douanes intérieures, l'unité des poids et mesures, la liberté du commerce et de l'industrie, la suppression des monopoles.

Ces réformes, qui cependant s'imposaient, furent violemment refusées par les privilégiés, et un député de la noblesse alla jusqu'à demander au roi de déclarer « qu'il y avait entre les députés du tiers état et ceux de la noblesse la différence qui existait entre valet et maître ».

Devant ces discordes, Marie de Médicis s'empressa de congédier l'assemblée. Malgré l'éloquence des députés du tiers, les états de 1614 n'eurent aucun résultat pratique.

2. Meurtre de Concini. — Ministère du duc de Luynes.
— Le jeune roi se lassa d'être écarté des affaires; sur le conseil de son ami, le duc de Luynes, il résolut de se débarrasser du maréchal d'Ancre; il le fit tuer par le capitaine des gardes, Vitry, en 1617.

Albert de Luynes, qui succéda à Concini, ne parvint pas plus que son prédécesseur à soumettre les nobles et les protestants. Il mourut en 1621, sans avoir pu s'emparer de Montauban[*].

Fig. 159. — **Le cardinal de Richelieu.** (*D'après le tableau de Philippe de Champaigne, au Musée du Louvre*). — L'un des plus grands hommes d'État de France, né le 5 septembre 1585 à Paris, où il est mort le 4 décembre 1642. Il est enterré dans l'église de la Sorbonne.

3. Richelieu. — Armand Duplessis, cardinal de *Richelieu*, devint ministre en 1624. Il s'était d'abord destiné à la carrière des armes, puis, étant entré dans les ordres, il fut nommé très jeune évêque de Luçon. Élu député par le clergé du Poitou, il joua un grand rôle aux états généraux de 1614. Il sut gagner la faveur de Marie de Médicis, et, par son appui, il entra dans les Conseils du roi.

4. Siège de la Rochelle* (1628). — Grâce aux places de sûreté qu'ils occupaient, les protestants formaient toujours un parti dangereux. Richelieu assiégea leur principale ville, *La Ro-*

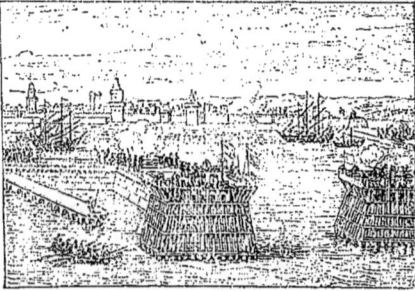

Fig. 160. — **Siège de la Rochelle.** — Richelieu investit la ville et fit construire une digue pour fermer le port. A la suite de diverses tentatives inutiles d'une flotte anglaise qui voulait ravitailler la place, les habitants, qui s'étaient défendus avec une admirable énergie, durent capituler le 29 octobre 1628.

chelle, qui fut vaillamment défendue par son maire *Guiton*, et secourue par les Anglais. Richelieu bloqua la ville et fit construire une digue immense, qui la sépara de la mer. Réduite par la famine, la Rochelle fut obligée de se rendre. Les protestants du Languedoc durent aussi faire leur soumission.

5. La paix d'Alais* (1629). — La *paix d'Alais* modifia l'édit de Nantes : la liberté du culte était garantie, mais les protestants perdaient leurs places fortes et devaient renoncer à leurs assemblées politiques : ils ne formaient donc plus *un état dans l'état*.

6. La Journée des Dupes (1630). — Richelieu, qui agissait en souverain, voulut faire plier devant l'autorité royale les nobles et les protestants. Il força les nobles à respecter l'édit qui défendait le duel ; il fit démolir un grand nombre de châteaux. Impitoyable pour les complots et les révoltes, il envoya à l'échafaud Chalais, Montmorency, gouverneur du Languedoc, et Cinq-Mars, qui avaient conspiré contre lui.

Ces nobles avaient des complices dans la famille royale : Marie de Médicis, Anne d'Autriche, femme de Louis XIII, et le frère du roi, le lâche Gaston d'Orléans, qui poussait les autres à la révolte et les dénonçait ensuite pour obtenir son pardon.

Marie de Médicis et la jeune reine *Anne d'Autriche* voulaient renverser le ministre tout-puissant. En 1630, elles profitèrent d'une maladie de Louis XIII, pour obtenir de lui la promesse de renvoyer Richelieu. Elles triomphaient déjà, lorsque Richelieu demanda au roi une dernière entrevue. En quelques instants, il reconquit toute son autorité. Marie de Médicis fut éloignée de la cour avec ses partisans. Cette journée célèbre fut appelée la *Journée des Dupes* : elle devait tourner au profit de la France qui n'a pas eu de plus grand homme d'État ni de meilleur serviteur que Richelieu.

7. Administration de Richelieu. — Richelieu voulut établir, de façon définitive, la monarchie absolue. Il ôta, pour ainsi dire, tout pouvoir aux gouverneurs des provinces, qui, pendant les troubles, s'étaient rendus presque indépendants de l'autorité royale ; il livra toute l'administration des provinces aux *intendants*, qui jusqu'alors n'avaient été chargés que de missions ou d'inspections temporaires, et qui désormais auront une résidence fixe et administreront la police et les finances.

Richelieu ne convoqua jamais les états généraux et il supprima plusieurs états provinciaux*.

Fig. 161. — **Une séance de l'Académie française au Louvre.** (*D'après une gravure du temps*). — L'Académie française fut fondée par lettres patentes (lettres ouvertes, revêtues du sceau royal) du 2 janvier 1635, enregistrées le 10 juillet 1637. Depuis Louis XIV jusqu'à la Révolution, les réunions se tinrent au Louvre, une fois par semaine. La première édition du dictionnaire de l'Académie parut en 1694.

Il abolit les grandes charges de connétable et d'amiral. Il réforma et simplifia le Conseil du roi. Mais son administration financière laissa beaucoup à désirer ; il accrut les impôts, dont il avait besoin pour mener à bonne fin la guerre contre l'Autriche.

Enfin, Richelieu protégea les littérateurs, les savants et les artistes, et fonda, en 1635, l'Académie française.

8. Intervention de Richelieu dans la guerre de Trente ans.
— Reprenant les projets de Henri IV, Richelieu combattit la maison d'Autriche; quoique cardinal, il n'hésita point à faire alliance avec les puissances protestantes, avec le Suédois Gustave-Adolphe, et avec les Hollandais; ceux-ci engagèrent contre l'Empereur la guerre qui dura de 1618 à 1648, et qu'on appela *guerre de Trente ans.*

En 1635, après la mort de Gustave-Adolphe, au moment où la maison d'Autriche était partout victorieuse, Richelieu entra dans la lutte en déclarant la guerre à l'Autriche et à l'Espagne. Au début, nos armées ne furent pas heureuses: la Picardie et la Bourgogne furent envahies et les Espagnols s'emparèrent de *Corbie**. Cet échec provoqua une véritable explosion de patriotisme. La ville de Paris donna à Louis XIII de quoi lever et entretenir une armée, et les ouvriers, les gens du peuple s'enrôlèrent en foule.

Grâce à cet enthousiasme la ville de Corbie fut vite reprise, et, à partir de ce moment, la guerre nous fut favorable. Nos armées s'emparèrent de l'*Alsace,* de l'*Artois,* du *Roussillon.* L'Alsace, qui fut conquise en 1639, appartint à la France jusqu'en 1871.

9. Mort de Richelieu (1642) et de Louis XIII (1643).
— Au moment où mourut Richelieu, en 1642, l'abaissement de la maison d'Autriche était bien avancé. Ce grand ministre laissait à *Mazarin* le soin de continuer son œuvre.

Pendant dix-huit années, Richelieu eut à soutenir, contre les intrigues des seigneurs qui refusaient de se soumettre à l'autorité royale, une lutte obscure et acharnée. Il triompha de tous ces complots, n'hésitant pas à *« faucher les plus hautes têtes, »* pour arriver à son but.

Quand, sur son lit de mort, le curé de Saint-Sulpice vint lui demander s'il pardonnait à ses ennemis, Richelieu répondit *« qu'il n'en avait jamais eu d'autres que ceux de l'État. »*

Louis XIII mourut cinq mois après, en 1643.

Fig. 162. — Gustave-Adolphe. Roi de Suède de 1611 à 1632, né le 9 décembre 1594, mort à Lutzen en 1632.

CIVILISATION — HISTORIENS MONUMENTS

Historiens contemporains. — RICHELIEU, *Mémoires. Papiers d'État.*
CARDINAL DE RETZ, *Mémoires.*
Mme DE MOTTEVILLE, *Mémoires.*

Historiens modernes. — B. ZELLER, *Richelieu.* — HANOTAUX, *Richelieu.*

Monuments historiques. — Le *Luxembourg,* élevé par Marie de Médicis, qui l'habita, et qui sert aujourd'hui de résidence au Sénat.
Le *Palais-Cardinal,* construit par Richelieu et qui devint plus tard le Palais-Royal.
L'*Église* de la *Sorbonne,* où se trouve le tombeau de Richelieu.
Le *Val-de-Grâce,* bâti par Anne d'Autriche.

LEXIQUE. — **Alais,** s.-préf. du Gard (carte, fig. 143).
Alsace, province conquise sous Louis XIII, forma en 1790 les dép. du Bas-Rhin et du Haut-Rhin. Elle nous a été enlevée en 1871 par les Allemands (carte, fig. 143).
Artois, dép. du Pas-de-Calais (carte, fig. 143).
Corbie, ville de Picardie (carte, fig. 143).
États provinciaux. États qui ne représentaient qu'une province, tandis que les états généraux représentaient toute la nation.
La Rochelle, ch.-l. de la Charente-Inférieure (carte, fig. 143).
Montauban, ch.-l. du Tarn-et-Garonne (carte, fig. 143).
Roussillon, dép. des Pyrénées-Orientales (carte, fig. 143).

Résumé chronologique.

1610–1643	Louis XIII.
1614	États généraux.
1617	Mort de Concini, tué par ordre de Louis XIII.
1621	Mort de de Luynes.
1624	Richelieu devient ministre.
1628	Prise de La Rochelle, principale place forte des protestants.
1629	Paix d'Alais.
1630	La Journée des Dupes.
1635	Intervention de la France dans la guerre de Trente ans. Fondation de l'Académie française.
1642	Mort de Richelieu.
1643	Mort de Louis XIII.

Devoir de rédaction.

RICHELIEU

Plan. — 1. Richelieu oblige les protestants à l'obéissance.
2. Richelieu soumet les grands et réprime leurs rébellions.
3. Richelieu remporte de grands succès sur la maison d'Autriche et conquiert l'Alsace, l'Artois et le Roussillon.

(Cartes, pages 78 et 94.)

FIG. 163. — **Le duc d'Enghien annonce à la cour la victoire de Rocroi et la prise de Thionville.**
(*Dessin de Notor, d'après une estampe du temps*). — Les Espagnols repoussés du siège d'Arras attaquèrent Rocroi. Ce fut pour secourir la ville que Condé, alors duc d'Enghien, leur livra la célèbre bataille de Rocroi (19 mai 1643), où la vieille infanterie espagnole fut anéantie. Condé s'empara de Thionville le 10 août 1643 et en chassa les Impériaux[1]. Cette ville nous fut laissée par le traité des Pyrénées.

Dix-septième siècle.

XXXII. — MINORITÉ DE LOUIS XIV (1643-1661). — MINISTÈRE DE MAZARIN LA FRONDE. — PAIX DE WESTPHALIE ET TRAITÉ DES PYRÉNÉES

Entretiens

1. — A la mort de Louis XIII, son fils, Louis XIV. n'avait que cinq ans.

2. — **Anne d'Autriche**, régente pendant la minorité de son fils, prit pour ministre le cardinal **Mazarin**.

3. — A l'intérieur, la mauvaise administration financière de Mazarin provoqua la révolte de la *Fronde*. Cette révolte fut dirigée par le Parlement, puis par les nobles.

4. — A l'extérieur, Mazarin continua la politique de Richelieu.

5. — Les victoires de **Condé** et de **Tu-** renne, remportées sur l'Espagne et l'Autriche à *Rocroi**, en 1643, à *Fribourg**, en 1644, à *Nordlingen**, en 1645, à *Lens**, en 1648, amenèrent la *paix de Westphalie** qui termina la guerre de Trente Ans.

6. — Par cette paix, l'empereur nous assura l'*Alsace* et la possession définitive de *Metz*, *Toul* et *Verdun*.

7. — L'Espagne, qui avait voulu continuer la guerre, fut vaincue. Par la *paix des Pyrénées**, en 1659, elle nous céda l'*Artois*, la *Cerdagne* et le *Roussillon*, et Louis XIV épousa **Marie-Thérèse**, fille du roi d'Espagne.

8. — Mazarin mourut en 1661, et, à partir de ce moment, Louis XIV gouverna par lui-même.

Questionnaire : 1. — Quel âge avait Louis XIV à la mort de son père ?
2. — A qui la régence fut-elle donnée pendant la mino-

rité de Louis XIV ? — Quel fut le premier ministre ?
3. — Qu'est-ce qui provoqua la révolte de la Fronde ?
4. — Quelle fut la politique de Mazarin à l'extérieur ?
5. — Quel a été le résultat des victoires de Condé et de Turenne ?
6. — Que nous assura la paix de Westphalie ?
7. — Quelles sont les provinces que nous céda l'Espagne par le traité des Pyrénées ?
8. — Date de la mort de Mazarin.

Récits

1. Régence d'Anne d'Autriche. — A

la mort de Louis XIII, Louis XIV n'avait que cinq ans ; ce fut encore le Parlement qui disposa de la régence et qui la donna à la mère du petit roi, *Anne d'Autriche*. Les ennemis de Richelieu crurent un instant qu'ils allaient pouvoir détruire son œuvre ; mais la régente prit pour ministre le continuateur de sa politique, le cardinal Mazarin.

Fig. 164. — **Mazarin.** (*D'après le portrait peint par Mignard*). — Célèbre homme d'État, cardinal, né à Rome le 14 juillet 1602, mort au château de Vincennes le 9 mars 1661.

2. Mazarin.

— *Mazarin* était né en Italie ; sous Richelieu, il avait rendu les plus grands services à la France et s'était dévoué tout entier à sa nouvelle patrie. Moins violent, moins altier que Richelieu, il triompha grâce à son habileté et à la souplesse de son caractère.

Fig. 165. — **Condé.** — L'un des plus grands hommes de guerre de la France, né à Paris le 8 septembre 1621, mort le 8 décembre 1686.

3. Les Traités de Westphalie (1648). —

Comme Richelieu, Mazarin lutta contre la mai-

son d'Autriche, qui, à la mort du grand ministre, avait repris courage. L'ennemi menaçait la frontière du nord : le duc d'Enghien, le futur *prince de Condé*, à peine âgé de vingt-deux ans, fut mis à la tête de l'armée : à *Rocroi*, il rencontra les redoutables soldats de l'Espagne ; avec une admirable impétuosité, il s'élança contre eux et les écrasa.

Ensuite, Condé s'unit à un autre grand capitaine, *Turenne*, et, avec son aide, il défit les Impériaux à *Fribourg* et à *Nordlingen*. En 1648, il remporta à *Lens* une victoire décisive, qui obligea l'Empereur à signer les *traités de Westphalie* avec la France, la Suède et les protestants d'Allemagne.

Par ces traités, l'Empereur nous céda définitive-

Fig. 166. — **Turenne.** — Maréchal de France, né à Sedan le 11 septembre 1611, tué à Salzbach, le 27 juillet 1675.

ment l'Alsace qui avait été conquise en 1639, et confirma à la France la possession des trois évêchés de Metz, Toul et Verdun, déjà conquis sous Henri II. Ainsi se termina la *guerre de Trente Ans*.

4. Politique de Mazarin. — Si Mazarin a

merveilleusement compris les vastes desseins de Richelieu, et sa politique extérieure fut glorieuse, son administration intérieure fut déplorable ; pourtant, s'il n'a pas craint de s'enrichir au détriment de l'État il est juste de reconnaître qu'il a su sacrifier ses intérêts au patriotisme quand l'honneur de la France l'a exigé. Mazarin, qui établissait sans cesse de nouveaux impôts, tandis que ses agents, par leurs malversations, ruinaient le trésor royal fit éclater une guerre civile : la *Fronde*.

5. La Fronde parlementaire. — Le

Parlement protesta contre les nouveaux impôts

et fut soutenu par les autres Cours de justice, qui s'unirent à lui. Il voulait renverser Mazarin et obtenir des garanties contre l'absolutisme royal.

Fig. 167. — **Combat à la porte Saint-Antoine, le 2 juillet 1652.** (*D'après un dessin du temps*). — Condé et son armée étaient pris entre deux feux, lorsque Mademoiselle, courant de rue en rue, exhorte le peuple à sauver le grand Condé et monte à la Bastille où elle fait elle-même tirer le canon sur les troupes royales. Le peuple ameuté fit ouvrir la porte Saint-Antoine et Condé et sa petite armée traversèrent Paris pour aller camper du côté de Montrouge.

Mazarin tenta de l'intimider : pendant le *Te Deum* célébré en l'honneur de la victoire de *Lens* (1648), il fit arrêter le vieux conseiller Broussel et deux autres magistrats, que leur résistance aux édits avait rendus populaires. Les Parisiens s'ameutèrent : on tendit les chaînes dans les rues et on éleva des barricades, tandis que le Parlement allait réclamer à la reine la liberté des prisonniers. Le lendemain, Broussel fut mis en liberté, mais peu après la cour s'enfuit à Saint-Germain. Ainsi commença cette insurrection, à laquelle on donna le nom d'un jeu d'enfant, la *Fronde*. Le Parlement dirigea la révolte et l'un des principaux chefs fut Gondi, coadjuteur de l'archevêque de Paris. Cette *Fronde parlementaire* ne dura pas longtemps : elle fut terminée par la *paix de Ruel* en 1649.

6. La Fronde des Princes. — Bientôt les princes, notamment Condé, son frère Conti et son beau-frère, le duc de Longueville, excitèrent des troubles bien plus graves : ce fut la *Fronde des Princes*. Paris et une partie de la province soutinrent la révolte. Mazarin se décida à quitter la France; mais, de loin, il dirigeait tout le Gouvernement. Turenne fut mis à la tête de l'armée royale : il battit partout Condé et s'empara de Paris. Condé s'enfuit en Espagne et mit son épée au service de nos ennemis. Mazarin ne tarda pas à revenir et à être aussi

puissant qu'auparavant. La Fronde des princes fut la dernière révolte de la noblesse; sa défaite marque la victoire définitive de la royauté.

7. Traité des Pyrénées (1659). — L'Autriche avait signé les traités de Westphalie, mais l'Espagne continuait à lutter contre la France. Elle accepta les services du prince de Condé, qui dirigea ses troupes. Turenne fut forcé de combattre son ancien compagnon d'armes. Il le rencontra aux *Dunes*, près de Dunkerque, et le défit. Le roi d'Espagne fut obligé de signer le *traité des Pyrénées* qui nous donnait l'Artois, la Cerdagne et le Roussillon.

Louis XIV épousa Marie-Thérèse, infante* d'Espagne. Il fut alors convenu que cette princesse renoncerait à ses droits au trône d'Es-

Fig. 168. — **Mariage de Louis XIV et de Marie-Thérèse, le 9 juin 1660.** (*D'après le tableau de Lebrun*). — Le mariage de Louis XIV fut célébré dans la cathédrale de Bayonne, en présence du roi d'Espagne.

pagne, à condition qu'on lui donnerait une dot de 500 000 écus d'or.

Turenne était déjà gouverneur du Limousin et ministre d'Etat. En récompense de ses glorieux services dans la dernière campagne, il fut nommé maréchal général des camps et armées du roi (1660).

Mazarin mourut en 1661, et Louis XIV annonça qu'il allait gouverner par lui-même.

CIVILISATION — MONUMENTS

Monument historique. — Le *Palais-Mazarin*, construit sous Anne d'Autriche; c'est aujourd'hui l'Institut.

LEXIQUE. — **Fribourg en Brisgau**, ville d'Allemagne (grand duché de Bade) (carte, fig. 169).

Infant, infante, titre donné aux enfants puinés des rois d'Espagne et de Portugal.

Lens, ville du Pas-de-Calais (carte, fig. 169).

Nordlingen, ville d'Allemagne (Bavière)(carte, fig. 169).

Paix des Pyrénées. — Cette paix fut signée dans une île de la Bidassoa qui sépare la France de l'Espagne, l'île de la Conférence.

Parlement. Corps judiciaire qui jugeait en dernier ressort et enregistrait les édits du roi.

Rocroi, s.-préf. des Ardennes (carte, fig. 169).

Westphalie, province de l'Allemagne du nord, avait pour villes principales Munster et Osnabruck où furent discutés les traités de 1648 (carte, fig. 169).

Résumé chronologique.

1643-1715	Règne de Louis XIV.
1648-52	La Fronde du Parlement et des Princes.
1648	Victoire de Lens. Traités de Westphalie.
1659	Paix des Pyrénées.
1661	Mort de Mazarin.

Devoir de rédaction.

LES TRAITÉS DE WESTPHALIE ET DES PYRÉNÉES

Plan. — 1. Les traités de Westphalie nous donnèrent l'Alsace.
2. Le traité des Pyrénées nous donna l'Artois et le Roussillon.
3. Par le mariage de Louis XIV avec Marie-Thérèse, ce dernier traité donna à la France des droits sur la succession d'Espagne.

Dix-septième siècle.
XXXIII. — GOUVERNEMENT PERSONNEL DE LOUIS XIV
MONARCHIE ABSOLUE. — COLBERT, LOUVOIS, VAUBAN

FIG. 169. — **Carte de la France en 1659.** — Les traités de Westphalie (1648) cédèrent à la France l'Alsace et lui confirmèrent la possession des trois évêchés : Metz, Toul et Verdun; le traité des Pyrénées (1659) lui donna l'Artois et le Roussillon.

Louvois, Vauban et *de Lionne.*

2. — Louis XIV exerça un *pouvoir absolu :* il ne convoqua pas les états généraux, il réduisit le Parlement à ses fonctions judiciaires, il attira à Versailles les nobles qui vécurent, en quelque sorte, dans sa domesticité et ne furent plus redoutables pour lui.

3. — Après la disgrâce du surintendant *Fouquet* qui avait dilapidé* le trésor public, **Colbert** rétablit l'ordre dans les finances ; il encouragea le commerce et l'industrie ; il créa une marine de guerre.

4. — Louvois réorganisa l'armée, **Vauban** fortifia les places de la frontière ; **de Lionne**, habile diplomate, négocia les traités.

Entretiens

1. — Après la mort de Mazarin, **Louis XIV** gouverna lui-même. Il fut admirablement secondé par des hommes tels que *Colbert,*

Questionnaire : 1. — Quels furent les principaux ministres de Louis XIV ?
2. — Quelle fut la nature du pouvoir de Louis XIV ?
3. — Que savez-vous de Colbert ?
4. — Qu'ont fait Louvois, Vauban, de Lionne ?

Récits

1. Le droit divin et la monarchie absolue. — Nous vivons aujourd'hui, en France, sous le régime de la *souveraineté populaire*; tous les citoyens sont appelés, au moment des élections, à choisir ceux qui gouvernent. Au temps de Louis XIV, on admettait, au contraire, la théorie de la souveraineté ou du *droit divin*, ainsi formulée par Bossuet : « L'autorité royale est sacrée, Dieu établit les rois comme ses ministres et règne par eux sur les peuples. » Si l'autorité vient de Dieu, le roi ne peut soumettre ses actions au jugement de ses sujets. « La volonté de Dieu, écrit Louis XIV, est que quiconque est né sujet obéisse sans discernement. L'assujettissement qui met le souverain dans la nécessité de prendre la loi de ses peuples est la dernière calamité où puisse tomber un homme de notre rang. »

Aussi Louis XIV ne convoquera-t-il jamais les états généraux et il défendra au Parlement de s'occuper de politique. En outre, les nobles, qui avaient si souvent troublé le pays par leurs séditions, sont attirés à Versailles, à la cour; ils tombent dans la dépendance du roi, qui distribue les places et les pensions.

2. La cour de Louis XIV. — Louis XIV s'entendait merveilleusement à rendre sa divinité présente et tangible : les moindres incidents

Fig. 170. — **Le petit lever de Louis XIV à Versailles.** — Seuls les princes du sang assistaient au petit lever du roi. La maison militaire de Louis XIV se composait de 10 000 hommes, sa maison civile de 4000; 2000 chevaux peuplaient ses écuries. (*Almanach royal* et *Almanach de Versailles*.)

de sa vie se passèrent au grand jour, et les grands personnages se disputèrent l'honneur de son service intime. Au petit lever, les privilégiés sont admis à la première toilette. Au grand lever, le roi reçoit la chemise d'un prince du sang ou d'un duc; le soir, au grand coucher, c'est une faveur rare que de porter le bougeoir; plus rare encore d'assister, pendant le petit coucher, à la cérémonie de la prise du bonnet de nuit. Pour ces fonctions, il y a tout un monde d'huissiers et de hauts domestiques: grands-maîtres de la garde-robe, chambellans, gentils-hommes de la chambre, valets de chambre. La plus grande partie des autres fonctions de la vie s'accomplissent aussi majestueusement.

3. La table du roi. — S'il y a grand couvert, le roi mange seul en face de la reine, en présence de la cour; il admet quelquefois à sa table les princes du sang et le nonce du pape; il est servi par d'autres huissiers, par un maître d'hôtel qui goûte les plats avant lui, par des gardes qui escortent les mets l'épée nue, par des gentilshommes servants, par un écuyer tranchant. La faveur la plus recherchée du grand couvert, c'est de présenter à Louis XIV le bassin à laver les mains.

Fig. 171. — **Gentilhomme (1660).**

L'idole mange dans de l'or, boit dans du vermeil; mais elle abuse; le médecin Fagon se plaint amèrement du menu officiel : huit potages, quatre entrées, six hors-d'œuvre, quatre rôtis; le roi mange parfois quatre assiettées de soupe, un faisan entier, une perdrix, une assiettée de salade, deux tranches de jambon, une assiettée de pâtisserie, des fruits et des confitures. La vie de cour est une suite de plaisirs fixés à l'avance : la chasse, la danse, la comédie, le jeu, qui, chez beaucoup de courtisans, devient une passion dangereuse. Tous les actes de la vie de cour sont réglés par une sévère étiquette. Les questions les plus graves sont les questions de préséance : les duchesses se disputent violemment l'honneur d'avoir un tabouret dans le cabinet du roi; on fait des bassesses afin d'être des voyages de Versailles, de Marly, de Fontainebleau, ces fastueuses constructions qui coûtèrent si cher à la France. (D'après P. Bondois, *Histoire des Institutions et des Mœurs de la France.*)

Fig. 172. — **Mousquetaire.**

4. Colbert. — C'est dans le tiers état, c'est-à-dire dans la bourgeoisie, que Louis XIV choisit ses ministres. *Colbert*, fils d'un marchand drapier de Reims, avait dénoncé les dilapidations* du surintendant Fouquet, qui fut emprisonné jusqu'à sa mort. Il lui succéda avec le titre de contrôleur général des finances.

Fig. 173. — Colbert. (*D'après le portrait de Nanteuil*). — Grand homme d'État français, né à Reims le 29 août 1619, mort le 6 septembre 1683.

5. Les finances. — Colbert força les *traitants** à rendre plus de cent millions qu'ils avaient volés; il augmenta les impôts indirects qui pesaient sur tous, et diminua la *taille** qui n'était payée que par les roturiers. Il équilibra les recettes et les dépenses, de manière à ne plus être obligé de contracter des emprunts ruineux et, chaque année, il fit dresser un *État de prévoyance* qui était déjà une sorte de *Budget*.

6. Industrie. — Agriculture. — Commerce. — Colbert encouragea l'industrie, en accordant des primes aux manufacturiers français et en frappant de droits d'entrée très élevés les produits étrangers. Pour favoriser l'agriculture, il prescrivit à ses agents de ménager les paysans qui ne pouvaient payer les impôts. Il chassa de nos ports, par des taxes très fortes, les vaisseaux hollandais, qui furent remplacés par des vaisseaux français. Il créa une puissante marine de guerre. Enfin, pour développer le commerce intérieur, il fit construire de nouvelles routes et creuser le canal du Midi*.

Colbert mourut en 1683. La devise de ce

Fig. 174. — Louvois. — Célèbre homme d'État, né à Paris le 18 janvier 1639, mort à Versailles, le 16 janvier 1691.

grand ministre était : « *Pour le roi souvent, pour la patrie toujours* ».

7. Louvois. — *Louvois* fut, lui aussi, un grand ministre : il réorganisa l'armée, qui devint la plus disciplinée et la plus redoutable de l'Europe. Il mit les officiers nobles dans l'obligation de remplir leurs fonctions; des inspections nombreuses rendirent les abus moins fréquents: de nouveaux corps de troupes furent créés; l'armement fut perfectionné : le fusil et la baïonnette, inventée par Vauban, remplacèrent le mousquet et la pique; des vêtements *uniformes* furent donnés à différents corps de troupes; des magasins de vivres furent créés, ainsi que des hôpitaux militaires. Afin de donner asile aux soldats vieux ou infirmes, Louvois fit construire l'*Hôtel des Invalides*. Il mourut en 1691.

8. Vauban. — *Vauban*, qui fut l'un des plus grands hommes de son temps, créa le génie militaire : il accomplit une véritable révolution dans l'art de prendre et de défendre les places. Il répara trois cents places anciennes et en construisit trois cents nouvelles; il fortifia nos ports comme nos frontières, faisant de la France un « pré-carré, » c'est-à-dire un véritable camp retranché.

Ce *patriote*, comme l'a appelé Saint-Simon, était touché de la misère du peuple : il écrivit la *Dîme royale*, livre dans lequel il demandait l'établis-

Fig. 175. — Vauban. — Illustre ingénieur militaire et économiste, né à Saint-Léger-de-Foucheret (Yonne) le 15 mai 1633, mort à Paris, le 30 mars 1707.

sement d'un impôt unique, qui pèserait sur les nobles comme sur les paysans. Ces idées généreuses le firent disgracier de Louis XIV, et il mourut, dit-on, de chagrin, en 1707.

CIVILISATION — HISTORIENS

Historiens. — Saint-Simon, *Mémoires*.
Voltaire, *Siècle de Louis XIV*.
P. Clément, *Histoire de Colbert*.
C. Rousset, *Histoire de Louvois*.
Michel, *Histoire de Vauban*.

LEXIQUE. — **Canal du Midi.** ou du Languedoc, unit la Méditerranée à la Garonne (carte, fig. 169).

Dilapider, voler les deniers publics.

Taille. Impôt auquel étaient soumis ceux qui n'appartenaient pas à la noblesse ou au clergé.

Traitants. nom donné, sous l'ancien régime, à ceux qui se chargeaient de percevoir les impôts indirects suivant certaines conditions déterminées par un traité; ils en abusaient souvent pour s'enrichir.

Devoir de rédaction.

LE POUVOIR ROYAL SOUS LOUIS XIV

Plan. — 1. Le roi est le maître absolu de tous ses sujets, de leurs biens, même de leurs consciences.

2. Il prétend tenir son autorité de Dieu : c'est la monarchie de droit divin.

3. Aussi l'étiquette de la cour est-elle réglée comme un culte; tous les courtisans se courbent devant le maître, comme devant une divinité.

Dix-septième siècle.

XXXIV. — GUERRES DE LOUIS XIV. — SON AMBITION
RÉVOCATION DE L'ÉDIT DE NANTES (1685)

Entretiens

1. — Pendant le règne de Louis XIV, il y eut quatre grandes guerres : la guerre de *Dévolution,* la guerre de *Hollande,* la guerre contre la *Ligue d'Augsbourg* et la guerre de la *succession d'Espagne.*

2. — La guerre de Dévolution*, ou *guerre de Flandre,* terminée par le *traité d'Aix-la-Chapelle**, nous valut la *Flandre française** en 1668.

3. — La guerre de Hollande, commencée en 1672 et terminée en 1678, après les victoires de Condé, de Turenne et de Duquesne, par la *paix de Nimègue**, nous donna la *Franche-Comté**.

4. — Le plus glorieux événement de la guerre de Hollande fut la campagne de Turenne en Alsace. Le grand général fut tué à Salzbach en 1675, au moment où il allait remporter une nouvelle victoire.

5. — Les annexions prononcées par les chambres dites *de réunion* et la révocation de l'édit de Nantes mécontentèrent

l'Europe, qui, se sentant menacée par l'ambition de Louis XIV, forma la *Ligue d'Augsbourg.*

6. — La plus grosse faute du règne de

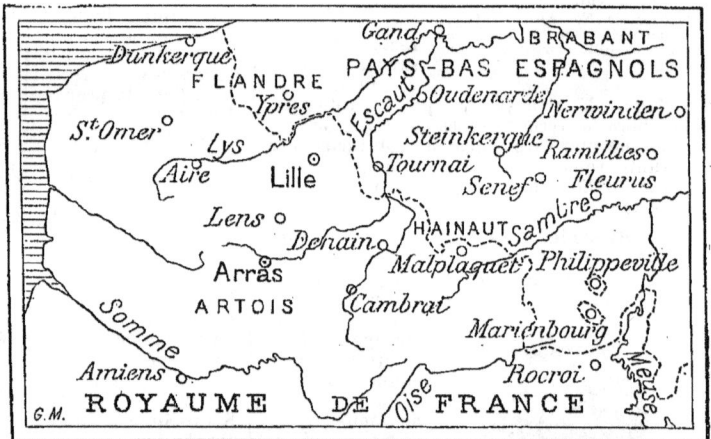

FIG. 176. — Les champs de bataille des Flandres et des Pays-Bas.

Louis XIV fut la *révocation de l'édit de Nantes* (1685), qui interdisait aux protestants la liberté de leur culte; elle eut aussi pour conséquence la ruine de notre industrie.

7. — La guerre contre la Ligue d'Augsbourg*, commencée en 1688, fut signalée par les victoires de nos généraux *Luxembourg* et *Catinat*; elle se termina, en 1697, par le *traité de Ryswick**, qui nous laissait Strasbourg, mais qui reconnaissait

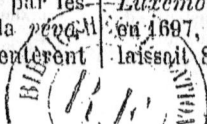

7

Guillaume de Hollande comme roi d'Angleterre, à la place de *Jacques II*, l'allié de Louis XIV.

Questionnaire : 1. — Quelles sont les quatre grandes guerres du règne de Louis XIV?
2. — Quel est le traité qui nous donna la Flandre ?

3. — Quelle guerre fut terminée par le traité de Nimègue?
4. — Parlez de la campagne de Turenne en Alsace.
5. — Quelles furent les causes de la formation de la Ligue d'Augsbourg ?
6. — Quelle a été la plus grosse faute du règne de Louis XIV ?
7. — Que savez-vous de la guerre contre la Ligue d'Augsbourg?

Récits

1. La guerre de Dévolution (1667-1668).

— A la mort du roi d'Espagne Philippe IV, Louis XIV réclama pour sa femme, Marie - Thérèse, une partie des Pays-Bas espagnols. Ce fut la *guerre de Dévolution** : en six semaines, Turenne s'empare de la *Flandre française** ; en trois semaines, Condé fait la conquête de la *Franche-Comté**. L'Espagne était incapable de résister; la Hollande, l'Angleterre et la Suède s'unissent pour nous imposer la *paix d'Aix-la-Chapelle**, par laquelle nous rendons la Franche-Comté ; mais nous gardons la Flandre.

Fig. 177. — Sergent d'infanterie (1676).   Fig. 178. — Officier général (1680).

2. Guerre de Hollande (1672-1678).

— Louis XIV, désirant s'emparer des Pays-Bas, veut soumettre la Hollande qui s'inquiète de ses projets.

Il franchit le Rhin et occupe la moitié du pays. L'invasion française provoque la résistance héroïque des Hollandais et amène une révolution intérieure : *Guillaume d'Orange*, le grand adversaire de Louis XIV, est porté au pouvoir. Il repousse l'invasion en faisant rompre les digues qui protégeaient la Hollande contre les flots de la mer. Le pays était ruiné pour plusieurs années, mais son indépendance

Fig. 179. — Duquesne. — Marin illustre, né à Dieppe en 1610, mort à Paris en 1688.

était assurée. Guillaume forme contre nous une coalition européenne.

Les victoires de Condé, de Turenne qui est tué à l'ennemi en 1675, de Duquesne qui dirige notre flotte dans la Méditerranée, illustrent cette guerre. La *paix de Nimègue** nous donne la Franche-Comté enlevée à l'Espagne.

3. La révocation de l'édit de Nantes (1685).

— Après le traité de Nimègue, Louis XIV était le souverain le plus puissant de l'Europe. Bientôt il commet fautes sur fautes : il institue des *chambres de réunion* pour interpréter les traités et réunit, en pleine paix, plusieurs territoires que l'ennemi n'avait pas entendu nous céder, notamment Strasbourg (1681).

Mais la plus grande faute de son règne, fut la *révocation de l'édit de Nantes* (1685). Cet acte impolitique enlevait aux protestants le droit d'exercer librement leur culte.

Cinq cent mille protestants quittèrent notre pays et parmi eux douze mille marins, autant de soldats, et l'élite des ouvriers et des manufacturiers formés par Colbert. *Denis Papin,* qui inventa la première machine à vapeur, alla s'établir en Allemagne. Ces exilés, que l'on appela les *Réfugiés*, portèrent à Londres, à Amsterdam, à Berlin, à Genève, les secrets de notre industrie et une haine implacable contre Louis XIV.

Le Brandebourg, qui n'était alors qu'un désert de sables, Berlin, qui n'était qu'une ville de six mille âmes, ont dû l'un sa prospérité, l'autre son industrie aux réfugiés français : Louis XIV a préparé ainsi, sans le savoir, la future grandeur de la Prusse.

4. Louis XIV et Jacques II d'Angleterre.

— La révocation de l'édit de Nantes eut aussi une influence sur la politique extérieure.

Fig. 180. — Denis-Papin. (D'après la statue érigée à Blois). — Célèbre physicien et mécanicien, né à Blois le 22 août 1647, mort à Marbourg en 1714.

Louis XIV avait jusqu'alors contenu l'Angleterre en pensionnant son roi Charles II.

Fig. 181. — **Réception de Jacques II, roi d'Angleterre, à Saint-Germain-en-Laye.** (*D'après une gravure du temps.*) — Jacques II, détrôné par Guillaume de Nassau, prince d'Orange, en 1688, s'enfuit d'Angleterre et vint se réfugier en France. Louis XIV lui offrit l'hospitalité et lui donna le château de Saint-Germain avec les moyens d'y tenir une cour pompeuse.

Jacques II succéda à son frère, Charles II; Louis XIV voulant assurer la restauration du catholicisme en Angleterre, chercha à y détruire le protestantisme. Mais cette entreprise aboutit à la Révolution anglaise de 1688, qui renversa Jacques II et qui appela au trône son gendre Guillaume III.

5. La guerre de la Ligue d'Augsbourg*. — Guillaume III, le grand adversaire de Louis XIV, qui disposait à la fois des forces de la Hollande et de l'Angleterre, se mit à la tête de la ligue que les principaux souverains de l'Europe (Autriche, Espagne) formaient contre Louis XIV, et qu'on appela la *Ligue d'Augsbourg*. Le roi de France tenta de rétablir Jacques II sur le trône d'Angleterre. Il lui fournit de l'argent et des troupes, qui lui permirent d'opérer une descente en Irlande, mais cette expédition échoua. Tourville tenta une nouvelle action contre l'Angleterre, mais, près de la *Hougue**, il rencontra la flotte ennemie, deux fois plus forte, et fut obligé de céder au nombre (1692).

6. Victoires de Catinat et de Luxembourg. — Le maréchal *de Luxembourg*, aux Pays-Bas, battit les Impériaux* et les Anglais à *Fleurus, Steinkerque* et *Nerwinden*. Il conquit tant de drapeaux qu'il mérita le surnom de *Tapissier de Notre-Dame*. Il mourut avant la fin de la guerre, en 1695.

Le brave *Catinat*, que les soldats appelaient le *Père la Pensée*, gagna sur le duc de Savoie les victoires de *Staffarde* et de *la Marsaille** : ces succès mirent à la discrétion de la France la Savoie et le Piémont. La guerre se termina par le *traité de Ryswick** (1697), qui reconnaissait Guillaume III comme roi d'Angleterre, et enlevait à la France ses récentes conquêtes, mais lui laissait Strasbourg.

Fig. 182. — **Tourville.** — L'un des plus célèbres marins du XVIIe siècle, né à Paris, le 24 novembre 1642, mort dans la même ville, le 28 mai 1701.

CIVILISATION — HISTORIENS MONUMENTS

Historiens. — Saint-Simon, *Mémoires.*
Voltaire, *Siècle de Louis XIV.*
P. Clément, *Histoire de Colbert.*
C. Rousset, *Histoire de Louvois.*
Michel, *Histoire de Vauban.*
Mignet, *Mémoires historiques.*

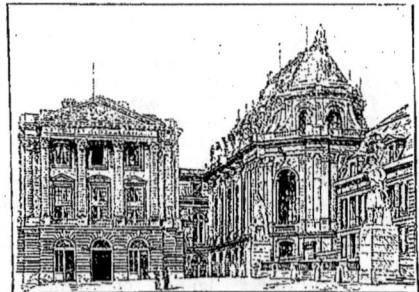

Fig. 183. — **Château de Versailles.** (*D'après une photographie*) — Louis XIV fit commencer le château de Versailles en 1661 ; il ne fut terminé qu'en 1684; Hardouin Mansart en fut l'architecte. Le Brun s'occupa de sa décoration intérieure. Le Nôtre dessina le parc et les jardins. Le roi s'y installa dès 1672. Une grande ville ne tarda pas à s'élever à côté du château. Avant cette époque, Versailles n'était qu'un village.

Monuments historiques. — Les *Portes Saint-Denis* et *Saint-Martin* ont été élevées pour rappeler le souvenir des victoires de Louis XIV.

Fig. 184. — **Porte Saint-Martin, à Paris.** (*D'après une photographie*). — Cette porte fut construite en 1674, en souvenir de la conquête de la Franche-Comté.

La statue de Louis XIV, sur la place des Victoires.
La colonnade du Louvre, en face de l'église Saint-Germain-l'Auxerrois, construite par Perrault.
L'Hôtel des Invalides, bâti par Libéral Bruant. Le dôme est de J.-H. Mansart.
Le château de Versailles, construit par Mansart.

LEXIQUE. — Aix-la-Chapelle, aujourd'hui dans la Prusse rhénane (carte, fig. 163).
Augsbourg, ville de Bavière (carte, fig. 218).
Dévolution, coutume en usage dans les Pays-Bas

espagnols qui attribuait la succession aux enfants du premier mariage. Louis XIV réclamait certaines provinces au nom de sa femme Marie-Thérèse, fille de la première femme de Philippe IV d'Espagne, tandis que Charles II était fils de la deuxième femme de ce roi.
Flandre. La Flandre française a formé la plus grande partie du département du Nord (carte, fig. 176).
Franche-Comté, Doubs, Jura et Haute-Saône (carte, fig. 169).
Saint-Vaast-la-Hougue, petite ville et port au nord-est du département de la Manche (carte, fig. 169).
Impériaux. On appelait ainsi les soldats au service de l'Empire germanique et de l'Empereur.
Nimègue. Hollande (carte, fig. 169).
Parlement anglais. En Angleterre, le Parlement était une assemblée politique, non une cour de justice comme en France.
Ryswick, village de Hollande, près de La Haye (carte, fig. 169).
Staffarde, la Marsaille, villages du Piémont, qui appartenaient alors aux ducs de Savoie (carte, fig. 169.)

Résumé chronologique.

1661	Mort de Mazarin. Louis XIV gouverne lui-même.
1667-1668	Guerre de Dévolution contre l'Espagne.
1668	Traité d'Aix-la-Chapelle; acquisition de la Flandre.
1672-1678	Guerre de Hollande.
1675	Mort de Turenne, à Salzbach.
1678	Paix de Nimègue; acquisition de la Franche-Comté.
1681	Annexion de Strasbourg par les Chambres de réunion.
1685	Révocation de l'édit de Nantes.
1688-1697	Guerre de la Ligue d'Augsbourg.
1688	Révolution d'Angleterre : Jacques II détrôné par Guillaume III d'Orange.
1697	Paix de Ryswick.

Devoir de rédaction.

LES PRINCIPALES ACQUISITIONS DU GOUVERNEMENT PERSONNEL DE LOUIS XIV

Plan. — 1. Dans la guerre de Dévolution, acquisition d'une partie de la Flandre par le traité d'Aix-la-Chapelle (1668).
2. Dans la guerre de Hollande, acquisition définitive de la Franche-Comté, au traité de Nimègue. (1678.)
3. Acquisition de Strasbourg en 1681, confirmée par le traité de Ryswick (1697).

Dix-huitième siècle.

XXXV. — GUERRE DE LA SUCCESSION D'ESPAGNE
DERNIÈRES ANNÉES DE LOUIS XIV

Entretiens

1. — La *paix de Ryswick* ne fut qu'une courte trêve, rompue dès 1700 par la guerre de la succession d'Espagne.

2. — Le testament de Charles II, roi d'Espagne, qui léguait ses États au duc d'Anjou*, petit-fils de Louis XIV, nous mit aux prises avec l'Autriche, la Hollande et l'Angleterre, effrayées de notre puissance.

3. — D'abord victorieux, les Français furent chassés d'Italie en 1706, par le prince Eugène*, et battus plusieurs fois aux Pays-Bas par le général anglais Marlborough*. La Flandre fut envahie et, malgré la belle défense de **Boufflers**, *Lille capitula* en 1708.

4. — La misère fut extrême en France, surtout après *l'hiver rigoureux de 1709*, et Louis XIV se résigna à demander la paix, mais les alliés lui imposèrent des conditions inacceptables : ils exigeaient qu'il chassât lui-même son petit-fils du trône d'Espagne. Louis XIV répondit : « *Puisqu'il faut faire la guerre, j'aime mieux la faire à mes ennemis qu'à mes enfants.* »

5. — La belle victoire de Villars à *Denain**, en 1712, permit de signer le *traité d'Utrecht** en 1713. Par ce traité, le duc d'Anjou fut reconnu comme roi d'Espagne sous le nom de **Philippe V**.

6. — Mais Philippe V céda à l'Autriche les *Pays-Bas, Naples* et *Milan ;* l'Angleterre obtint *Gibraltar*, Minorque** et *Terre-Neuve**; la France fut forcée de détruire le port de *Dunkerque**.

7. — Après un règne de *soixante-douze années*, Louis XIV mourut en 1715, laissant la couronne à son *arrière-petit-fils*, Louis XV, à peine âgé de cinq ans.

8. — Pendant la dernière partie de son règne, la France était épuisée, le peuple était plongé dans la plus profonde misère.

2. — A qui le roi d'Espagne Charles II légua-t-il ses États?

3. — Quelles furent les défaites de la France pendant la première partie de la guerre? ·

Fig. 185. — **Carte des colonies françaises d'Amérique avant le traité d'Utrecht.** — La France possédait à ce moment Terre-Neuve, Saint-Pierre-et-Miquelon, le Canada, l'Acadie, la Louisiane, les Antilles et Cayenne.

4. — Louis XIV ne se résigna-t-il pas à demander la paix?

5. — Quel traité mit fin à la guerre?

6. — Quelles en furent les conditions?

7. — A qui Louis XIV laissait-il la couronne?

8. — Le peuple fut-il heureux à la fin du règne de Louis XIV?

Questionnaire : **1.** — La paix dura-t-elle longtemps après le traité de Ryswick?

Récits

1. Les défaites de la France au commencement de la guerre de la succession d'Espagne. — Charles II, roi d'Espagne, mort sans enfants en 1700, légua ses États au duc d'Anjou*, le second des petits-fils de Louis XIV. Cette succession comprenait l'Espagne, les Pays-Bas (Belgique), le Milanais, Naples et la Sicile, les colonies d'Amérique. Mais Charles II interdisait à son successeur d'être à la fois roi d'Espagne et roi de France.

En faisant confirmer à son petit-fils ses droits à la couronne de France, et cela malgré le testament de Charles II, Louis XIV alarma l'Europe. L'Autriche, qui prétendait aussi à la succession d'Espagne, se ligua contre nous avec la Hollande et l'Angleterre.

Les Français sont d'abord victorieux en Italie et en Allemagne où Villars gagne la bataille d'*Hochstedt* (1703); mais les généraux ennemis, Marlborough* et le prince Eugène*, se réunissent pour couvrir la route de Vienne et nous perdons la deuxième bataille d'*Hochstedt** (1704). Le prince Eugène nous chasse d'Italie après la déroute de *Turin** (1706). Les Français sont encore défaits aux Pays-Bas. La Flandre est envahie : *Lille* capitale, malgré l'héroïque résistance de Boufflers (1708).

A ce moment la France semble perdue : la misère est extrême ; les impôts, quoique très lourds, ne suffisent plus aux dépenses de la guerre ; l'hiver de 1709 met le comble à notre détresse.

Fig. 186. — Villars. — L'un des plus célèbres généraux de Louis XIV, né le 8 mai 1653, à Moulins, mort à Turin le 17 juin 1734.

2. L'hiver de 1709.

— Le cruel hiver de 1709 acheva de désespérer la nation. Les oliviers, qui sont une grande ressource dans le midi de la France, périrent. Presque tous les arbres fruitiers gelèrent. Il n'y eut point d'espérance de récolte. On avait très peu de réserves. Les grains qu'on pouvait faire venir à grands frais du Levant et de l'Afrique couraient le risque d'être pris par les flottes ennemies, auxquelles on n'avait presque plus de vaisseaux de guerre à opposer. Le fléau de cet hiver était général dans l'Europe ; mais les ennemis avaient plus de ressources. Les Hollandais surtout, qui ont été si longtemps les facteurs* des nations, avaient assez de magasins pour mettre les armées des alliés dans l'abondance, tandis que les troupes de France, diminuées et découragées, semblaient devoir périr de misère.

Le roi vendit pour quatre cent mille francs de vaisselle d'or. Les plus grands seigneurs envoyèrent leur vaisselle d'argent à la Monnaie*. On ne mangea dans Paris que du pain bis pendant quelques mois. Plusieurs familles, à Versailles même, se nourrirent de pain d'avoine. Mᵐᵉ de Maintenon* en donna l'exemple.

(D'après VOLTAIRE, *Siècle de Louis XIV*.)

3. Les traités d'Utrecht* (1713).

— On essaie de négocier, mais les alliés nous posent des conditions inacceptables. Nous perdons encore la sanglante bataille de *Malplaquet* (1709), qui coûte cher à l'ennemi. Louis XIV et Villars ne désespèrent pas du salut de la France : « *Nous périrons ensemble*, dit le roi à Villars, *ou nous sauverons l'Etat* ». Villars remporte la victoire décisive de *Denain*, qui oblige les ennemis à signer la paix.

Par les traités d'*Utrecht*, le duc d'Anjou est reconnu comme roi d'Espagne sous le nom de Philippe V, et il renonce à la couronne de France ; il cède à l'empereur Charles VI les Pays-Bas, le Milanais et Naples ; il abandonne la Sicile au duc de Savoie. L'Angleterre surtout gagne à ce traité : elle enlève à l'Espagne Gibraltar*, qu'elle possède encore aujourd'hui, et Minorque*, qu'elle a perdue ; elle obtient de la France Terre-Neuve* et l'Acadie, avant-postes du Canada *, et la destruction du port de Dunkerque*.

Fig. 187. — Le duc d'Anjou, petit-fils de Louis XIV, est reconnu roi d'Espagne, à Versailles, le 16 novembre 1700. (*D'après une gravure du temps*). — Le matin du 16 novembre, Louis XIV fit ouvrir les deux battants de la porte de son cabinet et commanda à tout le monde d'entrer, puis regardant majestueusement la nombreuse compagnie : « Messieurs, dit-il en montrant le duc d'Anjou, voici le roi d'Espagne. »

4. Mort de Louis XIV (1715).

— Les guerres de Louis XIV, qui avaient duré trente et un ans, laissaient la France, en 1715, moins grande et moins riche qu'en 1678. On s'explique que Louis XIV, sur son lit de mort, ait dit à son arrière-petit-fils, son futur successeur : « *J'ai trop aimé la guerre, ne m'imitez point en cela*. »

Ce fut un cri de soulagement, quand le vieux roi disparut après un règne de 72 ans, et c'est au milieu des manifestations d'une joie indécente que son cercueil fut conduit à Saint-Denis.

LEXIQUE. — Anjou (le duc d') était le frère du dauphin Louis, duc de Bourgogne et le fils du grand dauphin qui était mort en 1671.

Canada, colonie fondée par les Français dans l'Amérique du Nord, cédée à l'Angleterre en 1763 (traité de Paris) (carte, fig. 185).

Denain, dép. du Nord (carte, fig. 176).

Dunkerque, port du dép. du Nord (carte, fig. 176).

Facteur, c'est-à-dire pourvoyeur, chargé de fournir les provisions dont on a besoin.

Gibraltar, place très forte, sur le détroit du même nom, commande l'entrée de la Méditerranée.

Hochstedt, ville de Bavière, (carte, fig. 218).

Malplaquet, dép. du Nord (carte, fig. 176).

Marlborough, général anglais (1650-1722).

Minorque, une des îles Baléares, v. p. Port-Mahon.

Mᵐᵉ de Maintenon, veuve du poète Scarron, épousa secrètement le roi Louis XIV (1684).

Monnaie. L'Hôtel de la Monnaie, centre de la fabrication monétaire en France : se trouve à Paris, quai Conti.

Prince Eugène (1663-1736), fils du comte de Soissons et d'une nièce de Mazarin. Olympe Mancini : Louis XIV ayant refusé de lui donner un régiment, il entra au service de l'Autriche.

Terre-Neuve, grande île de l'Amérique du Nord, en face de l'embouchure du Saint-Laurent (carte, fig. 185).

Turin, ville de l'Italie du nord (Piémont), était alors la capitale des ducs de Savoie (carte, fig. 169).

Utrecht, ville de Hollande (carte, fig. 169).

Résumé chronologique.

Guerre de la succession d'Espagne.

1703 Victoire des Français à Hochstedt.
1704 Défaite des Français à la deuxième bataille d'Hochstedt.

1706 Déroute de Turin.
1708 Prise de Lille.
1709 Hiver terrible. Bataille de Malplaquet.
1712 Victoire de Denain, remportée par Villars.
1713 Traités d'Utrecht.

Devoir de rédaction.

L'ÉTAT DE LA FRANCE EN 1715

Plan. — 1. Le roi a eu l'orgueil d'établir son petit-fils sur le trône d'Espagne, mais il fait des pertes sensibles au traité d'Utrecht.

2. Ses dernières années ont été assombries par des deuils répétés et des désastres à peine réparés par la victoire de Denain.

3. La France très malheureuse et épuisée ; l'hiver de 1709, etc.

Dix-septième et dix-huitième siècles.

XXXVI. — LE SIÈCLE DE LOUIS XIV
GRANDS ÉCRIVAINS ET GRANDS ARTISTES

Entretiens

1. — On appelle le XVIIᵉ siècle *Siècle de Louis XIV*, parce que Louis XIV eut une certaine influence sur les lettres et les arts de son temps.

2. — Avant l'avènement de Louis XIV, le XVIIᵉ siècle avait déjà produit de grands écrivains, tels que *Descartes*, *Pascal* et *Pierre Corneille*.

3. — Les principaux écrivains du siècle de Louis XIV sont : le poète tragique *Racine* ; *Molière*, qui s'est illustré par ses comédies ; le fabuliste *La Fontaine* ; *Boileau*, à qui nous devons l'*Art poétique*.

4. — Parmi les prosateurs, citons surtout le grand orateur *Bossuet*, qui a composé des Sermons et des Orai-

FIG. 188. — **Fac-simile du frontispice du premier volume des œuvres de Molière**, *publiées chez Barbin en 1673. Les deux personnages représentent Molière sous les costumes de Mascarille et de Sganarelle.*

sons funèbres* ; *Fénelon*, l'auteur du *Télémaque* ; *La Bruyère*, qui a laissé les *Caractères* ; Mᵐᵉ *de Sévigné*, dont les lettres sont devenues classiques.

5. — Au XVIIᵉ siècle, vivaient les peintres *Poussin*, *Lesueur*, *Claude Lorrain*, *Rigaud*, *Lebrun* et *Mignard*.

6. — Les sculpteurs *Puget*, *Girardon* et les frères *Coustou*.

7. — Les architectes *Claude Perrault*, qui éleva la colonnade du Louvre ; *J.-H. Mansard*, qui construisit le château de Versailles ; *Le Nôtre*, qui dessina le plan du parc de Versailles.

Questionnaire : 1. — Pourquoi appelle-t-on le XVIIᵉ siècle le siècle de Louis XIV ?

2. — Le xvii° siècle n'avait-il pas produit de grands écrivains avant Louis XIV ?

3. — Quels sont les principaux écrivains du règne de Louis XIV ?

4. — Citez le nom des principaux prosateurs.

5. — Quels sont les principaux peintres du règne de Louis XIV ?

6. — Dites quels sont les principaux sculpteurs.

7. — Citez les noms des grands architectes.

Récits

1. Le siècle de Louis XIV. — Le xvii° siècle a produit un grand nombre d'écrivains et d'artistes ; on lui donne le nom de *siècle de Louis XIV*, bien que plusieurs de ces hommes illustres aient vécu avant l'époque où ce roi gouverna par lui-même.

2. Les écrivains. — Parmi les écrivains un peu antérieurs à Louis XIV, il faut citer le philosophe *Descartes*, qui fit paraître, en 1637, son *Discours sur la méthode*, et qui fut aussi un grand mathématicien.

FIG. 188 bis   FIG. 189   FIG. 190   FIG. 191
Descartes   **Pascal**   **Corneille**   **Racine**
(1596-1650).   (1623-1662).   (1606-1684).   (1639-1699).

Pascal, un autre grand mathématicien, écrivit les fameuses *Lettres provinciales* (1656), dans lesquelles il attaquait la morale des jésuites, et laissa en mourant des fragments d'un grand ouvrage destiné à défendre le christianisme : les *Pensées*.

FIG. 192   FIG. 193   FIG. 194   FIG. 195
Molière   **Boileau**   **Bossuet**   **Fénelon**
(1622-1673).   (1636-1711).   (1627-1704).   (1651-1715).

Corneille fit représenter, de 1636 à 1640, ses meilleures tragédies* : *le Cid*, *Horace*, *Cinna* et *Polyeucte*.

Racine succéda à Corneille dans l'admiration de ses contemporains : il est l'auteur d'*Andromaque*, de *Phèdre*, d'*Athalie*.

Molière a écrit des comédies* dont il jouait lui-même les principaux rôles : *le Misanthrope*, *le Tartuffe*, *les Femmes savantes*.

Boileau a été l'ami de tous ces grands hommes ; il a travaillé à fixer les règles du goût dans son *Art poétique*.

Deux prélats ont contribué à illustrer le siècle de Louis XIV : *Bossuet*, dont les *Oraisons funèbres*, les *Sermons*, le *Discours sur l'Histoire Universelle* sont justement célèbres ; et *Fénelon*, qui écrivit le *Télémaque* pour son élève, le duc de Bourgogne, père de Louis XV.

FIG. 196   FIG. 197   FIG. 198
La Fontaine   **Mme de Sévigné**   **La Bruyère**
(1621-1695).   (1626-1696).   (1645-1696).

Mme de Sévigné est célèbre par les *Lettres* écrites à sa fille, madame de Grignan, et qui sont restées comme des modèles de style et d'esprit.

La Fontaine, a écrit des *Fables* qui sont des chefs-d'œuvre inimitables.

La Bruyère s'est illustré par un livre intitulé *les Caractères*, dans lequel il dépeint les mœurs du siècle.

Saint-Simon a laissé des *Mémoires sur le règne de Louis XIV*, où le roi et les courtisans sont sévèrement jugés.

3. Les artistes. — Il y eut en France, au

FIG. 199   FIG. 200   FIG. 201
N. Poussin   **Lesueur**   **Lebrun**
(1594-1665).   (1616-1655).   (1619-1690).

XVII° siècle, de grands peintres : *Poussin*, le chef de l'École française (*Déluge* et *Massacre des*

Innocents), Lesueur, le Raphaël français (*Vie de Saint-Bruno*), Lebrun, qui fut le « peintre du roi; »

FIG. 202
Claude Gelée dit le Lorrain
(1600-1682).

FIG. 203
Rigaud
(1656-1743).

FIG. 204
Mignard
(1610-1695).

Claude Lorrain, célèbre par ses paysages; *Rigaud* et *Mignard*, par leurs portraits.

Les sculpteurs, les plus remarquables sont

FIG. 205
Puget
(1622-1694).

FIG. 206
N. Coustou
(1658-1733).

FIG. 207
Girardon
(1627-1715).

Puget, dont on admire le *Milon de Crotone* *; *Girardon*, auteur du tombeau de Richelieu à la Sorbonne, et les frères *Coustou* (la *Saône* et le *Rhône*, statues colossales, à Lyon).

FIG. 208
Perrault
(1613-1688).

FIG. 209
Le Nôtre
(1613-1700).

FIG. 210
Mansard
(1598-1666).

Louis XIV fit des dépenses considérables pour les résidences royales : *Cl. Perrault* construisit la colonnade du Louvre; *Jules Hardouin Mansard*, après avoir donné les plans du dôme des Invalides, dirigea les travaux du château de Versailles, qui avait été commencé sous Louis XIII : il en fit un immense et majestueux palais.

Les jardins, dessinés par *Le Nôtre*, furent ornés, avec une prodigalité inouïe, de statues, de groupes sculptés, de vases, de toutes les merveilles artistiques de cette époque. Le palais fut décoré par Lebrun et par les plus grands artistes de l'époque. La construction des palais et des jardins coûta plus d'*un milliard* et malheureusement aussi beaucoup de vies humaines.

Louis XIV récompensa les grands artistes et les grands écrivains de son temps; il accorda des pensions même à des savants étrangers. Il protégea Molière contre ses ennemis, lui permit de jouer *le Tartuffe*. Il fonda l'Académie des Inscriptions et l'Académie des Sciences.

La présence du roi et de la cour, à partir de 1682, ne tarda pas à faire de Versailles une ville opulente ; elle compta, sous Louis XV et Louis XVI, près de cent mille habitants. L'histoire du palais de Versailles est l'histoire même de l'ancienne monarchie sous les trois derniers règnes. Louis Philippe en a fait un *Musée national* consacré à toutes les gloires de la France. Le Sénat et la Chambre des députés s'y réunissent en *Congrès*, pour les révisions de la Constitution ou pour l'élection du Président de la République.

LEXIQUE. — Comédie. Œuvre dramatique, destinée à amuser par la peinture des vices et des ridicules.

Milon de Crotone. Célèbre athlète né à Crotone (Italie). La sculpture de Puget le représente les mains serrées dans le tronc d'un chêne pendant qu'un lion lui déchire les reins.

Oraison funèbre. Discours prononcé en l'honneur d'une personne morte.

Tragédie. Œuvre dramatique, destinée à exciter la terreur et la pitié.

Résumé chronologique.

1635 Richelieu fonde l'Académie française.
1636 Corneille fait jouer *le Cid.*
1637 *Discours de la Méthode* de Descartes.
1656 Pascal publie *les Provinciales*, contre les jésuites
1659 Molière fait jouer *les Précieuses ridicules.*
1667 Molière joue *le Tartuffe.* Racine fait jouer *Andromaque.*
1689 *Esther*, tragédie de Racine, représentée pour la première fois à la maison de Saint-Cyr.
1691 *Athalie*, tragédie de Racine.

Devoir de rédaction.

LOUIS XIV A-T-IL MÉRITÉ DE DONNER SON NOM À SON SIÈCLE ?

Plan. — 1. Il y a des écrivains au XVIIe siècle qui ne doivent rien à Louis XIV : Corneille, Pascal, plus âgés que lui ; La Fontaine, de caractère indépendant.

2. Mais Louis XIV a protégé les grands écrivains qui furent ses contemporains : Racine, Boileau, Molière.

3. Il a fait construire les plus beaux palais de son temps la colonnade du Louvre, Versailles; il a encouragé généreusement les artistes.

Fig. 211. — **Bataille de Fontenoy.** (*D'après des documents du temps*). — L'armée française, commandée par le maréchal de Saxe et où se trouvaient Louis XV et le Dauphin, remporta le 11 mai 1745 une victoire éclatante sur les Anglo-Hollandais, qui perdirent sept mille morts, deux mille cinq cents blessés et quarante canons. Tournai, Gand, Bruges, Oudenarde, Dendermonde, Ostende et Nieuport tombèrent en notre pouvoir.

Dix-huitième siècle.

XXXVII. — LOUIS XV (1715-1774).
LA RÉGENCE. — LA GUERRE DE LA SUCCESSION D'AUTRICHE.

Entretiens

1. — Pendant la minorité de **Louis XV**, le royaume fut gouverné, de 1715 à 1723, par le **duc d'Orléans**, neveu de Louis XIV, qui eut le titre de *régent*, et par le précepteur du duc d'Orléans, l'abbé **Dubois**.

2. — Louis XIV avait laissé une dette de *trois milliards*. Pour relever les finances, le régent accepta les projets du banquier écossais *Law*, dont les spéculations* aboutirent à une effroyable banqueroute* (1720).

3. — Le duc d'Orléans eut à lutter contre Philippe V et son ministre Alberoni. La guerre fut déclarée et le roi d'Espagne fut vaincu (1720).

4. — Le duc de Bourbon (1723-1726) signala son passage au pouvoir par le mariage de Louis XV avec la fille de *Stanislas Leczinski*, roi détrôné de Pologne.

5. — Le duc de Bourbon fut remplacé par le cardinal **Fleury**, ancien précepteur de Louis XV.

6. — C'est en 1738, sous le ministère Fleury, que fut signé le *traité de Vienne**, qui mit fin à la guerre de la succession de Pologne. Ce traité nous assurait la possession du duché de Lorraine, à la mort de Stanislas, qui l'avait reçu en échange de la Pologne.

7. — La guerre de la succession d'Autriche, contre l'Autriche et l'Angleterre, signalée par la *victoire de Fontenoy** en 1745, se termina par le *traité d'Aix-la-Chapelle* en 1748.

8. — Aux Indes, **Dupleix** avait combattu les Anglais, et il allait doter la France d'un grand empire colonial, lorsqu'il fut rappelé et sacrifié, sur la demande de l'Angleterre, en 1754.

Questionnaire : 1. — Par qui le royaume fut-il gouverné pendant la minorité de Louis XV ?

2 — Comment le régent essaya-t-il de relever les finances ?

3. — Quel a été le résultat de la guerre entre le régent et le roi d'Espagne ?

4. — Quelle princesse Louis XV épousa-t-il ?

5. — Qui remplaça le duc de Bourbon ?

6. — Quel est le traité qui termina la guerre de la succession de Pologne ?

7. — Quelle fut la plus grande victoire des Français pendant la guerre de la succession d'Autriche ?

8. — Que savez-vous de Dupleix ?

Récits

1. La régence du duc d'Orléans (1715-1723).

Louis XV n'avait pas cinq ans à la mort de Louis XIV : le royaume fut gouverné par le *duc d'Orléans*, qui prit le titre de *Régent*. Le duc d'Orléans ne manquait ni d'in-

FIG. 212. — **Entrée à Paris du roi Louis XV par la porte Saint-Antoine, le 12 septembre 1715.** (*D'après une gravure du temps*). — Les personnages qui occupent la voiture sont : derrière Louis XV, Mme de Ventadour et Philippe d'Orléans, régent ; sur la banquette, derrière le cocher, le duc du Maine et le prince de Conti le fils et le gendre de Louis XIV.

telligence ni d'esprit ; mais, préférant ses plaisirs aux affaires, il laissa tout le pouvoir à un prêtre sans scrupules, l'abbé Dubois, qui se fit nommer archevêque de Cambrai et cardinal.

Le gouvernement de la Régence fut une réaction contre le règne de Louis XIV : on voulut supprimer l'autorité des ministres, les remplacer par des Conseils aristocratiques. Cette tentative échoua.

2. Le système de Law.

Pour rétablir les finances, le Régent fit bon accueil à l'Écossais Law et il l'autorisa à établir une banque, qui devint rapidement prospère : avec les actions* de la Banque, l'État remboursa une partie de ses dettes.

Encouragé par le succès, Law créa une nouvelle société par actions, qui devait tirer ses profits du commerce colonial. Les bénéfices réels furent assez médiocres, tandis que la spéculation* faisait hausser la valeur des actions d'une façon inouïe. Ce fut alors une véritable banqueroute*. Law, complètement ruiné, dut quitter la France. Cette tentative audacieuse a été appelée le *système de Law*.

3. La guerre avec l'Espagne.

Philippe V, que Louis XIV venait de placer sur le trône d'Espagne, brisa les liens d'alliance entre les deux nations. Son premier ministre, le cardinal Alberoni, conçut le projet de rendre à l'Espagne ses anciennes possessions d'Italie et de rétablir les Stuarts sur le trône d'Angleterre. Il voulait en outre enlever la régence au duc d'Orléans pour la donner à son maître. L'ambassadeur de Philippe V en France, le comte de Cellamare, organisa une conspiration qui échoua.

Le Régent s'allia à l'Angleterre, à la Hollande et à l'Empereur, et la guerre fut déclarée. L'Espagne fut battue. Philippe V demanda la paix. Il disgracia Alberoni qui alla mourir à Rome (1752).

4. Le duc de Bourbon et le cardinal Fleury.

A la mort du duc d'Orléans (1723), Louis XV, devenu majeur, choisit le *duc de Bourbon* comme premier ministre ; Bourbon ne tarda pas à se rendre impopulaire, autant par ses persécutions contre les protestants que par les impôts qu'il fit peser sur le peuple. Il signala son passage au pouvoir par le mariage du roi de France avec *Marie Leczinska*, fille de

FIG. 213. — **Cardinal Fleury.** — Homme d'État, né à Lodève le 22 juin 1653, mort à Paris le 29 janvier 1743.

Stanislas Leczinski, roi détrôné de Pologne.

Bourbon, qui avait mécontenté tout le monde, fut exilé et remplacé, en 1726, par le *cardinal Fleury*, ancien précepteur de Louis XV.

Politique timide, Fleury fut un administrateur économe : il favorisa l'agriculture et l'industrie.

5. La guerre de la succession de Pologne.

Fleury tenait essentiellement à

maintenir la paix. Cependant, il dut intervenir en Pologne après la mort d'Auguste II (1733). Louis XV soutint, contre la Russie et l'Autriche, son beau-père, Stanislas Leczinski, que les patriotes polonais avaient proclamé roi. Stanislas échoua en Pologne par la faute de Fleury, qui lui fournit un secours insuffisant. La guerre fut soutenue avec succès, en Allemagne par Berwick, et en Italie par Villars et par les maréchaux de Coigny et de Broglie.

Le *traité de Vienne** (1738) donna à Stanislas, en échange de la Pologne, les duchés de Lorraine et de Bar*, qui devaient, à sa mort, revenir à la France.

6. La guerre de la succession d'Autriche (1740-1748).

— Les princes allemands ne voulaient pas reconnaître comme impératrice la fille de Charles VI, *Marie-Thérèse** d'Autriche; ils désiraient aussi démembrer ses États. Le roi de France commit la faute de s'allier avec Frédéric II, roi de Prusse. Les Français obtinrent d'abord quelques succès : Chevert se signala à la *prise de Prague**, en 1744; mais, l'année suivante, notre armée dut abandonner la Bohême; et, en 1743, à la suite de la *défaite de Dettingen**, nos soldats quittèrent l'Allemagne.

7. Bataille de Fontenoy* (1745).

(Fig. 214.) — Après la périlleuse expédition de Bohême, les Français luttèrent surtout aux Pays-Bas. Le maréchal de Saxe, fils du roi de Pologne Auguste II, qui commandait l'armée française rencontra l'armée des alliés aux en-

FIG. 214
Fusilier au régiment de Provence.

FIG. 215
Dragon au régiment de Saxe.

FIG. 216
Grenadier aux Gardes-françaises.

virons de Tournai, à *Fontenoy.* Les Anglais s'étaient avancés à cinquante pas de nos lignes; un de leurs chefs s'écria: « Messieurs les gardes-françaises, tirez. » Le capitaine des gardes-françaises répondit : « Messieurs, nous ne tirons jamais les premiers, tirez vous mêmes. » Les Anglais firent alors un feu roulant qui renversa tout le premier rang des Français. Cet excès de courtoisie faillit nous coûter cher. Le désordre se mit dans l'armée et, à sa faveur, les ennemis pénétrèrent jusque dans nos lignes.

Maurice de Saxe, commandant en chef de l'armée française, malade et ne pouvant monter à cheval, se faisait traîner dans une petite carriole d'osier. Avant d'ordonner la retraite, il voulut tenter un dernier effort. Ayant mis quelques canons en batterie, il fit exécuter une charge générale qui rompit l'armée ennemie. La bataille était gagnée. L'enthousiasme fut immense.

8. Traité d'Aix-la-Chapelle (1748).

— Malgré la victoire de Fontenoy, Louis XV, qui, disait-il, voulait traiter « non en marchand, mais en roi », signa la *paix d'Aix-la-Chapelle*, par laquelle il abandonnait les Pays-Bas, qu'il avait conquis.

9. Dupleix et l'empire des Indes.

— Pendant que Louis XV s'engageait, sans aucune raison, dans des guerres continentales, il négligeait l'admirable empire colonial que lui donnait *Dupleix*.

FIG. 217. — Dupleix. — Gouverneur des Indes françaises, mort à Paris en 1763.

Dupleix, dès 1742, gouverneur général des possessions françaises de l'Inde, est d'abord aidé par *La Bourdonnais*, gouverneur de l'île de France*, qui s'empare de Madras*. Mais Madras ayant été rendu aux Anglais, Dupleix, indigné, casse le traité et fait éloigner La Bourdonnais (1747).

Secondé par son lieutenant, le marquis de Bussy, Dupleix se rend maître de la plus grande partie de l'Hindoustan. Il intervient dans les querelles des princes de l'Inde, leur sert d'arbitre, et fait d'eux ses protégés. Il prend comme soldats des indigènes qu'il encadre dans des troupes françaises. En toute occasion, il respecte les lois et les mœurs des Hindous.

Malheureusement, la Compagnie des Indes, inquiète de ses projets, le rappelle en 1754; les Français perdent alors presque toute influence dans l'Inde, et les Anglais, pour en

achever la conquête, ne feront qu'adopter les procédés de Dupleix; ils le reconnaissent eux-mêmes et vantent le génie de ce grand Français qui, après avoir possédé des millions et gouverné un Empire, mourut dans la détresse, en 1763.

LEXIQUE. — **Action**, part dans une entreprise financière.
Banqueroute, faire banqueroute, c'est ne pouvoir payer ses dettes. Autrefois, on *rompait le banc* ou comptoir du banqueroutier.
Bar, duché de Bar (ch.-l. Bar-le-Duc), aujourd'hui département de la Meuse.
Dettingen, ville de Bavière (carte, fig. 218).
Fontenoy, village de Belgique (carte, fig. 218).
Ile de France. Au S.-O. de l'Afrique. Cédée aux Anglais en 1814, elle reprit le nom d'Ile Maurice.

Madras, ville de l'Inde.
Marie-Thérèse, fille de l'empereur Charles VI et mère de Marie-Antoinette qui épousa Louis XVI.
Prague, ville de Bohême (carte, fig. 218).
Spéculation, opérations de finances.
Vienne, cap. de l'Autriche (carte, fig. 218).

Devoir de rédaction.

COMMENT LA LORRAINE A-T-ELLE ÉTÉ RÉUNIE
A LA FRANCE?

Plan. — 1. Dès le XVIe siècle, Henri II avait conquis les Trois-Évêchés : Metz, Toul, Verdun (1552).
2. Les victoires de la guerre de la succession de Pologne assurèrent la Lorraine à Stanislas Leczinski, beau-père de Louis XV (1738).
3. La mort de Stanislas, en 1766, acheva la réunion de la Lorraine à la France.

Dix-huitième siècle.

XXXVIII. — LA GUERRE DE SEPT ANS (1756-1763)
MINISTÈRE DE CHOISEUL. — DERNIÈRES ANNÉES DE LOUIS XV

Entretiens

1. — Pendant la *guerre de Sept ans* contre l'Angleterre et la Prusse, nous fûmes battus à *Rosbach** en 1757, et forcés de signer le *traité de Paris*, qui nous fit perdre nos possessions de l'Inde et du Canada au profit de l'Angleterre (1763).

2. — Le duc de Choiseul, ministre habile et énergique, releva notre marine et organisa notre armée; il acheta la *Corse* aux Gênois en 1768, malgré l'opposition de l'Angleterre.

Fig. 218. — **Carte de la guerre de Sept ans** (1756-1763). — La guerre de Sept ans fut soutenue par la France unie à l'Autriche contre la Prusse et l'Angleterre; elle se termina par le traité de Paris (1763).

3. — Choiseul fut renversé en 1770 et remplacé par *Maupeou*, *d'Aiguillon* et *Terray*; ces ministres portèrent à son comble l'impopularité de Louis XV.

4. — Louis XV déconsidéra la royauté par sa conduite et ses abus. Les Parlements lui firent la plus vive opposition et prétendirent prendre part au gouvernement. Après la chute de Choiseul, Maupeou les supprima (1771); mais toutes ces luttes agitèrent violemment l'opinion publique.

Questionnaire : 1. — Quelles furent les conditions du traité de Paris de 1763?
2. — Que savez-vous du duc de Choiseul?
3. — Après le départ de Choiseul, par qui la France fut-elle gouvernée?
4. — Les Parlements firent-ils opposition au gouvernement de Louis XV?

Récits

1. La guerre de Sept ans (1756-1763). — Pendant la *guerre de Sept ans*, les alliances furent changées : la France, unie à Marie-Thérèse, fit la guerre à la Prusse, qui était soutenue par l'Angleterre. Frédéric II, attaqué à la fois par la France, l'Autriche, la Russie et la Suède, réussit à repousser tous ses ennemis. Le général Soubise se laissa cerner à *Rosbach** par le roi de Prusse, qui détruisit son armée (1757).

La Prusse fut envahie à plusieurs reprises par les Autrichiens et les Russes, mais Frédéric II, grâce à son génie militaire, triompha de tous ses ennemis et conserva la Silésie, qu'il avait enlevée à l'Autriche.

La guerre continentale paralysait nos efforts sur mer et aux colonies; l'Angleterre était partout victorieuse : *Lally-Tolendal** était battu dans l'Inde, pendant qu'au Canada le marquis *de Montcalm*, mal secondé par la France, luttant contre toute une armée anglaise, était tué sous les murs de Québec (1759).

2. D'Assas et Dubois. — Pendant la guerre de Sept ans, à Clostercamp*, *d'Assas*, capitaine de chasseurs au régiment d'Auvergne, faisait, à la faveur de la nuit, une reconnaissance à l'extrémité du champ de bataille.

Fig. 219. — **Dévouement du chevalier d'Assas et de Dubois.** — « A moi, d'Auvergne, voici l'ennemi! » crie Dubois. A son appel, d'Assas, à son tour, s'écrie héroïquement : « Tirez, chasseurs, ce sont les ennemis. » Ils tombèrent tous les deux percés de coups.

le sergent *Dubois*, qui marchait en tête de la compagnie, tombe tout à coup au milieu de soldats anglais, qui abattent leurs baïonnettes sur lui, et lui ordonnent de se taire. « *A moi, d'Auvergne*, crie Dubois, *voici l'ennemi!* » Et il tombe mort. D'Assas, à son appel, s'écrie tout aussi héroïquement : « *Tirez, chasseurs, ce sont les ennemis!* » Et il tombe à son tour! Le dévouement de ces deux braves nous valut la victoire! (1760).

3. Le traité de Paris (1763). — Le *traité de Paris*, qui termina la guerre de Sept ans, fut un des plus désastreux que la France ait signés : cession de l'Inde aux Anglais, sauf cinq places que nous ne pouvions fortifier, abandon du Canada où s'étaient déjà établis 70 000 colons, souche de cette race énergique des Franco-Canadiens qui dispute encore aujourd'hui aux Anglais la prépondérance dans la vallée du Saint-Laurent*, telles furent les conditions que l'Angleterre nous imposa.

4. L'esprit révolutionnaire sous Louis XV. Les Parlements. — Les *Par-*

Fig. 220. — **Remontrances du Parlement au roi.** (*D'après une gravure du temps*). Les attributions du Parlement avaient une grande importance. Il intervenait dans les différends entre les corporations, dans les questions d'enseignement aussi bien que dans les questions politiques. Il se croyait le droit de *remontrances* et il en usa fréquemment.

lements qui, sous Louis XIV, avaient perdu tout pouvoir politique, reconquirent, sous la Régence, le droit de faire des observations, des remontrances au roi, au sujet des ordonnances que publiait le gouvernement. Ils intervinrent dans la secte religieuse des Jansénistes*, que condamnait la papauté. Ils tentèrent aussi de s'opposer aux nouveaux impôts que le roi créait, aux emprunts qu'il contractait. Les Parlements triomphèrent d'abord, grâce à la mollesse de Louis XV; ils purent même, en 1762, faire expulser de France les Jésuites*, qui étaient les ennemis des Jansénistes*. Mais, en 1771, le ministre Maupeou, inquiet de cette opposition constante, supprima les Parlements. Toutes ces luttes entretenaient l'agitation politique, et déjà l'on pensait qu'une révolution était proche.

5. Annexion de la Lorraine et de la Corse. — Sous la direction du ministre Choiseul (1758-1770), le prestige de la France commençait à renaître. *En 1766*, à la mort de Stanislas Leczinski, *la Lorraine fut réunie à la France*. Ce fut là, au point de vue politique, le seul bon résultat du gouvernement de Louis XV. L'acquisition de la Lorraine unit Metz, Toul et Verdun, que nous possédions depuis 1552, à *l'Alsace*, acquise en 1639. *De Paris au Rhin, tout le territoire fut français sans interruption.* En 1768, Choiseul acheta la Corse aux Génois pour 40 millions.

6. Fin du règne de Louis XV. — En 1770, après la retraite de Choiseul, trois autres ministres, le chancelier Maupeou, le duc d'Aiguillon et l'abbé Terray, laissèrent l'Autriche, la Prusse et la Russie se partager la Pologne (1772), et opérèrent dans les finances de prétendues réformes qui étaient une véritable banqueroute.

Louis XV mourut en 1774, emportant la haine et le mépris de la France.

CIVILISATION — HISTORIENS MONUMENTS

Historiens. — SAINT-SIMON, *Mémoires.*
LAVISSE, *Études sur l'histoire de Prusse.*

FIG. 221. — **Les palais de la place de la Concorde, la rue Royale et la Madeleine.** — Le ministère de la Marine et le palais du Garde-meubles, qui font le coin de la rue Royale, ont été construits sous Louis XV. La Madeleine, au fond, est un magnifique monument ayant la forme d'un temple grec; elle fut commencée en 1764 et terminée en 1842.

MALLESON, *Histoire des Français dans l'Inde.*
TAINE, *l'Ancien régime.*

Monuments historiques. — Les *palais de la place de la Concorde*, à Paris (fig. 221), œuvre de Gabriel, qui s'appela d'abord la place Louis XV.
L'École militaire, à l'extrémité du Champ-de-Mars.
Le Château de Compiègne.
Le Tombeau du maréchal de Saxe, dans la cathédrale de Strasbourg.
Le Panthéon, ou église Sainte-Geneviève, construit par Soufflot; aujourd'hui sépulture des grands hommes français.

LEXIQUE. — **Cloterscamp**, au nord de Dusseldorf (province du Rhin) (carte, fig. 218).
Jansénistes. Ils tirent leur nom de Jansénius, évêque d'Ypres, qui, au xviiᵉ siècle, soutenait certaines doctrines religieuses, que la papauté désapprouva.
Jésuites, membres de la Société de Jésus, ordre religieux, créé au xviᵉ siècle par Ignace de Loyola.
Lally-Tolendal, Irlandais au service de la France; battu dans l'Inde, il fut, à son retour, condamné à mort et exécuté, il a été réhabilité grâce à Voltaire.
Rosbach, village d'Allemagne, dans la province de la Saxe prussienne (carte, fig. 218).
Saint-Laurent, grand fleuve de l'Amérique du Nord, arrose le Canada (carte, fig. 185).

Résumé chronologique.

1715-1723	Régence du duc d'Orléans.
1723-1726	Ministère du duc de Bourbon; mariage de Louis XV.
1726-1743	Ministère de Fleury.
1738	Traité de Vienne; Stanislas, duc de Lorraine.
1740-1748	Guerre de la succession d'Autriche.
1745	Victoire de Fontenoy, remportée par Maurice de Saxe.
1748	Traité d'Aix-la-Chapelle.
1756-1763	Guerre de Sept ans.
1763	Traité de Paris : perte de l'Inde et du Canada.
1766	Réunion de la Lorraine à la France.
1768	Réunion de la Corse.
1774	Mort de Louis XV.

Devoir de rédaction.

LA POLITIQUE EXTÉRIEURE DE LOUIS XV FUT-ELLE GLORIEUSE?

Plan. — 1. Louis XV réunit à la couronne la Corse et la Lorraine.
2. Mais il conclut le traité d'Aix-la-Chapelle (1748), qui ne rapporta rien à la France.
3. Surtout il ne soutint pas les vaillants soldats qui défendaient les colonies françaises contre les Anglais; et le traité de Paris (1763) enleva à la France son bel empire colonial.
La politique extérieure de Louis XV contribua beaucoup à son impopularité.

Dix-huitième siècle.

XXXIX. — SUPRÉMATIE INTELLECTUELLE DE LA FRANCE AU XVIIIᵉ SIÈCLE INFLUENCE DES PHILOSOPHES. — PROGRÈS DES SCIENCES

Entretiens

1. — Au xviiiᵉ siècle la France exerce en Europe, dans le monde intellectuel, une influence prépondérante, grâce à ses grands écrivains. Ces écrivains font la guerre à l'ancien régime et préparent ainsi la **Révolution.**

2. — Les principaux écrivains du XVIIIᵉ siècle sont *Montesquieu, Voltaire, Buffon, Jean-Jacques Rousseau* et *Diderot*.

3. — Avec les peintres *Watteau* et *Boucher*, les sculpteurs *Bouchardon* et *Pigalle*, l'art a moins de majesté, mais plus de grâce qu'au temps de Louis XIV.

4. — Les sciences font de grands progrès : *Dalembert, Clairaut, Lagrange, Condorcet* sont les plus célèbres mathématiciens du siècle.

5. — La physique s'enrichit de découvertes nouvelles; on construit les premières *machines à vapeur*, on invente les *aérostats*[*].

6. — *Lavoisier* et *Berthollet* créent la chimie moderne.

Récits

1. Influence des écrivains français au XVIIIᵉ siècle. — La puissance matérielle de la France décline au XVIIIᵉ siècle : nous avons perdu nos plus belles colonies; autour de nous grandissent des nations rivales, l'Angleterre, la Prusse, la Russie. Mais les fautes et les échecs de notre politique n'ont pas porté atteinte à notre suprématie intellectuelle; jamais la France n'a exercé une plus puissante action par ses idées, jamais ses écrivains n'ont été plus lus, plus admirés. *Voltaire* est le commensal de Frédéric II, roi de Prusse, et le correspondant de Catherine II, de Russie. Les souverains les plus puissants s'inclinent devant ce «roi de l'opinion» et cherchent à lui plaire, car ses jugements font loi dans l'Europe entière et il est le grand dispensateur de la renommée.

Ce qui caractérise les écrivains du XVIIIᵉ siècle, c'est qu'ils font table rase de toutes les idées reçues, c'est qu'ils discutent tout, religion, gouvernement, législation. Persuadés que le monde est plein d'abus et que ces abus doivent disparaître, ils leur font une guerre acharnée. Ils préparent ainsi la Révolution.

2. Les écrivains français. — Voltaire (1694-1778). — *Voltaire* réussit dans presque tous les genres : nous n'admirons plus ses tragédies autant que ses contemporains, qui le plaçaient à côté des pièces de Corneille et de Racine; on ne lit plus guère son poème épique, *la Henriade*[*]; mais *le Siècle de Louis XIV* et l'*Histoire de Charles XII* sont des chefs-d'œuvre de narration historique. Voltaire est, avant tout, un polémiste[*], un pamphlétaire; il crible de ses traits les plus acérés les théologiens[*], les jésuites aussi bien que leurs adversaires les jansénistes; il défend, avec une vigueur et une éloquence peu communes, le grand principe de la tolérance religieuse. En politique, Voltaire n'est pas un novateur[*] et le système monarchique ne lui inspire pas de répugnance. Il réclame surtout la liberté de la pensée et la liberté de la presse.

Les idées des philosophes étaient partout à la mode en France; les salons des plus grandes dames leur étaient ouverts, et il s'y engageait des discussions qui passionnaient tout le monde.

Ainsi tandis que les écrivains du XVIIᵉ siècle étaient au service de Louis XIV, ceux du XVIIIᵉ siècle, sans être tous les ennemis de la royauté, contribuèrent puissamment à la Révolution.

Fig. 222   Fig. 223   Fig. 224   Fig. 225
Voltaire Montesquieu Diderot J.-J. Rousseau
(1694-1778). (1689-1755). (1713-1784). (1712-1778).

3. Montesquieu (1689-1755). — Dans le grand ouvrage auquel il consacra sa vie, l'*Esprit des lois*, *Montesquieu* examine la législation de tous les pays, étudie et compare leurs institutions et leurs mœurs; il se prononce pour la monarchie constitutionnelle, que les Anglais possédaient depuis 1688, et que les disciples de Montesquieu essaieront d'introduire en France au début de la Révolution.

4. Jean-Jacques Rousseau (1712-1778). — *J.-J. Rousseau* va bien plus loin que Montesquieu; dans son *Contrat social*, il déclare que tous les citoyens doivent être égaux et que le peuple doit être souverain. Son livre l'*Emile*, à côté de théories inapplicables, contient des vues fort justes sur l'éducation.

5. Diderot (1713-1784). — *Diderot* dirige, avec son ami, le mathématicien *Dalembert*, la publication de l'*Encyclopédie*, immense recueil de toutes les connaissances humaines, qui « jetait dans le peuple la semence révolutionnaire » et résumait bien les doctrines du XVIIIe siècle.

6. Voltaire à Ferney. — Dans sa jeunesse, Voltaire avait été victime des lettres de cachet*; d'abord prisonnier à la Bastille, ensuite exilé, il avait pris la ferme résolution de combattre les abus de l'ancien régime.

Après avoir vécu à Londres, en Lorraine, en Prusse, pour être plus libre, il s'installa à *Ferney*, triste et pauvre seigneurie située à la frontière française, sur le chemin de la Suisse, de la Savoie et de l'Italie (1758). Là, il bâtit un village de ses propres deniers; il y attira des artisans et des cultivateurs. Riche, indépendant, il put donner libre carrière à son génie et à son amour de l'humanité. C'est de Ferney que sont partis pendant vingt ans tous les écrits qu'il répandit à travers le monde, protestant contre toutes les iniquités. Par ses chaleureux plaidoyers, il fit réhabiliter *Calas*, le chevalier *La Barre*, *Lally-Tolendal*, victimes de jugements iniques. Il entretint avec presque tous les princes de l'Europe une correspondance qui est un monument unique dans notre littérature.

Après vingt ans de séjour à Ferney, Voltaire, que l'on a appelé le *roi Voltaire*, et qui fut vraiment le roi de l'opinion, rentra dans Paris, et jusqu'à sa mort, survenue quelques mois après, il put jouir de la gloire que la postérité lui réservait.

7. Les arts et les sciences au XVIIIe siècle. — Les peintres en vogue au XVIIIe siècle,

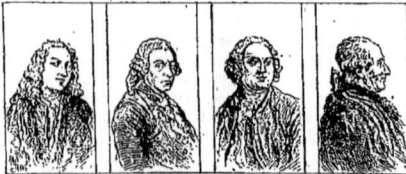

FIG. 226 **Watteau** (1684-1721).

FIG. 227 **Boucher** (1703-1770).

FIG. 228 **Bouchardon** (1698-1762).

FIG. 229 **Pigalle** (1714-1785).

Watteau et *Boucher*, ont laissé des œuvres un peu maniérées, mais d'une grâce charmante. Les mêmes caractères se retrouvent dans la sculpture des *Bouchardon* et des *Pigalle*.

L'étude des sciences est fort à la mode; pas de lettré qui ne se pique d'être en même temps un savant : Voltaire étudie la physique, Rous-

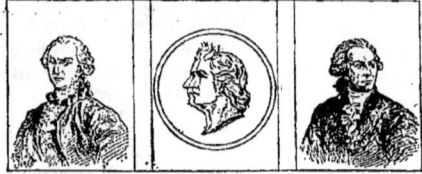

FIG. 230 **Buffon** (1707-1788).

FIG. 231 Frères **Montgolfier** (1740-1810).

FIG. 232 **Lavoisier** (1743-1794).

seau la botanique; *Buffon*, par son *Histoire naturelle*, se classe parmi les grands écrivains du siècle. On étudie les phénomènes de l'électricité; l'Anglais *Watt* perfectionne la machine à vapeur, inventée au siècle précédent par le Français Denis Papin; les *frères Montgolfier* lancent dans les airs le premier aérostat* (1783). *Lavoisier* crée la chimie moderne.

CIVILISATION — HISTORIENS

Historiens. — TAINE, *L'Ancien régime*.

VILLEMAIN, *Tableau de la littérature française au XVIIIe siècle*.

FAGUET, *Dix-huitième siècle*.

LEXIQUE. — **Aérostat**, appareil rempli d'un gaz plus léger que l'air et qui peut ainsi s'élever dans l'atmosphère.

La Henriade, poème épique de Voltaire dont le héros est Henri IV.

Lettres de cachet, lettres scellées du sceau du roi, on exilait ou on emprisonnait avec une lettre de cachet.

Novateur, qui introduit quelque nouveauté.

Polémiste, celui qui dispute sur des questions politiques.

Théologien. La théologie a pour objet Dieu et la religion.

Résumé chronologique.

Littérature

1718 *Œdipe*, tragédie de Voltaire.
1721 *Les Lettres persanes*, de Montesquieu.
1731 *Histoire de Charles XII*, de Voltaire.
1732 *Zaïre*, tragédie de Voltaire.
1743 *Mérope*, tragédie de Voltaire.
1748 *L'Esprit des Lois*, de Montesquieu.
1749 *Discours contre les Arts et les Sciences* de J.-J. Rousseau.
1751 Premier volume de l'*Encyclopédie*.
1752 *Siècle de Louis XIV*, de Voltaire.
1762 *L'Emile* et le *Contrat social*, de J.-J. Rousseau.
1778 Mort de Voltaire et de J.-J. Rousseau.
1784 Représentation du *Mariage de Figaro* de Beaumarchais.

Dix-huitième siècle.

XL. — LOUIS XVI (1774-1789)
RÉFORMES TENTÉES PAR TURGOT ET NECKER

Entretiens

1. — **Louis XVI**, petit-fils de Louis XV, devint roi en 1774, à l'âge de 20 ans. C'était un prince vertueux, animé de bonnes intentions, mais qui manquait d'énergie.

2. — A ce moment le pouvoir était déconsidéré, les finances épuisées et le peuple dans une profonde misère.

3. — Louis XVI essaya de remédier à ces maux; il appela au pouvoir d'excellents ministres, comme *Turgot, Malesherbes* et *Necker*, qui ne demandaient qu'à faire d'utiles réformes.

4. — Mais ces réformes menaçaient les privilégiés. Le roi, pour ne pas leur déplaire, eut la faiblesse de congédier **Turgot**.

5. — **Necker**, habile financier, commençait à réaliser de sérieuses économies, lorsqu'il fut également sacrifié à la haine des courtisans.

Questionnaire : 1. — Quel était le caractère de Louis XVI?
2. — Dans quel état se trouvaient le pouvoir, les finances et le peuple?
3. — Nommez les ministres réformateurs que Louis XVI appela au pouvoir.
4. — Louis XVI garda-t-il longtemps Turgot au ministère?
5. — Pourquoi Necker fut-il aussi sacrifié?

Récits

1. Louis XVI et Turgot. — Le petit-fils de Louis XV, *Louis XVI*, roi en 1774, à l'âge de vingt ans, avait épousé *Marie-Antoinette* d'Autriche.

La succession de Louis XV était pleine de périls. Ce roi, débauché et égoïste, disait d'ailleurs : « Les choses dureront bien autant que moi. » Il avait déconsidéré la monarchie et épuisé les finances.

Pour remédier à une semblable situation, il aurait fallu à Louis XVI une énergie et une intelligence qu'il n'avait pas. C'était bien un prince vertueux, animé de bonnes intentions; mais, très faible de caractère, il subissait trop souvent la funeste influence de son entourage.

Il appela d'abord au pouvoir des ministres réformateurs comme *Turgot* et *Malesherbes*, qui ne demandaient qu'à faire droit aux justes réclamations de la nation. Turgot méditait plusieurs des réformes qui furent plus tard accomplies par la Révolution. Il exposait en ces termes son programme financier : *point de banqueroute, point d'augmentation d'impôts, point d'emprunts*. Il voulait supprimer les dépenses inutiles et débarrasser l'agriculture, l'industrie et le commerce des entraves qui les gênaient.

2. Réformes agricoles. — Turgot commença à établir la libre circulation des grains entre les provinces; cette réforme excellente fut malheureusement tentée une année où la récolte était mauvaise et où l'on pouvait craindre la disette. Ses ennemis en profitèrent pour susciter des troubles connus sous le nom de *guerre des farines*.

3. Réformes populaires. — Turgot abolit la corvée, qui arrachait les paysans à leurs travaux, souvent au moment de la moisson ou des labours. Il décida que les routes seraient construites et entretenues avec un impôt que

FIG. 233. — **Louis XVI.** — Roi de France et de Navarre, né à Versailles le 23 août 1754, mort sur l'échafaud, à Paris, le 21 janvier 1793.

tous paieraient, même les privilégiés, nobles et prêtres, qui étaient jusque-là exempts d'impôts.

4. Abolition des corporations.

— Enfin, le commerce et l'industrie n'étaient pas libres : des *corporations* avaient le monopole de la fabrication ou de la vente, et celui qui ne faisait pas partie d'une de ces corporations avec le titre de *maître* ne pouvait exercer son industrie. Turgot abolit les corporations. Il voulait aussi supprimer tous les droits que les seigneurs exerçaient sur leurs paysans.

Fig. 234. — **Turgot.** — Homme d'État, né à Paris, le 10 mai 1727, mort dans la même ville le 20 mars 1781.

5. Réformes administratives.

— Turgot projetait d'établir des municipalités de paroisses, de provinces, et même une grande municipalité du royaume, afin d'habituer les Français à s'occuper eux-mêmes de leurs affaires. Il avait conçu tout un plan d'éducation nationale.

6. Départ de Turgot.

— Louis XVI, qui appréciait la valeur de Turgot et qui disait : « Il n'y a que M. Turgot et moi qui aimions le peuple, » n'eut pas l'énergie de le défendre contre les clameurs des privilégiés. Le 12 mai 1776, il lui demanda sa démission. « *Tout mon désir*, lui écrivit Turgot en se retirant, *est que vous puissiez croire que j'avais mal vu et que je vous montrais des dangers chimériques. Je souhaite que le temps ne me justifie pas...* » Un banquier genevois, *Necker*, succéda à Turgot.

7. Necker.

— Réformateur moins hardi que Turgot, *Necker* se borna à des améliorations partielles. Il essaya d'établir des assemblées provinciales élues par les habitants notables. Mais il s'occupa surtout de finances. Il sut relever le crédit par la confiance qu'il inspira, et il donna à la France les moyens d'intervenir avec honneur dans la guerre d'Amérique. Les dépenses qu'entraîna cette guerre l'obligèrent, comme Turgot, à proposer l'*égalité des charges*. Il publia, en 1781, un *compte rendu de l'état des finances*, qui mettait la nation dans les confidences de tous les secrets honteux du Trésor et faisait appel à l'opinion publique. Les privilégiés ne pouvaient tolérer cette innovation. Au mois de mai 1781, Necker, sacrifié comme Turgot, fut obligé de donner sa démission. La France fut consternée. Les vices de la monarchie et les abus de la cour la mettaient en danger.

Fig. 235. — **Necker.** — Célèbre financier, né à Genève le 30 septembre 1732, mort à Coppet (Suisse), le 9 avril 1804.

Louis XVI fut jugé dès lors inférieur à sa tâche, et, s'il conserva quelque popularité, il ne le dut qu'à la guerre d'Amérique et au *traité de Versailles*, qui unirent la France à la jeune république américaine.

Devoir de rédaction.

QUE SAVEZ-VOUS DE TURGOT ?

Plan. — 1. Turgot ; son portrait, son amour du peuple.
2. Suppression des droits sur le commerce des blés, pour rendre moins graves les famines.
3. Suppression des corporations ; liberté du travail.
4. Suppression des corvées remplacées par un impôt sur *toutes* les terres ; établissement de l'égalité de tous devant l'impôt.

Ces mesures, si elles avaient été continuées, pouvaient retarder sinon prévenir la Révolution.

Dix-huitième siècle.

XLI. — INTERVENTION DE LA FRANCE DANS LA GUERRE DE L'INDÉPENDANCE AMÉRICAINE (1778-1783). — LES EMBARRAS FINANCIERS

Entretiens

1. — En 1776, les colonies anglaises de l'Amérique du Nord s'étant soulevées ; Franklin, leur envoyé, vint à Versailles et obtint de Louis XVI un *traité d'alliance*.

2. — Les *Américains*, admirablement

secondés par nos armées et nos flottes, conquirent leur indépendance : la guerre se termina par le *traité de Versailles*, en 1783.

3. — Par ce traité, l'Angleterre nous restituait Saint-Pierre et Miquelon*, Sainte-Lucie* et Tabago*, le Sénégal* et Pondichéry*, mais elle gardait l'*Inde* et le *Canada*.

4. — Après la mauvaise administration des ministres *de Calonne* et *de Brienne*, en 1788, Louis XVI est forcé de rappeler Necker et de convoquer les **États généraux**.

Questionnaire : **1.** — Parlez de la guerre d'Amérique. **2.** — Comment se termina cette guerre ? **3.** — Quel fut le résultat du traité de Versailles ? **4.** — Dans quelles circonstances Necker revint-il au pouvoir ?

Récits

1. La guerre d'Amérique. — En 1776, *Lafayette*, accompagné de *Rochambeau* et d'une foule de jeunes nobles, partit comme volontaire pour l'Amérique. Il y arriva deux ans après le soulèvement contre les Anglais, au moment où les colons insurgés proclamaient la *République des treize États-Unis de l'Amérique septentrionale*.

FIG. 236. — **Lafayette.** — Célèbre homme politique, né au château de Chavagnac (Cantal), le 6 septembre 1757, mort à Paris le 19 mai 1834.

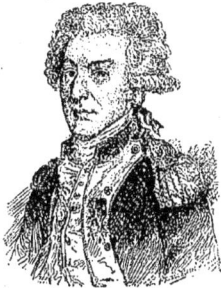

Les Français combattirent dans les rangs des Américains, sous les ordres de *Washington**, pendant deux ans ; la France n'accorda officiellement son appui aux insurgés qu'en 1778.

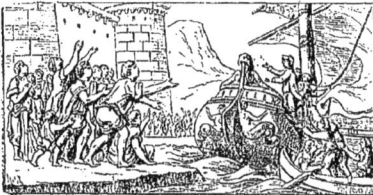

FIG. 237. — **Les insurgés américains secourus par la France.** (*D'après un bas-relief en bronze de l'obélisque de Port-Vendres, au musée de Perpignan*).

Le fils d'un fabricant de chandelles, *Benjamin Franklin*, qui était devenu, à force de travail, un savant illustre, fut envoyé à Versailles. Il obtint de Louis XVI un traité d'alliance offensive et défensive. La cause des Américains, défendue par Voltaire, par Beaumarchais*, excitait dans notre pays un enthousiasme universel : tout le monde applaudit, quand la France déclara la guerre aux Anglais. C'était prendre une revanche du traité de Paris, qui nous avait enlevé l'Inde et le Canada.

2. Traité de Versailles. — En 1783, la paix fut signée à Versailles, sous la médiation de l'Autriche et de la Russie. L'Angleterre reconnut la *République des treize États-Unis* et restitua à la France Saint-Pierre et Miquelon*, Sainte-Lucie* et Tabago* en Amérique, le Sénégal* et Gorée en Afrique*, Pondichéry*, aux Indes.

3. Conséquences de la guerre d'Amérique. — La guerre d'Amérique n'eut pas

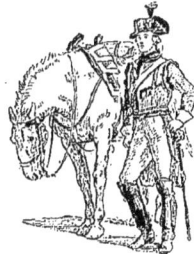

FIG. 238
Cuirassier au régiment du roi (1782).

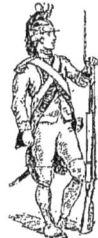

FIG. 239
Fusilier au régiment Colonel-général (1786).

seulement pour résultat de rendre à la France quelques-unes de ses colonies. Cette guerre eut encore une grande influence sur les destinées de notre pays : au spectacle de la jeune démocratie américaine, de ce peuple qui savait conquérir sa liberté et se gouverner lui-même, les Français s'éprirent des institutions libres. Autre conséquence : les dépenses que causa cette guerre contribuèrent à augmenter les embarras de la royauté ; et ainsi la Révolution d'Amérique a doublement influé sur la Révolution française.

FIG. 240. — **Émeute sur le Pont-Neuf, le 16 septembre 1788.** (*D'après une gravure de Duplessis-Bertaux*). — Le peuple brûla sur le Pont-Neuf les mannequins de Brienne et de Lamoignon. On arrêtait toutes les voitures qui passaient et on forçait les personnes qui s'y trouvaient à mêler aux cris de « Vive Henri IV ! » des malédictions contre les deux ministres renvoyés.

4. Les ministères de Calonne et de Brienne. — Les finances étaient de plus en plus obérées*. M. *de Calonne*, pendant son ministère, voulut plaire à la cour et dépensa sans compter ; son successeur, *Loménie de Brienne*, ne put conjurer la ruine du trésor. On en vint à une situation telle qu'il fallait absolument de nouveaux impôts ; mais ces impôts ne pouvaient porter que sur les privilégiés, qui jusque-là ne payaient rien.

Afin de résister à l'autorité royale, les nobles et les Parlements prétendirent que la nation, par l'organe des États généraux, devait être consultée sur la création des nouveaux impôts : ils ne comprenaient pas la gravité de leur réclamation. Louis XVI se décida à rappeler Necker.

5. Rappel de Necker (1788). — Necker, rappelé au pouvoir, rétablit le Parlement dans ses anciennes attributions, sans aucun profit pour l'autorité royale. Il accorda la double représentation du *tiers* aux États généraux, ce qui le rendit égal par le nombre aux deux ordres de la noblesse et du clergé. Quelques jours plus tard les élections se firent dans toute la France.

La *Révolution*, si longtemps prévue, annoncée et discutée par les philosophes, était commencée.

Les États généraux se réunirent à Versailles, le 5 mai 1789.

COUP D'ŒIL SUR L'ÉTAT DE LA FRANCE EN 1789

En 1789, le roi était le maître absolu. « C'est en ma personne, disait-il, que réside l'autorité suprême. » Outre son revenu de *477 millions*, qui feraient plus d'un milliard aujourd'hui, le roi se considérait comme pouvant disposer des biens de tous ses sujets.

La *dépense de l'État* était de 610 millions de livres, dont 207 millions en *rentes* que l'État devait payer à ses créanciers. Les *recettes* étaient fournies par la *taille*, la *capitation*, les *vingtièmes*, les *gabelles*, les *aides*, les *corvées*, les *octrois*, les *domaines*, les *traites*, qui donnaient, d'après Necker, 557 500 000 livres. Mais la somme payée par les contribuables s'élevait au double, d'après Bailly*.

Lavoisier estimait à *quatre-vingt-trois mille* le nombre des *nobles*; quelques historiens portent ce chiffre à cent quarante mille ; quinze cent familles seulement étaient d'ancienne noblesse. *La seule dette de la noblesse était celle du service militaire*. Elle possédait, avec le roi et le clergé, *plus des trois quarts de tous les biens fonciers*, qu'elle laissait en friche.

Les seuls princes du sang avaient un revenu de 24 à 25 millions. Le *duc d'Orléans* avait 11 500 000 livres de rente, ce qui ne l'empêcha pas de mourir endetté.

L'abbé d'Expilly comptait en 1762 plus de *quatre cent mille membres du clergé* régulier ou séculier, mais ce chiffre paraît exagéré. Les divisions ecclésiastiques étaient les suivantes : dix-huit archevêchés, cent vingt-et-un évêchés, quarante mille paroisses, neuf cent cinquante abbayes, douze cent prieurés. On a estimé à *500 millions le revenu du clergé*; la *dîme* seule lui valait 123 millions ; en capital ses biens valaient près de *4 milliards*. Et pourtant le clergé ne payait pas d'impôts : il versait bien un don gratuit, qui était ordinairement de 1 800 000 livres, mais, comme il se faisait allouer sur le trésor du roi 2 500 000 livres chaque année, il recevait en réalité 700 000 livres.

Il faut, ne l'oublions pas, au moins doubler tous ces chiffres pour avoir leur valeur en monnaie actuelle.

Du *tiers état* sortait la noblesse dite *de robe*; en 1788, quatre mille charges la conféraient. Le tiers état possédait seulement *un quart du sol*, écrasé par les *impôts*, les *droits seigneuriaux* et la *dîme* ecclésiastique.

CIVILISATION — HISTORIENS

Historiens. — DROZ, *Histoire du règne de Louis XVI*. FONCIN, *Le Ministère de Turgot*, MAURICE SOURIAU, *Louis XVI et la Révolution*.

LEXIQUE. — Bailly, membre de l'Académie des sciences, de l'Académie française et de l'Académie des Inscriptions, fut député de Paris, président de la Constituante, maire de Paris de 1789 à 1791 et guillotiné le 10 novembre 1793.

Beaumarchais, célèbre écrivain, auteur du *Mariage de Figaro*, joué en 1784.

Gorée, petite île, près de la côte d'Afrique ; fait encore partie de notre colonie du Sénégal.

Lamoignon, Garde des sceaux en 1787, associé à la lutte de Loménie de Brienne contre le Parlement.

Obérer, endetter.

Pondichéry, ville de l'Inde.

Sainte-Lucie. Tabago, deux des petites Antilles ; elles appartiennent aujourd'hui à l'Angleterre (carte, fig. 185).

Saint-Pierre et Miquelon. ces deux petites îles, situées près de Terre-Neuve, sont très importantes à cause de la pêche de la morue (carte, fig. 185).

Sénégal, sur la côte occidentale d'Afrique.

Washington, général et homme d'État américain (1732-1799), commanda les colons insurgés contre l'Angleterre et fut le premier président de la République des États-Unis.

Résumé chronologique.

1774 Avènement de Louis XVI. Turgot est nommé ministre.

1776	Renvoi de Turgot. Necker dirige les finances.
1778	Alliance de la France avec les États-Unis.
1783	Paix de Versailles. Indépendance des États-Unis.
1788	Rappel de Necker.
1789	5 mai. Ouverture des États généraux à Versailles.

Devoir de rédaction.

LA GUERRE DE L'INDÉPENDANCE AMÉRICAINE

Plan. — 1. Révolte des colons de l'Amérique du Nord. 2. Appui que leur donne la France ; Lafayette, Rochambeau ; le traité de Versailles (1783). 3. Conséquences : revanche du traité de Paris ; influence de cette guerre sur la Révolution française.

2ᵉ REVISION
DE LA FIN DU XVᵉ SIÈCLE A LA RÉVOLUTION
1. La Renaissance.
François Iᵉʳ et Charles-Quint.

1. Quelles sont les grandes inventions et les découvertes qui marquent le commencement des temps modernes ?

Christophe Colomb découvrit l'Amérique en 1492. *Gutenberg* inventa l'imprimerie, qui allait répandre l'instruction dans toutes les classes de la société. L'invention de la *poudre à canon* modifia l'art de la guerre, et celle de la *boussole* rendit possibles les grands voyages.

2. La Renaissance a-t-elle été brillante en France ?

Oui, à la suite des guerres d'Italie, surtout sous François Iᵉʳ, il y eut en France un grand nombre d'écrivains et d'artistes illustres.

3. Qu'est-ce que la bataille de Marignan ?

A *Marignan*, près de Milan, en 1515, François Iᵉʳ remporta sur l'armée suisse, à la solde du duc de Milan, une brillante victoire.

4. Quelle était la puissance de Charles-Quint ?

Charles-Quint était empereur d'Allemagne et souverain des Pays-Bas ; il était maître de la plus grande partie de l'Italie. Il était roi d'Espagne et possédait aussi l'Amérique centrale et presque toute l'Amérique du Sud.

5. François Iᵉʳ fut-il heureux dans ses luttes contre Charles-Quint ?

François Iᵉʳ perdit la Lombardie, qu'il avait conquise à Marignan ; il fut même battu et pris à *Pavie*, en 1525. Mais il ne fut dépouillé d'aucune partie de son royaume et remporta enfin la victoire de *Cérisoles*, en 1544.

6. Quelles sont les importantes conquêtes du règne de Henri II ?

Henri II conquit les *Trois Évêchés*, Metz, Toul, Verdun. François de Guise reprit *Calais* aux Anglais.

2. Les guerres de religion. Henri IV.

7. Qu'est-ce que la Réforme protestante ?

C'est le soulèvement des *protestants* contre l'église catholique ; ainsi fut détruite l'unité de l'Église : les protestants formèrent une nouvelle religion.

8. Pourquoi les rois de France ont-ils persécuté les protestants ?

Les rois étaient catholiques, et en ce temps-là on n'avait pas le droit de pratiquer la religion qu'on préférait ; la *tolérance* n'existait pas. De plus, ils craignaient que l'indépendance en matière religieuse n'entraînât l'indépendance politique.

9. Quel fut le principal épisode de ces persécutions ?

Le 24 août 1572, jour de la *Saint-Barthélemy*, un grand nombre de protestants furent massacrés.

10. Quel fut l'état de la France pendant ces guerres de religion ?

Toute la France fut déchirée par ces querelles sanglantes. Le roi d'Espagne espéra en profiter pour s'emparer du trône de France à la mort de Henri III, car *Henri IV* était protestant.

11. Comment Henri IV a-t-il mis fin à la guerre civile ?

Henri IV s'est fait catholique, parce que la majorité des Français était catholique. Par l'*Edit de Nantes*, en 1598, il permit l'exercice du culte protestant et établit la tolérance religieuse.

12. Comment Henri IV et Sully ont-ils refait la prospérité du royaume ?

Ils ont remis l'ordre dans les finances; ils ont encouragé l'agriculture et l'industrie. La France redevint plus prospère qu'elle ne l'avait été depuis longtemps.

3. La monarchie absolue. Louis XIV.

13. Quels sont les deux grands ministres qui ont fortifié le pouvoir absolu de la royauté avant Louis XIV ?

Richelieu a réprimé les soulèvements des seigneurs, enlevé La Rochelle aux protestants qui étaient devenus rebelles. *Mazarin* a vaincu la Fronde, c'est-à-dire le Parlement et les nobles, et la royauté fut alors toute-puissante.

14. Quel est le caractère de l'absolutisme royal ?

La royauté supprime tous les anciens pouvoirs qui pouvaient lui faire opposition, ne convoque plus les Etats généraux, concentre à la cour toute l'administration, et considère que son autorité a été instituée par Dieu même.

15. Quelles furent les grandes conquêtes de la monarchie absolue sous Louis XIV ?

La France conquit l'*Alsace*, moins Strasbourg, au traité de Westphalie, en 1648; l'*Artois* et le *Roussillon*, au traité des Pyrénées, en 1659; la *Flandre* et la *Franche-Comté*, aux traités d'Aix-la-Chapelle (1668) et de Nimègue (1678); *Strasbourg* enfin, en 1681. Un petit-fils de Louis XIV devint plus tard roi d'Espagne.

16. Louis XIV pratiqua-t-il la tolérance religieuse ?

Non, Louis XIV, moins tolérant que son grand-père Henri IV, révoqua l'Edit de Nantes, et persécuta cruellement les protestants.

17. La France fut-elle heureuse sous le gouvernement de Louis XIV ?

Louis XIV fit trop souvent la guerre; il dut réclamer à ses sujets de lourds impôts qui arrêtèrent la prospérité du pays. A la fin de son règne, la misère était très grande dans tout le royaume.

Louis XV et Louis XVI. La décadence de la monarchie.

18. Louis XV fut-il un bon roi ?

Louis XV fut un mauvais roi; il ne voulut pas se dévouer au bonheur de son peuple et ne songea qu'à ses plaisirs. La misère du royaume grandit encore.

19. La France fut-elle au moins glorieuse au dehors ?

La France cessa de tenir en Europe la grande place qu'elle avait occupée sous le règne précédent. Louis XV perdit, par sa faute, le bel empire colonial que nous possédions dans l'Inde et au Canada. Le *traité de Paris*, 1763, fut désastreux, et commença la grande puissance de l'Angleterre.

20. La royauté ne fut-elle pas attaquée au XVIIIᵉ siècle ?

Louis XV contribua par ses fautes à déconsidérer la royauté. Les Parlements prétendirent prendre part au gouvernement et créèrent ainsi une grande agitation politique. Les écrivains attaquèrent les abus de la monarchie absolue, demandèrent qu'on mît des limites à l'autorité royale et même que le peuple devînt souverain.

21. Quel était le défaut de Louis XVI ?

Louis XVI avait d'excellentes intentions; mais il était de caractère faible. Il eut de bons ministres, comme *Turgot* et *Necker*, qui travaillèrent à restaurer la prospérité du pays; il ne sut pas les soutenir contre l'opposition de la cour. Louis XVI allait être renversé par la *Révolution*.

22. Quelles sont les causes de la Révolution ?

Il est une cause profonde : c'est l'état de la France au XVIIIᵉ siècle. Les causes directes sont : l'exemple de la révolution américaine et l'opposition que font les privilégiés aux réformes tentées par la royauté.

TROISIÈME PÉRIODE

DE LA RÉVOLUTION A NOS JOURS

HISTOIRE CONTEMPORAINE

Fig. 241. — **Ouverture des états généraux, le 5 mai 1789, dans la salle des Menus, à Versailles.** (*D'après une gravure de Monnet*). — L'Assemblée se composait de 1214 membres ainsi divisés : députés de la noblesse, 285 ; députés du clergé, 308 ; députés du tiers, 621.

Dix-huitième siècle.

XLII. — LES ÉTATS GÉNÉRAUX
L'ASSEMBLÉE NATIONALE CONSTITUANTE

Entretiens.

1. — Les états généraux se réunirent à *Versailles* le 5 mai 1789. Ils étaient composés d'environ 1200 députés dont la moitié appartenait au *tiers état*; l'autre moitié était partagée entre la *noblesse* et le *clergé*.

2. — Les députés du tiers réclamaient les réformes demandées dans les **Cahiers** rédigés par les électeurs. Le roi et les ordres privilégiés s'opposaient à ces réformes.

3. — Le clergé et la noblesse voulaient le maintien de trois ordres séparés; le tiers état voulait une assemblée *unique*. Sur la proposition de Sieyès, les députés du tiers état prirent, le 17 juin, le nom d'*Assemblée nationale*.

4. — Réunis dans la salle du Jeu de Paume*, à Versailles, le 20 juin 1789, *ils jurèrent de ne pas se séparer avant d'avoir donné une Constitution à la France*.

5. — Les courtisans conseillaient à Louis XVI de renvoyer Necker et de disperser l'Assemblée par la force. Mais la **prise de la Bastille** (14 juillet) intimida le Gouvernement.

6. — Dans la *nuit du 4 août* 1789, les nobles et le clergé renoncèrent à leurs privilèges, qu'on appelait *féodaux*.

7. — Dans les *journées des 5 et 6 octobre,* le peuple de Paris et les femmes de la Halle partirent pour Versailles et forcèrent le roi et l'Assemblée à venir à Paris.

8. — Beaucoup de nobles, effrayés par

les progrès de la Révolution, s'enfuirent à l'étranger et demandèrent l'appui des Prussiens et des Autrichiens. Cette fuite a été appelée *l'émigration*.

Questionnaire : 1. — Combien y avait-il de députés aux états généraux?

2. — Qu'était-ce que les Cahiers?
3. — Quel nom prirent les députés du tiers état
4. — Que firent-ils dans la salle du Jeu de Paume?
5. — Que se passa-t-il le 14 juillet 1789?
6. — Que fit-on dans la nuit du 4 août?
7. — Que se passa-t-il dans les journées des 5 et 6 octobre?
8. — Pourquoi beaucoup de nobles quittèrent-ils la France?

Récits

1. Les états généraux (fig. 241). — Le ministre Necker avait décidé que le tiers état aurait à lui seul autant de députés que la noblesse et le clergé réunis. Les députés du tiers apportaient un programme de réformes très étendu, contenu dans les *Cahiers de 1789*, que les électeurs avaient rédigés. Si l'on votait *par tête*, chaque député ayant un suffrage, le tiers état était sûr d'avoir la majorité; si l'on votait *par ordre*, le tiers n'ayant qu'une seule voix contre les deux ordres privilégiés, toutes les réformes pouvaient être repoussées. Aussi les chefs du tiers état cherchèrent-ils d'abord à obtenir le vote par tête. Ces chefs étaient le grand orateur Mirabeau, l'abbé Sieyès, Barnave, Bailly. Parmi les députés du tiers, se trouvait aussi Robespierre, si célèbre depuis, mais encore inconnu.

2. Le serment du Jeu de Paume. — Les députés du tiers état invitèrent les

Fig. 242. — **Serment du Jeu de Paume.** (*D'après le tableau de David*). — Le président Bailly, et tous les députés du tiers, se rendirent à la salle du *Jeu de Paume*, où, sur la proposition de Mounier, ils firent le serment de ne pas se séparer avant d'avoir donné une constitution à la France.

ordres privilégiés à délibérer en commun et, sur leur refus, le tiers prit le nom d'*Assemblée nationale* (17 juin). Le roi, qui ne voulait pas la réunion des trois ordres, fit occuper la salle

des séances par des ouvriers, sous prétexte de préparer une séance royale*.

Le bruit se répand que le roi veut dissoudre l'Assemblée; le président du tiers, *Bailly*, se dirige vers la salle du *Jeu de Paume** : tous les députés l'y suivent. Les députés rédigent et adoptent, avec le plus grand calme, le serment suivant : *Nous jurons de ne point nous séparer, de nous rassembler partout où les circonstances l'exigeront, jusqu'à ce que la Constitution du royaume soit établie et affermie sur des fondements solides.*

La cour venait de subir un grave échec.

3. Réponse de Mirabeau au marquis de Dreux-Brézé. — Le 23 juin, à la suite d'une séance royale, l'Assemblée, par la bouche de Mirabeau, refuse de se séparer et déclare ses membres inviolables, par quatre cent soixante-treize voix contre trente-quatre. Le marquis de *Dreux-Brézé* sommait les députés d'obéir aux ordres du roi : « *Allez dire à votre maître*, s'écria Mirabeau, *que nous sommes ici par la volonté du peuple et que nous n'en sortirons que par la force des baïonnettes.* »

Fig. 243. — **Camille Desmoulins dans le jardin du Palais-Royal.** — Camille Desmoulins harangue la foule et l'engage à courir aux armes pour prévenir une « Saint-Barthélemy de patriotes, dont le renvoi de Necker est le tocsin. »

« S'ils veulent y rester, qu'ils y restent », dit Louis XVI à bout de fermeté. Quatre jours après, le 27 juin, les trois ordres se réunissaient.

4. Renvoi de Necker. — La reine Marie-Antoinette, le comte d'Artois, frère du roi, et la plupart des privilégiés voulaient employer la force pour disperser les députés. Ils demandèrent aussi l'éloignement de *Necker*. Louis XVI, toujours faible et hésitant, céda à ces funestes conseils. On rassembla autour de Paris et de Versailles les régiments étrangers* au service de la France et dont la docilité était sûre.

L'effervescence était grande à Paris. Lorsqu'on apprit le renvoi de Necker, le ministre populaire, des attroupements se formèrent au Palais-Royal et aux Tuileries. Un jeune journaliste, *Camille Desmoulins*, harangua le peuple; on prit comme signe de ralliement des feuilles arrachées aux marronniers. La foule, très animée, résolut de répondre aux menaces de la cour et des nobles par la prise de la Bastille.

5. La prise de la Bastille (14 juillet 1789). — La *Bastille* était une forteresse élevée à l'époque de Charles V pour protéger Paris contre une attaque des Anglais; mais depuis des siècles, tout en gardant son aspect militaire, ses tours, ses fossés et ses canons braqués sur la ville, elle n'était plus qu'une prison d'État où étaient détenus, sans avoir été jugés, ceux que la cour faisait arbitrairement arrêter. La Bastille était l'emblème à la fois de la force et de l'absolutisme royal. C'est

Fig. 244. — **Prise de la Bastille (14 juillet 1789).** (*D'après une gravure de Monnet*). — L'attaque de la Bastille dura cinq heures. Hulin et Élie avaient pris la direction du siège; les gardes-françaises avaient amené des canons; la Bastille pouvait résister : elle se livra. La garnison découragée demanda à capituler et abaissa le pont-levis; la foule fit alors irruption dans la forteresse.

pourquoi la prise de la Bastille marque la fin de l'ancien régime et pourquoi l'anniversaire de cet événement est devenu notre *fête nationale*.

La Bastille, attaquée par des gens armés de piques, sans canons, sans échelles pour escalader les murs, aurait pu résister longtemps,

si quelques Parisiens ne s'étaient emparés d'une poterne mal gardée et n'avaient par là ouvert la porte aux assiégeants.

Ce triomphe fut malheureusement terni par la mort du gouverneur de la Bastille et du prévôt des marchands.

A Versailles, on fut étonné et effrayé de la prise de la Bastille; on apprit en même temps que les Parisiens venaient de décider l'organisation d'une milice municipale et l'élection d'un maire, à la place du prévôt des marchands. Le commandant de la nouvelle milice fut *Lafayette* et le maire de Paris fut *Bailly*.

(D'après Dhombres : *Hist. de la Révolution française*).

6. La nuit du 4 août. — La prise de la Bastille fut le signal, dans les campagnes,

Fig. 245. — **Médaille commémorative de la nuit du 4 août 1789.** — Cette médaille fut votée dans la séance du 19 août par l'Assemblée constituante, qui décida qu'il en serait frappé 1200 exemplaires, dont un en or pour le roi.

d'une véritable Jacquerie : les paysans brûlaient les châteaux des seigneurs, les archives*, où étaient gardés leurs titres de privilèges. Les nobles consentirent alors à abandonner ces privilèges si détestés : dans la *nuit du 4 août*, le vicomte de Noailles, l'un des héros de l'indépendance américaine, proposa la suppression de tous les droits seigneuriaux, des corvées, l'égalité de tous devant l'impôt. Un véritable enthousiasme saisit toute l'Assemblée : nobles, évêques, abbés, déclarèrent à l'envi qu'ils renonçaient à tous leurs anciens droits. C'était proclamer l'*égalité de tous les Français*.

7. Les journées des 5 et 6 octobre.— Paris souffrait de la disette; on accusait les contre-révolutionnaires d'empêcher les arrivages de grain. Le *5 octobre*, les femmes de la Halle partent pour Versailles, afin de ramener à Paris le roi et sa famille; Lafayette se hâte de les suivre avec les gardes nationaux pour empêcher le désordre. Mais la foule réussit à envahir le château et, le *6 octobre*, le roi est ramené à Paris et l'Assemblée y vient avec lui.

8. La première émigration. — A ce moment, un certain nombre de nobles, et parmi eux les frères du roi*, espérant détruire l'œuvre de la Révolution, s'enfuirent à l'étranger, où ils demandèrent l'appui de la Prusse et de l'Autriche.

Ce sont ces *émigrés* qui sont en partie responsables des guerres que la France eut à soutenir, et des violences qui ont ensanglanté la Révolution.

LEXIQUE. — Archives, lieu où l'on garde les anciens titres, chartes et papiers importants.

Les frères du roi. Louis XVI avait deux frères : le *comte de Provence*, qui fut plus tard le roi Louis XVIII (1814-1824), et le *comte d'Artois*, plus tard le roi Charles X (1824-1830).

Poterne, porte secrète de fortifications donnant sur un fossé.

Régiments étrangers. Il y avait alors dans l'armée française plusieurs régiments formés d'étrangers : Suisses, Allemands, Italiens, Croates.

Salle du Jeu de Paume. Cette salle existe encore à Versailles; on y a installé un musée de la Révolution.

Séance royale, séance solennelle à laquelle le roi assistait.

Devoir de rédaction.

RACONTER LA PRISE DE LA BASTILLE.

Plan. — 1. Renvoi de Necker ; rassemblement de troupes dans Paris.

2. Émotion de la foule au Palais-Royal, insurrection, armements; on marche sur la Bastille.

3. Prise de la Bastille, délivrance des prisonniers qui s'y trouvaient: crimes commis.

4. C'était une défaite pour l'absolutisme royal, dont la terrible prison d'État était comme le symbole.

Dix-huitième siècle.

XLIII. — LES PRINCIPES DE 1789 ET LA CONSTITUTION DE 1791

Entretiens

1. — L'Assemblée adopta la *Déclaration des droits de l'homme*. Elle vota la Constitution de 1791, qui établissait la souveraineté populaire, la liberté et l'égalité des citoyens devant la loi.

2. — Le *pouvoir législatif** appartenait à une assemblée élue; le roi avait le *pouvoir exécutif** et le droit de suspendre la promulgation des lois.

3. — La France fut divisée en **départements, districts** et **communes**; l'administration, les tribunaux, les finances furent réorganisés.

4. — Les biens du clergé furent mis à la disposition de la nation, les évêques et les curés furent élus et durent *prêter serment* à la Constitution, comme tous les autres fonctionnaires.

5. — Le 14 juillet 1790, anniversaire de la prise de la Bastille, on célébra la fête de la **Fédération**, c'est-à-dire de l'union de toutes les communes et de tous les citoyens de France.

6. — Le roi, mécontent des réformes, prit la fuite le 20 juin 1791, mais il fut arrêté à Varennes*. On le remit sur le trône et on dispersa à coups de fusil ceux qui demandaient sa *déchéance*. Le roi jura alors fidélité à la Constitution.

Questionnaire : 1. — Qu'est-ce que la Déclaration des Droits et la Constitution de 1791?

2. — A qui appartenaient les pouvoirs législatif et exécutif?

3. — Comment fut divisée la France?

4. — Que fit-on des biens du clergé?

5. — Qu'est-ce que la fête de la Fédération?

6. — Quel fut le résultat de la fuite du roi à Varennes?

Récits

1. Les principes de 1789. — Après avoir énoncé, dans la *Déclaration des droits de l'homme*, les *principes* qui la guideraient, l'Assemblée commença ses travaux. Elle décréta l'égalité de tous les citoyens : égalité devant la loi, contributions également réparties, toutes les places accessibles à tous. Elle proclama la liberté des cultes, la liberté de la presse et la liberté de réunion.

Désormais, le roi ne fut plus absolu; le pouvoir législatif* appartint à une assemblée élue, qui devait faire les lois et voter chaque année les impôts; le roi eut le pouvoir exécutif* : il devait *faire exécuter* les lois; on lui donna aussi le droit de *veto**, qui lui permettait de s'oppo-

Fig. 246. — Carte des députés de l'Assemblée nationale constituante

ser aux lois votées par l'Assemblée, pendant deux législatures, c'est-à-dire quatre années. C'est ce qu'on appelait le *veto suspensif*.

2. Réformes administratives. — La France fut divisée en départements, subdivisés en districts, cantons et communes. Dans chaque département, dans chaque commune, il dut y avoir une assemblée élue par les citoyens. Il y eut un juge de paix dans chaque canton, un tribunal de première instance* dans chaque district, un tribunal criminel* par département. Les anciens parlements furent supprimés; les juges furent désignés par l'élection.

3. L'impôt et le clergé. — On supprima tout privilège en matière d'*impôt*. Pour payer la dette publique, on mit à la disposition de la nation les *biens du clergé* : l'État se chargea des frais du culte, de l'entretien de ses ministres et du soin des hôpitaux. Pour vendre plus facilement les biens du clergé, on émit des *assignats*, papiers qui devaient être échangés contre ces biens. Le nombre des évêchés fut diminué et l'Assemblée décida que les évêques et les curés seraient élus. Ces mesures mécontentèrent une partie du clergé, et beaucoup de prêtres refusèrent le serment de fidélité à la Constitution qu'on exigeait d'eux.

4. La Fédération. — L'Assemblée croyait au succès pacifique de son œuvre; le peuple pensait comme elle, et la confiance fut universelle, lorsque, le 14 juillet 1790, on célébra, par une grande fête nationale, l'anniversaire de la prise de la Bastille. Ce fut la *Fédération*, c'est-à-dire l'alliance fraternelle de tous les patriotes. Cent mille délégués des départements arrivèrent à Paris. Le matin du 14, les fédérés, rangés par départements sous quatre-vingt-trois bannières, se dirigèrent vers le Champ de Mars*; les membres de l'Assemblée constituante et la garde nationale se joignirent à eux.

Un autel était dressé au milieu du Champ de Mars. L'évêque d'Autun, *Talleyrand*, célébra la messe, entouré de trois cents prêtres vêtus d'aubes blanches. Après la messe, *Lafayette*, le président de l'Assemblée nationale, et les députés, jurèrent d'être fidèles à la nation, à la loi, au

Fig. 247. — **Aspect des travaux du Champ de Mars la veille de la fête de la Fédération (13 juillet 1790).** (*D'après une gravure du temps*). — « Douze mille ouvriers, dit le marquis de Ferrières, travaillaient sans relâche à préparer le Champ de Mars, les femmes partagent l'enthousiasme et le propagent; on voit des séminaristes, des écoliers, des chartreux vieillis dans la solitude, quitter leurs cloîtres et courir au Champ de Mars avec une pelle sur le dos. »

roi. Louis XVI jura à son tour d'employer tout le pouvoir que lui avait délégué l'Acte constitutionnel à maintenir la Constitution décrétée par l'Assemblée nationale et acceptée par lui. Le peuple applaudit avec enthousiasme, et la fête prit fin au milieu de l'allégresse générale.

5. La fuite de Louis XVI. — Louis XVI était mécontent de ces réformes accomplies malgré lui. Il chercha d'abord à se créer un parti dans l'Assemblée et il gagna Mirabeau, qui tenta pendant les derniers mois de sa vie de contenir la Révolution. Mais Mirabeau mourut le 2 avril 1791. Alors le roi résolut de quitter Paris et de se rendre à Metz, où une armée, commandée par le marquis de Bouillé, lui était restée fidèle. Il réussit à déjouer la surveillance dont il était l'objet; mais, reconnu par le maître de poste, Drouet, il fut arrêté à *Varennes**. On le ramena à Paris et il fut replacé sur le trône.

Beaucoup de citoyens signaient, au Champ de Mars, une pétition pour demander la déchéance. Bailly, maire de Paris, les fit disperser par la force.

La Constituante se sépara, le 30 septembre 1791, après avoir décidé qu'aucun de ses membres ne pourrait faire partie de la nouvelle Assemblée législative.

LEXIQUE. — **Champ de Mars**, vaste terrain situé à Paris entre l'École militaire et la Seine.

Districts, en général, un peu plus petits que les arrondissements, qui leur ont été substitués en 1800.

Fédération, union des 83 départements représentés par leurs délégués.

Pouvoir exécutif, pouvoir de faire exécuter les lois en nommant les agents chargés de cette exécution.

Pouvoir législatif, pouvoir de faire les lois.

Tribunal criminel, qui juge les crimes.

Tribunal de première instance, qui juge les contestations en matière civile, à partir d'une certaine somme.

Varennes, petite ville située sur l'Aire, département de la Meuse.

Veto, mot latin qui veut dire : Je m'oppose.

Résumé chronologique.

5 mai 1789.	Ouverture des États généraux.
17 juin —	Les députés du tiers état prennent le nom d'Assemblée nationale.
20 juin —	Serment du Jeu de Paume.

14 juillet 1789	Prise de la Bastille.
4 août (nuit du).	Suppression des privilèges.
5 et 6 octobre.	Les femmes de la Halle, à Versailles; le roi ramené à Paris.
14 juillet 1790.	Fête de la Fédération.
2 avril 1791.	Mort de Mirabeau.
20-22 juin 1791.	Fuite du roi, qui est arrêté à Varennes.
30 septembre.	Séparation de la Constituante.

Devoir de rédaction

QUELS SONT LES GRANDS PRINCIPES PROCLAMÉS PAR LA DÉCLARATION DES DROITS DE L'HOMME ET DU CITOYEN ?

Plan. — 1. La souveraineté nationale, dont la loi est l'expression.

2. La liberté : liberté individuelle, liberté de conscience, de pensée, liberté de la presse.

3. L'égalité de tous devant la loi, devant l'impôt, devant le service militaire; admissibilité de tous aux fonctions publiques.

Ce sont les grands principes de 1789, fondements de la société moderne.

Dix-huitième siècle.
XLIV. — ASSEMBLÉE LÉGISLATIVE (1791-1792)
CHUTE DE LA ROYAUTÉ. — LA PATRIE EN DANGER

Entretiens.

1. — L'Assemblée législative fut dirigée par les *Girondins*, qui se défiaient du roi et qui allaient bientôt se prononcer pour la République.

2. — Ils firent voter contre les *émigrés* et contre les *prêtres* qui refusaient le serment, deux décrets que le roi repoussa.

3. — Cependant, en mars 1792, Louis XVI prit un *ministère girondin* : la guerre fut déclarée à l'Autriche et à la Prusse, qui soutenaient les émigrés et qui prétendaient maintenir la monarchie absolue en France (avril 1792).

4. — La Législative demanda de nouveaux décrets contre les émigrés et les prêtres réfractaires : le roi s'y opposa et renvoya les ministres girondins.

5. — La conduite impolitique de Louis XVI provoqua la *Journée du 20 Juin;* le peuple envahit les Tuileries* et demanda l'exécution des décrets.

6. — L'invasion prussienne et le *manifeste de Brunswick*, qui menaçait Paris d'une destruction totale, amenèrent l'insurrection du 10 août : la déchéance de Louis XVI fut proclamée et le roi enfermé dans la prison du Temple.

7. — Nos armées sont battues dans l'Est. Les Prussiens entrent dans Verdun. Des bruits de trahison circulent de toutes parts.

8. — C'est alors qu'eurent lieu les *journées de Septembre* 1792, où beaucoup de royalistes et de prêtres, soupçonnés de complicité avec l'étranger, furent massacrés dans les prisons.

9. — Dumouriez, le 20 septembre 1792, bat les Prussiens à *Valmy** et sauve la France de l'invasion. Le 6 novembre, il remporte sur les Autrichiens l'éclatante victoire de *Jemmapes**.

10. — Le 20 septembre, l'Assemblée législative fit place à la **Convention**, qui, dès sa première séance, le 21 septembre, proclama la République.

Questionnaire : 1. — Quel était le parti le plus puissant à la Législative ?

2. — Contre qui étaient dirigés les deux décrets repoussés par le roi ?

3. — Pourquoi la guerre fut-elle déclarée à l'Autriche ?

4. — Que fit le roi après nos premiers revers ?

5. — Que se passa-t-il le 20 juin ?

6. — Quel fut le résultat de l'insurrection du 10 août ?

7. — Dans quelle ville de l'Est, les Prussiens sont-ils entrés ?

8. — Parlez des massacres de septembre.

9. — Quelles furent les conséquences de la victoire de Valmy ?

10. — Quel a été le premier acte de la Convention ?

Récits.

1. Les Girondins. — Dans la Législative, les monarchistes constitutionnels, qu'on appelait *Feuillants**, perdirent bientôt toute influence. Le parti qui l'emporta fut celui des *Girondins*. On les appelait ainsi parce que plusieurs d'entre eux étaient députés de la Gironde; ils avaient pour chefs *Vergniaud*, orateur éloquent, le journaliste *Brissot*, le savant *Condorcet*. Ils se réunissaient dans le salon de Mme *Roland*, femme instruite et courageuse, dont le mari fut quelque temps ministre de l'Intérieur. Au début de la Législative, les Girondins n'étaient pas encore décidés à établir la République, mais ils se défiaient du roi. Ils dirigèrent bientôt l'Assemblée.

Fig. 248. — Vergniaud. — Le plus grand orateur du parti girondin, né à Limoges le 31 mai 1753, mort sur l'échafaud, à Paris, le 31 octobre 1793.

2. Les décrets contre les émigrés. — Beaucoup de nobles, qui avaient émigré, formaient près de nos frontières des rassemblements armés et excitaient les puissances étrangères contre leur propre patrie. À l'intérieur, les prêtres réfractaires (ceux qui n'acceptaient pas la Constitution civile du clergé) troublaient les provinces de l'Ouest. L'Assemblée vota des mesures sévères contre les *émigrés* et les *prêtres réfractaires*. Le roi opposa son veto à ces décrets; c'était son droit. Mais en agissant ainsi il tenait une conduite impolitique, car il paraissait soutenir ceux qui préparaient la guerre étrangère et la guerre civile.

3. Déclaration de guerre à l'Autriche. — Les passions semblèrent s'apaiser quand le roi forma un ministère girondin (mars 1792). Roland fut ministre de l'Intérieur et Dumouriez ministre des Affaires étrangères. La guerre fut déclarée à *l'Autriche* et à la *Prusse*, qui ne voulaient pas disperser les émigrés (avril 1792). L'Assemblée prétendait faire la guerre non aux peuples, mais aux rois. Malheureusement, nos troupes subirent d'abord plusieurs défaites, qui inquiétèrent beaucoup la population de Paris.

4. La journée du 20 juin 1792. — C'est alors que l'Assemblée, se défiant de plus en plus du roi, vota de nouveaux décrets contre les émigrés et les prêtres réfractaires, mais le roi opposa encore son veto; il ne permit pas davantage la formation d'un camp de 20 000 hommes près de Paris; son impopularité devint extrême, quand il eut renvoyé les ministres girondins. Le peuple des faubourgs envahit les Tuileries* en demandant le rappel des ministres et la sanction des décrets; Louis XVI refusa, disant : « Je ferai ce que la Constitution m'ordonnera de faire » : c'était maintenir son refus.

5. Manifeste du duc de Brunswick. — La patrie en danger. — Pendant que les Autrichiens nous attaquaient au nord, les Prussiens entraient en Lorraine et en Champagne. Leur chef, le *duc de Brunswick*, publia un *manifeste* violent, dans lequel il menaçait Paris d'une destruction totale, si le roi n'était pas rétabli dans toute son autorité.

Fig. 249. — La patrie en danger. — Le 22 juillet 1792 l'Assemblée déclara *la patrie en danger*. Le canon tiré d'instant en instant, des fanfares lugubres appelèrent les citoyens hors de leurs demeures. Huit amphithéâtres furent dressés sur les places publiques, pour recevoir les enrôlements volontaires ; des hommes mariés, des vieillards, des fils uniques venaient s'inscrire sans interruption. Le même enthousiasme gagna la France entière

Ces menaces ne réussirent qu'à provoquer une nouvelle insurrection; la *patrie fut proclamée en danger*, et des bataillons de volontaires s'organisèrent dans toute la France pour courir au secours de la capitale. Au nombre de ces volontaires se trouvaient les fédérés marseillais, qui chantaient pour la première fois la *Marseillaise*, composée à Strasbourg par Rouget de l'Isle.

6. La journée du 10 août. — Les fédérés marseillais se joignent au peuple des faubourgs de Paris et marchent sur *les Tuileries*, qu'ils envahissent, après avoir massacré les Suisses qui en défendaient l'entrée.

Louis XVI, qui s'était réfugié au sein de l'Assemblée, fut enfermé avec toute sa famille, dans la prison du Temple * (fig. 64). Le règne de Louis XVI était terminé (10 août 1792).

7. La capitulation de Verdun (1792).
— Les Prussiens, ne pouvant enlever *Verdun* par les armes, prirent la résolution d'allumer des incendies dans la ville. La garnison n'était composée que de trois mille soldats, mais elle avait à sa tête le brave colonel *Beaurepaire*, bien décidé à défendre la place.

Une partie de la population, qui était contre la Révolution, poussait les habitants à demander la capitulation. Le Conseil de défense se réunit et vota pour que l'on se rendît, malgré les instances de Beaurepaire.

Le lendemain, on trouva le colonel dans sa chambre, la tête fracassée par une balle. Le bruit se répandit aussitôt qu'il s'était brûlé la cervelle; mais, d'après son successeur, le lieutenant-général Lemoine, Beaurepaire aurait été assassiné pendant son sommeil.

Fig. 250. — Marceau. — Célèbre général de la République, né le 1er mars 1769, à Chartres, tué à Altenkirchen, le 20 septembre 1796.

Selon les règlements, le plus jeune des officiers supérieurs fut désigné pour porter la capitulation au roi de Prusse. Ce jeune homme, qui s'était énergiquement opposé à la reddition, pleurait de rage. Le roi lui demanda son nom.

— « Je m'appelle *Marceau*, » répondit-il avec fierté. Il s'était engagé en 1785 et avait été nommé en 1792 commandant d'un bataillon des volontaires d'Eure-et-Loir.

La Convention vota la translation des restes du commandant Beaurepaire au Panthéon.

8. Les massacres de septembre.
— L'Assemblée décida qu'une Convention nationale serait convoquée. Mais, jusqu'à sa réunion, la Commune* de Paris fut toute-puissante; après le 10 août on avait enfermé dans les prisons beaucoup de nobles et de prêtres réfractaires. Le 2 septembre, on apprend que les Prussiens ont pris Verdun : les esprits s'exaltent; des bandes de furieux envahissent les prisons et massacrent un grand nombre de ces malheureux suspects, que l'on considérait comme complices de l'étranger.

9. Bataille de Valmy*, 20 septembre 1792.
— Au moment où la Convention allait se réunir, nous remportions une grande victoire. L'armée prussienne s'avançait lentement sur Paris. *Dumouriez* essaya d'abord de défendre les défilés de l'Argonne; mais, tourné par les ennemis, il dut se replier sur *Valmy*, où vint le rejoindre *Kellermann*.*

Les Prussiens méprisaient l'armée révolutionnaire, composée, disaient-ils, « de tailleurs, de savetiers, de vagabonds. » Ils attaquèrent le plateau de Valmy, où s'étaient massés les Français. Ceux-ci les attendirent de pied ferme. Au moment où les Prussiens gravissaient les premières pentes du plateau, Kellermann mit son chapeau à la pointe de son épée et s'écria : « Vive la Nation ! » Les soldats répétèrent en un cri, étonnamment prolongé : « Vive la Nation ! » Puis, avec un enthousiasme extraordinaire, ils s'élancèrent en masse. Les Prussiens, surpris, reculèrent. Brunswick fit sonner la retraite.

La bataille fut peu meurtrière, mais l'impression morale en fut immense. Les souverains comprirent qu'il n'était pas facile de vaincre

Fig. 251. Chasseur des volontaires (1792).

Fig. 252. — Bataille de Valmy (20 septembre 1792). — Dès que les Prussiens ouvrirent le feu, Dumouriez ordonna la charge; les soldats s'élancèrent, la baïonnette en avant, au cri de : Vive la Nation ! Tout fuit devant eux en quelques heures. La victoire de Valmy sauva la France et la Révolution, car sans cette victoire notre patrie eût été démembrée et les conquêtes civiles et politiques de l'Assemblée constituante auraient été perdues.

un peuple qui combattait pour sa liberté. Le soir, au bivouac prussien, le grand poète allemand, Gœthe, s'écriait : « De ce lieu et de ce jour date une nouvelle époque de l'histoire du monde, et vous pourrez dire : j'y étais. »

10. Victoire de Jemmapes* (1792).
— D'octobre 1792 à janvier 1793, nos armées, composées surtout d'engagés volontaires, remportent de nombreux succès.

Au nord, *Lille*, assiégée par une armée autrichienne, est bravement défendue par le commandant *Ruault*, qui force l'ennemi à lever le siège.

Fig. 253. — **Victoire de Jemmapes.** — Dumouriez remporta sur les Autrichiens la victoire de Jemmapes et occupa Mons, Bruxelles, Liège, Namur, Anvers; il était maître des vallées de la Meuse et de l'Escaut.

En novembre, les Autrichiens, qui s'étaient réfugiés en Belgique, furent rejoints par Dumouriez, qui remporta sur eux la brillante *victoire de Jemmapes* : les Français sont alors maîtres des vallées de la Meuse et de l'Escaut (9 novembre 1792).

11. Fin de l'Assemblée législative. — Le 20 septembre 1792, l'*Assemblée législative* se sépara pour faire place à une *Convention*, chargée de reviser la Constitution. Le premier acte de la Convention fut l'abolition de la royauté et l'établissement de la République.

LEXIQUE. — Commune. Nous dirions aujourd'hui Conseil municipal.
Feuillants. Couvent de la rue Saint-Honoré où les modérés Lafayette, Bailly etc., tenaient leur club.
Jemmapes, près de Mons (Belgique) (carte. fig. 260).
Kellermann, né à Strasbourg en 1735, mort en 1820; fut nommé par Napoléon maréchal et duc de Valmy.
Temple. Tour construite en 1212 par les Templiers, elle a été démolie en 1811 (fig. 61).
Tuileries. Palais situé à Paris, sur la rive droite de la Seine; il a été incendié en 1871.
Valmy, près de Sainte-Menehould (Marne)(carte. fig. 260).

Résumé chronologique.

1er octobre 1791-20 septembre 1792.	L'Assemblée législative.
20 juin 1792	Les Tuileries envahies par le peuple.
10 août —	Nouvelle insurrection; le roi est enfermé au Temple.
2-6 sept. —	Massacres dans les prisons.
20 sept. —	Victoire de Valmy, remportée par Dumouriez et Kellermann.

Devoir de rédaction.

LA CHUTE DE LA ROYAUTÉ

Plan. — 1. Veto du roi aux décrets de l'Assemblée législative contre les prêtres réfractaires et contre les émigrés; chute du ministère girondin; la journée du 20 juin 1792.
2. Accord tacite du roi avec les étrangers au moment de l'invasion de la frontière; la patrie en danger; le manifeste de Brunswick.
3. La journée du 10 août 1792 : le roi prisonnier au Temple.

Dix-huitième siècle.

XLV. — LA CONVENTION : GIRONDINS ET MONTAGNARDS
COALITION CONTRE LA FRANCE. — TRIOMPHE DES MONTAGNARDS

Entretiens

1. — La **Convention**, réunie le 21 septembre 1792, abolit la royauté et proclama la République.

2. — Louis XVI, déclaré coupable de conspiration avec l'étranger et avec les émigrés, fut condamné à mort et guillotiné le *21 janvier 1793*.

3. — A la nouvelle de la mort de Louis XVI, les puissances de l'Europe, excitées par les émigrés, poussèrent plus vivement la guerre contre la France, pendant qu'en France même les *Vendéens* se révoltaient.

4. — Après sa défaite à *Neerwinden**, (18 mars 1793), qui nous fit perdre la Bel-gique, Dumouriez trahit la France et passa à l'ennemi.

5. — Pour résister à la coalition étrangère, la Convention organisa quatorze armées.

6. — A la Convention, les *Girondins* Vergniaud, Brissot, Condorcet, luttaient contre les *Montagnards**, Robespierre, Danton, Marat qui cherchaient, par des moyens plus violents, à abattre tous les ennemis de la Révolution.

7. — Dans les journées des 31 mai et 1er et 2 juin 1793, les *Girondins* furent chassés de l'Assemblée, et, quelques mois après, vingt-deux d'entre eux furent envoyés à l'échafaud : c'était le *Régime de la Terreur* qui commençait.

Questionnaire : 1. — Quelle est l'Assemblée qui proclama la République ?

2. — De quoi Louis XVI était-il coupable ? Date de sa mort.

3. — Que firent les puissances européennes quand elles apprirent l'exécution de Louis XVI ? — Les Vendéens ?

4. — Après la défaite de Neerwinden, que fit Dumouriez ?

5. — Combien la Convention a-t-elle organisé d'armées ?

6. — Que savez-vous sur les Girondins et les Montagnards ?

7. — Parlez des journées des 31 mai, 1er et 2 juin 1793. Comment nomme-t-on cette époque de notre histoire ?

Récits

1. Girondins et Montagnards*.

— Dès sa première séance, la Convention *proclama la République* (21 septembre 1792). Cette Assemblée, qui devait avoir une carrière si agitée, était partagée en deux partis irréconciliables. A droite siégeaient les *Girondins*, partisans d'une République modérée ; à gauche, les *Montagnards* qui voulaient fonder la République au profit du peuple. Les principaux chefs des Montagnards étaient : *Danton*, patriote ardent, grand orateur ; *Robespierre*, fanatique et ambitieux ; enfin *Marat*, qui, dans son journal *L'Ami du Peuple*, demandait qu'on fît tomber deux ou trois cent mille têtes.

Fig. 251. — Carte des membres de la Convention nationale en 1793.

Au centre, les hommes de la *Plaine*, timides et hésitants, se fussent volontiers ralliés aux Girondins ; mais, pris de peur, ils ne songèrent plus qu'à conserver leur vie et ils votèrent presque toujours avec les Montagnards. Ceux-ci avaient l'appui de la Commune de Paris et du *Club* des *Jacobins*, dont l'influence était considérable parce qu'il dirigeait une foule de clubs établis dans les villes de province.

2. Exécution de Louis XVI.

— Les Girondins auraient voulu sauver le roi, les Montagnards firent hâter son procès. Louis XVI était coupable : il n'avait cessé de correspondre avec l'étranger et avec les émigrés ; mais la Constitution de 1791 n'avait établi contre le roi d'autre peine que la déchéance, et Louis XVI avait cessé de régner.

Malgré les efforts de ses défenseurs, *Malesherbes*, *Tronchet* et de *Sèze*, Louis XVI fut déclaré coupable de *conspiration contre la liberté publique* et *d'attentat contre la sûreté générale*.

Fig. 255. — **Louis XVI à la barre de la Convention**. (*D'après une gravure du temps*.) — La Convention décide que le roi serait jugé par elle et décréta qu'elle s'occuperait du procès, tous les jours, de midi à six heures. Le 11 décembre 1792, Louis XVI fut amené à la barre de la Convention et interrogé par le président Barrère. Il se montra résigné et repoussa les imputations dirigées contre lui. Il fut condamné à mort par 387 voix sur 721 votants, et exécuté le 21 janvier 1793.

La mort sans condition fut votée et *Louis XVI fut exécuté* sur la place de la Révolution, aujourd'hui place de la Concorde, *le 21 janvier 1793*.

3. Défaite de Neerwinden.

— La bataille de Jemmapes, gagnée par Dumouriez sur les Autrichiens, le 6 novembre 1792, nous avait donné la Belgique. Mais, après la mort du roi, l'Angleterre, la Hollande et l'Espagne nous déclarèrent la guerre. Toutes nos frontières furent menacées. Battu à *Neerwinden*, Dumouriez, le vainqueur de Valmy et de Jemmapes, trahissait la patrie ; il passait à l'ennemi et nous faisait perdre la Belgique. Il essaya, en vain, d'entraîner son armée avec lui.

4. Chute des Girondins.

— Ces revers devaient être funestes aux Girondins : on leur avait déjà reproché d'être trop favorables au roi, on les accusa d'être les complices de Dumouriez. Le peuple de Paris s'insurgea (31 mai et 1er et 2 juin 1793) ; sous la menace de l'émeute, la Convention se mutila elle-même en mettant trente et un Girondins en état d'arrestation ; la plupart périrent sur l'échafaud. C'était le *Régime de la Terreur* qui commençait.

9

LEXIQUE. — **Club,** association politique qui se réunit périodiquement.

Jacobins. Ce club était ainsi nommé parce que ses séances avaient lieu dans un ancien couvent de Jacobins.

Montagnards. Ainsi nommés parce qu'ils siégeaient sur les bancs les plus élevés du côté gauche de l'Assemblée.

Neerwinden, au sud-est de Bruxelles (carte, fig. 260).

Résumé chronologique.

21 septembre 1792. Première séance de la Convention ; proclamation de la République.

6 novembre — Victoire de Jemmapes : conquête de la Belgique.

21 janvier 1793. Exécution de Louis XVI.

31 mai-2 juin 1793. Chute des Girondins, triomphe des Montagnards.

Devoir de rédaction.

LES GIRONDINS

Plan. — 1. Nommez les principaux ; indiquez leur opinion.

2. Leur rôle prépondérant dans l'Assemblée Législative, jusqu'à la chute de la royauté.

3. Leur lutte contre les Montagnards : procès du roi ; journées des 31 mai et 2 juin 1793. Les principaux Girondins seront exécutés pendant la Terreur.

Dix-huitième siècle.

XLVI. — LA TERREUR. — ROBESPIERRE
LE 9 THERMIDOR. — ŒUVRE DE LA CONVENTION

Entretiens.

1. — Vers le milieu de l'année 1793, toutes nos frontières étaient attaquées : les Prussiens, après un siège de quatre mois, prenaient *Mayence**, vaillamment défendue par Kléber.

2. — Les Autrichiens s'emparaient de *Valenciennes** ; les Anglais assiégeaient *Dunkerque**.

3. — Les royalistes se soulevaient en *Vendée* et à *Lyon* et livraient *Toulon** aux Anglais.

4. — *Caen, Bordeaux, Marseille* prenaient parti pour les Girondins.

5. — La **Convention** fit face à tous les dangers ; elle créa le *Comité de Salut public**, qui fut dominé par Robespierre ; elle organisa la *Terreur* en instituant le *Tribunal révolutionnaire** et en votant la *loi des suspects*. Pour repousser l'invasion, elle décréta la *levée en masse*.

6. — Robespierre fit périr *Hébert* et 18 de ses partisans, pour leurs opinions ultra-révolutionnaires, puis *Danton* et ses amis, qui voulaient la fin de la Terreur.

7. — Il célébra la *Fête de l'Être suprême ;* mais, abandonné par la Convention le *9 Thermidor*, il fut, avec ses partisans, envoyé à l'échafaud le 27 juillet 1794.

8. — Après Thermidor, la Convention fut dirigée par les modérés, qui réprimèrent l'émeute des Jacobins au *1er prairial* (20 mai), et celle des royalistes au *13 vendémiaire* (5 octobre 1795).

9. — La Convention établit le *Grand-Livre de la Dette publique*, décréta le *système décimal* et l'unité des poids, des mesures et des monnaies ; elle fit un *calendrier républicain ;* elle créa l'*École-normale**, l'*École polytechnique**, le *Muséum**, les *Écoles centrales* ou lycées ; enfin elle prépara un vaste plan d'*instruction primaire*.

Questionnaire : 1. — Quelle était la situation de la France au milieu de l'année 1793 ?

2. — Les Autrichiens et les Anglais menaçaient-ils nos places fortes ?

3. — Dans quel pays y eut-il des insurrections royalistes ?

4. — Quelles villes prirent parti pour les Girondins ?

5. — Quelle mesure fut décrétée pour repousser l'invasion ?

6. — Quelles furent les victimes de Robespierre ?

7. — Comment finit Robespierre ?

8. — Qui dirigea la Convention après Thermidor ?

9. — Parlez de l'œuvre de la Convention.

Récits.

1. Extrêmes périls. — Quand les Montagnards eurent décrété l'arrestation des Giron-

dins, ils se trouvèrent en présence d'une situation terrible. *Mayence** venait de se rendre aux Prussiens, après un siège où s'illustrèrent *Kléber* et le conventionnel *Merlin de Thionville ;* au nord, les Autrichiens avaient pris Valenciennes*, les Anglais assiégeaient Dunkerque*; les Piémontais nous attaquaient sur les Alpes et les Espagnols sur les Pyrénées.

A l'intérieur, les paysans de la Vendée s'insurgeaient, Lyon était aux mains des royalistes; les amis des Girondins rassemblaient une armée à Caen; Bordeaux, Marseille n'obéissaient plus à la Convention; enfin les royalistes livraient aux Anglais Toulon*, sa flotte et son arsenal.

Fig. 256. — Kléber. — Célèbre général de la République, né à Strasbourg en 1753, assassiné au Caire, le 14 juin 1800.

Les esprits étaient en proie à une vraie folie : Marat, dans son journal, ne cessait de réclamer des massacres et des spoliations; une jeune fille de l'Orne, amie des Girondins, Charlotte Corday, vint à Paris et le tua. D'un côté on demandait à grands cris des supplices, de l'autre on répondait par l'assassinat.

2. Le gouvernement révolutionnaire.

— Pour parer à tant de dangers, la Convention voulut créer un gouvernement vraiment fort. Elle établit le Comité de Salut public*, composé de neuf membres qui exercèrent une véritable dictature : ils concentrèrent entre leurs mains tous les pouvoirs; Robespierre et ses amis, Couthon et Saint-Just, y furent tout-puissants.

Fig. 257 Représentant du peuple aux armées.

Le Comité de Salut public avait pour auxiliaires le Comité de Sûreté générale, qui organisa une police fort habile, et le Tribunal révolutionnaire* qui jugeait sommairement les personnes accusées d'être hostiles à la République.

Le Comité, pour faire sentir partout son action, envoyait dans les départements et aux armées des représentants en mission, investis d'une autorité illimitée.

3. Le régime de la Terreur.

— Le régime de la Terreur acheva de s'organiser, lorsque la Convention vota la loi du maximum, qui interdisait de vendre les denrées au delà d'un certain prix, et la loi des suspects, d'après laquelle le Comité de Sûreté générale pouvait faire arrêter toute personne suspecte d'attachement à l'ancien régime. Ces procédés arbitraires n'étaient pas choses nouvelles : la Convention, poussée par la nécessité, les empruntait à l'ancienne monarchie.

La Terreur fit de nombreuses victimes : la reine Marie-Antoinette, les Girondins, Mme Roland, des hommes de tous les partis opposés aux Montagnards furent envoyés à l'échafaud.

Des représentants en mission : Tallien, à Bordeaux, Fouché, à Lyon, firent périr un grand nombre de personnes; Carrier, à Nantes, organisa les noyades, qui ont rendu son nom affreusement célèbre.

4. Les Thermidoriens.

— Bientôt les Montagnards se divisèrent en plusieurs partis, qui se combattirent avec acharnement : les plus avancés, qui avaient pour chef Hébert, rédacteur du journal le Père Duchêne, organisèrent le culte de la Raison; les modérés, dirigés par Danton et Camille Desmoulins, rédacteur du Vieux Cordelier, demandaient la fin de la Terreur. Robespierre fit envoyer les uns et les autres devant le Tribunal révolutionnaire qui les condamna à mort (mars et avril 1794).

Fig. 258. — Danton à la tribune. — Célèbre homme d'État de la Révolution, né à Arcis-sur-Aube, le 28 octobre 1759, mort sur l'échafaud, à Paris, le 5 avril 1794. Quand des amis, informés que la mort du grand patriote était décidée, vinrent l'engager à fuir, Danton leur répondit : « Eh quoi! emporte-t-on donc sa patrie à la semelle de ses souliers? »

Robespierre parut alors tout-puissant et il essaya d'instituer le culte de l'Être Suprême, religion nouvelle dont il était le grand pontife.

Il se rendit odieux en présentant une loi qui lui permettait de traduire devant le Tribunal révolutionnaire ses collègues de la Convention. Dans la séance du *9 Thermidor*, il fut accusé de tyrannie; arrêté à l'Hôtel de ville, où il s'était réfugié, il fut envoyé à l'échafaud le lendemain avec Couthon, Saint-Just et son frère Joseph Robespierre.

5. La fin de la Terreur. — La Convention fut alors dirigée par les républicains modérés, qui mirent fin au gouvernement révolutionnaire et qui surent résister, en 1795, à l'émeute jacobine du 1er prairial (20 mai), ainsi qu'à l'émeute royaliste du 13 vendémiaire (5 octobre).

6. Travaux de la Convention. — Bien qu'ayant à surmonter des difficultés exceptionnelles, la *Convention* n'a pas cessé de songer à l'avenir et à l'organisation de la France. Elle a voté la *Constitution de l'an III*. Son comité d'instruction publique, dirigé par *Lakanal*, a préparé un plan très complet d'éducation nationale. Ce plan n'a pu être exécuté entièrement, faute de temps et de ressources, mais il faut remarquer la place importante qu'il réservait à l'instruction populaire. Les lois scolaires* de la troisième République ne sont, sur bien des points, que la mise en œuvre des projets de la Convention.

Fig. 250. — **Lakanal**.
Homme politique; membre de la Convention nationale, né le 14 juillet 1762, à Serres, (Ariège), mort à Paris, le 14 février 1845.

C'est encore à la Convention que nous devons *l'École polytechnique*, *l'École normale supérieure*, le *Muséum d'histoire naturelle*; plusieurs *Écoles centrales*, correspondant à ce que nous appelons aujourd'hui les lycées, furent organisées.

C'est la Convention qui décréta *l'unité des poids et mesures* et le système métrique.

La Convention poursuivit la rédaction du *Code civil*, qui sera achevé plus tard sous Napoléon.

Afin de garantir la dette publique, on décréta, en 1793, *le Grand-Livre de la Dette publique*, qui convertit toutes les dettes en une rente uniforme de 5 0/0.

7. Le calendrier républicain. — La Convention voulut aussi réformer le *calendrier;* mais, sur ce point, elle n'a pas réussi : malgré les jolis noms donnés aux mois républicains par le poète Fabre d'Églantine, on est revenu à l'ancien calendrier. L'année, commençant au 22 septembre, fut partagée en douze mois de trente jours :

VENDÉMIAIRE : septembre-octobre.
BRUMAIRE : octobre-novembre.
FRIMAIRE : novembre-décembre.
NIVÔSE : décembre-janvier.
PLUVIÔSE : janvier-février.
VENTÔSE : février-mars.
GERMINAL : mars-avril.
FLORÉAL : avril-mai.
PRAIRIAL : mai-juin.
MESSIDOR : juin-juillet.
THERMIDOR : juillet-août.
FRUCTIDOR : août-septembre.

Les douze mois de l'année sont suivis de cinq *jours complémentaires* qui n'appartiennent à aucun mois et tous les quatre ans un jour intercalaire appelé *la Révolution* est placé après les jours complémentaires.

Le calendrier républicain cessa d'être en usage le 1er janvier 1806.

LEXIQUE. — **Code.** recueil de lois.

Comité de Salut public, composé de 9 membres nommés tous les mois par la Convention.

Dunkerque, s.-préf. du Nord (carte, fig. 260).

École normale supérieure, destinée à former des professeurs pour l'enseignement supérieur et l'enseignement secondaire.

École polytechnique. On y forme des ingénieurs, des officiers du génie et de l'artillerie.

Lois scolaires, lois qui ont rapport aux écoles.

Mayence, ville d'Allemagne, au confluent du Rhin et du Main; occupée par les Français en 1792, perdue en 1793, reprise en 1795, elle nous a été enlevée après la chute de Napoléon (carte, fig. 260).

Muséum. Grand établissement scientifique où l'on fait des cours d'histoire naturelle et duquel dépendent le Jardin des plantes, la ménagerie, de riches collections d'histoire naturelle.

Toulon, s.-préf. du Var, grand port militaire sur la Méditerranée (carte, fig. 284).

Tribunal révolutionnaire, composé de juges et de jurés nommés par la Convention. Herman en fut le président et Fouquier-Tinville l'accusateur public.

Valenciennes, s.-préf. du Nord, sur l'Escaut (carte, fig. 260).

Résumé chronologique.

Mars 1793	Insurrection de la Vendée contre la Convention.
13 juillet 1793	Assassinat de Marat par Charlotte Corday.
23 août 1793	La levée en masse, organisation des armées par Carnot.
8 septembre 1793	Victoire de Hondschoote, remportée par Houchard.
17 — —	Victoire de Hoche à Wissembourg, l'Alsace sauvée.
15 octobre 1793	Victoire de Carnot et de Jourdan à Wattignies, sur les Autrichiens.
24 mars 1794	Exécution des Hébertistes.

5 avril 1794 Exécution de Danton.
4 mai   —   Fête de l'Être suprême.
26 juin   —   Victoire de Jourdan à Fleurus, con-
             quête de la Belgique.
27 juillet (9 thermidor) Chute de Robespierre, son
             exécution.

Devoir de rédaction.

RÉSUMEZ L'ŒUVRE DE LA CONVENTION

Plan. — 1. Elle ne triompha de ses adversaires au dedans que par la violence : la Vendée ; la Terreur.
2. Mais elle sauva la patrie et donna à la France la frontière du Rhin.
3. Ses grands travaux : grandes Écoles, Code civil, Grand-
Livre de la Dette publique.

Dix-huitième siècle.

XLVII. — LES VICTOIRES DE LA CONVENTION
PACIFICATION DE LA VENDÉE. — TRAITÉS DE BÂLE (1795)

Entretiens

1. — Pour sau-
ver la Révolution
de l'invasion étran-
gère et des insur-
rections intérieu-
res, la Convention
organisait des ar-
mées et trouvait
des généraux com-
me *Hoche, Kléber,
Jourdan, Mar-
ceau, Pichegru.*

2. — A la fin de
1793, grâce à l'é-
nergie de **Lazare
Carnot** et de **Dan-
ton**, l'invasion était
partout repoussée
et les insurrections
réprimées.

3. — A leur tour,
les pays voisins

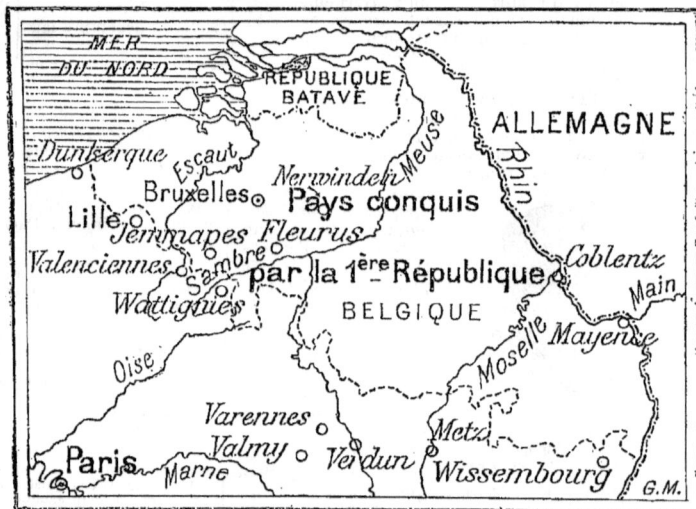

Fig. 260. — **Carte des pays conquis à la France par la Convention nationale.**
Nos armées ont partout repoussé l'invasion. — Jourdan remporta la victoire de Fleurus, qui
nous assurait la Belgique. — Pichegru, en Hollande, proclamait la République Batave, et les
traités de Bâle donnaient à la France pour frontière la rive gauche du Rhin.

furent envahis par les armées françaises.
La victoire de Jourdan à *Fleurus**, en
1794, nous rendit la Belgique. Pichegru
conquit la Hollande en 1795.

4. — Au moment où nos frontières
étaient envahies par l'étranger, les royalistes vendéens se révoltaient contre la
République : Kléber, Hoche et Marceau
battirent les insurgés et achevèrent de
pacifier le pays.

5. — Notre marine, elle aussi, se

couvrit de gloire. Les marins qui montaient
le vaisseau *le Vengeur* se laissèrent englou-
tir plutôt que de se rendre aux Anglais.

6. — La Prusse et l'Espagne signèrent,
en 1795, les *traités de Bâle** qui nous donnaient les possessions prussiennes de la
rive gauche du Rhin.

Questionnaire : 1. — Que fit la Convention?
2. — Quelle était la situation à la fin de 1793?
3. — Résultat de la victoire de Fleurus.
4. — Que se passa-t-il en Vendée?
5. — Parlez de l'héroïsme du *Vengeur.*
6. — Quelles furent les conditions des traités de Bâle ?

Récits

1. La lutte contre l'étranger.

— Une coalition de tous les souverains de l'Europe menaçait la France. Le Comité de Salut public, par son énergie, sauva la patrie. Il organisa les armées républicaines, en encadrant les volontaires inexpérimentés par des soldats de l'ancienne royauté, rompus aux fatigues de la guerre. Il ordonna aux généraux de ne pas perdre leur temps à assiéger des places fortes, mais d'envahir rapidement les pays ennemis. Cette tactique était la seule qui pouvait convenir à des soldats jeunes et enthousiastes. Les chefs d'armée furent étroitement surveillés par les représentants en mission.

FIG. 261. — **Lazare Carnot**, un des plus grands hommes de la Révolution, né à Nolay (Côte-d'Or) le 13 mai 1753, mort à Magdebourg (Allemagne) le 2 août 1823.

Le patriote *Lazare Carnot*, qui a été proclamé *Organisateur de la Victoire*, consacra tous ses instants à la défense nationale; il fut admirablement secondé par un état-major d'élite.

2. Décret sur la levée en masse.

— (23 août 1793). — La Convention, pour lutter contre l'invasion, déclara la *patrie en danger* et décréta la *levée en masse.*

« Tous les Français sont en réquisition permanente pour le service des armées.

FIG. 262. — **Hussard de Chamborant (1794).**

« Les jeunes gens iront au combat; les hommes mariés forgeront des armes et transporteront des subsistances; les femmes feront des tentes, des habits, et serviront dans les hôpitaux; les enfants mettront les vieux linges en charpie; les vieillards se feront porter sur les places publiques pour exciter les courages, prêcher la haine des rois et l'unité de la République.

« Les maisons nationales seront converties en casernes, les places publiques en ateliers d'armes.

« La levée sera générale; les citoyens non mariés ou veufs sans enfants, de 18 à 25 ans, marcheront les premiers. Ils se rendront sans délai au chef-lieu de leur district, où ils s'exerceront tous les jours au maniement des armes, en attendant l'ordre de départ. »

3. Les victoires de la Convention.

— Grâce aux mesures énergiques, grâce à l'enthousiasme des généraux et des soldats, la France fut sauvée. A la fin de 1793, toutes nos frontières furent dégagées : *Houchard* et *Jourdan* triomphaient en Belgique, tandis que *Hoche*, à la tête de l'armée de la Moselle, forçait les Autrichiens à évacuer l'Alsace.

FIG. 263	FIG. 264	FIG. 265	FIG. 266
Houchard	**Jourdan**	**Hoche**	**Pichegru**
(1740-1793).	(1762-1833).	(1768-1797).	(1761-1804).

Partout, en 1794, nous reprenons l'offensive. *Jourdan*, à la tête de l'armée de Sambre-et-Meuse, remporte la victoire de *Fleurus*, qui lui livre définitivement la Belgique. Bientôt *Pichegru* pénètre en Hollande et y proclame la République Batave.

Vingt-sept victoires, cent seize places gagnées, toute la rive gauche du Rhin réunie au territoire de la France : tels furent les résultats grandioses des guerres de la Convention.

4. Carnot à Wattignies.

— Le duc de Cobourg, qui commandait une armée autrichienne, composée de 120 000 hommes, avait une telle confiance dans ses troupes, qu'il disait : « Si les Français me chassent d'ici, je me fais républicain. » En réponse à cette bravade, nos soldats, pleins d'entrain, se mirent à crier : « Allons sommer le citoyen Cobourg de tenir sa parole ! »

C'est alors que *Jourdan*, admirablement se

condé par *Carnot*, s'élança, avec ses soldats déguenillés et pieds nus, à travers le village de Wattignies en poursuivant l'ennemi. Nos

Fig. 267. — **Carnot à Wattignies.** — Carnot rejoignit Jourdan sur les hauteurs de Wattignies, qu'il escalada sous les balles des Autrichiens. La victoire fut assurée et l'ennemi forcé d'évacuer le territoire.

troupes venaient de fléchir et la retraite était ordonnée, quand Carnot, ramassant un fusil, entraîna les soldats et remporta la victoire aux cris répétés de : *Vive la République!*

5. La pacification de la Vendée. —
Au moment où les armées ennemies menaçaient nos frontières, une terrible guerre civile éclatait. Les paysans de la *Vendée*, très attachés au catholicisme et à la royauté, avaient été mécontents du décret qui frappait les prêtres réfractaires; l'exécution de Louis XVI les irrita encore davantage. Les nobles et les prêtres ne cessaient d'ailleurs de les exciter contre le gouvernement de la République.

Fig. 268. **Chouan.**

Mais ce qui décida la révolte, en 1793, ce fut la levée en masse, ordonnée par la Convention. Les Vendéens, qui ne voulaient pas quitter leurs foyers pour aller défendre les frontières, s'insurgèrent et se rendirent bientôt redoutables : leur pays, coupé de haies et de bois, était presque inaccessible pour des armées régulières. Dirigés par des chefs énergiques, tels que *Stofflet* et *Charette*, ils furent d'abord victorieux, et déjà ils pénétraient en Bretagne, pour essayer de s'unir aux chouans*, lorsque la Convention envoya contre eux *Marceau* et *Kléber*, le vaillant défenseur de Mayence, qui remportèrent les victoires de *Cholet* et de *Savenay* (23 décembre 1793).

Pourtant la Vendée n'était pas encore soumise, et la Bretagne s'agitait : *Hoche* déjoua les projets

Fig. 269. — **Pacification de la Vendée.** — L'insurrection vendéenne, commencée le 10 mars 1793, à l'occasion du tirage au sort, n'a été terminée qu'en 1796.

des émigrés, qui tentèrent de débarquer à *Quiberon** : il les écrasa. Par sa douceur, son humanité, son habile diplomatie, il acheva de pacifier le pays, en 1796. C'était la fin de cette insurrection qui avait menacé l'intégrité de la patrie.

6. Héroïsme de Joseph Bara. —
Bara, qui n'avait pas treize ans, était trop jeune pour entrer dans les armées républicaines; il fut emmené en Vendée par un officier qui le fit monter et équiper en hussard.

Fig. 270. — **Mort de Joseph Bara.** (*D'après le tableau de Weerts, au musée du Luxembourg*). — Joseph Bara était né à Palaiseau (Seine-et-Oise), en 1780. La Convention décréta que les honneurs du Panthéon lui seraient décernés et vota une pension à sa mère. Sa ville natale lui a élevé une statue.

Joseph Bara n'était pas seulement un bon patriote, c'était aussi un bon fils : il envoyait à sa mère tout ce qu'il pouvait économiser chaque jour. Tombé dans une embuscade, à Cholet, il refusa de se rendre. Les Vendéens voulurent lui faire crier *Vive le roi!* Serrant sur son cœur sa cocarde tricolore, il répondit par le cri de *Vive la République!* et tomba percé de coups.

7. Le Vengeur. — Sur mer, nos soldats se couvrirent de gloire comme sur terre.

L'amiral *Villaret de Joyeuse* sortait avec une flotte du port de Brest, pour aller au-devant d'un convoi de grains venant d'Amérique, quand il fut attaqué par une flotte anglaise bien supérieure à la sienne, qui le guettait au passage.

Pendant le combat, plusieurs de nos vaisseaux furent perdus, entre autres *le Vengeur*, qui se laissa couler plutôt que de se rendre.

Le dernier vœu des combattants fut pour la patrie. Ils s'engloutirent au cri de *Vive la Nation! Vive la République!* (juin 1794).

8. Les traités de Bâle* (1795). — Par les *traités de Bâle*, la première coalition fut rompue. La Prusse, l'Espagne, la Toscane traitaient avec la République française et lui reconnaissaient les limites naturelles des Alpes et du Rhin. La Hollande, transformée en République Batave, devint vassale de la France. Seules, l'Autriche et l'Angleterre continuèrent la guerre contre la Révolution.

LES BIENFAITS DE LA RÉVOLUTION

La Révolution française a été le plus grand événement de notre histoire. Nous venons de raconter cette révolution qui a détruit l'ancienne société, l'ancien régime, et qui a créé un régime nouveau; qui a fait des *égaux de tous les Français*, nobles ou prêtres, bourgeois ou ouvriers; qui a donné au paysan habitant la plus humble chaumière les mêmes droits qu'au riche habitant dans la plus belle demeure; qui a permis à tout le monde d'aspirer à tous les emplois; qui a laissé chacun d'entre nous libre d'adorer Dieu comme il lui convient; qui a supprimé le pouvoir absolu des rois et *associé tous les citoyens au gouvernement du pays*.

Voilà une partie des *bienfaits de la Révolution*, bienfaits qu'elle seule pouvait nous procurer, car nous avons vu que *Louis XVI* et ses minis-

tres, étaient impuissants à triompher des privilégiés, c'est-à-dire des *nobles*, des *prêtres*, des *membres des parlements*, de tous ceux enfin qui avaient intérêt au maintien de l'ancien état de choses.

Quelques-uns de ceux qui prirent part à la Révolution ont commis des fautes, même des crimes; mais des crimes isolés n'empêchent pas que la Révolution n'ait été nécessaire et, tout compte fait, salutaire.

Non, l'œuvre de la Révolution n'a pas été mauvaise: cette œuvre est bonne, et si elle n'avait pas été faite, nous ne serions pas ce que nous sommes aujourd'hui : *un peuple libre, une nation de trente-huit millions d'hommes égaux devant la loi, et pouvant tous aspirer aux plus hautes fonctions de l'État.*

LEXIQUE. — **Bâle**, ville de Suisse (carte, fig. 281).

Chouan ou chat-huant, surnom donné à un sabotier des environs de Laval Jean Cottereau, un des chefs des paysans du Maine et de l'Anjou qui défendaient la cause royaliste. Au sud de la Loire les *Vendéens* combattaient par grandes masses; au nord les *Chouans* par petites bandes.

Fleurus, petite ville de Belgique (carte, fig. 269).

Quiberon, bourg du Morbihan, à l'extrémité de la presqu'île du même nom (carte, fig. 281).

Résumé chronologique.

Janvier 1795. Conquête de la Hollande par Pichegru.
5 avril 1795 Traité de Bâle avec la Prusse; la frontière du Rhin.
20 mai (1ᵉʳ prairial) Insurrection des jacobins.
22 juillet 1795 Traité de Bâle avec l'Espagne.
5 octobre (13 vendémiaire) Insurrection royaliste réprimée par Bonaparte.

Devoir de rédaction.

LES VICTOIRES DES ARMÉES RÉPUBLICAINES SOUS LA CONVENTION

Plan. — 1. Déjà les victoires de Valmy et de Jemmapes (1792) avaient repoussé l'invasion austro-prussienne. 2. La première coalition de 1793; levée en masse; Carnot « organisateur de la victoire. » Délivrance du territoire. 3. Les victoires de Pichegru et de Jourdan, surtout celle de Fleurus, donnent à la France la frontière du Rhin (1794). 4. Traités de Bâle (1795).

Dix-huitième siècle

XLVIII. — LE DIRECTOIRE. — CAMPAGNE D'ITALIE
TRAITÉ DE CAMPO-FORMIO (1797)

Entretiens

1. — La *Constitution de l'an III* donnait le pouvoir *exécutif* à cinq Directeurs et le pouvoir *législatif* à deux Chambres : le *Conseil des Cinq Cents* et le *Conseil des Anciens*.

2. — La situation financière était des plus difficiles; les royalistes en profitèrent pour se faire élire dans les Conseils. Pour sauver la République, les directeurs firent le *Coup d'État* du 18 fructidor*.

3. — L'Angleterre et l'Autriche ayant refusé de reconnaître la République française, la guerre continua.

4. — Bonaparte, par sa merveilleuse *campagne d'Italie*, força l'Autriche à signer, en 1797, la *paix de Campo-Formio** : l'Autriche nous cédait la *Belgique* et la rive gauche du Rhin. La *Lombardie**, sous le nom de République cisalpine*, était placée sous la protection de la France.

lutter ? Que fit-il pour sauver la République ?
3. — Pourquoi la guerre fut-elle continuée ?
4. — Quel fut le résultat de la campagne d'Italie ?

Fig. 271. — **Campagne d'Italie.** — Pendant la campagne, nos armées remportèrent de nombreuses victoires : Mondovi, Lodi, Castiglione, Arcole, Rivoli, etc. — Ces succès amenèrent l'Autriche à signer la paix de Campo-Formio (1797).

Questionnaire : 1. — Parlez de la Constitution de l'an III.

2. — Contre quelles difficultés le Directoire eut-il à

Récits.

1. Constitution de l'an III. — La *Constitution de l'an III*, votée par la Convention, donnait le pouvoir *exécutif* à cinq Directeurs et le pouvoir *législatif* à deux Chambres : le Con-

Fig. 272. — **Les cinq Directeurs. Installation du Directoire,** le 4 novembre 1795. (*D'après une gravure du temps*.) — Les cinq Directeurs nommés par le Conseil des Cinq Cents et le Conseil des Anciens, furent Rewbell, Barras, Carnot, Laréveillère-Lépeaux et Letourneur.

seil des *Cinq Cents* qui discutait les lois, et le *Conseil des Anciens* qui les adoptait ou les rejetait. Les deux Conseils, élus au suffrage restreint, étaient renouvelables par tiers chaque année ; pour commencer, la Convention avait décidé que les deux tiers des membres des Conseils seraient d'anciens conventionnels. Les Di-

recteurs n'étaient pas responsables devant les Conseils ; et, d'autre part, ils ne pouvaient avoir sur eux aucune action légale : ainsi s'expliquent les coups d'État*, qui troublèrent cette époque.

2. Attaques contre le Directoire. — Les cinq Directeurs étant élus par les deux Conseils, le Gouvernement fut d'abord composé de républicains. Il fut attaqué à la fois par les royalistes, qui rentraient en France de tous côtés, et par les révolutionnaires avancés. Ces révolutionnaires avaient pour chef *Gracchus Babeuf*, qui prêchait l'égalité des biens ; aussi appelait-il ses partisans les *Égaux*. Il essaya de soulever le camp de Grenelle, où l'on préparait des officiers pour l'armée ; il échoua, fut arrêté et condamné à mort.

Quant aux royalistes, ils provoquèrent une grande agitation, formèrent des clubs, comme le *club de Clichy*, persécutèrent les anciens Jacobins et conspirèrent contre le Gouvernement.

3. Le coup d'État du 18 fructidor. — La grande difficulté du Directoire était le manque d'argent. Depuis le début de la Révolution, le gouvernement vivait sur des billets dont le paiement était assigné sur la vente des biens nationaux, confisqués au clergé et aux émigrés : ce sont les *assignats*. Mais les assignats en circulation dépassaient plus de quinze fois la valeur des biens nationaux. Aussi un assignat de 100 francs n'en valait-il pas 5. Le Directoire les transforma en *mandats territoriaux*, qui eux-mêmes furent bien vite dépréciés.

Les royalistes profitèrent de ce malaise financier pour se faire élire dans les Conseils, où ils

Fig. 273. — **Assignat.** — Le 19 décembre 1789, l'Assemblée constituante vota un décret qui ordonnait la création d'un papier-monnaie désigné sous le nom d'assignat. On en émit d'abord pour 400 millions. En 1797 l'émission avait atteint 40 milliards.

eurent la majorité. Ils nommèrent *Pichegru*, chef des royalistes, président des Cinq Cents; *Barbé-Marbois*, un autre monarchiste, président des Anciens, et *Barthélemy*, ancien ministre de Louis XVI, Directeur, à la place du républicain Letourneur. Les Directeurs, pour sauver la République, préparèrent un coup d'État avec l'armée du général Augereau, le héros de Castiglione* : ils firent arrêter cinquante-trois députés et un certain nombre de journalistes qui la plupart, furent déportés.

Un nouvel arrêt de bannissement est rendu contre les émigrés et contre les Bourbons restés en France. Le parti royaliste était ruiné (18 fructidor an V — 4 septembre 1797).

4. Campagne d'Italie.
— En dépit des troubles intérieurs, la gloire militaire de la France ne cessait de grandir. Pour forcer l'Autriche à la paix, le Directoire envoya contre elle trois armées : celles de *Jourdan* et de *Moreau* devaient opérer dans la vallée du Danube; celle d'Italie était

Fig. 274. — **Moreau.** — Illustre général de la Révolution, né à Morlaix en 1763, mort à Laun (Bohême), en 1813 dans les rangs des ennemis de la France.

commandée par le général *Bonaparte*. Jourdan fut repoussé, Moreau dut battre en retraite, mais Bonaparte remporta les plus brillants succès. Vainqueur des armées autrichienne et piémontaise à *Montenotte*, *Millesimo* et *Mondovi*, il obligea le Piémont à nous céder Nice et la Sa-

Fig. 275. — **Bonaparte au pont d'Arcole (17 novembre 1796).** (*D'après un tableau d'Horace Vernet*). Augereau et Bonaparte, après lui, s'élancèrent sur le pont d'Arcole, portant un drapeau, à la tête des grenadiers; ils furent repoussés et Bonaparte fut plusieurs fois sur le point d'être pris ou tué.

voie; la *victoire de Lodi* lui livra les riches plaines de la Lombardie. Il traita avec les princes italiens, se fit donner par eux des vivres, de l'argent, et aussi des tableaux qui vinrent enrichir les musées de France.

Pour achever la conquête de l'Italie septentrionale, Bonaparte devait s'emparer de Mantoue; il battit tous les généraux que l'Autriche envoyait contre lui : Wurmser à *Castiglione*, Alvinzi à *Arcole* et à *Rivoli*. Après avoir défait les dernières forces autrichiennes commandées par l'archiduc Charles, Bonaparte s'avança jusqu'à *Léoben* et imposa à l'Autriche des préliminaires qui devinrent bientôt la *paix de Campo-Formio*.

5. Traité de Campo-Formio
(1797). — Par la *paix de Campo-Formio* l'Autriche nous cédait la Belgique et la Lombardie*, reconnaissait notre domination sur la rive gauche du Rhin; en échange, elle recevait la Vénétie*, jusque-là indépendante.

Ce traité eût été encore plus avantageux pour la France, si le négociateur, n'eût pas fait passer ses intérêts particuliers avant ceux de son pays; il eût été encore plus honorable, si la République de Venise n'avait pas été cédée à l'Autriche.

Fig. 276 **Infanterie de ligne** (1796).

6. La France au début de l'année 1797. — A quelle époque notre patrie fut-elle plus belle et plus grande? Les orages de la Révolution paraissaient calmés; les murmures des partis retentissaient comme les derniers bruits de la tempête. On regardait ces restes d'agitation comme la vie d'un État libre. Le commerce et les finances sortaient d'une crise épouvantable; le sol entier, restitué à des mains industrieuses, allait être fécondé. La France, au comble de la puissance, était maîtresse de tout le sol qui s'étend du Rhin aux Pyrénées, de la mer aux Alpes. Elle était resplendissante d'une gloire immortelle. D'admirables armées faisaient flotter ses trois couleurs à la face des rois qui avaient voulu l'anéantir. Vingt héros, divers de caractère et de talent, pareils seulement par l'âge et le courage, conduisaient ses soldats à la victoire. Hoche, Kléber, Desaix, Moreau, Joubert, Masséna, Bonaparte et une foule d'autres encore s'avançaient ensemble.

(Thiers : Histoire de la Révolution.)

Fig. 277. — Grenadier d'infanterie légère (1796).

LEXIQUE. — **Archiduc,** titre donné aux princes de la maison d'Autriche.

Arcole, en Italie, près de Vérone (carte, fig. 271).

Campo-Formio, au N.-E. de l'Italie, près de la frontière autrichienne (carte, fig. 271).

Castiglione, en Italie, au S. du lac de Garde (carte, fig. 271).

Cisalpine, ce mot veut dire en deçà des Alpes.

Coup d'État, coup de force accompli en violation de la constitution établie.

Léoben, en Autriche, sur la route qui va d'Italie à Vienne.

Lodi, en Italie, sur l'Adda, affl. du Pô (carte, fig. 271).

Lombardie, contrée de l'Italie, v. princ. Milan (carte, fig. 271).

Montenotte, Millesimo, Mondovi, villages de Lombardie (carte, fig. 271).

Rivoli, entre l'Adige et le lac de Garde (carte, fig. 271).

Vénétie, contrée au nord de l'Italie, v. princ. Venise (carte, fig. 271).

Résumé chronologique.

1796	avril	Victoires de Montenotte, de Millesimo, de Mondovi, remportées par Bonaparte sur les Autrichiens et les Piémontais.
—	10 mai	Victoire de Lodi. — Arrestation de Gracchus Babeuf.
—	5 août	Victoire de Castiglione.
	15-17 novembre	— d'Arcole.
1797	14 janvier	— de Rivoli.
—	18 avril	Préliminaires de Léoben.
—	4 septembre	Coup d'État du 18 fructidor, exécuté par le Directoire contre les royalistes.
—	17 octobre	Paix de Campo-Formio, l'Autriche reconnaît à la France ses frontières naturelles.

Fig. 278. — Incroyables et merveilleuses. — Le Directoire fut le temps des *incroyables* et des *merveilleuses*. Les hommes portaient des habits couleur vert-bouteille, carrés comme quatre planches; le suprême bon ton était que le vêtement allât mal; la cravate faisait plusieurs fois le tour du cou. Ils avaient un lorgnon qu'ils braquaient sur la figure des passants et, en guise de canne, un énorme bâton noueux. Ils portaient le collet noir. — Le costume des femmes était aussi ridicule et souvent inconvenant.

Devoir de rédaction.

LA CAMPAGNE D'ITALIE (1796-1797)

Plan. — 1. La Prusse a traité avec la République française, mais l'Autriche continue la lutte.

2. Bonaparte bat les Piémontais à Montenotte et Millesimo.

3. Il conquiert la Lombardie par la victoire de Lodi.

4. Il s'empare de Mantoue par les victoires de Castiglione, Arcole et Rivoli.

5. Il marche sur Vienne et force les Autrichiens à la paix.

Dix-huitième siècle.

XLIX. — EXPÉDITION D'ÉGYPTE. — DEUXIÈME COALITION
COUP D'ÉTAT DU 18 BRUMAIRE (9 NOVEMBRE 1799)

Entretiens

1. — L'Angleterre restait seule en guerre avec la France : pour la forcer à la paix, le Directoire résolut de menacer les Indes, en s'emparant de l'Égypte.

2. — Bonaparte, chef de l'expédition, prit l'île de *Malte**; puis, en Égypte, il bat-

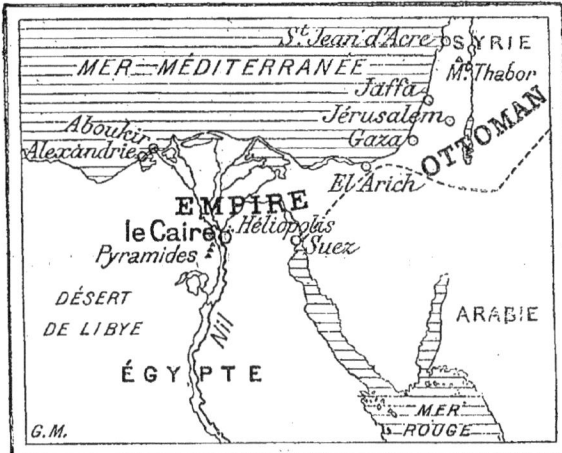

Fig. 279. — **Carte de l'expédition d'Égypte.** — Bonaparte s'embarqua à Toulon le 19 mai 1798, prit l'île de Malte et Alexandrie sans difficulté. Il vainquit les mamelucks aux Pyramides et s'empara du Caire : mais notre flotte fut détruite à Aboukir. — Bonaparte envahit la Syrie, remporta la victoire du Mont-Thabor et échoua devant Saint-Jean-d'Acre. — Revenu en Égypte, il détruisit l'armée turque à Aboukir.

tit les *mamelucks** près des *Pyramides**, mais il échoua en Syrie, devant *Saint-Jean-d'Acre**.

3. — Il revint en France, laissant le commandement à **Kléber**, qui fut assassiné au Caire. La mort de Kléber entraîna bientôt la perte de l'Égypte (1801).

4. — Une *deuxième coalition* s'était formée en 1799. Nos armées d'Italie sont battues par les Autrichiens et par les Russes.

5. — Mais, après la *victoire de Zurich** (Suisse), où **Masséna** force les Russes à la retraite, et celle de *Bergen* (Hollande), où **Brune** met l'armée anglaise en déroute, la France est encore une fois sauvée de l'invasion.

6. — A son retour d'Égypte, Bonaparte conspire contre le Directoire. Il renverse le gouvernement par le coup d'État du 18 brumaire, accompli à *Saint-Cloud*, où les deux Conseils avaient été convoqués (9 novembre 1799).

Questionnaire : 1. — Pourquoi fit-on l'expédition d'Égypte ?
2. — Parlez de la campagne d'Égypte.
3. — L'Égypte resta-t-elle à la France ?
4. — Quand se forme la deuxième coalition ?
5. — Quelles victoires sauvèrent la frontière française ?
6. — A son retour d'Égypte, Bonaparte n'a-t-il pas fait un coup d'État ?

Récits

1. Expédition d'Égypte. — L'Angleterre n'avait pas désarmé : elle restait l'ennemie implacable de la France. Bonaparte, pour la forcer à la paix et pour accroître sa gloire, se fit envoyer par le Directoire à la conquête de l'*Égypte*, qui était alors sous la domination des mamelucks*, vassaux de la Turquie.

Il se proposait, en s'emparant de l'Égypte, de menacer l'empire que les Anglais venaient de fonder dans l'Inde, aux dépens de la France.

Bonaparte emmenait avec lui des savants : Monge*, Berthollet*, Fourier*, et des généraux déjà illustres : Kléber et Desaix. Les chevaliers* de Malte* lui livrèrent leur île et il prit Alexandrie*.

2. Bataille des Pyramides (1798). — Après la prise d'Alexandrie*, Bonaparte se dirigea sur le Caire. Près des *Pyramides**, il rencontra les Mamelucks : « Soldats, crie-t-il à son armée, n'oubliez pas que, du haut de ces pyramides, quarante siècles vous contemplent. »

L'armée, pleine d'enthousiasme, poursuivit les mamelucks ; elle réussit à les jeter dans le Nil, et le lendemain les Français entraient au Caire.

Malheureusement, l'amiral anglais Nelson détruisit la flotte française à *Aboukir**.

Pour réparer cette défaite, Bonaparte envahit la Syrie. Il est victorieux au Mont-Thabor, mais il ne peut s'emparer de Saint-Jean-d'Acre*. Il revient alors en Égypte.

Fig. 280. — **Bataille des Pyramides (21 juillet 1798)**. — Avant la bataille Bonaparte dit à ses soldats « Souvenez-vous que du haut de ces pyramides quarante siècles vous contemplent »

3. Perte de l'Égypte.
— Bientôt Bonaparte apprend que le Directoire n'a plus aucune autorité : il part pour la France, en laissant le commandement de son armée à Kléber. Celui-ci

Fig. 281. — **Assassinat de Kléber, au Caire**. — Kléber, que Bonaparte avait laissé en Égypte comme général en chef, venait de réorganiser complètement l'administration et l'armée, lorsqu'il fut assassiné par un musulman fanatique (14 juin 1800).

défait les Turcs, mais il est assassiné par un musulman fanatique (1800). Un an après, les Français sont obligés d'évacuer l'Égypte.

4. Victoire de Zurich (1799.)
— L'Angleterre, l'Autriche et la Russie avaient formé une nouvelle coalition. Les Austro-Russes nous avaient chassés d'Italie, nos frontières étaient menacées de nouveau et le Russe Souvarow se vantait d'être bientôt à Paris. Masséna, posté en Suisse, près de Zurich, battit d'abord les

Russes de Korsakof; puis il se porta avec toutes ses forces contre Souvarow, qui arrivait d'Italie par le Saint-Gothard*; après des combats « li-

Fig. 282. — **Souvarow dans les Alpes**. — En voulant pénétrer d'Italie en Suisse, par le Saint-Gothard, Souvarow se heurta contre les troupes de Lecourbe et de Molitor, dans la vallée de la Reuss, se jeta à travers les montagnes et les précipices et parvint avec peine à rejoindre Korsakof.

vrés au-dessus des nuages, » il le rejeta hors de Suisse. Cette admirable campagne se termina par la victoire de *Zurich** (septembre 1799).

5. Le 18 brumaire (novembre 1799.)
— Bonaparte, débarqué en Provence, arriva

Fig. 283. — **Coup d'État du 18 brumaire**. (*D'après une gravure du temps, par Monnet*). — Quand Bonaparte entra dans la salle de l'Orangerie, où siégeait le Conseil des Cinq Cents, un violent tumulte éclata; les députés debout sur leurs bancs l'accueillirent par des cris : « Que faites-vous, téméraire ? Vous violez le sanctuaire des lois. » On demande la mise en jugement, la mise hors la loi du général. Bonaparte, troublé, vaincu, recule; il est emporté par ses grenadiers. Murat et Leclerc arrivent avec leurs soldats, les tambours battent la charge, les députés se dispersent.

peu après à Paris, où il ne tarda pas à conspirer avec le directeur Sieyès et les généraux

Lefebvre, Murat, Lannes, pour renverser le Directoire.

Les Conseils avaient été transférés à Saint-Cloud, sous prétexte qu'une émeute les menaçait à Paris; Bonaparte se présenta devant eux. Au Conseil des Cinq Cents, il fut accueilli par les cris : A bas le dictateur, A bas le tyran ! Il fut entouré par les députés, qui le menaçaient de le mettre hors la loi. Lucien Bonaparte, qui présidait les Cinq Cents, sauva son frère; il persuada aux soldats que les députés voulaient l'assassiner. Leclerc, à la tête de ses grenadiers, pénétra dans la salle, fit battre la charge et poussa dehors les députés. Bonaparte fut proclamé consul provisoire, avec Sieyès et Roger-Ducos.

Ce coup d'État, qui était un crime, ne mettait pas seulement fin à l'existence du Directoire, mais aussi au Gouvernement de la République, dont le nom seul fut conservé sur les monnaies.

JUGEMENT SUR LA RÉVOLUTION

Avec le 18 brumaire se termine l'histoire de la Révolution : ce qui suit, c'est l'histoire du Gouvernement personnel, quelque nom qu'il porte, Consulat ou Empire. Les destinées de la France sont dès lors aux mains d'un homme; pendant la Révolution les destinées de la France étaient aux mains de la France.

Il y avait une merveilleuse émulation entre les hommes d'État et les orateurs, entre les députés et les généraux, entre le peuple et ses représentants, entre les soldats et leurs chefs, pour le salut de la République et la liberté du monde. Pendant que les armées renversaient à coups de canon le vieil édifice européen, des milliers de lois fondaient la société nouvelle, affranchissant à la fois l'industrie et l'agriculture, l'homme et la terre, organisant les tribunaux, les administrations, les écoles, les musées. Les soldats avaient le respect de la loi comme des légistes, et les avocats montraient sur le champ de bataille la bravoure des soldats. C'étaient des pouvoirs purement civils qui envoyaient à la victoire des armées de citoyens.

La vertu antique semblait revivre dans ces hommes si jeunes, que la guillotine ou la mitraille frappait à la fleur de l'âge. Ils mouraient comme des Romains. Les morts héroïques des Girondins, des Dantonistes, des derniers Montagnards sont comparables aux plus glorieuses de l'antiquité. Toute cette génération, vouée à une mort prématurée, n'eut devant les yeux que l'avenir infini, la vie immortelle de l'humanité. C'est pour avoir regardé au delà du temps, qu'elle vivra éternellement dans la mémoire des hommes. Nulle gloire, ni celle d'Austerlitz, ni celle d'Iéna, n'effacera la sienne. Dans nos prospérités, c'est à la Révolution que nous faisons remonter l'hommage de notre reconnaissance ; dans nos épreuves, c'est à elle que nous nous adressons pour lui demander l'inspiration et la foi. Nos pères, de 1789 à 1792, par leurs combats, par leurs souffrances, par leur vie et par leur mort, nous ont faits ce que nous sommes : ingrats serions-nous, si nous ne défendions pas leur mémoire ; indignes, si nous laissions périr leur héritage.   ALFRED RAMBAUD

LEXIQUE. — **Aboukir,** village d'Égypte (carte, fig. 270).
Alexandrie, principal port de l'Égypte (carte, fig. 270).
Berthollet (1748-1822) grand chimiste.
Chevaliers de Malte, ordre religieux qui occupait l'île de Malte depuis le XVIe siècle.
Fourier (1768-1830) grand mathématicien.
Malte, île de la Méditerranée, aujourd'hui à l'Angleterre.
Mamelucks, milice turco-égyptienne, à l'origine formée d'esclaves.
Monge (1747-1818), grand mathématicien.
Pyramides, monuments de l'ancienne Égypte qui servaient de sépulture royale (carte, fig. 270).
Saint-Gothard, montagne qui forme le nœud des Alpes suisses (carte, fig. 271).
Saint-Jean-d'Acre (ancienne Ptolémaïs), ville de Syrie, sur la Méditerranée (carte, fig. 270).
Zurich, ville de Suisse (carte, fig. 284).

Résumé chronologique.

1798	10 juin	Prise de Malte.
1798	21 juillet	Victoire des Pyramides.
—	1er août	La flotte détruite à Aboukir.
1799	février-avril	Bonaparte en Syrie : échec devant Saint-Jean-d'Acre.
—	avril-août	Perte de l'Italie, conquise sur les armées françaises par Souvarow.
—	septembre	Victoire de Masséna à Zurich, sur les Autrichiens et les Russes.
—	octobre	Retour de Bonaparte.
—	9 novembre	Coup d'État du 18 brumaire contre le Directoire.

Devoir de rédaction.

LA CAMPAGNE D'ÉGYPTE

Plan. — 1. L'Angleterre ne voulait pas traiter : Bonaparte menaça son empire de l'Inde en attaquant l'Égypte. 2. Bataille des Pyramides ; conquête de l'Égypte. 3. Campagne de Syrie ; victoire du Mont-Thabor. 4. L'Égypte fut perdue ensuite ; mais l'influence française y est restée puissante.

Dix-neuvième siècle.

L. — LE CONSULAT. — NOUVELLE CAMPAGNE DE BONAPARTE EN ITALIE RÉFORMES ADMINISTRATIVES.

Entretiens

1. — La Constitution de l'an VIII, tout en conservant au Gouvernement le nom de *République*, donna tous les pouvoirs à un seul homme, au *premier consul* Bonaparte, nommé pour dix ans et rééligible.

2. — Le pouvoir législatif était partagé entre quatre assemblées : le *Conseil d'État* préparait les lois ; le *Tribunat* les discutait ; le *Corps législatif* les votait ou les rejetait ; le *Sénat* veillait au maintien de la Constitution.

3. — Dès son arrivée au pouvoir, Bonaparte offrit la paix aux coalisés, mais ceux-ci la refusèrent.

4. — Alors il franchit les Alpes par le Grand Saint-Bernard et battit les Autrichiens à *Marengo* *, en 1800.

5. — La même année, Moreau remportait la *victoire de Hohenlinden* *.

6. — En 1801, l'Autriche signa la *paix de Lunéville* *, qui nous confirmait nos précédentes conquêtes ; en 1802, la *paix d'Amiens*, signée avec l'Angleterre, nous rendait les colonies perdues depuis le commencement de la guerre.

7. — Bonaparte rétablit l'ordre et sut combiner l'administration centralisée de l'ancien régime avec les réformes révolutionnaires.

8. — Il créa les *préfets* ; il conclut avec le pape le *Concordat* de 1801 ; il fit terminer le *Code civil* ; il institua la *Légion d'honneur* et la *Banque de France*.

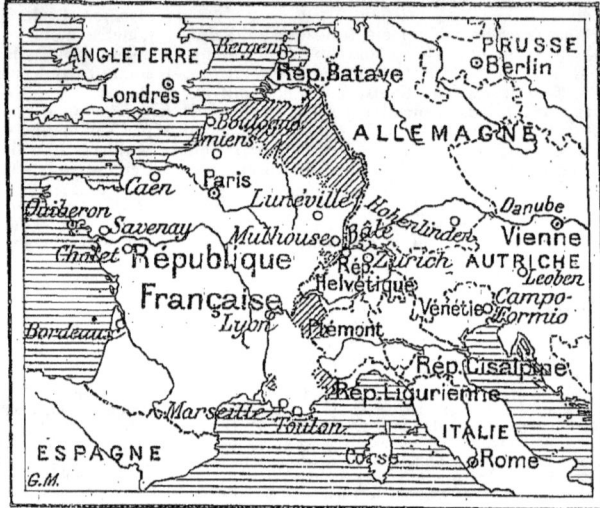

Fig. 284. — **Carte des agrandissements de la France de 1795 à 1801**
Les pays conquis sont indiqués par des hachures. Ils comprennent la Belgique, les provinces allemandes situées sur la rive gauche du Rhin, la Savoie et Nice

Questionnaire : 1. — A qui la Constitution de l'an VIII donnait-elle le pouvoir ?

2. — Entre quelles assemblées était partagé le pouvoir législatif ?

3. — Bonaparte ne chercha-t-il pas à faire la paix ?

4. — Que fit-il quand elle eut été refusée par les ennemis ?

5. — Quelle est la victoire remportée par Moreau ?

6. — Parlez de la paix de Lunéville et de celle d'Amiens.

7. — En quoi a consisté l'œuvre administrative de Napoléon ?

8. — Outre la création des préfets, que doit-on encore à Bonaparte ?

Récits

1. Portrait de Bonaparte. — « *Bonaparte*, dit Mme de Rémusat, est de petite taille, assez mal proportionné, parce que son buste trop long raccourcit le reste de son corps. Il a les cheveux rares et châtains, les yeux gris bleu ; son teint, jaune tant qu'il fut maigre, devint plus tard d'un blanc mat et sans aucune couleur. Le trait de son front, l'enchâssement de son œil, la ligne du nez, tout cela est beau et rappelle assez les médailles antiques... Son attitude le porte toujours un peu en avant ; ses yeux, habituellement ternes, donnent à son visage, quand il est en repos, une expression mélancolique et méditative. Quand il s'anime par la colère, son regard devient facilement farouche et menaçant.

Bonaparte était très passionné. Sa personnalité, si puissante, si originale, voulait tout envahir ; il se considérait comme le centre de l'univers, et les volontés, les sentiments des autres hommes ne comptaient pas pour lui. Son égoïsme était féroce. L'ambition était la passion dominante de son âme. Elevé en Corse, au milieu des luttes violentes des partis, il savait toutes les ruses d'un chef de bande, et il maniait le mensonge avec une habileté extraordinaire. D'après soi-même, il jugeait les autres hommes : il ne croyait ni à la sincérité, ni au désintéressement.

Ses capacités intellectuelles étaient admirables. Sa mémoire prodigieuse retenait les moindres détails; dans sa tête, tous les faits se classaient méthodiquement et sans fatigue. Il avait aussi le don de se représenter les choses comme elles sont et sous tous leurs aspects : aussi pouvait-il combiner à l'avance tout le plan d'une campagne et en prévoir les moindres particularités. Son imagination ne se reposait jamais. Sa force de travail était étonnante : il lassait tous ses ministres et supportait sans fatigue la besogne la plus dure et la plus continue. Pendant quinze ans, les Français ont été subjugués par le génie de cet homme extraordinaire. »

Fig. 285. — **Bonaparte** (*D'après Isabey*). — Né à Ajaccio (Corse), le 15 août 1769, mort à Sainte-Hélène le 5 mai 1821.

2. Constitution de l'an VIII. — La *Constitution de l'an VIII* n'a que des apparences républicaines : il y a trois consuls, mais le premier consul, Bonaparte, a seul une véritable autorité. Le pouvoir législatif est conféré à quatre assemblées : le *Conseil d'État* prépare les lois; le *Tribunat* décide, en comité secret, s'il les soutiendra ou non devant le *Corps législatif*; celui-ci vote, mais sans qu'aucun de ses membres ait le droit de parler; le *Sénat* examine si les lois ne sont pas contraires à la Constitution : ainsi, ces différentes assemblées s'annulent réciproquement. D'ailleurs, elles ne sont pas élues, mais choisies par le premier Consul ou par le Sénat, sur une liste de notabilités qui contient cinq à six mille noms, et on a soin d'en écarter ceux qui pourraient faire de l'opposition.

Plus de liberté de réunion, plus de liberté de la presse. C'est bien une dictature qui commence. Elle ne fut pas mal accueillie, parce que les Français, après dix ans de troubles, avaient perdu le courage de se gouverner eux-mêmes.

3. Marengo*. — Dès son arrivée au pouvoir, Bonaparte offre la paix aux coalisés, qui la refusent. Le premier Consul prend alors l'offensive. Moreau, avec 130 000 hommes, bat les Autrichiens en Allemagne et leur coupe toute communication avec l'armée d'Italie.

Masséna était bloqué sous Gênes par une autre armée de 120 000 Autrichiens. Bonaparte résolut de débloquer cette ville, la seule qui fût encore occupée par les Français en Italie. Mais, au lieu de passer par les cols des Alpes maritimes, où

Fig. 286. — **Bataille de Marengo (14 Juin 1800).** — La bataille semblait perdue, lorsque Desaix, rappelé par le bruit du canon, revint sur ses pas et déconseilla la retraite : « Oui, dit-il, la bataille est perdue; mais il n'est que trois heures, il reste le temps d'en gagner une autre. » Nos soldats furent victorieux, mais le général Desaix fut tué au début de l'action.

l'attendaient les Autrichiens, il résolut de les surprendre en passant par le *Saint-Bernard*. Il fallut faire passer toute une armée, avec sa cavalerie et son artillerie, par de mauvais chemins à peine praticables pour les mulets. L'opération réussit et l'armée déboucha dans les plaines du Pô, sur la ligne de retraite des Autrichiens. Ceux-ci firent volte-face, mais ils furent battus à *Marengo* après une journée très disputée (14 juin 1800). Cette belle victoire nous coûta la perte du brave général Desaix.

4. Paix de Lunéville et d'Amiens. — Quelques mois plus tard, Moreau était vainqueur à *Hohenlinden**, en Bavière (décembre 1800), et l'Autriche signait la *Paix de Lunéville**. Elle nous abandonnait tous ses droits sur l'Italie, la Suisse et les Pays-Bas (1801).

L'Angleterre même se lassa de nous faire la guerre : par la *paix d'Amiens* (1802), elle nous restitua plusieurs colonies et s'engagea à rendre Malte, qu'elle avait occupée.

Mais cette paix ne devait être qu'une trève de peu de durée.

5. Institutions du Consulat. —

En arrivant au pouvoir, Bonaparte dit : « La Révo-

Fig. 287. — **Signature du Concordat.** — Le 15 juillet 1801, le premier consul Bonaparte conclut, avec le pape Pie VII le Concordat qui réglait les rapports de la France avec la papauté. Le Concordat fut adopté et mis en vigueur le 8 avril 1802.

lution est fixée aux principes qui l'ont commencée, elle est finie. » Il se donna comme le continuateur de la Révolution. Après avoir rétabli l'ordre, dispersé les brigands qui infestaient les routes, rapporté les mesures contre les émigrés et les prêtres, il tenta de consacrer, d'une façon définitive, les conquêtes civiles de la Révolution : il fit achever le *Code civil*, qui inscrivit dans la loi l'égalité de tous les citoyens.

Dans les institutions qu'il donna à la France, il combina ingénieusement l'administration de l'ancienne monarchie et les réformes révolutionnaires. S'il conserva les divisions territoriales (départements, cantons, communes), qui étaient l'œuvre de la Constituante, il établit des agents du gouvernement central, des préfets dans chaque département, des sous-préfets dans chaque arrondissement, qui rappelaient les anciens intendants. Il garda les tribunaux établis par la Révolution, mais se réserva la nomination des juges.

Par le *Concordat*, conclu avec le pape en 1801, il assimilait les prêtres à des fonctionnaires nommés et salariés par l'État, sur lesquels le pape n'avait plus qu'une autorité spirituelle.

L'Université, qu'il créa, conserva les Écoles supérieures de la Convention, établit des lycées qui ressemblaient aux Écoles Centrales, mais l'enseignement primaire fut tout à fait négligé.

L'ancienne aristocratie avait perdu ses privilèges : Bonaparte voulut fonder une noblesse nouvelle, basée sur le mérite ; il créa l'ordre de la *Légion d'honneur*, destiné à récompenser les faits de guerre et les services civils.

LA FRANCE DE 1792 à 1802

Après les *traités* de *Lunéville* et d'*Amiens*, les plus glorieux qu'elle ait jamais signés, la France était au comble de la puissance. Personne en Europe ne rivalisait plus avec elle. Se consacrant au commerce, à l'industrie, à l'agriculture, elle aurait fait des merveilles. Bonaparte ne le permit pas.

Il est impossible de songer à la situation qu'occupait alors dans le monde la République française, sans éprouver un sentiment de patriotique regret.

En moins de dix ans, de 1792 à 1802, la France a versé le plus pur de son sang sur tous les champs de bataille, pour donner aux autres nations la liberté qu'elle avait conquise si péniblement elle-même.

Ses héroïques enfants, sans vêtements, sans souliers, sans pain, la *Marseillaise* aux lèvres et l'amour de la patrie au cœur, avaient combattu gaiement pour le droit et pour la justice, « offrant la guerre aux rois et la paix aux peuples. »

Victorieuse de toutes les coalitions, elle s'était agrandie, mais agrandie de territoires dont les habitants appelaient sa domination bienfaisante.

Maîtresse des anciennes limites de la Gaule, en possession de ses frontières naturelles, la France n'avait plus qu'à jouir en paix du fruit de tant d'efforts, qu'à compléter pacifiquement chez elle l'œuvre commencée en 1789 : un soldat ambitieux allait lui faire d'autres destinées, soulever contre elle les haines de toute l'Europe et jouer la grandeur, la gloire, l'avenir de notre patrie, au jeu terrible et incertain des batailles.

LEXIQUE. — **Hohenlinden**, en Bavière, à l'E. de Munich (carte, fig. 284).

Lunéville, sous-préfecture du département de Meurthe-et-Moselle (carte, fig. 284).

Marengo, en Italie, près d'Alexandrie (carte, fig. 271).

Résumé chronologique.

1800.   **14 juin.** Bataille de Marengo ; mort de Desaix ; de Kléber.

—   **3 décembre.** Victoire de Moreau à Hohenlinden ; Vienne menacée.

1801.   **Février.** Paix de Lunéville avec l'Autriche.

1801.   **1er juillet.** Le Concordat, signé par Bonaparte avec le pape.

1802.   **Mars.** Paix d'Amiens avec l'Angleterre.

—   **Août.** Consulat à vie.

Devoir de rédaction.

LE CONSULAT

Plan. — 1. Le Consulat fut organisé par la Constitution de l'an VIII ; sous des formes républicaines, Bonaparte exerce un pouvoir presque absolu.

2. Bonaparte, dans le Code surtout, conserva les principes égalitaires établis par la Révolution.

3. Mais il prit à la France ses libertés politiques et lui imposa pour quinze années une domination très lourde.

(Cartes, pages 143 et 146.)

Fig. 288. — **Entrée de Napoléon à Berlin, le 27 octobre 1806** (*D'après une lithographie du temps*). — Treize jours après les victoires d'Iéna et d'Auerstaedt, Napoléon fit une entrée solennelle à Berlin, le 27 octobre 1806. Berlin ne fut évacué par nos troupes que le 8 décembre 1808.

Dix-neuvième siècle.

LI. — L'EMPIRE. — TRAITÉS DE PRESBOURG (1805) ET DE TILSITT (1807)

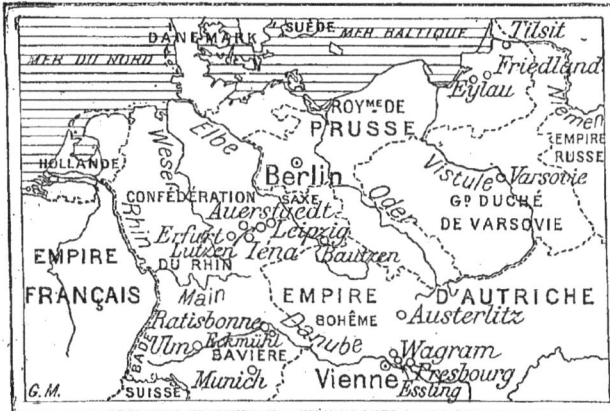

Fig. 289. — **Campagnes du premier empire en Allemagne.** — Les Russes et les Autrichiens sont battus à Austerlitz. L'Autriche signe la paix de Presbourg en 1805. Nos victoires, sur la Prusse à Iéna et à Auerstaedt en 1806, sur la Russie à Eylau et à Friedland en 1807, amenèrent la paix de Tilsitt. En 1809, nos succès à Essling et à Wagram assurent la paix de Vienne. Mais la désastreuse retraite de Russie (1812) et la bataille de Leipzig (1813), perdue contre l'Europe coalisée, précipitent la chute de l'Empire.

Entretiens

1. — En 1802, Bonaparte s'était fait nommer Consul à vie. Après la *conspiration de Cadoudal* et l'exécution du *duc d'Enghien*, en 1804, il se fit nommer Empereur, sous le nom de *Napoléon Ier*.

2. — La *grande armée* était rassemblée à *Boulogne*, * dans le dessein d'envahir l'Angleterre, quand elle fut envoyée précipitamment contre la *troisième coalition*, formée par l'Autriche, la Russie et l'Angleterre.

3. — Vainqueur à *Ulm** et à *Austerlitz**, pendant que notre flotte était anéantie à *Trafalgar**, Napoléon imposa à l'Autriche la *paix de Presbourg** en 1805.

4. — Il abattit la quatrième coalition par les victoires d'*Iéna** sur les Prussiens, en 1806, d'*Eylau** et de *Friedland** sur les Russes l'année suivante.

5. — Napoléon fit alors alliance avec la Russie par le *traité de Tilsitt** ; la Prusse perdit la moitié de son territoire.

6. — **Par un décret daté de Berlin, en 1806, Napoléon établit le blocus continental, qui interdisait l'entrée en Europe** des *marchandises anglaises*.

Questionnaire : 1. — Après quels événements Bonaparte est-il nommé empereur?
2. — Où était rassemblée l'armée destinée à envahir l'Angleterre?
3. — Quelles sont les grandes victoires remportées par Napoléon sur la 3e coalition?
4. — Sur qui furent remportées les victoires d'Iéna et d'Eylau?
5. — Avec qui Napoléon fit-il alliance à Tilsitt?
6. — Qu'est-ce que le blocus continental?

Récits

1. L'Empire. — Bonaparte ne pouvait se contenter d'un pouvoir temporaire : en 1802, il se fit nommer Consul à vie. Le complot du royaliste *Cadoudal*, qui avait résolu d'assassiner le premier Consul, vint servir ses desseins. Il accusa le général Moreau d'être le complice de Cadoudal et le força à s'exiler.

Au mépris du droit des gens, il fit saisir en pleine paix, dans le pays de Bade*, le jeune *duc d'Enghien* et le fit fusiller à Vincennes*. Ce crime n'excita que peu d'indignation en

Fig. 200. — **Sacre de Napoléon Ier.** (*D'après le tableau de David*). — A la demande de Napoléon, le pape Pie VII quitta Rome et vint le sacrer empereur, à Paris, dans l'église Notre-Dame, le 4 décembre 1804. Napoléon se couronna lui-même et couronna l'impératrice Joséphine ; la cérémonie fut un spectacle grandiose, mais les Français ne goûtèrent pas ces pompes royales et les rois n'y virent qu'un défi.

France. Quelques semaines plus tard, le Sénat conférait au premier Consul le titre d'Empereur, sous le nom de Napoléon Ier. Le pape Pie VII vint à Paris pour sacrer solennellement le

nouvel empereur à Notre-Dame (2 décembre 1804).

2. Capitulation d'Ulm (1805). — Arrivé par la gloire militaire, Napoléon était condamné à la guerre.

Fig. 201. — **Capitulation d'Ulm.** (*D'après un bas-relief de l'arc du Carrousel, à Paris*). — Le général autrichien Mack, que Napoléon avait coupé de toutes ses communications par les manœuvres les plus habiles, fut forcé de capituler à Ulm avec 30 000 hommes, le 17 octobre 1805. La ville nous fut livrée le 20.

Dès 1804, la paix fut rompue : l'Angleterre, avec l'Autriche et la Russie, forma contre la France la troisième coalition (1805). Dans le dessein d'envahir l'Angleterre, Napoléon avait réuni au *Camp de Boulogne** une armée de 160 000 hommes ; mais, il fut mal secondé par l'amiral Villeneuve et son plan échoua. Napoléon tourna alors ses forces contre la nouvelle coalition de l'Autriche, de la Russie et de l'Angleterre.

Il obligea les Autrichiens à capituler dans *Ulm**, puis, suivant le Danube, il entra à *Vienne*, capitale de l'Autriche.

3. Austerlitz (1805). — Les Russes et les Autrichiens livrèrent encore bataille à *Austerlitz**, le 2 décembre 1805. Nos soldats forcèrent les ennemis à s'engager sur des étangs glacés ; Napoléon ordonna une furieuse canonnade qui brisa la glace et en engloutit un grand nombre. Les Russes et les Autrichiens perdirent quinze mille hommes ; vingt mille furent faits prisonniers. On s'empara de 180 canons, dont le bronze servit à élever la colonne Vendôme. Après la victoire, Napoléon félicita ses soldats et leur dit : « Je suis content de vous. Une fois rentrés dans vos foyers, il vous suffira de dire : J'étais à Austerlitz, pour qu'on réponde : Voilà un brave ! »

FIG. 202-203.
Grenadier de la garde.
Voltigeur d'infanterie de ligne.

La France fut moins heureuse sur mer : elle perdit sa flotte, qui fut détruite par l'amiral anglais Nelson, à *Trafalgar**.

4. Traité de Presbourg (1805). — Par le *traité de Presbourg*, l'Autriche céda Venise à Napoléon qui était roi d'Italie. L'Empire d'Allemagne cessa d'exister. François II dut, à l'avenir, se contenter du titre d'empereur d'Autriche. Napoléon forma la Confédération du Rhin avec les petits États allemands et devint ainsi le maître de toute l'Allemagne occidentale.

5. Iéna (1806), Eylau et Friedland 1807). — La Prusse, inquiète des victoires des Français, prétendit leur faire repasser le Rhin. La guerre éclata en 1806. L'armée prussienne fut détruite par Napoléon à *Iéna**, et par son lieutenant *Davout* à *Auerstaedt**.

FIG. 204. — Davout. — Maréchal de France, duc d'Auerstaedt, prince d'Eckmühl, né à Annoux (Yonne) le 10 mai 1770, mort à Paris, le 1er juin 1823.

Les Français entrèrent dans *Berlin* (fig. 288), et, quelques semaines plus tard, toute la Prusse était occupée.

Napoléon s'avança ensuite vers la Pologne : il avait à combattre les Russes, qui s'étaient déclarés les alliés des Prussiens. Il fut d'abord victorieux à *Eylau**, puis rencontra, une seconde fois, les Russes à *Friedland**, où il détruisit leur armée ; le tsar demanda la paix.

6. Traité de Tilsitt (1807). — Une entrevue célèbre entre le tsar Alexandre Ier et Napoléon eut lieu à *Tilsitt**. Les deux souverains se réconcilièrent et s'unirent contre l'Angleterre. Napoléon humilia profondément la Prusse, lui imposa une forte contribution de guerre, la démembra, établit, à ses dépens, le royaume de Westphalie pour son frère Jérôme ; Joseph Bonaparte était déjà roi de Naples et Louis, roi de Hollande. Le grand duché de Varsovie* fut donné à l'électeur de Saxe, qui prit le titre de roi.

LEXIQUE. — Auerstaedt, en Allemagne, près d'Iéna (carte, fig. 289).
Austerlitz, en Autriche, province de Moravie (carte, fig. 289).
Boulogne, sous-préfecture du Pas-de-Calais, sur la Manche (carte, fig. 284).
Eylau, dans la Prusse orientale (carte. fig. 289).
Friedland, dans la Prusse orientale, près de la frontière russe (carte, fig. 289).
Grand duché de Varsovie : C'est la partie occidentale de l'ancienne Pologne qui avait été attribuée à la Prusse, au moment des partages de la Pologne (carte, fig. 289). .
Iéna, ville d'Allemagne, sur la Saale, affluent de l'Elbe (carte, fig. 289).
Pays de Bade, État allemand, sur la rive droite du Rhin, à l'est de l'Alsace (carte, fig. 289).
Presbourg, ville de Hongrie, sur le Danube (carte, fig. 289).
Tilsitt, ville de Prusse, sur le Niémen (carte, fig. 289).
Trafalgar, cap au sud de l'Espagne (carte, fig. 295).
Ulm, ville du Wurtemberg, sur le Danube (carte, fig. 289).
Vincennes, département de la Seine, à l'est de Paris.

Résumé chronologique.

1804.	**Février-mars.**	Conspiration de Cadoudal et des royalistes.
—	**18 mai.**	Sénatus-consulte établissant l'empire.
—	**2 décembre.**	Napoléon est sacré, par le pape Pie VII, à Notre-Dame.
1805.	**20 octobre.**	Capitulation de Mack, à Ulm.
—	**21** —	La flotte française est anéantie à Trafalgar.
—	**2 décembre.**	Victoire d'Austerlitz, sur les empereurs d'Allemagne et de Russie.
—	**14 octobre.**	Victoires d'Iéna et d'Auerstaedt sur les Prussiens.
—	**Novembre.**	Décret de Berlin, établissant le blocus continental contre l'Angleterre.
1807.	**8 février.**	Bataille d'Eylau.
—	**14 juin.**	Victoire de Friedland sur les Russes.
—	**Juillet.**	Traité de Tilsitt avec le tzar Alexandre.

Devoir de rédaction.

AUSTERLITZ, IÉNA, FRIEDLAND

Plan. — 1. Austerlitz, « la bataille des trois empereurs » réduit l'empereur d'Allemagne au désastreux traité de Presbourg.
2. Iéna, revanche de Rosbach, donne à Napoléon la Prusse presque tout entière, avec sa capitale Berlin.
3. Friedland oblige aussi les Russes à la paix ; Napoléon, au traité de Tilsitt, chercha surtout à gagner l'amitié du tzar.

Dix-neuvième siècle.

LII. — LE BLOCUS CONTINENTAL. — LA GUERRE D'ESPAGNE
LA PAIX DE VIENNE (1809)

Entretiens.

1. — Le blocus continental, décrété contre l'Angleterre et imposé à tous les États, a été l'une des *plus grosses fautes*

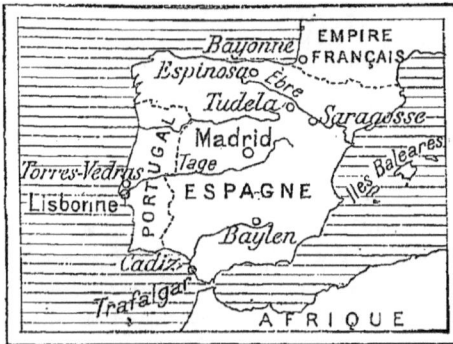

Fig. 295. — **Campagnes de Portugal et d'Espagne.**
Junot pénètre en Portugal en octobre 1807 et occupe *Lisbonne*. Joseph Bonaparte est proclamé roi d'Espagne à *Bayonne* le 6 juin 1808, l'Espagne entière se soulève contre l'étranger. Le général Dupont est pris à *Baylen* entre deux armées et signe une capitulation désastreuse.

de Napoléon, parce qu'il l'entraîna dans des luttes sans fin. Cette faute fut le prélude de sa ruine.

2. — Le *Portugal** refusait de cesser tous rapports commerciaux avec l'Angleterre. Le général **Junot** envahit le Portugal, pénétra dans Lisbonne et la famille royale s'enfuit au Brésil*.

3. — **Charles IV,** roi d'Espagne, et son fils, *Ferdinand*, étaient en lutte : Napoléon, à Bayonne*, en profita pour décider le roi et son fils à abdiquer.

4. — Le frère de l'empereur, Joseph Bonaparte, fut nommé roi d'Espagne et fut remplacé à Naples par **Murat**, son beau-frère.

5. — Les Espagnols se révoltèrent et, soutenus par les Anglais, ils obligèrent le général **Dupont** à signer la *capitulation de Baylen**, en 1808 ; l'année suivante, au siège de Saragosse, ils firent preuve d'un indomptable patriotisme.

6. — La résistance de l'Espagne encouragea l'Autriche à recommencer la guerre ; après nos victoires d'*Eckmühl**, d'*Essling** et de *Wagram**, elle fut forcée de nous céder plusieurs provinces, par la *paix de Vienne*, en 1809.

7. — La même année, *Rome* fut occupée et déclarée la seconde ville de l'empire français.

Questionnaire : 1. — Quelles ont été les conséquences du blocus imposé à tous les États ?
2. — Le Portugal ayant refusé d'adhérer au blocus, que fit Junot ?
3. — Quel a été le résultat de l'entrevue de Napoléon avec le roi Charles IV d'Espagne ?
4. — Qui fut nommé roi d'Espagne ?
5. — Quelle défaite fut subie en Espagne par l'armée française ?
6. — Citez deux victoires remportées en 1809 contre l'Autriche.
7. — En quelle année l'annexion de Rome ?

Récits

1. Le blocus continental. — L'Autriche, la Prusse et la Russie avaient traité avec Napoléon. L'Angleterre n'avait pas désarmé. Pour la réduire, pour l'isoler du reste de l'Europe, Napoléon avait décrété contre elle, en 1806, le *blocus continental*, qui interdisait à tous les ports de l'Europe de recevoir les marchandises anglaises.

2. Affaires de Portugal et d'Espagne. — Le *Portugal**, lié depuis longtemps à l'Angleterre par son commerce, accepta le blocus continental, mais refusa de confisquer les propriétés appartenant à des Anglais. Il fut envahi par une armée française, et la famille royale se réfugia dans la colonie du Brésil, qui devint un État indépendant.

L'*Espagne* avait aidé Napoléon à envahir le Portugal. Mais le roi Charles IV avait à lutter contre son fils Ferdinand. Napoléon, sous prétexte de réconcilier le père et le fils, les attira à Bayonne*, et les obligea tous deux à abdiquer. Il nomma alors roi d'Espagne son frère *Joseph*, qui fut remplacé à Naples par Murat*, beau-frère de Napoléon.

Les Espagnols se révoltèrent et firent capituler, à *Baylen** (1808), le corps d'armée du général Dupont. Cette victoire, remportée par les mauvaises troupes espagnoles sur nos soldats réputés invincibles, eut un immense retentissement et porta atteinte au prestige de Napoléon.

3. Le siège de Saragosse (1809.)

L'acharnement des Espagnols se montra surtout au siège de *Saragosse;* on dut prendre cette malheureuse ville rue par rue et maison par maison ; 50 000 hommes périrent dans ce

Fig. 206. — Siège de Saragosse. — Lannes s'empara de Saragosse, le 21 février 1809, après un siège meurtrier qui dura soixante-deux jours.

siège fameux. Les Espagnols continuaient la lutte, faisant une guerre d'escarmouches extrêmement meurtrière. « Les moines et les femmes étaient les plus acharnés et celles-ci pendaient tous ceux qui parlaient de se rendre. »

C'est alors que l'Angleterre envoya une armée au secours des Espagnols. Commandés par Wellington, les Anglais, quelques années plus tard, forcèrent nos soldats à repasser les Pyrénées.

4. Campagne de 1809.

— L'Autriche crut le moment favorable pour recommencer la guerre. Napoléon resserra son alliance avec le tsar par l'*entrevue d'Erfurt** . La campagne s'engagea : Napoléon battit à plusieurs reprises

l'archiduc Charles, autour de *Ratisbonne** et il entra à *Vienne*.

L'armée ennemie se retira derrière Vienne et occupa la rive gauche du Danube. Napoléon tenta de passer le fleuve à *Essling ;* une crue survint subitement, qui emporta le pont de bateaux que les Français avaient construit : il fallut se retrancher dans l'île Lobau. — Deux mois plus tard, Napoléon opéra le passage du Danube, en face de *Wagram* : les Autrichiens, surpris, furent complètement défaits.

5. La paix de Vienne (1809).

— L'empereur d'Autriche dut accepter le blocus continental et signer la *paix de Vienne*, par laquelle il cédait à la France les *provinces illyriennes* , et reconnaissait Joseph Bonaparte comme roi d'Espagne.

LEXIQUE. — Baylen, dans le sud de l'Espagne (carte, fig. 205).

Bayonne, s.-préf. des Basses-Pyrénées, à l'embouchure de l'Adour (carte, fig. 205).

Brésil, grand État de l'Amérique du Sud, aujourd'hui en république.

Eckmühl, village de Bavière. Essling, Wagram, villages situés près de la rive gauche du Danube, aux environs de Vienne (carte, fig. 289).

Erfurt, ville d'Allemagne, dans la Saxe prussienne (carte, fig. 289).

Murat, maréchal de France, marié à une sœur de Napoléon, Caroline Bonaparte, était fils d'un aubergiste.

Portugal, état du S.-O. de l'Europe, capitale Lisbonne (carte, fig. 205).

Provinces illyriennes, possession de l'Autriche, sur les bords de l'Adriatique (carte, fig. 289).

Ratisbonne, ville de Bavière, sur le Danube (carte, fig. 289).

Résumé chronologique.

1807		Invasion du Portugal.
1808	juin	Joseph, roi d'Espagne ; résistance des Espagnols.
—	22 juillet	Capitulation de Dupont à Baylen.
1809	février	Prise de Saragosse.
—	mai	Bataille d'Essling.
—	6 juillet	Victoire de Wagram ; les Autrichiens écrasés.

Devoir de rédaction.

LA GUERRE CONTRE LES ESPAGNOLS

Plan. — 1. Napoléon fut entraîné à cette guerre par le décret du blocus continental et par son ambition excessive.
2. Résistance des Espagnols ; capitulation de Baylen.
3. Victoires éphémères de Napoléon ; siège sanglant de Saragosse.
4. Jamais Napoléon ne put vaincre la défense nationale en Espagne, et ce fut le commencement de sa ruine.

Dix-neuvième siècle.

LIII. — RETRAITE DE RUSSIE (1812). — CAMPAGNE DE SAXE (1813) ET CAMPAGNE DE FRANCE (1814). — ABDICATION DE NAPOLÉON

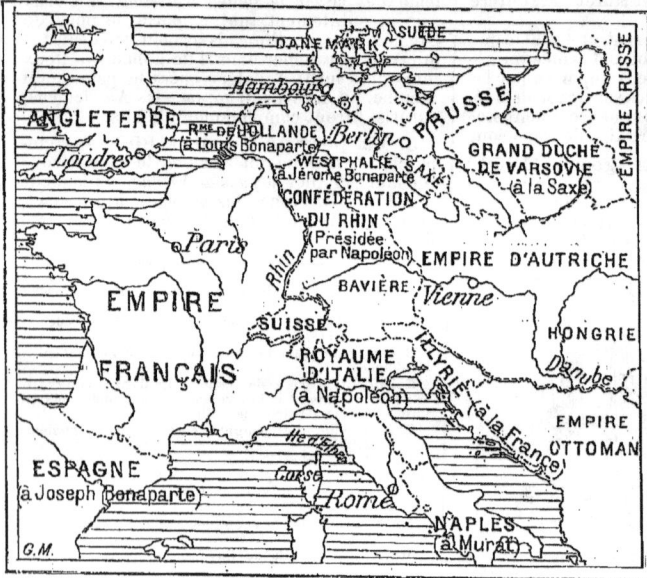

Fig. 297. — **France et Europe en 1811.** — En 1811, l'empire comprenait 130 départements. La *Confédération du Rhin*, l'*Italie*, l'*Illyrie* étaient gouvernées par Napoléon; l'*Espagne* par son frère Joseph; la *Hollande* par son frère Louis; la *Westphalie* par son frère Jérôme; *Naples* par son beau-frère Murat. La moitié de l'Europe appartenait à la France.

le blocus continental : de la guerre de Russie date la période des revers.

4. — En 1812, Napoléon entra en Russie avec *500 000 hommes*; vainqueur à *la Moskowa**, il pénétra dans *Moscou*, que les Russes incendièrent en se retirant.

5. — La *grande armée* périt presque tout entière dans la néfaste **retraite de Russie**.

6. — La Prusse, après ce désastre, se joignit à la Russie; Napoléon, avec une armée de conscrits, fut victorieux à *Lutzen** et à *Bautzen**; mais, quand l'Autriche se fut

Entretiens

1. — En 1810, Napoléon répudia *Joséphine** pour épouser la fille de l'empereur d'Autriche, **Marie-Louise**, dont il eut un fils, qui reçut le titre de *roi de Rome*.

2. — Avec l'empire, qui comprenait *130 départements*, et les États vassaux qui l'entouraient, Napoléon était maître de la moitié de l'Europe.

3. — Mais il devait se heurter à la Russie, qui refusa d'appliquer

Fig. 298. — **Carte de la campagne de Russie.** — Napoléon traverse le *Niemen* et entre en Russie le 24 juin 1812, s'empare de *Witebsk*, de *Smolensk*, et livre à l'armée russe la sanglante bataille de *Borodino* près de la *Moskowa* (7 septembre 1812), où les deux armées ensemble perdirent plus de 80 000 hommes. Le 14 septembre, la grande armée atteint *Moscou*, abandonnée et incendiée par les Russes.

déclarée contre nous, il fut accablé à *Leipzig**, en 1813.

7. — La France fut envahie de tous les côtés à la fois : pendant deux mois, Napoléon arrêta des armées trois ou quatre fois plus nombreuses que la sienne; mais il dut enfin céder à des forces supérieures.

8. — Après la *capitulation de Paris*, Napoléon abdiqua. Il fut envoyé à l'*île d'Elbe**, et les *Bourbons* furent rétablis sur le trône (1814).

9. — Napoléon favorisa les savants et les industriels. Il créa le Conseil général des fabriques et des manufactures.

Questionnaire : 1. — Quelle fut la seconde femme de Napoléon?
2. — Quelle était la puissance de Napoléon en 1811?
3. — Quelle campagne inaugura les défaites de Napoléon?
4. — Que savez-vous de la campagne de Russie?
5. — Comment périt la grande armée?
6. — Où Napoléon fut-il écrasé, dans la campagne d'Allemagne?
7. — Pendant combien de temps Napoléon arrêta-t-il les armées ennemies qui avaient envahi la France?
8. — Quel fut le résultat de la capitulation de Paris?
9. — Que fit Napoléon pour les savants et les industriels?

Récits.

1. L'Empire en 1810 et 1811. — Napoléon, n'ayant pas d'enfant de sa première femme, *Joséphine de Beauharnais**, la répudia et il épousa *Marie-Louise d'Autriche*, dont il eut un fils, qu'on appela le *roi de Rome*, titre donné autrefois aux héritiers des empereurs d'Allemagne.

A ce moment (1811), Napoléon était maître de la moitié de l'Europe. L'empire avait 130 départements : Rome, Turin, Genève, Amsterdam, Hambourg étaient chefs-lieux de départements français. Autour de l'empire gravitaient les Etats vassaux : Napoléon était *roi d'Italie*, *protecteur* de la Confédération du Rhin, *médiateur* de la République Helvétique; son frère *Joseph* était roi d'*Espagne*, son frère *Jérôme*, roi de *Westphalie*, son frère *Louis* roi de Hollande et son beau-frère *Murat*, roi de *Naples*.

Cet immense empire établi par la force des armes devait crouler au premier échec. Les Espagnols étaient en pleine révolte, les Allemands n'attendaient qu'une occasion pour secouer le joug; en France même, la captivité du pape à Fontainebleau, le poids des impôts et surtout la conscription faisaient beaucoup de mécontents.

2. Campagne de Russie (1812.) — Par son ambition incessante, Napoléon exaspéra l'Europe. L'empereur de Russie refusa d'exécuter le blocus continental, et la guerre éclata.

Napoléon, comprenant que la *Russie* était la seule puissance en état de lui résister, essaya de la vaincre. Il rassembla une armée de près de 500 000 hommes, composée de soldats français, italiens, allemands, hollandais, polonais, et envahit la Russie. Après avoir battu les ennemis à *Smolensk*, il marcha sur Moscou.

Les Russes se retiraient en ravageant tout sur leur passage, afin de retarder la marche des Français. A *Borodino*, sur les bords de la *Moskowa**, le tsar Alexandre Ier, avec toute son armée, tenta d'arrêter Napoléon. Une bataille terrible s'engagea, où le *maréchal Ney* se couvrit de gloire. Napoléon, victorieux, entra dans *Moscou*. Mais à peine était-il installé au palais

Fig. 290. — **Le maréchal Ney pendant la retraite de Russie.** — Ney avait été chargé du commandement de l'arrière-garde pendant la retraite. Par des prodiges de valeur et d'habileté, après avoir résisté aux nombreuses attaques des Russes et pris lui-même le fusil pour les repousser, il parvint à rejoindre, à la tête d'un corps réduit à trois mille hommes, le gros de l'armée dont il avait été séparé.

impérial du Kremlin, que Moscou était en feu : les habitants, poussés par leur gouverneur, avaient eux-mêmes allumé l'incendie.

Napoléon espérait que le tsar se soumettrait et lui demanderait la paix; mais Alexandre, comptant sur le patriotisme du peuple russe, ne fit aucune proposition et Napoléon, ne pouvant se maintenir dans une ville ruinée, se décida à battre en retraite.

3. Passage de la Bérésina. — L'hiver approchait : l'armée reprit la route de Smolensk, déjà dévastée. Mourant de faim, atteints par la rigueur du climat, harcelés sans cesse par les Russes, nos soldats s'avançaient péniblement; la plupart tombaient pour ne plus se relever. Enfin ils arrivèrent sur les rives de la *Bérésina**. Pour passer la rivière, il fallut construire plusieurs ponts de bateaux. Au moment où le gros de l'armée traversait le fleuve, les ponts se rompirent : une multitude de soldats furent engloutis.

Lorsque les débris de la Grande-Armée parvinrent à Wilna, il ne restait plus que 40 000 hommes exténués. Telle fut la fin de cette lamentable expédition.

4. Campagne d'Allemagne (1813.) — Les souverains de l'Europe avaient enfin trouvé l'occasion de venger les humiliations que Napoléon leur avait infligées. Au nom de l'indépendance nationale, au nom de la liberté, ils entraînèrent leurs peuples contre l'héritier de la Révolution.

Les Russes et les Prussiens commencèrent l'attaque; Napoléon les défit en Saxe, à *Lutzen** et à *Bautzen**. L'Autriche lui offrit alors sa médiation; on lui posa comme condition d'abandonner l'Allemagne et le grand-duché de Varsovie. Il refusa.

Fig. 300
Chasseur à cheval de la garde.

5. Bataille de Leipzig (1813). — Aussitôt, à la Russie, aux Prussiens commandés par Blücher, vinrent se joindre les Autrichiens, commandés par Schwarzenberg, et les Suédois sous Bernadotte*. Ils attaquèrent Napoléon à *Leipzig** : c'est là que se livra la fameuse bataille que les Allemands ont appelée la *bataille des Nations*. La lutte dura trois jours : les deux premiers jours, les Français résistèrent victorieusement; mais le troisième, accablés par le nombre, abandonnés par les Saxons sur le champ de bataille, ils furent obligés de reculer; l'Allemagne fut évacuée et la France envahie par l'étranger.

6. Campagne de France (1814.) — Napoléon retrouva tout son génie pour combattre l'invasion. Avec 60 000 hommes, il arrêta pendant deux mois les trois principales armées coalisées. Vainqueur à *Brienne**, à *Champaubert**, à *Montmirail**, à *Montereau**, il s'épuisait dans cette lutte inégale, et ne pouvait faire face à la fois à tous ses adversaires.

N'ayant pu empêcher la jonction de Blücher et de Schwarzenberg, il voulut se porter en Lorraine pour menacer les communications

Fig. 301. — **Adieux de Napoléon à sa garde, dans la cour du château de Fontainebleau.** (*D'après le tableau d'Horace Vernet*). — Le 20 avril 1814, Napoléon fit à sa garde des adieux touchants : « Si j'ai consenti à me survivre, c'est pour servir encore à votre gloire. Je veux écrire les grandes choses que nous avons faites ensemble... Adieu, mes enfants, je voudrais vous presser tous sur mon cœur! » Il embrassa le général Petit, le drapeau, puis il partit pour l'île d'Elbe.

des alliés; ceux-ci arrivèrent devant *Paris* et obligèrent la ville à capituler (31 mars 1814).

C'est alors que Napoléon, à *Fontainebleau*, abdiqua en faveur de son fils, mais les coalisés préférèrent rétablir les Bourbons : Louis XVIII devint roi de France, et on laissa à Napoléon, comme par dérision, un État minuscule, la petite *île d'Elbe**.

7. Le premier traité de Paris. (31 mai 1814). — Le *premier traité de Paris* réduisit la France à ses frontières de 1792, nous enleva la Belgique et la rive gauche du Rhin, mais nous conserva Avignon et la Savoie.

8. La France en 1814. — En 1814, après vingt-deux ans de guerre, après des triomphes comme l'histoire n'en offre pas d'autres, après des prodiges de bravoure et de constance accomplis par ses enfants, après avoir laissé le meilleur de son sang, *deux ou trois millions d'hommes*, sur tous les champs de bataille de l'Europe, *la France se retrouvait aussi petite que sous le règne de Louis XV*, et elle subissait l'affront de voir les *Prussiens*, les *Russes*, les *Autrichiens* pénétrer dans sa capitale et lui dicter des lois.

Fig. 302.
Conscrit (1814).

9. Les grands travaux. — De grands travaux d'art ou d'utilité générale furent entrepris en France et dans les pays annexés :

La *Colonne de la Grande Armée* fut élevée sur la place Vendôme, à Paris, avec les canons pris à l'ennemi.

L'*Arc de triomphe du Carrousel*, qui a été construit en 1806, est un magnifique monument d'une grande richesse d'ornementation.

L'*Arc de triomphe de l'Étoile*, élevé au sommet des Champs-Élysées, à Paris, est le plus considérable des monuments de ce genre. Son érection fut décrétée en 1806, mais il n'a été inauguré qu'en 1836.

Citons encore l'achèvement du *Louvre* et des *Tuileries*, les canaux du *Rhône au Rhin* et du *Rhin à l'Escaut*, les routes de *Tarare*, de *Metz* à *Mayence*, celle du *Simplon**, le *bassin d'Anvers*, etc.

10. Encouragements à l'industrie. — Les encouragements furent prodigués à l'industrie et l'on créa le *Conseil général des fabriques et manufactures*. Le blocus continental, qui écartait du continent les produits de l'industrie anglaise, fit naître des industries nouvelles.

Par un décret du 15 janvier 1812, Napoléon destina cent mille hectares de terrain à la culture des betteraves pour la fabrication du sucre indigène, qui devait remplacer le sucre des colonies.

11. Les savants. — Napoléon favorisa surtout l'application des sciences positives à

Fig. 303
Monge
(1746-1818).

Fig. 304
Laplace
(1749-1827).

Fig. 305
Fourcroy
(1755-1809).

l'industrie. Il honora et récompensa les savants : les mathématiciens *Monge*, l'un des fondateurs de l'École Polytechnique et *Laplace*, inventeur du système cosmographique qui porte son nom; les chimistes *Fourcroy*, *Berthollet*, à qui nous sommes redevables de si utiles découvertes scientifiques, telles que les propriétés décolorantes du chlore et leur application au blanchiment des toiles, l'emploi du charbon pour la purification de l'eau, etc., *Chaptal*, qui a trouvé des procédés pour la fabrication de l'alun, du salpêtre, des ciments,

etc., et le naturaliste *Cuvier*, créateur de l'anatomie comparée et de la paléontologie.

Fig. 306
Berthollet
(1748-1822).

Fig. 307
Chaptal
(1756-1832).

Fig. 308
Cuvier
(1769-1832).

12. Les industriels. — Des manufacturiers comme *Richard* et *Lenoir*, qui introduisirent en France le métier à filer le coton; *Oberkampf*, qui développa l'industrie des toiles

Fig. 309
Richard
(1765-1839).

Fig. 310
Lenoir
(1768-1806).

Fig. 311
Oberkampf
(1738-1815).

Fig. 312
Jacquard
(1752-1834).

peintes dites *indiennes; Jacquard*, l'inventeur du métier à tisser la soie, qui opéra une révolution dans l'industrie française, furent l'objet de la sollicitude de Napoléon.

13. Les écrivains et les artistes. —

Fig. 313
Mme de Staël
(1766-1817).

Fig. 314
Chateaubriand
(1768-1848).

La littérature et les arts ne brillèrent pas du même éclat, malgré les prix décennaux* qui

furent distribués en 1810. Les plus grands écrivains de cette époque sont *Chateaubriand*, l'auteur du *Génie du Christianisme*; Mme *de Staël*,
la fille de Necker, ministre de Louis XVI, qui
a écrit *Delphine*, *Corinne* et un beau livre sur
l'Allemagne. Nommons encore *Marie-Joseph
Chénier*, l'auteur du *Chant du Départ*; *Bernar-
din de Saint-Pierre*, à qui nous devons le livre
si connu : *Paul et Virginie*.

Fig. 315   Fig. 316   Fig. 317
David   Prud'hon   Gros
(1748-1825).   (1758-1823).   (1771-1835).

Les principaux artistes sont : *David*, *Pru-
d'hon*, *Gros*, qui a peint les grandes batailles
impériales.

LEXIQUE. — **Bérésina**, affluent du Dniéper (carte
fig. 298).
Bernadotte, maréchal de France, adopté par le roi de
Suède, Charles XIII. Le roi actuel de Suède, Oscar II, est
son arrière-petit-fils.
Brienne, ch.-l. de canton de l'Aube; école militaire
supprimée en 1790, où Napoléon avait fait ses études (carte,
fig. 318).
Champaubert, village de la Marne, au S.-O. d'Épernay
carte, fig. 318).
Ile d'Elbe, petite île de la Méditerranée, près des côtes
d'Italie (carte, fig. 297).

Joséphine eut de son premier mariage avec le général
de Beauharnais, un fils, le prince Eugène, vice-roi d'Italie,
et une fille, Hortense, mariée à Louis Bonaparte et qui
fut mère de Napoléon III.
Leipzig, grande ville de Saxe, sur l'Elster (carte,
fig. 289).
Lutzen, Bautzen, en Allemagne, dans le royaume de
Saxe (carte, fig. 289).
Montereau, au confluent de l'Yonne et de la Seine
(carte, fig. 318).
Montmirail, ch.-l. de canton (Marne), au S.-O. d'Éper-
nay (carte, fig. 318).
Moskowa, rivière de Russie qui passe à Moscou (carte,
fig. 298).
Prix décennaux, que l'on décerne tous les dix ans.
Simplon, montagne des Alpes entre le Valais et le
Piémont, traversée par une superbe route de 60 kilom.

Résumé chronologique.

1811	20 mars	Naissance du roi de Rome, fils de Napoléon et de Marie-Louise
1812	7 septembre	Bataille de la Moskowa.
—	26-29 novembre	Passage de la Bérésina.
1813	mai	Lutzen et Bautzen, victoires de Napoléon.
—	16-19 octobre	Bataille de Leipzig, ou bataille des nations, défaite de Napoléon.
1814	29 janvier	Victoire de Brienne.
—	10-11 février	— de Champaubert, de Montmirail.
—	18 février	Victoire de Montereau.
—	30 mars	Bataille et capitulation de Paris.

Devoir de rédaction.

LA RETRAITE DE RUSSIE

Plan. — 1. Napoléon, maître de Moscou; l'incendie de la
ville.
2. La retraite; le froid; la neige; les continuels combats
contre les Russes qui suivent pas à pas l'armée française.
3. Le passage de la Bérésina.
4. Nouvelles luttes après ce désastre; la Grande-Armée
décimée; Napoléon entraîné à sa chute, malgré son génie.

Dix-neuvième siècle.

LIV. — LES BOURBONS (1814 à 1830). — PREMIÈRE RESTAURATION
LES CENT JOURS
DÉFAITE DE WATERLOO (1815). — LE TRAITÉ DE PARIS

Entretiens.

1. — On appelle *Restauration* la période
de notre histoire qui s'étend de 1814 à
1830.
2. — **Louis XVIII**, frère de Louis XVI,
ramené en France par les souverains étrangers, commit, ou plutôt laissa commettre
en son nom, des fautes nombreuses.

3. — Profitant de ces fautes, **Napoléon**
quitta l'île d'Elbe, et revint triomphalement
reprendre le pouvoir; il le conserva pen-

Fig. 318. — **La France après 1815.** — Par le second traité de Paris, la France perdit toutes ses conquêtes et reprit les limites qu'elle avait avant la Révolution. (Le grisé indique les parties perdues).

dant *cent jours;* mais une nouvelle coalition se forma contre lui.

4. — Battu à **Waterloo** *, en 1815, Napoléon abdiqua une seconde fois et se livra aux Anglais. Il fut conduit à l'île de *Sainte-Hélène* *, où il mourut le 5 mai 1821.

5. — Par le *second traité de Paris,* signé en 1815, la France perdit toutes les conquêtes de la Révolution, et fut ramenée aux limites de 1789; elle dut payer en outre une contribution de guerre de 700 millions.

Questionnaire : **1.** — Qu'appelle-t-on Restauration ?
2. — Pourquoi Louis XVIII fut-il bientôt impopulaire ?
3. — Quel accueil fit-on à Napoléon, quand il revint de l'île d'Elbe ?
4. — Après Waterloo, que fit Napoléon ? Où mourut-il ?
5. — Quelles furent les limites de la France, après le traité de Paris signé en 1815 ?

Récits

1. Louis XVIII. — *Louis XVIII* était l'aîné des deux frères de Louis XVI. Il n'avait

Fig. 319. — **Louis XVIII.** — Roi de France, né à Versailles le 17 novembre 1755, mort à Paris le 16 septembre 1824.

pas d'enfant; mais son frère, le comte d'Artois, avait deux fils, le duc d'Angoulème et le duc de Berry. La situation du roi, imposé à la France par l'étranger, était difficile. Louis XVIII la rendit plus mauvaise encore par ses fautes ; il mécontenta l'armée en remplaçant par le drapeau blanc le drapeau tricolore qui rappelait tant de victoires, en licenciant une partie de l'armée de Napoléon, en mettant 10 000 officiers en demi-solde* ; enfin, il s'entoura d'émigrés.

Des paroles maladroites inquiétèrent les acquéreurs de biens nationaux. On craignait que l'ancien régime ne fût rétabli.

2. Les Cent jours (20 mars — 28 juin 1815). — Napoléon pensa que l'heure était venue de reprendre le pouvoir. Il quitta l'île

Fig. 320

Retour de Napoléon. — Le 26 février 1815, Napoléon quitta l'île d'Elbe avec les généraux Bertrand, Drouot et Cambronne et débarqua au golfe Juan le 1er mars. Sa petite troupe fut d'abord regardée avec étonnement, puis saluée par les populations et grossie par les troupes qui entraînaient leurs officiers. Le 10 mars Napoléon arrivait à Lyon, le 19 à Fontainebleau ; le 20 il était aux Tuileries.

d'Elbe et débarqua près de *Cannes** avec quelques centaines d'hommes seulement. Il fut partout acclamé comme l'homme de la Révolution; les soldats envoyés contre lui vinrent grossir son armée; il entra à Grenoble, puis à Lyon; le maréchal Ney, qui avait promis de le combattre, se déclara pour lui. Vingt jours après son débarquement, l'empereur s'installait aux Tuileries, pendant que Louis XVIII se réfugiait à Gand*.

Par l'*Acte additionnel,** Napoléon donnait à la France une Constitution libérale.

3. Napoléon en Belgique. — Les souverains refusèrent de traiter avec Napoléon et la guerre recommença.

La campagne s'engagea en Belgique. Napoléon rencontra à *Ligny* le général prussien Blücher : il le battit, mais sans détruire son armée : il envoya alors à sa poursuite l'un de ses généraux, Grouchy, qui devait l'empêcher de se joindre aux Anglais, commandés par Wellington. Grouchy laissa passer 30 000 Prussiens : cette faute enlevait à l'empereur ses dernières chances de succès.

4. Waterloo (18 juin 1815.) — La bataille décisive s'engagea dans la plaine de

Fig. 321. — **La garde à Waterloo.** — Le 18 juin 1815, Napoléon fut vaincu à Waterloo, par le duc de Wellington secondé par le général prussien Blücher. Cambronne, qui commandait une division de la garde, lui avait fait former le carré et se défendait furieusement contre l'armée ennemie; sommé de se rendre, il refusa énergiquement et le combat ne cessa que quand un grand nombre de ses hommes eurent été tués ou mis hors de combat.

*Waterloo**. Napoléon et le maréchal Ney délogèrent les Anglais d'une partie des positions qu'ils occupaient : à trois heures, il semblait que la bataille fût gagnée. Le canon tonna dans le lointain. Était-ce Grouchy? Non, c'était Blücher, qui, avec ses 30 000 hommes, venait renforcer l'armée de Wellington. Les Français,

déjà épuisés par une lutte héroïque, combattirent encore en désespérés; ils se lancèrent comme des furieux contre les bataillons anglais, qui supportèrent l'assaut sans faiblir. Napoléon fit alors donner sa vieille garde : elle fut écrasée. Les Anglais la sommèrent de se rendre : « *La garde meurt et ne se rend pas,* » répondit Cambronne. La garde mourut héroïquement. La bataille était perdue; la puissance de Napoléon s'écroulait en une seule journée.

Napoléon abdiqua de nouveau, après *cent jours* de règne. Il se rendit à Rochefort, d'où il songeait à s'embarquer pour l'Amérique : tout à coup il résolut de demander l'hospitalité à l'Angleterre. Les Anglais, le considérant comme prisonnier de guerre, le firent conduire au milieu de l'Océan Atlantique, dans l'île de *Sainte-Hélène**, où il mourut, le 5 mai 1821.

3. La France en 1815. — Le traité de Paris, de 1814, nous avait enlevé la frontière du Rhin, mais il nous avait laissé une partie de la Savoie; le retour de Napoléon nous obligea à signer le *second traité de Paris* (1815), qui nous enlevait non seulement toutes les conquêtes de l'empire, mais toutes celles de la Révolution, la rive gauche du Rhin et la limite des Alpes, puisque la Savoie elle-même nous échappait; la France fut ramenée à peu près à ses frontières de 1789. Il nous fallut de plus payer une indemnité de *700 millions*, et entretenir, pendant cinq ans, 150 000 soldats étrangers dans nos places fortes du nord et de l'est.

LEXIQUE. — Acte additionnel. Acte ajouté à la Constitution impériale.

Cannes, sur la Méditerranée, dép. des Alpes-Maritimes (carte, fig. 318).

Demi-solde, appointements réduits d'un militaire en non-activité.

Gand, grande ville de Belgique, sur l'Escaut (carte, fig. 318).

Sainte-Hélène, île de l'Atlantique, sur la côte occidentale de l'Afrique.

Waterloo, en Belgique, au sud de Bruxelles (carte, fig. 318).

Résumé chronologique.

1814	5 mai.	Entrée de Louis XVIII à Paris.
1815	1er mars.	Débarquement de Napoléon.
—	20 mars.	Napoléon à Paris; Louis XVIII se retire à Gand.
—	18 juin.	Bataille de Waterloo, défaite définitive de Napoléon.

Devoir de rédaction.

WATERLOO

Plan. — 1. Napoléon revient de l'île d'Elbe et rentre à Paris; la coalition se reforme contre lui.

2 La bataille de Waterloo ; charges glorieuses de Ney contre les rangs anglais.

3. Arrivée de Blücher ; défaite de Napoléon.

4. La France envahie, puis mutilée ; Napoléon à Sainte-Hélène.

Fig. 322. — **Prise du Trocadéro.** (*D'après le tableau de Paul Delaroche*). — Le duc d'Angoulême, qui assiégeait Cadix, bloquée déjà depuis six semaines, fit ouvrir la tranchée le 19 août et enleva le Trocadéro par surprise, le 31 août 1823

Dix-neuvième siècle.

LV. — LOUIS XVIII (1815-1824). — LA TERREUR BLANCHE
LES MINISTÈRES MODÉRÉS (RICHELIEU, DECAZES). — NOUVELLE RÉACTION

Entretiens.

1. — Après les *Cent jours*, Louis XVIII fut rétabli. Il accorda une **Charte** à la nation et gouverna avec la *Chambre des pairs*, composée par le roi, et avec la *Chambre des députés*, formée de députés élus par les contribuables qui payaient 300 francs d'impôt direct.

2. — La Chambre des députés, où dominaient les ultra-royalistes, a été appelée la *Chambre introuvable ;* elle encouragea tous les excès. Dans le Midi surtout, il y eut de nombreuses victimes.

3. — Le maréchal **Ney** fut fusillé à Paris ; le maréchal **Brune** fut assassiné à Avignon et le général **Ramel** à Toulouse. On appela cette réaction la *Terreur blanche.*

4. — En septembre 1816 le roi renvoya la Chambre introuvable et donna le pouvoir à des royalistes modérés, MM. *de Richelieu, Decazes, de Serre.*

5. — Le duc de Richelieu, effrayé des progrès des libéraux, donna sa démission. Le duc **Decazes**, qui lui succéda, fut combattu par les ultra-royalistes ; l'assassinat du *duc de Berry** par Louvel, en 1820, précipita sa chute.

6. — Rappelé au pouvoir, le **duc de Richelieu** céda bientôt la place au ministère de réaction* formé par M. de Villèle.

7. — M. de Villèle fit la *guerre d'Espagne*, dans le dessein de rétablir le pouvoir absolu en faveur de Ferdinand VII.

8. — Louis XVIII mourut à Paris, le 16 septembre 1824. Son frère, Charles X, lui succéda.

Questionnaire : 1. — Comment gouverna Louis XVIII ?
2. — Qu'est-ce que la Chambre introuvable ?
3. — Citez les noms de trois généraux qui furent victimes de la Terreur blanche.
4. — Nommez les ministres modérés que Louis XVIII appela au pouvoir.
5. — Pourquoi le duc Decazes quitta-t-il le pouvoir ?
6. — Le duc de Richelieu rappelé au pouvoir donne sa démission ; par qui est-il remplacé ?
7. — Pourquoi M. de Villèle fit-il la guerre d'Espagne ?
8. — Quand mourut Louis XVIII ?

Récits

1. La Charte. — La France ne fut plus livrée à la royauté absolue; le roi *octroya** une *charte* par laquelle il donnait le pouvoir législatif à deux Chambres : celle des *pairs*, où siégeaient, à titre héréditaire, les chefs de quelques grandes familles, et celle des *députés*, qui était élective. Les députés furent nommés au suffrage restreint, par les contribuables qui payaient 300 francs d'impôt direct, c'est-à-dire par environ *120 000* riches propriétaires ou gros commerçants.

2. La Terreur blanche. — Douze cent mille étrangers occupaient la France et s'y conduisaient comme en pays conquis. Dans le Midi, des misérables, la lie du parti royaliste, massacraient les partisans de l'Empire et de la Révolution : le maréchal *Brune* était tué par la populace d'Avignon ; le général *Ramel*, pourtant bon royaliste, était assassiné à Toulouse ; les *protestants* étaient égorgés dans le Gard par des bandits dont le plus connu est *Trestaillons*. Ce triste régime a reçu le nom de *Terreur blanche*. Cette terreur n'avait pas, comme celle de 1793, l'excuse de la patrie envahie et de la France à défendre contre l'étranger.

Fig. 323. — **Brune.** — Maréchal de France, né à Brives le 13 mai 1763, assassiné à Avignon le 2 août 1815.

Fig. 324. — **Ney.** — Maréchal de France, né à Sarrelouis, le 10 janvier 1769, fusillé à Paris le 7 décembre 1815.

3. La Chambre introuvable. — Le gouvernement de Louis XVIII ordonna d'instruire le procès de ceux qui avaient pris le parti de Napoléon : *Ney*, traduit devant la Cour des pairs, fut condamné à mort et fusillé le 7 décembre 1815. Dans la Chambre des députés, « plus royaliste que le roi, » des discours violents étaient d'abord prononcés. Louis XVIII, tout heureux d'abord d'avoir une Chambre aussi royaliste, lui avait donné le nom, qui lui est resté, de *Chambre introuvable*. Il ne tarda pas à voir que ces « introuvables » le compromettaient; il les renvoya, le 6 septembre 1816.

4. Évacuation du territoire. — La France fut alors gouvernée par des royalistes modérés, MM. de Richelieu, Decazes, de Serre. Ce fut la belle époque de la Restauration. Le territoire fut évacué par l'étranger dès 1818, et Louis XVIII écrivit au duc de Richelieu : « J'ai assez vécu, puisque j'ai vu la France libre et le drapeau français flotter sur toutes les villes du royaume. » Une loi libérale sur la presse fut édictée. En 1818, le maréchal Gouvion Saint-Cyr fit voter une loi de recrutement militaire, qui, dans ses traits essentiels, a subsisté fort longtemps : chaque année le tirage au sort devait désigner 40 000 hommes qui seraient appelés sous les drapeaux. La durée du service était de six ans. Pour l'avancement, un tiers des grades était donné à l'ancienneté et deux tiers au choix.

5. La réaction*. — Un fanatique obscur, nommé *Louvel*, assassina le duc de Berry* (13 février 1820). Cet événement eut de graves conséquences. Le parti de la *Congrégation*, qui voulait ramener la France à l'ancien régime et qui était dirigé par les jésuites, fit arriver au pouvoir M. de *Villèle*. Il eut pour ennemis les libéraux, Lafayette, le général Foy, Benjamin Constant, Laffitte, Manuel, qui s'appuyaient sur une association secrète, la *Charbonnerie**. Elle faisait surtout des prosélytes* dans l'armée.

Fig. 325. — **Manuel.** — Célèbre homme politique, né à Barcelonnette le 19 décembre 1775, mort à Paris le 27 août 1827.

En 1821-1822, de nombreux complots éclatèrent et furent sévèrement réprimés; mais l'opinion prenait souvent parti pour les victimes, et des exécutions comme celle des *quatre sergents de La Rochelle* faisaient beaucoup d'ennemis au gouvernement.

6. La guerre d'Espagne (1823). — La guerre d'Espagne, entreprise en faveur d'un prince fourbe et cruel, Ferdinand VII, ne fut pas populaire. Elle se termina par la prise du *Trocadéro**, près de Cadix. Ferdinand, qu'une révolution avait chassé de Madrid, fut rétabli sur le trône.

7. Mort de Louis XVIII (16 septembre 1824). — Comprenant tout le danger que les ultra-royalistes faisaient courir à la monarchie, Louis XVIII, à son lit de mort, fit venir le duc de Bordeaux ; puis, s'adressant à son frère, le futur *Charles X*, il lui recommanda de « ménager la couronne de cet enfant. » Le duc de Bordeaux, qui fut plus tard le *comte de Chambord*, ne devait jamais régner.

LEXIQUE. – **Charbonnerie,** société secrète, à l'imitation de celles qui s'étaient formées en Italie après 1815.
Congrégation, association de laïques dirigés par les jésuites.
Duc de Berry, deuxième fils du comte d'Artois : il eut un fils posthume, le comte de Chambord (appelé Henri V), né en septembre 1820.
Octroyer, a le sens d'accorder de son plein gré, par grâce. Louis XVIII employait cette expression pour bien faire entendre que la Charte ne lui était pas imposée par le peuple.
Prosélyte, toute personne gagnée à une opinion.

Réaction, action d'un parti qui veut faire revivre les choses du passé, l'ancien régime.
Trocadéro, fort de la baie de Cadix. Ce nom a été donné aux hauteurs de Passy, à Paris (carte, fig. 295).

Résumé chronologique.

1820	13 février.	Assassinat du duc de Berry, fils du comte d'Artois, le futur Charles X.
—	29 septemb.	Naissance du comte de Chambord.
1823		Guerre d'Espagne, pour le rétablissement du pouvoir absolu de Ferdinand VII.
1824		Mort de Louis XVIII.

Devoir de rédaction.

LE RÈGNE DE LOUIS XVIII (1815-1824)

Plan. — 1. Malgré lui, Louis XVIII est d'abord entraîné à de violentes mesures de réaction : Terreur blanche, Chambre introuvable.
2. Il adopte ensuite une politique plus sage, avec le ministère Decazes ; mais son neveu, le duc de Berry, est assassiné (1820).
3. Le règne se termine par de nouvelles mesures de réaction qui compromettent la Restauration.

Dix-neuvième siècle.

LVI. — CHARLES X (1824-1830). — RÉVOLUTION DE JUILLET (1830)
LA LITTÉRATURE ET LES ARTS APRÈS 1815

Entretiens

1. — **Charles X,** frère de Louis XVIII, qui régna de 1824 à 1830, détestait les libéraux ; mais les élections de 1827 leur donnèrent la majorité et obligèrent le roi à remplacer M. de Villèle par M. **de Martignac,** qui chercha à réconcilier les libéraux avec la monarchie.

2. — M. de Martignac fut bientôt forcé de se retirer et le roi appela un ultra-royaliste, M. **de Polignac,** qui lutta contre la Chambre et publia les *ordonnances* illé-*

gales qui amenèrent la **Révolution de 1830.** Charles X fut obligé de s'exiler.

3. — Au dehors, Charles X avait soutenu les *Grecs* révoltés contre les *Turcs* (*Bataille de Navarin** 1827), et envoyé une armée qui prit *Alger** (juillet 1830).

4. — Cette époque fut aussi une des plus brillantes pour les lettres et les arts.

Questionnaire : 1. — Quels étaient les sentiments de Charles X pour les libéraux ?
2. — Quelle fut la cause de la révolution de 1830 ?
3. — Quelles expéditions Charles X ordonna-t-il au dehors ?
4. — En 1830, les lettres et les arts n'étaient-ils pas florissants ?

Récits

1. Charles X (1824-1830.) — *Charles X,* beaucoup moins intelligent que Louis XVIII, était dévoué à la célèbre association opposée aux idées libérales, qu'on appelait la *Congrégation.* Il conserva M. de Villèle, qui fit accorder une indemnité d'un milliard aux émigrés pour leurs biens confisqués par la Révolution ; il restreignit la liberté de la presse et voulut faire voter la loi du sacrilège, qui punissait de mort la pro-

fanation des objets du culte et des hosties consacrées.
Les élections de 1827 ayant donné une majorité hostile à son ministère, Charles X le remplaça par le cabinet modéré de M. de Martignac, qui rétablit la liberté de la presse et interdit l'enseignement aux congrégations non autorisées. Le roi saisit la première occasion de renvoyer M. de Martignac et il fit appel à M. de Polignac, ennemi de la Charte et partisan du pouvoir absolu.

La Chambre témoigna sa défiance dans une adresse au roi, signée de 221 députés. Elle fut dissoute, mais les 221 furent réélus. Alors M. de Polignac rédigea les fameuses ordonnances* de 1830 par lesquelles, *sans consulter les Chambres*, il supprimait la liberté de la presse, dissolvait la Chambre, créait un nouveau régime électoral.

2. La Révolution de juillet 1830.
— Les journalistes libéraux, réunis dans les bureaux du *National*, rédigèrent, sous l'inspiration de *Thiers, d'Armand Carrel* et de *Mignet*, une protestation contre l'acte arbitraire de Charles X : le lendemain la révolution éclata.

Les trois journées du 27, du 28 et du 29 *juillet* assurèrent la défaite de la royauté et la victoire du peuple de Paris, qui fut la *victoire de la loi et du droit*.

FIG. 326. — **Charles X.** — Roi de France, né à Versailles le 9 octobre 1757, mort à Goritz le 6 novembre 1836.

La *colonne de la Bastille* a été élevée pour perpétuer ce mémorable événement. Le duc d'Orléans, *Louis-Philippe*, fut proclamé roi des

FIG. 327. Garde du corps.

FIG. 328. Soldat de la garde suisse.

Français, et *Charles X* quitta la France. Il se retira à Goritz (Autriche), où il mourut en 1836.

3. La politique extérieure de Charles X. — Au dehors, le gouvernement de

Charles X avait été glorieux. Il intervint en faveur des Grecs révoltés contre la Turquie. La flotte française prit part à la bataille de *Navarin** (1827), où la flotte turque fut anéantie. En 1829, un traité consacra l'indépendance de la Grèce.

C'est aussi sous Charles X que commença la conquête de l'Algérie : la ville d'*Alger** fut prise et le drapeau blanc arboré sur les murs de la Kasbah* le 4 juillet 1830.

4. La littérature et les arts après 1815. — Tandis qu'au début du siècle on ne peut guère citer que deux grands écrivains, Chateaubriand et Mme de Staël, l'époque qui

FIG. 329	FIG. 330	FIG. 331	FIG. 332
Lamartine (1790-1869).	**V^er Hugo** (1802-1885).	**A. de Musset** (1810-1857).	**A. de Vigny** (1797-1863).

FIG. 333	FIG. 334	FIG. 335
Aug. Thierry (1795-1856).	**George Sand** (1804-1876).	**A. Thiers** (1797-1877).

FIG. 336	FIG. 337	FIG. 338
Mignet (1796-1884).	**Guizot** (1787-1874).	**Michelet** (1798-1874).

suivit la chute de l'empire est une des plus brillantes de notre littérature. Alors parurent des poètes tels que *Lamartine, Victor Hugo, Alfred de Vigny, Alfred de Musset :* ils furent les représentants les plus remarquables de l'école romantique*.

11

Une partie du public tenait encore pour l'école classique*; la lutte fut très vive, très passionnée. Chaque livre nouveau était un sujet de discussion et certaines représentations théâtrales donnèrent lieu à de vraies batailles. Telle fut la première représentation d'*Hernani*, drame de Victor Hugo, qui eut lieu en 1830, six mois avant la révolution de juillet.

FIG. 339
P. L. Courier
(1772-1825).

FIG. 340
Lamennais
(1782-1854).

FIG. 341
de Serre
(1776-1824).

FIG. 342
Royer Collard
(1763-1845).

FIG. 343
G' Foy
(1775-1825).

FIG. 344
de Martignac
(1776-1832).

FIG. 345
Berryer
(1790-1868).

FIG. 346
E. Delacroix
(1799-1863).

FIG. 347
Ingres
(1781-1867).

FIG. 348
P. Delaroche
(1797-1856).

FIG. 349
H. Vernet
(1789-1863).

On compte aussi de grands romanciers tels qu'*Honoré de Balzac* et *Mme George Sand*.

Des historiens, *Augustin Thierry*, *Thiers*, *Mignet*, *Guizot*, *Michelet*.

Des polémistes tels que *Paul-Louis Courier* et *Lamennais*.

Enfin des orateurs, auxquels la Charte permit l'accès de la tribune : *de Serre*, *Royer-Collard*, *le général Foy*, *Martignac;* et plus tard, sous Louis-Philippe, *Thiers*, *Guizot*, *Berryer*.

FIG. 350
Corot
(1796-1875).

FIG. 351
David d'Angers
(1788-1856).

FIG. 352
Rude
(1784-1855).

FIG. 353
Pradier
(1792-1852).

Il faut encore citer à cette époque des peintres illustres : *Delacroix*, *Ingres*, *Delaroche*, *Horace Vernet*, *Corot*, etc.

Des sculpteurs : *David d'Angers*, *Rude*, *Pradier*.

Le musicien allemand *Meyerbeer* et l'Italien *Rossini* donnaient à Paris leurs opéras les plus célèbres.

LEXIQUE. — **Alger.** Du XVIe siècle jusqu'en 1830, cette ville a été un repaire de pirates qui infestaient la Méditerranée (carte, fig. 361).

École romantique, École classique. Les *romantiques* voulaient s'affranchir dans leurs productions des lois établies par les écrivains de l'antiquité et par ceux du XVIIe siècle. Les *classiques* tenaient pour ces lois.

Kasbah, citadelle d'Alger.

Navarin, sur la côte ouest du Péloponèse.

Ordonnances, nom donné aux lois faites par les rois de France.

Résumé chronologique.

1827		Bataille de Navarin, délivrance de la Grèce.
1830	4 juillet.	Prise d'Alger.
—	27, 28 et 29 juillet.	Insurrection de Paris et abdication de Charles X.

Devoir de rédaction.
LA RÉVOLUTION DE JUILLET 1830

Plan. — 1. Impopularité de Charles X et de son ministre Polignac; leurs prétentions à l'absolutisme; les ordonnances de Juillet.

2. La révolution à Paris (27-29 juillet) : Charles X quitte la France.

3. Louis-Philippe, roi des Français; fondation d'un régime plus libéral; respect de la Charte.

TABLEAU CHRONOLOGIQUE ET GÉNÉALOGIQUE DES BOURBONS

1581-1610. **Henri IV**, fils d'Antoine de Bourbon.	1715-1774. **Louis XV, le Bien-aimé,** 3e fils de Louis, duc de Bourgogne, et arrière-petit-fils de Louis XIV.	dauphin Louis, fils de Louis XV.
1610-1643. **Louis XIII**, fils de Henri IV.		1815-1824. **Louis XVIII**, frère de Louis XVI.
1643-1715. **Louis XIV**, le Grand, fils de Louis XIII.	1774-1793. **Louis XVI.** 2e fils du	1824-1830. **Charles X,** frère de Louis XVI.

Fig. 354. — **Prise de la smala d'Abd-el-Kader.** (*D'après le tableau d'Horace Vernet, au musée de Versailles*). — Le 16 mai 1843, le duc d'Aumale, à la tête de 600 cavaliers, s'empara de la smala d'Abd-el-Kader qui est obligé de se réfugier au Maroc.

Dix-neuvième siècle.

LVII. — LOUIS-PHILIPPE. — MINISTÈRES LAFFITTE ET CASIMIR PÉRIER. LES INSURRECTIONS ET LES COMPLOTS.

Entretiens.

1. — Louis-Philippe, qui avait combattu avec les armées de la République à Jemmapes, remplaça Charles X après la Révolution de 1830.

2. — Proclamé *roi des Français* par la Chambre des députés, il gouverna avec la bourgeoisie. Sous son règne, pour être électeur, il fallait encore payer *deux cents francs* d'impôts directs.

3. — Il choisit d'abord pour présidents du conseil **Dupont de l'Eure** puis **Laffitte**; celui-ci, impuissant à réprimer les émeutes, fut remplacé par Casimir Périer en 1831.

4. — Casimir Périer, par son énergie et sa prudence, sut rétablir l'ordre à l'intérieur.

5. — A l'extérieur, il intervint en faveur de l'Italie contre l'Autriche et fit occuper Ancône*. Il contribua à assurer l'indépendance de la Belgique; mais il ne soutint pas les Polonais qui essayaient de secouer le joug de la Russie.

6. — Après Casimir Périer, qui mourut du choléra en 1832, légitimistes* et républicains crurent le moment venu de renverser le gouvernement. Des insurrections républicaines éclatèrent à Paris et à Lyon.

7. — En 1832, la *duchesse de Berry*, qui avait essayé de soulever les Vendéens, fut arrêtée à Nantes et enfermée à Blaye*.

8. — Le plus célèbre des attentats contre la vie de Louis-Philippe fut celui de Fieschi, dont la machine infernale fit de nombreuses victimes (1835).

9. — Louis-Napoléon, neveu de Napoléon Ier, fit, en 1836 et en 1840, à Strasbourg et à Boulogne, deux tentatives pour s'emparer du pouvoir. Il fut arrêté et enfermé au fort de Ham*, d'où il s'échappa en 1846.

Questionnaire : 1. — Par qui Charles X fut-il remplacé?
2. — Avec quel parti gouverna Louis-Philippe?
3. — Quels ministres Louis-Philippe choisit-il d'abord?
4. — A l'intérieur, que fit Casimir Périer?
5. — Que fit-il en faveur de l'Italie et de la Belgique ?
6. — Après la mort de Casimir Périer, que firent les légitimistes et les républicains?
7. — Parlez de la révolte des légitimistes en Vendée.
8. — Citez un attentat contre la vie du roi.
9. — Que fit Louis-Napoléon Bonaparte en 1836 et en 1840?

Récits.

1. Louis-Philippe (1830-1848.) — *Louis-Philippe* avait combattu à Valmy et à Jemmapes sous les ordres de Dumouriez; il avait quitté la France en 1793, et vécu à l'étranger jusqu'en 1814. Les Bourbons lui rendirent ses biens, ce qui ne l'empêcha point de se lier avec les chefs de l'opposition libérale, qui, après la révolution de 1830, lui proposèrent le trône. Il accepta et fut élu par les députés, sans que le pays ait été consulté.

Fig. 355. — **Louis-Philippe Ier.** — Roi des Français, né à Paris le 6 octobre 1773, mort à Claremont (Angleterre) le 26 août 1850.

2. La Charte de 1830. — Louis-Philippe donna à la France une nouvelle *Charte*, qui n'était plus octroyée par le roi mais *acceptée* par lui et *imposée* par la nation : c'était une véritable Constitution. On conserva à peu près l'organisation ancienne. On supprimait la censure de la presse; on promettait l'établissement d'une garde nationale; la Chambre des pairs ne devait plus être héréditaire; le cens* électoral fut abaissé de 300 à 200 francs, ce qui portait le nombre des électeurs à 150.000.

3. Ministère Laffitte (1830-1831.) — Le régime parlementaire semblait établi en France, mais il restait deux partis extrêmes qui refusaient de reconnaître la Charte : les partisans des Bourbons de la branche aînée ou légitimistes* et les républicains. En outre, Louis-Philippe voulait gouverner par lui-même, plier la Chambre à sa volonté. Il forma d'abord un ministère composé de cinq libéraux et de quatre royalistes, le *ministère Laffitte*. Laffitte tenta vainement de réprimer les émeutes fomentées par les partis qui combattaient le gouvernement. Il dut donner sa démission.

Fig. 356. — **Laffitte.** — Financier et homme politique, né le 24 octobre 1767, à Bayonne; mort à Paris le 26 mai 1844.

4. Ministère Casimir Périer (1831-1832.) — En 1831, Louis-Philippe prit un ministère royaliste, dont le chef, *Casimir Périer*, lutta contre les républicains qui organisaient des sociétés secrètes et provoquaient des émeutes : il réprima durement l'insurrection des ouvriers lyonnais, en novembre 1831.

Les républicains voulaient que le Gouvernement intervînt en faveur de tous les peuples insurgés en Europe. Casimir Périer refusa de soutenir les Polonais qui essayaient de secouer le joug de la Russie, mais il favorisa l'indépendance de la Belgique et em-

Fig. 357. — **Casimir Périer.** — Homme d'État, né à Grenoble le 21 octobre 1777, mort à Paris du choléra le 16 mai 1832.

pêcha l'Autriche d'établir sa domination au centre de l'Italie. Ces luttes incessantes avaient usé sa santé; il succomba au choléra de 1832, quelques jours après avoir accompagné le duc d'Orléans dans une visite à l'Hôtel-Dieu.

5. Les émeutes à Paris, à Lyon et en Vendée.

— Après la mort de Casimir Périer, les troubles recommencèrent en juin 1832 : une lutte sanglante éclata dans Paris, et le gouvernement n'en triompha qu'avec peine. De nouvelles insurrections républicaines éclatèrent à *Paris* et à *Lyon* en 1834. Celle de Paris fut étouffée par le général Bugeaud. A Lyon, on ne put réduire l'émeute qu'après avoir assiégé la ville.

Le gouvernement eut plus facilement raison du soulèvement royaliste de la Vendée, provoqué en 1832 par la duchesse de Berry, mère du comte de Chambord. Cette échauffourée montra la faiblesse des légitimistes et le petit nombre de leurs partisans; la duchesse de Berry fut arrêtée à Nantes et enfermée au château de Blaye*.

6. Attentat de Fieschi (1835).

— Plus tard eurent lieu, contre la vie du roi, des attentats qui tous heureusement échouèrent : celui de *Fieschi*, dont la machine, formée de 25 canons de fusil, tua ou blessa 40 personnes, pendant une revue de la garde nationale par le roi, excita une vive indignation (1835). Le gouvernement obtint alors des Chambres le vote des *lois de septembre* contre la presse et les émeutes.

Fig. 358
Grenadier de la Garde nationale (1835).

7. Tentatives du prince Louis Bonaparte.

— Le prince *Louis Bonaparte*, neveu de Napoléon Ier, était chef du parti impérialiste depuis la mort du duc de Reichstadt*. Deux fois, à Strasbourg (1836) et à Boulogne (1840), il essaya de provoquer une insurrection militaire. La première fois il ne fut pas poursuivi; la seconde il fut condamné à la prison perpétuelle et enfermé au château de Ham*, d'où il s'évada en 1846.

LEXIQUE. — **Ancône**, ville forte d'Italie sur l'Adriatique.

Blaye, s -préf. de la Gironde.

Cens, somme d'impôt qu'il fallait payer pour être électeur.

Duc de Reichstadt, nom donné après 1814 au roi de Rome, fils de Napoléon Ier; il mourut en Autriche en 1832

Ham, ville du départ. de la Somme, dont le château a souvent servi de prison pour les détenus politiques.

Légitimistes, on appelle ainsi ceux qui défendent le principe de la *légitimité*, c'est-à-dire l'hérédité au trône par droit de naissance. Les légitimistes soutenaient les Bourbons de la branche aînée; après la mort de Charles X (1838), ils ont eu pour chef son petit-fils le comte de Chambord ou Henri V, mort en 1880.

Résumé chronologique.

1831	13 mars	Ministère Casimir Périer, intervention en faveur de la Belgique.
1832	6 mai	Mort de Casimir Périer, au moment d'une épidémie de choléra à Paris.
1833		Loi Guizot sur l'instruction primaire.
1834	avril	Insurrections républicaines à Paris et à Lyon.
1835		Attentat de Fieschi, contre Louis-Philippe.
1836		Affaire de Strasbourg : Louis-Napoléon Bonaparte essaie de provoquer une insurrection militaire.
1840	août	Nouvelle tentative de Louis-Napoléon à Boulogne.

Devoir de rédaction.

LE MINISTÈRE CASIMIR PÉRIER

Plan. — 1. Troubles causés dans le pays par l'opposition de divers partis au gouvernement de Louis-Philippe.

2. Casimir Périer rétablit l'ordre au dedans par une politique très ferme.

3. Il sauve l'indépendance de la Belgique et défend l'Italie contre l'Autriche.

4. Le choléra; mort de Casimir Périer.

TABLEAU CHRONOLOGIQUE ET GÉNÉALOGIQUE DES BOURBONS-ORLÉANS
1830-1848. Louis-Philippe Ier, fils de Philippe-Égalité, duc d'Orléans.

Dix-neuvième siècle.
LVIII. — THIERS ET GUIZOT. — L'OPPOSITION DE LA CHAMBRE
LA RÉVOLUTION DE 1848

Entretiens

1. — De 1836 à 1840, il y eut cinq ministères, par suite de dissentiments entre la Chambre des députés et le roi.

2. — La Chambre voulait la direction des affaires, elle demandait que le *roi*

régnât et ne gouvernât pas. Louis-Philippe n'accepta pas ces prétentions.

3. — En 1840, Thiers, alors ministre, songeait à intervenir dans la *question d'Orient* en faveur du vice-roi d'Égypte, mais Louis-Philippe, qui voulait la *paix à*

tout prix, sacrifia Thiers et le remplaça par Guizot.

4. — Guizot fut ministre de 1840 à 1848. On lui reprocha d'être trop attaché à *l'alliance anglaise* et de repousser la réforme électorale.

5. — C'est pour avoir refusé toute extension du droit de suffrage, que Louis-Philippe fut renversé par la *révolution du 24 février 1848*.

6. — Il abdiqua et se réfugia en Angleterre, où il mourut en 1850.

7. — En 1833, Guizot fit voter la loi qui organisait l'enseignement primaire.

8. — Sous le règne de Louis-Philippe, la *prospérité matérielle* s'accrut par le développement du commerce, de l'industrie, de l'agriculture et par la création des *chemins de fer*.

9. — Le mouvement littéraire se poursuivit brillamment avec Victor Hugo, Alfred de Musset, et de grands historiens comme Guizot, Thiers et Michelet.

Questionnaire : 1. — Combien compte-t-on de ministères de 1836 à 1840 ?
2. — Qu'est-ce que demandait la Chambre ?
3 — En faveur de qui Thiers voulait-il intervenir en 1840 ?
4. — Qui fut ministre de 1840 à 1848 ?
5. — Pourquoi Louis-Philippe fut-il renversé ?
6. — Où mourut-il ?
7. — A quelle date a été votée la loi sur l'enseignement primaire ?
8. — Comment s'accrut la prospérité matérielle et intellectuelle de la France ?
9. — Le mouvement littéraire fut-il en progrès ?

Récits

1. Ministère de Thiers. — De 1835 à 1840, les luttes furent surtout vives à la Chambre, entre le centre gauche, que dirigeait *Thiers*, et le centre droit, à la tête duquel se trouvait *Guizot*. Les ministères tombaient à chaque instant. En 1840, Thiers devint ministre pour la seconde fois : il eut surtout à s'occuper de la question d'Orient.

2. La question d'Orient. — Le vice-roi d'Egypte, Méhémet-Ali*, s'était rendu à peu près indépendant de son suzerain le sultan de Constantinople. Il était ami de la France : son armée avait été organisée par des Français et nous faisions des vœux pour lui. En 1839, il était en guerre avec son suzerain et ses troupes étaient déjà victorieuses, quand l'Angleterre, qui soutenait le sultan, fit signer le *traité de Londres*, le 15 juillet 1840. Par cette convention l'Angleterre, la Russie, la Prusse et l'Autriche s'entendirent pour arrêter les succès du vice-roi d'Egypte, et cela en dehors de la France. Thiers, alors ministre, demanda à Louis-Philippe de protester énergiquement contre cette exclusion. Le roi, qui craignait la guerre, ne voulut pas intervenir : Thiers donna sa démission.

3. Ministère Guizot. — *Guizot* succéda à Thiers et fut ministre du 29 octobre 1840 au 23 février 1848. Le fils aîné de Louis-Philippe, le *duc d'Orléans*, périt dans un accident de voiture (1842) ; il laissait deux fils en bas âge, le comte de Paris et le duc de Chartres. Cette mort fut fatale à la royauté, parce qu'elle laissa sans contrepoids l'influence de Guizot. On reprochait à celui-ci sa politique extérieure ; on l'accusait de tout sacrifier à l'alliance anglaise et de vouloir la paix à tout prix.

4. La réforme électorale. — On lui reprochait aussi les procédés corrupteurs au moyen desquels il se fit une majorité à la Chambre, son obstination à refuser toute réforme et principalement toute *réforme électorale*; les libéraux voulaient étendre le

Fig. 359. — **Guizot.** — Homme d'État, né à Nîmes, le 4 octobre 1787, mort au Val-Richer, près de Lisieux, le 12 octobre 1874.

droit de suffrage, soit à toutes les personnes instruites (on disait alors les *capacités*), soit à tous les citoyens (*suffrage universel*). Dans l'opposition figuraient aussi les *socialistes*, que Louis Blanc, dès 1840, avait organisés en un parti puissant, et qui se recrutaient principalement parmi les ouvriers des villes.

5. Abdication de Louis-Philippe (24 février 1848). — Pendant toute l'année 1847 les libéraux, dans de nombreux banquets, réclamèrent la réforme électorale. En février 1848,

Guizot interdit un de ces banquets qui devait avoir lieu à Paris. Le peuple se souleva et, aux cris de : *Vive la Réforme!* construisit des barricades. Louis-Philippe se décida alors à rappeler Thiers, mais il était trop tard; le 24 février, le *roi abdiqua* en faveur de son petit-fils le comte de Paris.

La duchesse d'Orléans, mère du comte de Paris, essayait de faire reconnaître son fils, quand la foule envahit la Chambre des députés : aussitôt la République fut proclamée, et, sur la proposition de *Ledru-Rollin*, le peuple nomma un gouvernement provisoire.

6. La Science et l'Industrie. — Les dix-huit années du règne de Louis-Philippe n'ont pas été perdues : la prospérité matérielle du pays s'est beaucoup accrue pendant cette période ; aucune grande guerre n'est venue

Fig. 360. — **Les premiers chemins de fer.** — A l'origine, les wagons de 1re classe étaient des imitations des anciennes diligences; on plaçait les bagages sur l'impériale; ceux de 2e classe n'étaient pas couverts et les voyageurs s'y tenaient debout. Le premier chemin de fer partant de Paris fut celui qui allait à Saint-Germain; il fut inauguré le 24 août 1837.

troubler le développement du commerce et de l'industrie, et les découvertes scientifiques, surtout l'emploi des *machines à vapeur*, ont décuplé les forces de l'activité humaine.

Quelques tronçons de *chemins de fer* avaient déjà été construits, lorsque la loi de 1842 décida la construction d'un réseau reliant les principales villes.

C'est en 1844 que fut établie, entre Paris et Rouen, la première ligne de *télégraphie électrique.*

7. L'enseignement primaire. — L'Empire et la Restauration avaient négligé l'in-

struction *primaire*, mais la *loi de 1833*, œuvre de M. Guizot, força toutes les communes à avoir des écoles; elle établit la gratuité pour les enfants pauvres, et assura le recrutement des maîtres par la création des écoles normales.

8. Le rôle de la France à l'étranger. — La Révolution de 1830 avait été le signal de mouvements insurrectionnels en Europe : les *Polonais* s'étaient révoltés contre la Russie, les *Italiens* contre l'Autriche. La *Belgique* essaya de se rendre indépendante de la Hollande, à laquelle elle avait été unie en 1815, sous le nom de Royaume des Pays-Bas. Les *Belges* se révoltèrent en 1830; les puissances européennes reconnurent le bien fondé de leurs griefs, et décidèrent la séparation des deux États. C'est l'armée française qui fit exécuter les décisions de l'Europe, en s'emparant d'Anvers * et en chassant les Hollandais du territoire belge (1832).

LEXIQUE. — **Anvers,** grande ville de Belgique, sur l'Escaut, place forte et port de premier ordre.
Méhémet-Ali, vice-roi d'Égypte depuis 1806, se rendit presque indépendant de la Turquie, organisa une armée et une flotte et enleva la Syrie aux Turcs (1833.)
Socialistes, on nomme ainsi ceux qui veulent une réforme complète de la société.

Résumé chronologique.

1840		La question d'Orient. M. Thiers veut intervenir en faveur de l'Égypte.
1840	29 octobre	Ministère Guizot.
1840	15 juillet	Signature du traité de Londres entre l'Angleterre, la Russie, la Prusse et l'Autriche.
1842		Le duc d'Orléans périt victime d'un accident de voiture.
1842		Loi décidant la construction d'un réseau de chemins de fer reliant les principales villes.
1844	24 février	Établissement en France de la première ligne télégraphique entre Paris et Rouen.
1847		Campagne des banquets libéraux.
1848	24 février	Abdication de Louis-Philippe en faveur du comte de Paris.
—		Proclamation de la République.

Devoir de rédaction.

LA RÉVOLUTION DE FÉVRIER 1848

Plan. — 1. Impopularité du ministère Guizot, qui refuse d'étendre le droit de vote.
2. La Révolution ; défaite du gouvernement; abdication du roi.
3. Proclamation de la République et établissement du suffrage universel.

Dix-neuvième siècle.

LIX. — LA CONQUÊTE DE L'ALGÉRIE. — PACIFICATION ET COLONISATION

Entretiens

1. — Louis-Philippe poursuivit la conquête de l'Algérie, commencée sous Charles X par la prise d'Alger.

2. — Le héros de la résistance fut *Abd-el-Kader*, émir* de Mascara*.

3. — Parmi les Français qui s'illustrèrent pendant la conquête, il faut citer les maréchaux *Bugeaud* et *Clauzel*, et les généraux *Valée*, *d'Aumale*, *Lamoricière* et *Changarnier*.

4. — Il faut aussi se souvenir de la dé-

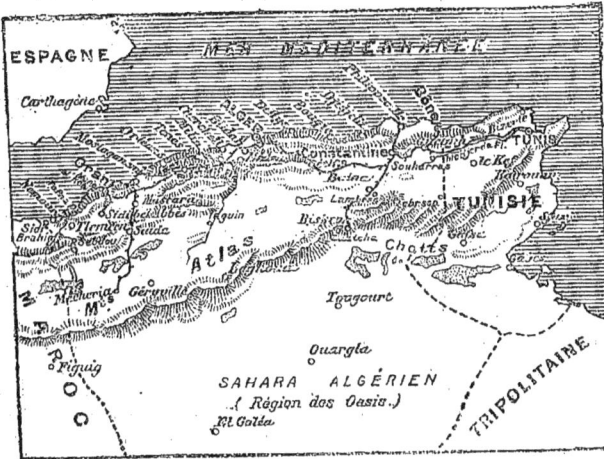

ESPAGNE

SAHARA   ALGÉRIEN
(Région des Oasis.)

Fig. 361. — **Algérie et Tunisie.** — La conquête de l'Algérie, commencée en 1830, sous Charles X, a été assurée sous le règne de Louis Philippe. **Abd-el-Kader,** l'âme de la résistance, fut vaincu par Bugeaud à la *bataille de l'Isly* en 1844, et, trois ans plus tard, forcé de se rendre au général Lamoricière. — La conquête fut achevée en 1857, par la soumission de la *Kabylie*. — Depuis 1881, la *Tunisie* à été placée sous notre protectorat.

fense héroïque de *Mazagran*, où 123 Français résistèrent, pendant quatre jours, à 12 000 Arabes.

5. — En 1837, après deux sièges longs et pénibles, nous nous emparons de la place forte de *Constantine*.

6. — La même année, le *traité de la Tafna*, imprudemment signé par le général Bugeaud avec Abd-el-Kader, nous réduit à la possession des côtes.

7. — Mais bientôt la conquête reprend son cours. Les Français sont maîtres de *Médéah* en 1840, de *Tlemcen* en 1842.

8. — Le 16 mai 1843, le duc d'Aumale s'empare de la *smala* d'Abd-el-Kader et de toutes ses richesses.

9. — Abd-el-Kader se réfugie au *Maroc* dont le sultan devient son allié ; le général Bugeaud les défait à la bataille de l'*Isly*, en 1844.

10. — Le 23 décembre 1847, Abd-el-Kader est obligé de se rendre au colonel Lamoricière.

11. — Sous le second empire, la Kabylie est conquise. La Troisième République achève la pacification de l'Algérie et s'occupe activement de sa colonisation.

Questionnaire : 1. — Louis-Philippe n'a-t-il pas poursuivi la conquête de l'Algérie ?
2. — Quel a été le héros de la résistance ?
3. — Citez le nom des maréchaux de France et des généraux qui s'illustrèrent en Algérie.
4. — Rappelez une défense héroïque que nous ne devons pas oublier.
5. — A quelle date avons-nous pris Constantine ?
6 — Parlez du traité de la Tafna, signé avec Abd-el-Kader.
7. — A quelle date les Français s'emparent-ils de Médéah et de Tlemcen ?
8. — Que fit le duc d'Aumale le 16 mai 1843 ?
9. — Contre qui Bugeaud remporte-t-il la victoire de l'Isly ?
10. — Donnez la date à laquelle Abd-el-Kader se rendit.
11. — A qui revient l'honneur d'avoir pacifié et colonisé l'Algérie ?

Récits

1. Causes de la conquête de l'Algérie. — A diverses reprises, la France avait eu à se plaindre des deys d'Alger.

En 1827, notre consul fut insulté par le dey *Hussein*, qui le frappa d'un coup d'éventail.

« *Ce n'est pas à moi que l'injure est faite*, dit-il, *c'est à la France.* » En 1829, une nouvelle injure, le bombardement d'un navire de la marine royale, obligea le gouvernement de Charles X à réclamer une réparation éclatante.

Le 14 juin 1830, une armée de quarante mille hommes, commandée par le général de Bourmont et le vice-amiral Duperré, débarqua près d'Alger. Vaincu au plateau de *Staouéli*, le dey capitula et, le 24 juillet, *Alger* tomba au pouvoir de la France.

2. Abd-el-Kader.

Pendant quelques années, on hésita à conquérir toute l'Algérie.

Cette conquête fut d'ailleurs difficile : on avait affaire à un peuple belliqueux, exalté par le fanatisme musulman. Le héros de la résistance arabe fut *Abd-el-Kader*.

Abd-el-Kader, émir* de Mascara*, aussi habile que brave, très instruit, très éloquent, très fanatique, se présenta aux Arabes comme le prophète

Fig. 362. — **Abd-el-Kader.** — Défenseur de la nationalité arabe, né aux environs de Mascara, vers 1807, mort à Damas (Syrie) en 1883.

destiné à chasser les Français d'Algérie ; il prêcha partout la guerre sainte. En 1836, il se rendait maître de toute la province d'Oran.

3. Prise de Constantine (1837).

Il s'agissait de déloger les Arabes de la place

Fig. 363. — **Prise de Constantine.** — Constantine avait été attaquée inutilement par le maréchal Clauzel, au mois de novembre 1836 ; elle fut attaquée de nouveau par le général Damrémont, le 6 octobre 1837. Le général ayant été tué le 12 octobre, le général Valée prit le commandement, et la ville fut emportée d'assaut, après une lutte meurtrière, le lendemain, 13 octobre.

de *Constantine*, qui semblait une position inexpugnable. En 1836, le maréchal Clauzel assiégea Constantine, mais il ne put s'en emparer. La retraite fut pénible : les cavaliers arabes harcelèrent sans cesse nos troupes. C'est alors que le commandant Changarnier dit à ses soldats : « Regardez ces gens-là en face ; ils sont six mille, vous êtes trois cents ; la partie est égale. » L'armée française fut sauvée.

L'année suivante, le général Damrémont tente un nouveau siège : il est tué, mais Constantine est prise d'assaut par le général Valée.

4. Traité de la Tafna* (1837).

Le général Bugeaud, trompé par les vagues promesses d'Abd-el-Kader, signe avec lui le *traité de la Tafna*, qui abandonne au chef arabe une grande partie des provinces d'Alger et d'Oran, ne réservant aux Français que la côte : c'est ce qu'on appelle l'*occupation restreinte*.

Abd-el-Kader profite de ce traité pour organiser contre nous une puissante armée. Mais le maréchal Valée, devenu gouverneur général, se fortifie dans la province de Constantine. A peine l'émir a-t-il déclaré la guerre sainte, que nous le chassons de la Mitidja*, et lui enlevons *Milianah* et *Médéah* (1840).

5. Mazagran. — Beni-Méred. — Prise de la Smala.

Nos soldats se signalèrent en Algérie par de nombreux faits d'armes : en 1840, le capitaine *Lelièvre* surprit dans

Fig. 364. — **Défense de Mazagran.** (*D'après Raffet*). — En 1840, du 3 au 7 février, 123 soldats d'infanterie, commandés par le capitaine Lelièvre, furent assiégés, dans le petit fort de Mazagran (province de Mostaganem) par 12 000 Arabes et les repoussèrent victorieusement.

Mazagran avec 123 hommes et une seule pièce de canon, résista pendant quatre jours à 12 000 Arabes, qui durent battre en retraite.

Deux ans plus tard, en 1842, à *Beni-Méred*, le sergent *Blandan*, avec 21 hommes, se défendit courageusement contre 300 Arabes. Sur les

21 Français, cinq seulement étaient sans blessure. Blandan mourut le lendemain.

Enfin, en 1843, le *duc d'Aumale* à la tête de 500 cavaliers, chasseurs et spahis, s'empara de la smala* d'Abd-el-Kader, comprenant ses femmes, ses troupeaux et toutes ses richesses.

6. Victoire de l'Isly* (1844.) — Abd-el-Kader se réfugia au Maroc* et décida le sultan à nous faire la guerre; mais les Marocains, vaincus par le général Bugeaud sur les bords de l'Isly, traitèrent avec la France (1844).

La soumission de l'Algérie ne fait de véritables progrès qu'avec le général Bugeaud, qui commandait pour la seconde fois l'armée expéditionnaire. Il fait accepter par le gouvernement le principe de l'occupation étendue. Il porte les forces de l'armée à près de 100 000 hommes, et poursuit systématiquement la conquête de tout le pays, en établissant un certain nombre de places de ravitaillement : en 1842, il occupe Tlemcen; en 1843, il est maître des Hauts-Plateaux.

Fig. 365. — **Bugeaud.** — Maréchal de France, né à Limoges le 15 octobre 1784, mort à Paris le 10 juin 1849.

7. Prise d'Abd-el-Kader (1847). — Malgré notre victoire sur le sultan du Maroc, *Abd-el-Kader* resta dans ce pays, où il essaya vainement d'organiser la résistance. Devant l'insuccès, il rentra en Algérie, où il fut forcé de se rendre au général Lamoricière. Conduit en France, il fut interné au château de Pau et ensuite au château d'Amboise. En 1853, Napoléon III lui rendit la liberté. Abd-el-Kader se retira alors à Damas, en Syrie, et, jusqu'à sa mort (1883), il fut pour la France un ami dévoué.

8. Pacification et colonisation de l'Algérie. — Après la prise d'Abd-el-Kader, il ne restait plus à conquérir que la *Kabylie* et le *Sahara*.

En 1857, les généraux Randon et Mac-Mahon soumettent les Kabyles, qui se défendaient énergiquement dans leurs montagnes. Puis, des colonnes sont envoyées jusque dans le Sahara, où nous établissons plusieurs postes importants.

En 1871, à la suite de la guerre franco-allemande, les Arabes se soulèvent, mais le général Saussier les soumet rapidement.

C'est sous la troisième République que la *colonisation de l'Algérie* a fait les plus grands progrès. On a construit des chemins de fer, on a défriché* de nouveaux territoires. Sur notre terre d'Afrique, on compte maintenant plus de 500 000 colons européens ou français.

Fig. 366. — **Chasseur d'Afrique** (création).

Aujourd'hui l'Algérie, qui comprend trois départements, qui est représentée à la Chambre des députés et au Sénat, est un prolongement de la mère-patrie.

LEXIQUE. — **Défricher**, rendre un terrain propre à la culture.
Émir, chef arabe d'un gouvernement ou d'une tribu.
Isly, rivière qui a sa source au Maroc (carte, fig. 361).
La Mitidja, grande plaine de la province d'Alger.
La Tafna, petit fleuve d'Algérie (carte, fig. 361).
Maroc, État de l'Afrique septentrionale (carte, fig. 361).
Mascara, ville de la province d'Oran (carte, fig. 361).
Smala, réunion des tentes d'un chef arabe puissant.

Résumé chronologique.

1830	14 juin	L'armée française forte de 40 000 hommes débarque près d'Alger.
—	25 juillet	Capitulation du dey. Prise d'Alger.
1837	13 octobre	Prise de Constantine.
—		Traité de Tafna.
1840		Prise de Milianah et de Médéah.
—	3-7 février	Défense héroïque de Mazagran.
1843	16 mai	Prise de la smala d'Abd-el-Kader par le duc d'Aumale.
1844		Victoire de l'Isly, remportée par le maréchal Bugeaud sur les Marocains.
1847		Abd-el-Kader se rend au général Lamoricière.
1857		Soumission des Kabyles.

Devoir de rédaction.

LE MARÉCHAL BUGEAUD

Plan. — 1. Résistance opiniâtre d'Abd-el-Kader à la conquête française ; Bugeaud nommé gouverneur général.
2. Prise de la smala ; Abd-el-Kader poursuivi et chassé de l'Algérie.
3. Intervention du sultan du Maroc, battu à l'Isly.
4. Prise d'Abd-el-Kader ; l'achèvement de la conquête sera désormais plus facile.

Dix-neuvième siècle.

LX. — GOUVERNEMENT PROVISOIRE.
CONSTITUTION DE 1848. — LOUIS-NAPOLÉON BONAPARTE PRÉSIDENT DE LA RÉPUBLIQUE (10 décembre 1848).

Entretiens.

1. — Le Gouvernement provisoire*, institué le 24 février 1848, proclama la *République*, établit le *suffrage universel*, supprima la *peine de mort en matière politique* et *abolit l'esclavage dans nos colonies.*

2. — Les principaux membres du Gouvernement provisoire étaient Lamartine, Ledru-Rollin, François Arago, Louis Blanc et Dupont de l'Eure.

3. — Le Gouvernement provisoire décréta que tous les citoyens âgés de 21 ans seraient appelés à *voter*. Ils nommèrent l'**Assemblée constituante**, élue au suffrage universel, qui fit la *Constitution républicaine de 1848.*

4. — Le pouvoir était partagé entre un *Président*, qui avait le pouvoir *exécutif*, et une *Assemblée*, qui avait le pouvoir *lé-gislatif*; l'un et l'autre étaient élus par le suffrage universel.

5. — Des *ateliers nationaux**, qui avaient été établis pour les ouvriers sans travail, furent supprimés.

6. — Alors, le 23 juin 1848, éclata une terrible insurrection qui dura quatre jours: elle fut réprimée par le général *Cavaignac*. Ces *journées de juin* coûtèrent la vie à sept généraux et à l'archevêque de Paris.

7. — Deux candidats étaient en présence pour la présidence de la République : le général **Cavaignac**, républicain sincère, et le prince **Louis-Napoléon Bonaparte**, neveu de Napoléon 1er.

8. — Le 10 décembre 1848, Napoléon fut *élu* par plus de cinq millions de suffrages.

Questionnaire : 1. — Quelle est l'œuvre du gouvernement provisoire de 1848?

2. — Quels étaient les principaux membres de ce gouvernement?

3. — Quelle fut la constitution votée par la Constituante?

4. — Comment était partagé le pouvoir?

5. — Qu'était-ce que les ateliers nationaux?

6. — Parlez de l'insurrection de juin.

7. — Quels étaient les candidats à la présidence de la République de 1848?

8. — Quand Louis-Napoléon fut-il élu président?

Récits

1. Gouvernement provisoire*. — Les républicains, qui avaient envahi la Chambre des députés le 24 février, et les socialistes, qui avaient été acclamés par le peuple à l'Hôtel de ville, se réunirent pour former un *Gouvernement provisoire*, qui proclama la République; les principaux membres du Gouvernement étaient Arago, Lamartine, Ledru-Rollin, Louis Blanc, Dupont de l'Eure et l'ouvrier Albert.

2. Lamartine à l'Hôtel de ville. — Le Gouvernement provisoire eut immédiatement à réprimer le désordre; un grand nombre d'ouvriers, sans travail et sans pain, furent gagnés au parti socialiste qui voulait réformer la société. Ils envahirent l'*Hôtel de ville* en demandant la substitution du drapeau rouge au drapeau tricolore (25 février 1848). Aussitôt *Lamartine* parut au balcon, prononça d'éloquentes et patriotiques paroles, et réussit à faire maintenir le drapeau tricolore « qui avait

Fig. 308. — **Lamartine à l'Hôtel de ville.** — Dans la soirée du 25 février 1848, Lamartine parut au balcon de l'Hôtel de ville et réussit par d'éloquentes paroles à faire écarter le drapeau rouge et à maintenir le drapeau tricolore.

fait le tour du monde, avec la République, et avec l'empire, avec nos libertés et avec nos gloires, alors que le drapeau rouge n'avait jamais fait que le tour du Champ de Mars, traîné dans le sang du peuple. » Lamartine fut écouté et le drapeau tricolore fut conservé.

3. Les ateliers nationaux*. — Pour donner satisfaction aux socialistes le gouvernement créa des *ateliers nationaux*, pour les ouvriers sans travail résidant dans le département de la Seine. Beaucoup d'ouvriers, alléchés par un salaire de 2 francs par jour et une besogne aisée, quittèrent leurs patrons pour les ateliers nationaux, qui comptèrent bientôt plus de 100 000 travailleurs.

4. Les journées de juin. — Le gouvernement, inquiet de la situation, décréta que les ateliers seraient transportés en province. Ce fut le signal d'une terrible émeute qui dura du 23 au 26 juin; le général *Cavaignac* reçut de pleins pouvoirs, il rétablit l'ordre après une lutte sanglante et fut nommé chef du pouvoir exécutif.

Les *journées de Juin* coûtèrent la vie à sept généraux, à plus de quinze cents soldats, à deux représentants du peuple et à l'archevêque de Paris. Elles furent suivies d'une réaction contre les socialistes; aussi les ouvriers de Paris se sont-ils désintéressés du gouvernement républicain.

Fig. 309. — **Général Cavaignac.** — Né à Paris, le 15 octobre 1802, mort le 28 octobre 1857. Après les journées de juin l'Assemblée déclara qu'il avait bien mérité de la Patrie.

5. La Constitution de 1848. — La *Constitution* fut achevée : elle créait une Assemblée législative de 750 membres et un Président de la République, élu par le suffrage universel. Ce mode d'élection donnait au président une autorité trop considérable; il pouvait se dire le représentant de la France aussi bien que l'Assemblée et un conflit était inévitable entre deux pouvoirs ayant même origine. C'est en vain que Jules Grévy signala les dangers de cette situation. L'amendement* qu'il proposait de faire élire le président par l'Assemblée fut repoussé. Il fut décidé qu'à l'expiration de son mandat, le président ne pourrait être réélu.

6. Louis-Napoléon Bonaparte, président de la République. — Le 10 décembre 1848, *Louis-Napoléon Bonaparte* fut élu Président, par plus de cinq millions de suffrages, contre *Cavaignac* qui n'en obtenait qu'un million et demi.

Louis-Napoléon prêta tout aussitôt ce serment solennel :

« Je jure, en présence de Dieu et devant le peuple français, représenté par l'Assemblée nationale, de rester fidèle à la République démocratique une et indivisible, et de remplir tous les devoirs que m'impose la Constitution. »

Le prince ajouta la déclaration suivante :

« Je remplirai en homme d'honneur mon devoir tracé par le serment que je viens de prêter. Je regarderai comme ennemis de la patrie tous ceux qui tenteraient, par des voies illégales, de changer la forme du gouvernement que vous avez établi. » *(Séance de l'Assemblée nationale du 20 décembre 1848.)*

LEXIQUE. — **Amendement,** modification à une loi.
Ateliers nationaux, ateliers organisés aux frais de l'État pour les ouvriers sans travail.
Gouvernement provisoire, gouvernement établi en attendant un état de choses définitif.

Resumé chronologique.

1848	27 février	Établissement des ateliers nationaux.
1848	5 mars	Établissement du suffrage universel, suppression de la peine de mort en matière politique. Abolition de l'esclavage dans les colonies françaises.
1848	4 mai	Convocation de l'Assemblée constituante.
1848	23 au 26 juin	Insurrection des ouvriers parisiens.
1848	10 décembre	Louis-Napoléon Bonaparte est élu président de la République.

Devoir de rédaction.

LE GÉNÉRAL CAVAIGNAC

Plan. — 1. Révolte des ouvriers après la fermeture des ateliers nationaux ; Cavaignac.
2. Répression de l'insurrection de juin ; Cavaignac chef du pouvoir exécutif.
3. Vote de la Constitution de 1848.
4. Louis-Napoléon Bonaparte préféré à Cavaignac comme Président de la République (10 décembre 1848).

Dix-neuvième siècle.

LXI. — ASSEMBLÉE LÉGISLATIVE DE 1849. — COUP D'ÉTAT DU DEUX DÉCEMBRE 1851

Entretiens

1. — L'Assemblée législative, nommée en mai 1849, comprenait une majorité de royalistes. Cette assemblée, qui avait mutilé le suffrage universel, voulait restaurer la *monarchie*. De son côté le président de la République voulait rétablir l'*empire*.

2. — D'accord avec l'Assemblée, Napoléon, pour flatter les catholiques, rétablit à Rome le pape **Pie IX***, qui avait été chassé de ses États.

3. — Louis-Napoléon, pour gagner les sympathies du peuple, demanda le rétablissement du suffrage universel, que l'Assemblée, d'accord avec lui, avait eu le tort de restreindre : elle s'y refusa.

4. — Profitant de cette faute, le président viola la Constitution qu'il avait juré de défendre, et fit le coup d'État du deux décembre 1851.

5. — L'Assemblée était dissoute, le suffrage universel était rétabli, et le peuple français était convoqué pour approuver la violation des lois et la nouvelle Constitution.

6. — Un grand nombre de représentants du peuple protestèrent. Dans la nuit du deux décembre, ils furent arrêtés dans leur lit et conduits à la prison de Mazas.

7. — Quelques députés républicains, qui n'avaient pas été arrêtés, cherchèrent à organiser la résistance ; mais le peuple était indifférent : un représentant, **Baudin***, se fit tuer inutilement sur une barricade.

8. — Le 4 décembre, les boulevards furent mitraillés et l'armée resta maîtresse de Paris.

9. — En province la répression ne fut pas moins impitoyable. Les citoyens coupables d'attachement à la République furent condamnés par les *commissions mixtes* à la déportation ou à l'exil.

Questionnaire : 1. — Comment était composée l'Assemblée ?
2. — Que fit Napoléon en faveur du pape ?
3. — Pourquoi cherchait-il à rétablir le suffrage universel ?
4. — Profitant du refus de l'Assemblée, que fit le président ?
5. — En quoi consistait le coup d'État ?
6. — N'y eut-il pas de protestations contre le coup d'État ?
7. — Comment mourut Baudin ?
8. — Qu'arriva-t-il le 4 décembre sur les boulevards ?
9. — Quelle a été la répression en province ?

Récits

1. L'Assemblée législative et la réaction. — L'*Assemblée législative*, réunie en mai 1849, comprenait à peu près 500 monarchistes et 250 républicains. Une période de réaction commença. L'Assemblée constituante avait décidé d'envoyer un corps expéditionnaire à Rome, pour soutenir les Italiens qui y avaient proclamé la République. D'accord avec l'Assemblée législative, Napoléon, qui flattait les catholiques, se retourna contre les républicains italiens : un corps d'armée fut envoyé à Rome et le pape, qui avait été obligé de fuir, fut réinstallé sur son trône pontifical (juin 1849).

L'Assemblée manifesta aussi ses tendances réactionnaires par trois lois : celle du *15 mars 1850*, établissant la liberté de l'enseignement, mais qui ne devait guère profiter qu'aux congrégations religieuses; celle du *31 mai 1850*, qui mutilait le suffrage universel et supprimait trois millions d'électeurs; enfin la loi du *16 juillet 1850*, qui limitait la liberté de la presse.

FIG. 370.—**Arrestation de M. Baze, questeur de l'Assemblée nationale, le 2 décembre 1851.** — Après avoir protesté de la façon la plus énergique, se défendant contre quatre agents qui ne purent s'emparer de lui qu'en l'emportant, M. Baze fut conduit à la prison de Mazas, où il rédigea une protestation contre l'attentat à la représentation nationale commis sur ses collègues et sur lui.

2. Conflit entre le président et l'Assemblée. — L'Assemblée, qui voulait rétablir la monarchie, et le président, qui voulait se faire proclamer empereur, ne pouvaient s'entendre longtemps. Un conflit ne tarda pas à éclater.

Le prince-président demande, en 1851, une revision de la Constitution, qui lui permettrait d'être réélu en 1852. La Chambre repousse toute revision; mais, en même temps, elle a le tort de se refuser à modifier la loi électorale qui portait atteinte au suffrage universel et dont on réclamait l'abrogation*. Le président profite de cette faute : il

constitue le ministère dit du *coup d'État* (Saint-Arnaud, *de Morny*, etc.), avec lequel il accomplit son attentat.

3. Le coup d'État du deux décembre 1851. — Dans la *nuit du 2 décembre 1851*, Louis-Napoléon Bonaparte fait saisir dans leur lit les représentants du peuple les plus influents, comme coupables de « complot contre la sûreté de l'État. » Parmi eux se trouvaient les généraux *Cavaignac*, *Lamoricière*, *Changarnier*, *Bedeau* et *Leflô*, le lieutenant-colonel *Charras*, MM. *Thiers*, *Baze*, etc. Le général Leflô et M. Baze étaient questeurs* de l'Assemblée nationale. A six heures du matin, tout était terminé, et trente mille soldats étaient massés sur la place de la Concorde et dans les Champs-Élysées, prêts à tout événement.

Aux premières nouvelles de cette criminelle tentative, les représentants voulurent se réunir pour protester : ils furent traqués partout, arrêtés et enfermés, les uns à Mazas, les autres au Mont-Valérien.

On avait affiché dans Paris la proclamation suivante :

AU NOM DU PEUPLE FRANÇAIS,

Le Président de la République, décrète :

ARTICLE PREMIER. — L'Assemblée nationale est dissoute.

ARTICLE 2. — Le suffrage universel est rétabli. La loi du 31 mai est abrogée.

ARTICLE 3. — Le peuple français est convoqué dans ses comices*, à partir du 14 décembre, jusqu'au 21 décembre suivant.

ARTICLE 4. — L'état de siège est décrété dans l'étendue de la première division militaire.

ARTICLE 5. — Le Conseil d'État est dissous.

ARTICLE 6. — Le Ministre de l'intérieur est chargé de l'exécution du présent décret.

Fait au palais de l'Élysée, le 2 décembre 1851.

LOUIS-NAPOLÉON BONAPARTE.

Le Ministre de l'intérieur,

DE MORNY.

4. La mort de Baudin*. — Paris, qui ne comprit pas la portée de l'attentat commis contre le peuple, resta indécis. Les représentants républicains laissés libres, *Victor Hugo*, *Schœlcher*, *Michel de Bourges*, *Jules Favre*, *Madier de Montjau*, *Baudin*, etc., veulent organiser la résistance; mais la foule est indifférente. Le représentant *Baudin* a beau se faire tuer sur une barricade et montrer, suivant son expression, *comment on meurt pour 25 francs* (les membres de l'Assemblée législative touchaient une indemnité de 25 francs par jour) : son sacrifice est inutile.

Les troupes de Bonaparte, enlèvent successivement toutes les barricades, la fusillade

Fig. 371. — Mort du représentant du peuple Baudin. — Le 4 décembre 1851, Baudin essaya d'organiser, à Paris, la résistance contre le coup d'État et fut tué sur une barricade de la rue Sainte-Marguerite (faubourg Saint-Antoine).

balaie les boulevards et l'armée reste maîtresse de Paris.

5. Les Commissions mixtes en province. — En province, on essaya, aussi d'organiser la résistance : elle n'eut aucun succès et la répression fut impitoyable. Cent mille personnes furent poursuivies et comparurent devant des *commissions mixtes*, composées du préfet, du procureur général et du général commandant le département. De ces cent mille prévenus, coupables seulement du *crime d'opinion*, les uns furent condamnés à la surveil-

lance de la haute police, les autres furent exilés; le plus grand nombre fut déporté, assimilé aux forçats ou interné dans les colonies.

La population des grandes villes était restée indifférente à la violation de la Constitution. Elle avait surtout applaudi au rétablissement du suffrage universel et à la dissolution de cette Assemblée législative qui avait réduit de trois millions le nombre des électeurs.

Le 20 décembre le crime du deux décembre fut approuvé par plus de *7 millions de suffrages.*

LEXIQUE. — Abrogation, annulation d'une loi.
Baudin, représentant du peuple à l'Assemblée de 1849.
Comices, réunions électorales.
Pie IX, pape de 1848 à 1878, fut d'abord très populaire en Italie, où l'on vantait son patriotisme et son libéralisme ; mais, effrayé des mouvements révolutionnaires de 1848, il se montra bientôt hostile à la cause de l'unité italienne.
Questeur, membre d'une assemblée, chargé de surveiller les dépenses.

Résumé chronologique.

1849	**Juin**	Le pape Pie IX est rétabli à Rome par les Français.
1850	**31 mai**	Le suffrage universel est supprimé.
1851	**2 décembre**	Coup d'État de Louis-Napoléon Bonaparte.

Devoir de rédaction.

LE COUP D'ÉTAT DU 2 DÉCEMBRE 1851

Plan. — 1. Lutte entre l'Assemblée Législative et le Président Louis-Napoléon.
2. La nuit du 1er au 2 décembre.
3. Les barricades du 3, mort de Baudin ; la fusillade des boulevards.
4. La répression violente des troubles dans les départements ; Louis-Napoléon pourra, l'année suivante, prendre le titre d'empereur.

Dix-neuvième siècle.

LXII. — NAPOLÉON III EMPEREUR DES FRANÇAIS (2 DÉCEMBRE 1852) GUERRES DE CRIMÉE (1854-1856) ET D'ITALIE (1859-1860)

Entretiens

1. — Un *plébiscite**, approuvant le coup d'État, donna à Louis-Napoléon la présidence de la République pour dix ans; mais, au bout d'une année, il rétablissait l'empire à son profit et prenait le nom de **Napoléon III,** *empereur des Français* (2 décembre 1852).

2. — La Constitution donnait tout le pouvoir à l'empereur. Il nommait les *sénateurs* et les *conseillers d'État,* et il désignait aux électeurs les *candidats* qu'il désirait voir entrer au Corps législatif*.

3. — Napoléon avait dit : l'*Empire, c'est*

Fig. 372. — Carte de la guerre de Crimée. — Dans la guerre de Crimée, la France était l'alliée de l'Angleterre, du Piémont et de la Turquie contre les Russes. Cette guerre fut signalée par les grandes batailles de l'*Alma* et d'*Inkermann* (1854), par la prise de *Malakoff* et de *Sébastopol* (1855).

la paix, mais son règne n'a été qu'une longue suite de guerres qui, presque toutes, nous ont été funestes.

4. — Allié aux Anglais et aux Turcs, il fit contre les Russes la **guerre de Crimée***, qui se termina par la prise de *Sébastopol** (1855) et par le *traité de Paris* (1856).

5. — Napoléon soutint les Piémontais* contre les Autrichiens en 1859, et prépara ainsi la formation du **royaume d'Italie.** Le nouveau royaume nous céda Nice et la Savoie en 1860.

Fig. 373. — **Carte de la guerre d'Italie.** — Napoléon III, à la tête de l'armée française, le roi **Victor Emmanuel** à la tête de l'armée italienne, vainquirent les Autrichiens à *Montebello*, à *Palestro*, à *Magenta* et à *Solférino*. La **Prusse** se préparait à soutenir l'Autriche, quand la paix fut signée à *Villafranca* (1859).

Questionnaire : 1. — Louis-Napoléon se contenta-t-il du titre de président de la République ?
2. — Quels droits la Constitution donnait-elle à l'empereur ?
3. — Le règne de Napoléon III a-t-il été pacifique ?
4 — Comment se termina la guerre de Crimée ?
5. — Que nous valut la guerre d'Italie en 1859 ?

Récits

1. Le second empire (1852-1870). — Le président ne cacha plus désormais son intention de rétablir l'empire. Il gagna l'opinion en promettant la sécurité, l'ordre et le travail. *L'empire, c'est la paix*, disait-il dans un célèbre discours à Bordeaux. Ses partisans, de leur côté, lui préparaient partout des ovations*. Enfin l'armée et ses chefs espéraient voir se renouveler la gloire militaire du temps de Napoléon Ier. Dans une revue, à Satory, le président fut accueilli par les soldats au cri de : Vive l'empereur! Peu après un plébiscite rétablit *l'empire* (décembre 1852).

2. Mariage de Napoléon III. — Le **prince impérial.** — Moins de trois mois après la proclamation de l'empire, Napoléon épousait une Espagnole, *Eugénie de Montijo*, comtesse de Téba.

Le 16 mars 1856, naquit le *prince impérial.*

En 1879, ce jeune prince, qui était engagé dans l'armée anglaise, suivait une expédition, en Afrique, quand il fut tué par les Zoulous.

3. Gouvernement arbitraire. — Le second empire fut un *régime despotique :* la liberté de la presse et la liberté de réunion furent supprimées. Le Sénat était nommé par l'empereur, qui choisissait ses ministres et n'était responsable que devant le peuple ; quant aux députés au Corps législatif*, ils étaient bien élus au suffrage universel, mais les préfets désignaient les candidats officiels*, agréés par le Gouvernement, et combattaient les autres par tous les moyens. D'ailleurs, la Chambre ne pouvait proposer les lois et était obligée de voter en bloc le budget* de chaque ministère ; elle ne devait siéger que trois mois. Le Sénat pouvait, en outre, « annuler tout acte arbitraire et illégal ».

C'était une monarchie absolue, mais, en apparence, démocratique, car l'empereur faisait ratifier ses décisions les plus importantes par des *plébiscites*; les citoyens répondaient par *oui* ou par *non* à la question qui leur était soumise.

4. Guerre de Crimée* (1854-1856.)

Napoléon III s'allia, en 1854, avec l'Angleterre, contre la Russie qui menaçait la Turquie. L'armée française, commandée par le maréchal Saint-Arnaud, séjourna d'abord dans les marais de la Dobroutcha*, où elle fut décimée par le choléra; puis elle débarqua en *Crimée*, afin de prendre Sébastopol*, le grand port militaire des Russes sur la mer Noire.

Fig. 374. — **Napoléon III.** — Empereur des Français, né à Paris, le 20 avril 1808, mort le 9 janvier 1873, à Chislehurst (Angleterre).

5. Siège de Sébastopol.

Le *siège de Sébastopol* dura près d'un an. Les Français remportèrent plusieurs victoires mémorables, à l'*Alma** et à *Inkermann*; mais Sébastopol résistait héroïquement. Dès le début de la campagne, le maréchal Saint-Arnaud était mort du choléra; il fut remplacé par Canrobert.

Les lenteurs du siège finissant par irriter l'opinion, Pélissier fut appelé au commandement.

Fig. 375. — **Canrobert.** — Maréchal de France, né à Saint-Céré (Lot) le 27 juin 1809, mort à Paris, en 1895.

Le général Pélissier, vieux soldat des guerres d'Afrique, moins ménager du sang de ses hommes, donna l'assaut contre la *tour Malakoff*, le 18 juin 1855; il fut repoussé, après avoir perdu près de quatre mille hommes, mais il prit une glorieuse revanche au pont de *Traktir*; les Russes durent se retirer en laissant sept mille hommes sur le terrain.

6. Prise de Sébastopol.

Le 5 septembre, un bombardement terrible commença;

il fut suivi d'un assaut général. Trois jours après, la *tour Malakoff* était prise et les Russes évacuaient *Sébastopol*, qu'ils avaient bravement et habilement défendu.

La Crimée ne fut complètement évacuée que le 5 juillet 1856 : *les Français y laissaient*

Fig. 376. — **Prise de Sébastopol.** — Sébastopol fut investi par les Anglo-Français le 30 septembre 1854. Le bastion Malakoff fut emporté par les Français le 8 septembre 1855; sa perte décida les Russes à évacuer immédiatement Sébastopol.

soixante-quinze mille morts. Le tsar Nicolas Ier venait de succomber; son fils Alexandre II était disposé à la paix : elle fut signée à Paris en 1856. La Russie s'engageait à ne pas conserver d'établissements militaires dans la mer Noire.

7. La guerre d'Italie.

Napoléon III se laissa facilement gagner par Cavour, le ministre du roi de Sardaigne, Victor-Emmanuel, qui voulait réaliser l'unité italienne. Il engagea donc la guerre contre l'Autriche, qui possédait la Lombardie.

En avril 1859, les Autrichiens passent le Tessin et menacent Turin, mais les Français les culbutent à *Montebello**.

Fig. 377. — **Victor-Emmanuel II.** — Roi d'Italie, né en 1820, mort le 9 janvier 1878.

Victor-Emmanuel, de son côté, reprend l'avantage à *Palestro* et la victoire du maréchal de Mac-Mahon à *Magenta** (4 juin) rend les Franco-Piémontais* maîtres de Milan et de la Lombardie.

12

Les Français et les Piémontais sont encore victorieux à *Solférino** mais ils ne peuvent empêcher l'armée autrichienne d'effectuer sa retraite.

Napoléon III, redoutant alors l'intervention de la Prusse, arrête la guerre et signe la *paix de Villafranca* (1859), avec l'empereur d'Autriche : le Piémont n'acquiert que la Lombardie, qui est enlevée à l'Autriche.

8. Le royaume d'Italie. — Victor-Emmanuel acheva de constituer le *royaume d'Italie* par l'acquisition de la Toscane*, d'une partie des États du pape et du royaume des Deux-Siciles*, qui se donnèrent à lui, après s'être révoltés contre leurs souverains particuliers (1860).

La même année, pour reconnaître les services rendus par la France, l'Italie nous cédait la Savoie et le comté de Nice, du consentement des habitants.

L'unité italienne fut complétée : 1° en 1866, par l'acquisition de la Vénétie que l'Italie, alliée à la Prusse, enleva à l'Autriche ; 2° en 1870, par la conquête de Rome, après le départ des troupes françaises, qui avaient jusque-là maintenu le pouvoir temporel du pape.

LEXIQUE. — **Alma,** rivière de Crimée, au nord de Sébastopol (carte, fig. 372).

Budget, état des recettes et des dépenses d'un pays, d'une administration publique.

Candidats officiels, candidats désignés et soutenus par le Gouvernement.

Corps législatif, assemblée qui fait les lois.

Crimée, presqu'île entre la mer Noire et la mer d'Azof, au sud de la Russie (carte, fig. 372).

Deux-Siciles, royaume formé du sud de l'Italie et de la Sicile, cap. Naples (carte, fig. 373).

Dobroutcha, contrée marécageuse, au sud de l'embouchure du Danube (carte, fig. 372).

Magenta, en Italie, entre le Tessin et Milan (carte, fig. 373).

Montebello, en Italie, entre l'Apennin et la rive droite du Pô (carte, fig. 373).

Ovation, triomphe, chez les Romains. Aujourd'hui, honneurs rendus à quelqu'un par une assemblée, par une foule.

Piémontais, habitants du Piémont. État du nord-ouest de l'Italie, qui avait pour capitale Turin (carte, fig. 373).

Plébiscite, autrefois, décret émané du peuple romain (plèbe) ; aujourd'hui, résolution soumise à l'approbation du peuple.

Sébastopol, port militaire, en Crimée (carte, fig. 372).

Solférino, en Italie, au sud du lac de Garde (carte, fig. 373).

Toscane, ancien grand-duché italien, cap. Florence (carte, fig. 373).

Résumé chronologique.

1852	2 décembre	Proclamation du second empire.
1853	30 janvier	Mariage de Napoléon III avec Eugénie de Montijo.
1854	septembre	Victoire de l'Alma, en Crimée, remportée sur les Russes.
—	novembre	Victoire d'Inkermann.
1855	septembre	Prise de Sébastopol, par Pélissier.
1856	16 mars	Naissance du prince impérial.
—	30 —	Traité de Paris qui met fin à la guerre d'Orient.
1857	juin-juillet	Soumission de la Grande Kabylie.
1859	avril	Guerre d'Italie pour délivrer l'Italie de la domination autrichienne.
1860	Mars	Annexion de Nice et de la Savoie.

Devoir de rédaction.

LA GUERRE DE CRIMÉE

Plan. — 1. Causes de la guerre ; menaces de la Russie contre Constantinople.
2. Les victoires de l'Alma et d'Inkermann.
3. La prise de Sébastopol.
4. Le traité de Paris.

LXIII. — **EXPÉDITIONS DE SYRIE, DE COCHINCHINE ET DE CHINE (1860-1862).** — **LA GUERRE DU MEXIQUE (1863-1867).** **L'OPPOSITION.** — **L'EMPIRE LIBÉRAL.**

Entretiens

1. — Sous l'empire, la France lutta encore en **Syrie*** (1860) pour protéger les chrétiens contre les musulmans ; en Cochinchine* (1860-1862), pour étendre dans ce pays nos possessions coloniales ; en Chine, en 1860 : une expédition franco-anglaise vainquit les Chinois à *Palikao** et s'empara de *Pékin** ; la Chine ouvrit au commerce européen quelques-uns de ses ports.

2. — La guerre du Mexique*, qui dura de 1863 à 1867, fut d'autant plus désastreuse qu'elle nous empêcha d'intervenir, lorsque l'*Autriche* et la *Prusse* se trouvèrent en présence.

3. — Les Prussiens furent vainqueurs des Autrichiens à **Sadowa***, en 1866, et cette victoire leur permit de préparer contre nous l'*unité allemande*.

4. — L'empire avait donc commis bien des fautes ; et si, pendant dix-huit ans, il échappa à leur expiation, c'est parce qu'il avait donné une grande impulsion aux travaux publics, au commerce et à l'industrie.

Fig. 378. — Carte de l'expédition du Mexique. — Cette désastreuse expédition, qui dura de 1863 à 1867, que les conseillers de Napoléon III ont appelée « la plus grande pensée du règne », s'est terminée par l'exécution de l'archiduc Maximilien à Quérétaro (1867).

5. — Malgré le succès de l'*Exposition de 1867*, l'opposition ne fit que croître.

Récits

1. Massacres de Syrie. Occupation de la Cochinchine. Expédition de Chine. — En 1860, les troupes françaises débarquèrent en *Syrie**, pour réprimer les massacres de chrétiens qui avaient lieu dans le *Liban**.

En 1860-1862, la France étendit ses possessions en *Cochinchine**, en s'emparant de *Mytho*, de *Bienhoa*, de *Vinh-Long*, de l'île *Condor* et de ses annexes.

De concert avec l'Angleterre, une expédition fut envoyée en *Chine* en 1860; le 21 septembre, la victoire de *Palikao** nous ouvrait la route de *Pékin*, où nos troupes firent leur entrée le 12 octobre. La Chine vaincue consentit à ouvrir quelques-uns de ses ports au commerce européen.

2. L'expédition du Mexique (1863-1867). — Les Européens établis au Mexique, parmi lesquels se trouvaient beaucoup de Français, étaient sans cesse menacés par les révolutions qui troublaient ce pays. Ils réclamaient quelques indemnités et demandaient à leurs Gouvernements, non point de renverser la République mexicaine, mais au contraire d'aider le président Juarez à y rétablir l'ordre.

La France, l'Angleterre et l'Espagne s'entendirent pour intervenir au *Mexique;* mais Juarez ayant donné satisfaction aux plaignants, en les indemnisant des pertes qu'ils avaient subies, l'Angleterre et l'Espagne se retirèrent. Napoléon III qui, seul, était décidé à renverser Jua-

L'empereur accorda alors une Constitution plus libérale, qui fut approuvée par le *plébiscite du 8 mai 1870.*

6. — Mais cet expédient ne réussit point, et, quelques mois après, pour assurer la durée de sa dynastie, Napoléon déclarait la guerre à l'Allemagne, comptant sur la victoire pour consolider son trône.

Questionnaire : **1.** — Dites ce que vous savez des expéditions de Syrie, de Cochinchine et de Chine.
2. — Quel a été le résultat de la guerre du Mexique?
3. — Où les Prussiens furent-ils vainqueurs des Autrichiens?
4. — Pourquoi l'empire, pendant dix-huit ans, échappa-t-il à l'expiation de ses fautes?
5. — Le succès de l'Exposition de 1867 fut-il favorable à l'empire?
6. — Dans quel but la guerre fut-elle déclarée à l'Allemagne en 1870.

rez, proposa à l'archiduc *Maximilien d'Autriche* l'empire du Mexique, et, pour le soutenir, il envoya dans ce pays un corps de 40 000 hommes.

L'armée française s'empare de *Puebla**, et entre à *Mexico*, où elle fait proclamer Maximilien empereur du Mexique.

3. Résultat de la campagne du Mexique. — Juarez organise une résistance

Fig. 379. — **Exécution de Maximilien, empereur du Mexique.** — Maximilien, archiduc d'Autriche et frère de l'empereur François-Joseph, fut empereur du Mexique de 1864 à 1867. Fait prisonnier par Juarez, président de la république du Mexique, il fut condamné à mort et fusillé à Quérétaro, le 19 juin 1867.

énergique; les États-Unis le soutiennent, et obligent Napoléon III à rappeler ses troupes. Maximilien, réduit à ses propres forces, est vaincu, pris et fusillé à *Quérétaro**, le 19 juin 1867.

Cette désastreuse expédition nous a coûté beaucoup d'hommes et beaucoup d'argent, et elle nous a empêchés de surveiller la Prusse, dont les progrès devenaient inquiétants.

En effet, en 1866, une guerre s'engage entre la Prusse et l'Autriche : elle se termine, à *Sadowa**, par la défaite de l'Autriche et des États de l'Allemagne du Sud.

L'unité allemande se préparait : elle devait se faire aux dépens de la France.

4. La fin de l'empire. — Jusqu'en 1860, la France fut si bien subjuguée par l'empire, qu'il n'y eut d'abord que cinq députés de l'opposition au Corps législatif. Mais la guerre d'Italie mécontenta le parti catholique. Napoléon voulut alors gagner l'appui des libéraux modérés : il fit cesser les proscriptions, rendit quelque liberté à la presse, quelque pouvoir à la Chambre. L'opposition fit des progrès : on ne cessait d'attaquer le premier ministre, *Rouher*. Les élections de 1869 envoyèrent au Corps législatif 40 républicains et 116 conservateurs, partisans du régime parlementaire.

5. L'empire libéral. — L'empereur se résigna à opérer une réforme de la constitution, qui fut ratifiée par un plébiscite (8 mai 1870); il rendit à la Chambre le vote du budget, choisit ses ministres parmi les députés. Le nouveau régime fut appelé l'*empire libéral*. Napoléon prit, comme chef du ministère, M. Émile Ollivier.

FIG. 380. — **Rouher.** — Homme politique, né à Riom, le 30 novembre 1814, mort en 1884.

Les républicains, parmi lesquels on remarquait Gambetta, Jules Favre, Jules Ferry, Jules Simon, continuèrent à lutter contre le Gouvernement; ils trouvèrent un puissant auxiliaire dans Thiers, qui ne cessait d'attaquer la politique extérieure de Napoléon III. C'est alors qu'éclata la guerre entre la France et l'Allemagne (juillet 1870).

6. Prospérité matérielle. — Si la politique extérieure de Napoléon III a été désastreuse, il est juste de reconnaître que son règne a été une époque de grande prospérité matérielle.

D'importants travaux agricoles furent entrepris, particulièrement en Sologne, dans les Landes, etc.

L'industrie fut encouragée, notamment par les Expositions universelles de 1855 et de 1867. L'Exposition de 1867 eut un immense succès et attira à Paris une foule d'étrangers de tous les pays.

Quant au commerce, il reçut une vive impulsion du traité de 1860, signé avec l'Angleterre, sur la base du libre échange*. Il fut encore favorisé par l'ouverture du canal de Suez*.

7. Le canal de Suez (1869). — En 1869, après dix années d'efforts, de travail et de patience, fut achevé le percement du *canal de Suez :* le 15 août, les eaux de la Méditerranée s'unissaient à celles de la mer Rouge dans les lacs Amers. Cette œuvre gigantesque, entreprise par Ferdinand de Lesseps, permettait aux navires d'arriver dans l'Inde et en Chine sans faire le tour de l'Afrique : c'était un bienfait inappréciable pour l'Europe.

LEXIQUE. — **Canal de Suez**, entre l'Afrique et l'Asie, réunit la mer Rouge à la Méditerranée.
Cochinchine, contrée de l'Indo-Chine qui appartenait à l'empire d'Annam (carte, fig. 423).
Liban, chaîne de montagnes de la Syrie.
Libre échange. Théorie qui soutient que les communications commerciales entre les peuples doivent être affranchies des prohibitions et des impôts.
Mexique, État d'Amérique, au sud-ouest des États-Unis (carte, fig. 378).
Palikao, village de Chine, à 12 kilomètres de Pékin.
Pékin, capitale de l'empire chinois.
Puebla, ville du Mexique (carte, fig. 378).
Quérétaro, ville au N.-O. de Mexico (carte, fig. 378).
Sadowa, petite ville de Bohême, où les Prussiens battirent les Autrichiens, le 3 juillet 1866.
Syrie, contrée de l'Asie, à l'est de la Méditerranée, appartient à la Turquie.

Résumé chronologique.

1860	septembre	Expédition de Syrie.
1860		Expédition de Cochinchine. Prise de Saïgon.
1860	21 sept.	Victoire de Palikao.
	12 octobre	Prise de Pékin.
1866		Victoire des Prussiens sur l'Autriche à Sadowa.
1867	1er avril	Ouverture de la 4e Exposition universelle, à Paris.
	19 juin	Maximilien est fusillé à Quérétaro.
1869	mai-juin	Élections générales; l'opposition l'emporte dans les grandes villes.
1870	2 janvier	Ministère Émile Ollivier.
1870	8 mai	Plébiscite; huit millions de votants approuvent les modifications constitutionnelles.

Devoir de rédaction.

LA GUERRE DU MEXIQUE

Plan. — 1. Intervention française au Mexique; projets de Napoléon III sur ce pays.
2. La conquête du Mexique.
3. La défaite; l'évacuation.
4. L'armée française reste très affaiblie, après cette expédition; elle ne pourra faire face aux graves complications qui vont se produire en Europe.

(Cartes, pages 182, 185 et 189.)

FIG. 381. — **Défense du pont de Bazeilles (1er septembre 1870).** (*D'après le bas-relief de M. Croisy faisant partie du monument commémoratif de Sedan*). — Le 1er septembre, à quatre heures du matin, les Bavarois de Von der Tann se jetèrent sur le pont de Bazeilles, qui n'avait pas été détruit. Encouragé par l'attitude du général Lebrun et la résolution des tirailleurs de l'infanterie de marine, sous les ordres des généraux de Vassoigne et Martin des Pallières, le 12e corps repoussa sans faiblir l'attaque des Bavarois après un terrible combat.

Dix-neuvième siècle.

LXIV. — LA GUERRE AVEC LA PRUSSE (1870)
CAPITULATION DE SEDAN (2 Septembre)

Entretiens

1. — Dirigée par *Guillaume Ier* et son ministre *Bismarck**, la **Prusse**, après sa victoire sur l'Autriche à *Sadowa*, en 1866, avait rangé sous sa domination les petits États de l'Allemagne du Nord; pour entraîner les États de l'Allemagne du Sud, il lui fallait une guerre contre un ennemi commun.

2. — La *couronne d'Espagne* fut offerte en 1870 à un prince prussien; la France s'opposa à cette candidature, qui fut retirée; mais **Napoléon III** et **Bismarck**, qui désiraient la lutte, envenimèrent la querelle et la guerre devint inévitable.

3. — Napoléon déclara la guerre à la Prusse, le 19 juillet, malgré les protestations de M. Thiers et des députés républicains.

4. — L'armée allemande, organisée par le maréchal **de Moltke**, était forte d'abord de plus de 500 000 hommes.

5. — La France, mal préparée, ne pouvait pas mettre en ligne plus de 280 000 hommes. Dès 1865, le maréchal **Niel** avait bien fait

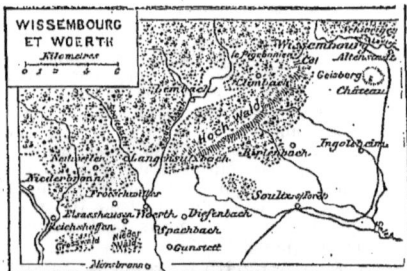

FIG. 382. — **Batailles de Wissembourg et de Wœrth.** — *La bataille de Wissembourg* eut lieu le 4 août 1870, entre la division Abel Douay et une division bavaroise et deux divisions prussiennes. L'ennemi, victorieux, perdit 1500 hommes; Les Français eurent 1200 tués et 1200 prisonniers. — *La bataille de Wœrth* (6 août 1870) coûta à la France deux généraux, sept mille tués, neuf mille prisonniers, trente-cinq pièces d'artillerie. Les Allemands avouent la perte de 11 000 hommes; mais la victoire leur donna l'Alsace presque entière.

voter une *loi militaire* qui augmentait nos forces; mais elle n'avait été exécutée qu'en partie.

FIG. 383. — **Sedan et ses environs.** — La capitulation de Sedan livrait à l'Allemagne 83000 soldats, 2125 officiers, 32 généraux dont 1 maréchal de France, près de 650 canons. 17 000 Français avaient été tués; les Allemands avaient 9000 hommes hors de combat.

6. — L'empereur, qui commandait en chef, était malade et n'avait aucun talent militaire : à *Wissembourg** le 4 août, à *Woerth* et à *Forbach** le 6 août, nos soldats furent accablés, malgré leur courage, par des forces supérieures.

7. — **Bazaine**, nommé commandant en chef à la place de l'empereur, livra les 14, 16 et 18 août les batailles indécises de *Borny**, de *Mars-la-Tour** et de *Saint-Privat*, et se laissa enfermer sous *Metz*.

8. — L'armée de **Mac-Mahon**, qui se proposait de rejoindre Bazaine, fut battue à *Sedan**; elle capitula le 2 septembre 1870, et l'empereur se rendit au roi Guillaume avec 83 000 hommes.

9. — A la nouvelle de cette honteuse capitulation, Paris, indigné, se souleva; la déchéance de l'empire fut prononcée, et la République proclamée.

Questionnaire : 1. — Quelles furent les conséquences de la victoire des Prussiens à Sadowa?
2. — Comment la guerre franco-allemande a-t-elle éclaté?
3. — Quel parti en France protesta contre la guerre?
4. — Qui avait organisé l'armée allemande?
5. — La France était-elle prête?
6. — Nommez nos premières défaites en donnant les dates.
7. — Sous quelle place Bazaine se laissa-t-il enfermer?
8. — Où capitula l'armée de Mac-Mahon?
9. — Que fit Paris, quand il apprit la capitulation de Sedan?

Récits

1. L'unité allemande.

FIG. 384. — **Bismarck.** — Célèbre diplomate prussien, né le 1er avril 1815, à Schœnhausen.

— Après avoir battu l'Autriche à *Sadowa* (1866), la Prusse s'annexa trois grandes provinces, et plaça sous sa dépendance les petits États de l'Allemagne du Nord. Napoléon III avait bien songé à arrêter la marche de la Prusse après Sadowa, mais l'armée française était épuisée par l'expédition du Mexique. Bismarck*, malgré ses promesses trompeuses, empêcha l'empereur d'acquérir le Luxembourg en 1867.

L'*unité allemande* n'était pas encore accomplie, puisque la Bavière et les autres États de l'Allemagne du Sud restaient indépendants. Bismarck, pour les soumettre à l'autorité de la Prusse, voulait une guerre contre la France. D'autre part, en France, dans l'entourage de l'empereur, on voyait dans la guerre un moyen d'assurer la durée de la dynastie.

2. Les causes de la guerre de 1870.

— Un cousin du roi de Prusse, Léopold de Hohenzollern, accepta tout à coup (juillet 1870) le trône d'Espagne, vacant depuis que les Espagnols, en 1868, avaient détrôné la reine Isabelle. Notre ministre des affaires étrangères, M. de Gramont, remontra à la Prusse que la France ne pouvait pas être placée entre deux Hohenzollern, sur les Pyrénées et sur le Rhin. C'était l'opinion de toute l'Europe. Le prince allemand retira son acceptation. Tout semblait donc arrangé. Mais le parti qui poussait l'empereur à la guerre, exigea que le roi de Prusse promit de ne jamais tolérer de nouveau la candidature du prince Léopold. Le roi se refusa à faire une promesse devenue inutile et humiliante.

De son côté *M. de Bismarck fit publier une dépêche qui falsifiait* les faits et prétendait que notre ambassadeur avait été congédié impoliment par le roi Guillaume.* Il voulait ainsi nous amener à déclarer la guerre; il n'y réussit que trop bien, puisque les Français furent en apparence les provocateurs.

3. La déclaration de guerre (19 juillet 1870).
— Le gouvernement français eût pu encore éviter le conflit : il suffisait de rétablir la réalité des faits. Mais l'entourage de l'empereur voulait la guerre : elle fut follement déclarée par la majorité impérialiste de la Chambre, malgré les représentants républicains, malgré M. Thiers, dont les conseils si patriotiques ne purent toucher ni le Gouvernement, ni les députés bonapartistes.

4. Extrait du discours de M. Thiers.
— M. THIERS. — « Si vous ne comprenez pas que « dans ce moment je remplis un devoir et le « plus pénible de ma vie, je vous plains (*réclamations à droite*). Oui, quant à moi, je suis « tranquille pour ma mémoire, je suis sûr de « ce qui lui est réservé pour l'acte auquel je « me livre en ce moment; mais, pour vous, je « suis certain qu'il y aura des jours où vous « regretterez votre précipitation. (*Allons donc!*) »

UN INTERRUPTEUR. — « Vous êtes la trompette « antipatriotique du désastre, allez à Coblentz. »

M. THIERS. — « Offensez-moi, insultez-moi ; je « suis prêt à tout subir pour défendre le sang « de mes concitoyens que vous êtes prêts à « verser si imprudemment; je souffre, croyez-« le, d'avoir à parler ainsi. »

Discours prononcé au Corps législatif le 15 juillet 1870).

FIG. 385. — **Niel.** — Maréchal de France, né à Muret (Haute-Garonne), le 4 octobre 1802, mort le 13 août 1869.

5. Nos premières défaites.
— Nous n'étions pas prêts pour la guerre et nous n'avions pas d'alliances : l'*Angleterre* tenait à conserver la neutralité; la *Russie* voulait effacer les clauses du traité de Paris de 1856; l'*Italie* voulait prendre Rome au pape; l'*Autriche* se fût peut-être déclarée pour nous après une victoire, mais nous n'étions pas en mesure d'être victorieux.

Pendant que M. de Moltke portait au plus haut degré la force de l'armée allemande, chez nous, le Corps législatif n'acceptait qu'en

les mutilant* les projets du maréchal Niel (1867); la *garde mobile*, ou armée de réserve, n'avait été ni convoquée ni exercée. A grand'peine on réunit sur le Rhin 280 000 hommes; les Allemands en avaient plus du double.

Le commandement en chef avait été donné à Napoléon III, affaibli par la maladie et d'ailleurs dépourvu de talents militaires. Il prit de telles dispositions que nous fûmes partout accablés par des forces supérieures : à *Wissembourg*, le 4 août, la division du général Abel Douay fut presque exterminée.

6. Charge de Reichshoffen (6 août 1870).
— C'est à *Woerth* et à *Fræschwiller* que se livre la bataille décisive : le corps de Mac-Mahon lutte héroïquement contre l'armée du prince royal, mais l'ennemi reçoit des renforts et notre déroute commence.

Pour protéger la retraite, Mac-Mahon sacrifie ses cui-

FIG. 386 **Lancier de la garde** (1850 à 1870).

FIG. 387 **Cuirassier** (1850 à 1870).

rassiers. Ces héroïques soldats sont prêts à affronter la mort. Ils crient seulement : « Vive

FIG. 388. — **La charge de Reichshoffen.** — Le soir de la bataille de Woerth, le 6 août 1870, à 4 heures, le maréchal de Mac-Mahon, désespéré, manquant de munitions, malgré l'héroïsme de ses soldats, est forcé d'ordonner la retraite. Pour la protéger, il décida la *charge de Reichshoffen*. Cette charge, restée célèbre, sauva l'armée; mais le 8° régiment de cuirassiers fut anéanti.

la France! » puis, à travers un terrain meurtrier, coupé de haies et de fossés, ils se précipitent sur le village de *Reichshoffen*. Criblés de coups de fusil, ils continuent leur course désespérée : la plupart tombent pour ne plus se relever. Cette charge héroïque contribue à sauver l'armée de Mac-Mahon, qui se replie sur Saverne.

Le même jour, Frossard est battu à *Forbach*[*]. L'Alsace, la Lorraine sont envahies, Strasbourg est assiégé.

7. Sedan[*] : le maréchal de Mac-Mahon et le général Ducrot.

— Napoléon III dut renoncer à son titre de généralissime[*] et Bazaine reçut le commandement de l'armée du Rhin; en le désignant, on ne faisait qu'obéir à l'opinion, car Bazaine était alors populaire.

Les grandes batailles autour de *Metz* (Borny[*], Mars-la-Tour[*], Gravelotte[*]) montrèrent ce que valaient nos troupes. Mais Bazaine se laissa immobiliser et enfermer dans Metz avec 180 000 hommes.

Une nouvelle armée, formée à Châlons et commandée par le maréchal de Mac-Mahon, se dirige sur Metz. Dès le 31 août, les Bavarois se massent devant Bazeilles et notre armée est entièrement enveloppée autour de *Sedan*.

A quatre heures du matin, le 1er septembre, l'action décisive, qui devait nous être si funeste, s'engageait vers Bazeilles. Les Bavarois attaquaient notre infanterie de marine, qui ripostait vigoureusement. Au même moment, l'attaque se prolongeait vers Givonne. Le général Ducrot, qui luttait contre des forces considérables, voyait ses troupes plier sous le feu de l'artillerie allemande, lorsque le maréchal de Mac-Mahon, qui commandait en chef, fut blessé par un obus. Sur l'ordre du maréchal, le général Ducrot se mit à la tête de l'armée. Mais le général de Wimpfen, qui avait en poche sa nomination du ministre de la guerre, pour le cas où le maréchal de Mac-Mahon serait tué ou blessé, montra sa commission au général Ducrot qui reprit ses positions. Wimpfen envoya alors au général Lebrun, qui combattait à Bazeilles, toutes les troupes dont il pouvait disposer.

Le général Ducrot, dans cette mémorable journée, fit l'impossible pour éviter la capitulation, et Wimpfen, en essayant une trouée sur Carignan, où l'ennemi était moins nombreux, espérait la réussite.

8. Sedan : le général de Wimpfen.

— Partout nos soldats étaient écrasés par le nombre. Malgré les efforts des généraux : *Ducrot*, repoussé de Givonne; *Douay*, écrasé par l'artillerie allemande; *Lebrun*, qui opérait sur la droite; malgré la belle défense de l'infanterie de marine qui, postée dans les maisons de *Bazeilles*, faisait plier les Bavarois; malgré aussi le courage des habitants qui défendaient leurs maisons pierre par pierre, la situation restait pleine de dangers.

Wimpfen, pour échapper à l'ennemi, donna ordre au général Lebrun de gagner Montmédy; le général Douay devait couvrir le mouvement et le général Ducrot marcher sur la Moncelle, près Bazeilles.

Fig. 389. — **Général de Wimpfen**, né à Laon (Aisne), le 13 septembre 1811, mort en 1884.

Tous ces ordres donnés, le général de Wimpfen écrivit le billet suivant à Napoléon, enfermé dans Sedan :

« Sire,

« Je me décide à forcer la ligne qui se trouve « devant le général Lebrun et le général Ducrot, « plutôt que d'être prisonnier dans la place de « Sedan.

« Que Votre Majesté vienne se mettre au mi- « lieu de ses troupes; elles tiendront à honneur « de lui ouvrir un passage.

« Une heure un quart, 1er septembre 1870.

« DE WIMPFEN. »

Au même moment, nos troupes étaient repoussées par l'artillerie prussienne. Le général *Margueritte*, qui chargeait à la tête de ses soldats, avait été blessé mortellement. Nos cuirassiers et nos chasseurs d'Afrique, qui se battaient avec une furie si héroïque qu'elle a fait dire au roi de Prusse, présent à la bataille : « Oh! les braves gens! » étaient broyés par l'artillerie allemande.

Le général *de Gallifet*, qui remplaça le général Margueritte, s'élança sur les assaillants avec une bravoure désespérée, mais bientôt, littéralement écrasée, l'armée dut battre en retraite.

9. Sedan : la capitulation. (2 septembre 1870).

— Le général Ducrot, par trois fois, tente inutilement un nouvel effort; la rage au cœur, des officiers ramassent des fusils pour se battre en soldats; mais, à bout de forces, les compagnies se replient sur Sedan.

La bataille était perdue. L'honneur pouvait encore être sauvé. Il suffisait à l'empereur de se mettre à la tête des derniers soldats et de marcher sur Bazeilles. « Si l'effort était inutile, Napoléon pouvait au moins mourir glorieusement, en combattant un dernier combat. »

Il ne répondit au général de Wimpfen qu'en faisant hisser sur les remparts le drapeau* de la capitulation.

Puis il écrivit au roi de Prusse la lettre suivante :

« Monsieur mon frère,

« N'ayant pu mourir au milieu de mes « troupes, il ne me reste qu'à remettre mon « épée entre les mains de Votre Majesté.

« Je suis, de Votre Majesté, le bon frère.

« NAPOLÉON. »

La *capitulation de Sedan* livrait aux Allemands quatre-vingt-trois mille soldats, deux mille cent vingt-cinq officiers, trente-deux généraux dont un maréchal de France ; près de six cents canons. La bataille avait coûté aux Français dix-sept mille hommes tués ; les Allemands en avaient eu neuf mille hors de combat.

LEXIQUE. — **Bismarck**, né en 1815, ministre du roi Guillaume 1er en 1862, chancelier de l'empire allemand en 1871, disgracié par Guillaume II en 1889 (fig. 384).

Borny, à l'est de Metz (carte, fig. 390).

Drapeau parlementaire, drapeau blanc, indiquant qu'on veut faire des propositions pour la reddition d'une place, la conclusion d'un armistice.

Falsifier, altérer un acte, le changer pour tromper.

Forbach, au nord de Metz, (carte, fig. 405).

Généralissime, celui qui commande en chef les troupes d'un État.

Mars-la-Tour, Gravelotte, à l'ouest de Metz (carte fig. 390).

Mutiler. Au sens propre, retrancher un membre ; au figuré, faire des retranchements maladroits.

Sedan, s.-préf. des Ardennes, sur la Meuse (carte, fig. 383).

Wissembourg, ancienne s.-pr. du Bas-Rhin, au nord de l'Alsace (carte, fig. 382).

Résumé chronologique

1870	19 juillet	Déclaration de guerre.
—	4 août	Wissembourg, mort du général Douay.
—	6 —	Forbach et Wœrth, défaite de Mac-Mahon.
—	14 —	Borny.
—	16 —	Mars-la-Tour.
—	18 —	Saint-Privat, Bazaine enfermé dans Metz.
—	2 septembre	Capitulation de Sedan, l'empereur prisonnier.

Devoir de rédaction.

LES ARMÉES IMPÉRIALES AU COMMENCEMENT DE LA GUERRE DE 1870

Plan. — 1. Wissembourg ; Wœrth (Reichshoffen) ; Forbach.

2. Borny ; Gravelotte ; investissement de Metz.

3. Défaite et capitulation de Sedan.

4. Ce sont les plus terribles désastres de notre histoire, malgré la bravoure de nos soldats en ces affreux événements.

TABLEAU CHRONOLOGIQUE ET GÉNÉALOGIQUE DES BONAPARTES

1804-1815. Napoléon Ier. | 1852-1870. Napoléon III, neveu de Napoléon Ier.

Dix-neuvième siècle.

LXV. — LE GOUVERNEMENT DE LA DÉFENSE NATIONALE. CAPITULATION DE BAZAINE A METZ (27 Octobre 1870).

Entretiens

1. — La honteuse capitulation de Sedan amena la chute de l'empire. La **République** fut proclamée à Paris le 4 septembre 1870.

2. — Un gouvernement de la Défense nationale fut institué par les députés de Paris. Le général Trochu, gouverneur de Paris, en fut nommé *président*.

3. — La tâche du Gouvernement était difficile : la France

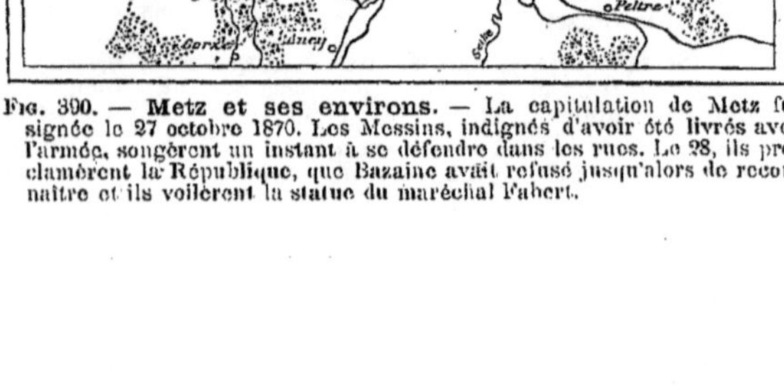

FIG. 390. — **Metz et ses environs.** — La capitulation de Metz fut signée le 27 octobre 1870. Les Messins, indignés d'avoir été livrés avec l'armée, songèrent un instant à se défendre dans les rues. Le 28, ils proclamèrent la République, que Bazaine avait refusé jusqu'alors de reconnaître et ils voilèrent la statue du maréchal Fabert.

n'avait plus d'armée et l'invasion allemande s'étendait chaque jour davantage ; dès le 19 septembre, Paris avait été investi*.

4. — On songea d'abord à traiter, mais Bismarck, par ses exigences, rendit la paix impossible.

5. — Gambetta, ministre de la guerre et de l'intérieur, fit alors appel au patriotisme de tous les Français; il organisa de nouvelles armées.

6. — Strasbourg, assiégé par le général de Werder et défendu par le général Uhrich, dut capituler, le 29 septembre, après un bombardement de plus de quatre semaines. La garnison fut prisonnière de guerre.

7. — A *Châteaudun**, le 18 octobre, les francs-tireurs* et les gardes nationaux se défendirent héroïquement contre 12000 Allemands.

8. — Le 27 octobre, Bazaine* trahissait la Patrie : il livrait aux Prussiens la ville de *Metz* avec une armée de *176 000 hommes*, l'élite de nos soldats, et un matériel de guerre considérable.

9. — Les Allemands, au nombre de 200000, purent alors, sous la conduite du prince Frédéric-Charles, marcher sur la Loire.

Questionnaire : 1. — Quel fut, pour l'empire, le résultat de la capitulation de Sedan?
2. — Quel est le gouvernement qui fut institué?
3. — Comment ce gouvernement trouva-t-il la France?
4. — Pourquoi ne put-il conclure la paix?
5. — Que fit alors Gambetta?
6. — A quelle date Strasbourg capitule-t-il?
7. — Parlez de la défense de Châteaudun.
8. — Parlez de la trahison du maréchal Bazaine.
9 — Après la capitulation de Metz, où l'armée allemande de Frédéric-Charles se porta-t-elle?

Récits

1. La chute de l'empire. Proclamation de la République (4 septembre 1870). — L'empereur était prisonnier. L'impératrice et le prince impérial se hâtèrent de passer la frontière, et, dans ce pays qui, au plébiscite du 8 mai 1870, avait donné 7 millions de voix à l'empire, il ne se trouva pas, au 4 septembre, un seul impérialiste pour protester contre la *proclamation de la République*.

2. Les membres du Gouvernement de la Défense nationale. — Une foule nombreuse était assemblée sur la place de l'Hôtel de ville. Gambetta s'en approcha et fit connaître au peuple la constitution du *Gouvernement de la Défense nationale*, dont les membres étaient les députés de Paris : Emmanuel Arago, Crémieux, Jules Ferry, Jules Favre, Gambetta, Garnier-Pagès, Glais-Bizoin, Ernest Picard, Eugène Pelletan, Rochefort et Jules Simon. Ils s'adjoignirent le général Trochu, alors

GOUVERNEMENT DE LA DÉFENSE NATIONALE
FIG. 391 Gambetta (1838-1882). FIG. 392 J. Favre (1809-1880). FIG. 393 G' Trochu (1815-1896). FIG. 394 E. Picard (1821-1877).

GOUVERNEMENT DE LA DÉFENSE NATIONALE
FIG. 395 Crémieux (1796-1880). FIG. 396 G. Pagès (1803-1878). FIG. 397 E. Arago (1812-1897). FIG. 398 J. Simon (1814-1897).

GOUVERNEMENT DE LA DÉFENSE NATIONALE
FIG. 399 E. Pelletan (1813-1884). FIG. 400 H. Rochefort (1830). FIG. 401 J. Ferry (1832-1893). FIG. 402 Glais-Bizoin (1800-1877).

populaire, parce qu'il avait publié, en 1867, un livre où il demandait la réorganisation de nos forces militaires.

Les noms des chefs de l'opposition sous l'empire inspirèrent confiance et ranimèrent le patriotisme.

3. La proclamation de la République.

— La *proclamation* suivante, la première que fit le Gouvernement, eut une grande influence sur l'opinion publique :

FRANÇAIS !

« Le peuple a devancé la Chambre, qui hésitait. Pour sauver la Patrie en danger, il a demandé la République. Il a mis ses représentants non au pouvoir, mais au péril. La République a vaincu l'invasion en 1792. La République est proclamée.

« La Révolution est faite au nom du droit, du salut public.

« Citoyens, veillez sur la cité qui vous est confiée ; demain vous serez, avec l'armée, les vengeurs de la Patrie. »

4. Capitulation de Strasbourg (27 septembre 1870).

— La situation de *Strasbourg*

FIG. 403. — **Bombardement de Strasbourg.** — Le bombardement de Strasbourg dura quatre semaines, 340 habitants de la ville, parmi lesquels beaucoup de femmes et d'enfants, furent tués, 3000 furent blessés et estropiés.

était devenue difficile dès le lendemain de la bataille de Wœrth ; les fuyards y avaient apporté le trouble et la panique. Il s'y trouvait

quatre bataillons d'infanterie, des douaniers, des mobiles, des canonniers de la marine, en tout près de 24 000 hommes, sous les ordres du général de division *Uhrich*.

Les troupes du blocus étaient commandées par le général *Von Werder*. Les opérations actives furent ouvertes le 13 août. Le bombardement commença le 23 sur la ville ; le 24 et le 25, les obus atteignent le musée et la bibliothèque, qui fut presque entièrement détruite ; le 26, ce fut le tour de la cathédrale ; le théâtre et la préfecture furent incendiés. Le 31 août, la *capitulation de Strasbourg* n'était plus qu'une question de temps ; le général de Werder prépara l'assaut.

Les Bâlois, liés à Strasbourg depuis longtemps par des relations de voisinage et de famille, obtinrent des assiégeants l'autorisation d'emmener deux mille personnes.

Le 20 septembre, *Edmond Valentin*, nommé préfet du Bas-Rhin, par le gouvernement de la Défense nationale, parvint à pénétrer dans Strasbourg ; mais il était trop tard, la ville était couverte de ruines, et, sur la demande des autorités civiles, le général Uhrich dut capituler. La garnison fut prisonnière de guerre. Elle livrait à l'ennemi 1 200 canons et 200 000 fusils. Elle avait eu 2 900 tués ; plus de 25 000 personnes étaient ruinées par le bombardement, 400 maisons étaient détruites.

FIG. 404. — **Monument commémoratif élevé à la gloire de la défense de Châteaudun.** — Le Gouvernement de la Défense nationale rendit le 20 octobre 1870 le décret suivant : « La ville de Châteaudun a bien mérité de la patrie. »

5. Défense de Châteaudun*. — Les Allemands investissaient* Paris et continuaient à s'avancer vers le centre de la France. Après la prise d'Orléans, le général de Wittich se dirige sur Chartres; il livre, le 14 octobre, le combat de *Varize*, et se présente le 18, avec une douzaine de mille hommes, devant *Châteaudun*, qui n'a pour se défendre que 1300 francs-tireurs* et gardes nationaux, armés de mauvais fusils.

Sans sommations préalables, 24 canons bombardent la ville. Derrière leurs barricades, les assiégés répondent par des coups de fusil et tiennent en échec pendant neuf heures des forces dix fois supérieures. Mais les obus font leur œuvre : les cadavres s'entassent, l'incendie s'allume de toutes parts et les maisons s'écroulent. Les ennemis tentent alors un assaut général : on leur oppose encore une résistance héroïque. Les Prussiens, furieux, livrent la ville au pillage et à l'incendie.

(d'après DAUZAT,
Monographie d'Eure-et-Loir.)

6. Capitulation de Metz (27 octobre). — Tandis que Paris, accablé par un siège sans précédent, se défendait héroïquement, le maréchal Bazaine* trahissait la patrie. Il livrait à l'ennemi :

La *ville de Metz*, avec ses forts,
3 maréchaux de France,
6 000 officiers,
173 000 soldats,
13 000 chevaux,
1 665 canons,
278 289 fusils,
Un très grand nombre de drapeaux.

Cette trahison permit aux Allemands de se répandre dans tout l'intérieur de la France et d'anéantir la résistance.

C'est alors que Gambetta, qui ne désespérait pas de sauver la patrie, adressa aux Français une proclamation mémorable et organisa de nouvelles armées.

7. Proclamation de Gambetta. — « Français, élevez vos âmes et vos résolutions à la hauteur des effroyables périls qui fondent sur la patrie; il dépend encore de nous de lasser la mauvaise fortune, et de montrer à l'univers ce qu'est un grand peuple qui ne veut pas périr, et dont le courage s'exalte au sein même des catastrophes.

« Metz a capitulé. Un général, sur qui la France comptait, même après le Mexique, vient d'enlever à la patrie en danger plus de cent mille de ses défenseurs. Le général Bazaine a trahi; il s'est fait l'agent de l'homme de Sedan, le complice de l'envahisseur, et, au mépris de l'honneur de l'armée, dont il avait la garde, il a livré, sans même essayer un suprême effort, cent vingt mille combattants, vingt mille blessés, ses fusils, ses canons, ses drapeaux et une des plus fortes citadelles de la France, Metz, vierge jusqu'à lui des souillures de l'étranger. » (EXTRAIT).

LEXIQUE. — Bazaine, fut condamné à mort en 1873, par un Conseil de guerre pour sa trahison. Sa peine fut commuée en détention perpétuelle, mais il réussit à s'évader. Il passa en Espagne, où il vécut en butte au mépris général; il est mort en 1888.

Châteaudun, s.-préf. du dép. d'Eure-et-Loir (e., fig. 405.

Francs-tireurs, soldats qui, sans faire partie de l'armée régulière, reçoivent une commission pour la durée de la guerre.

Investir, environner de troupes une place de guerre.

Résumé chronologique.

1870	4 septembre	La République est proclamée.
—	18 —	Investissement de Paris.
—	23 —	Capitulation de Toul.
—	27 —	Capitulation de Strasbourg.
—	octobre	Capitulations de Soissons, Châteaudun, Saint-Quentin et Schlestadt.
—	27 octobre	Capitulation de Metz, trahison de Bazaine.

Devoir de rédaction.

LE GOUVERNEMENT DE LA DÉFENSE NATIONALE

Plan. — La révolution du 4 septembre; terrible situation de la France à ce moment.
2. Organisation de la défense nationale; Gambetta.
3. Le patriotisme surexcité : la défense de Châteaudun.
4. Le Gouvernement de la Défense nationale sauvera du moins l'honneur de la patrie.

Dix-neuvième siècle.

LXVI. — LE SIÈGE DE PARIS ET LA DÉFENSE EN PROVINCE
LE TRAITÉ DE FRANCFORT

Entretiens

1. — L'armée de la Loire, commandée par le général d'Aurelles de Paladines, remporta la *victoire de Coulmiers**, le 9 novembre; mais, écrasée par le nombre, elle fut coupée en deux dans les premiers jours de décembre.

2 — Le général **Chanzy**, qui commandait une partie de l'armée de la Loire, effectua une héroïque retraite vers l'ouest;

malgré sa bravoure, il perdit la bataille *du Mans**, le 11 janvier 1871.

3. — Les efforts de **Faidherbe** dans le nord, où il battit l'ennemi à *Bapaume**, la tentative de l'*armée de l'Est* pour délivrer *Belfort**, héroïquement défendu par le colonel **Denfert**, ne pouvaient modifier l'issue de la guerre.

4. — Les troupes allemandes avaient été renforcées et leur chiffre dépassait 1 200 000 combattants.

5. — Après un *siège de plus de quatre mois*, après les combats du *Bourget** (28 octobre), de *Champigny** (30 novembre et 2 décembre 1870), de *Buzenval** (19 janvier), Paris, réduit par la famine, dut capituler le 28 janvier 1871.

6. — Guillaume Ier s'était fait proclamer **empereur d'Allemagne** à Versailles, le 18 janvier 1871.

L'unité allemande était accomplie contre la France au profit de la Prusse.

7. — Par le *traité de Francfort**, si-

gné le 10 mai 1871, la France dut céder l'**Alsace**, une partie de la **Lorraine**, et payer cinq **milliards** aux Allemands.

Fig. 405. — **Carte du théâtre de la guerre franco-allemande (1870-1871).** — Les hachures indiquent les parties de l'Alsace et de la Lorraine qui nous ont été arrachées par le traité de Francfort.

Questionnaire : 1. — Qui gagna la bataille de Coulmiers?
2. — Nommez le général qui fit une retraite héroïque jusqu'au Mans.
3. — Que firent les armées du Nord et de l'Est?
4. — Les troupes allemandes n'avaient-elles pas reçu des renforts?
5. — Parlez de la capitulation de Paris.
6. — Quel titre prit le roi de Prusse Guillaume Ier?
7. — Quelles furent les conditions du traité de Francfort?

Récits

1. La résistance en province : l'armée de la Loire. — Gambetta partit de Paris en ballon, et franchit les lignes prussiennes pour organiser la résistance en province. Il résida à Tours, puis à Bordeaux. Tout était à créer, mais il montra une activité extraordinaire; aidé d'un ingénieur, M. de Freycinet, il réussit à former, avec des conscrits et des gardes mobiles, l'*armée de la Loire* qui, sous les ordres du général d'Aurelles de Paladines, reprit Orléans, battit les Bavarois à Coulmiers* et essaya de donner la main à l'armée de Paris.

Malheureusement la trahison de Bazaine, à Metz rendit disponibles les forces prussiennes commandées par Frédéric-Charles. Celui-ci reprit Orléans (4 décembre) et coupa en deux l'armée de la Loire.

L'un des tronçons constitua l'*armée de l'Est*; l'autre, commandé par le général Chanzy, résista énergiquement à quatre attaques successives du grand duc de Mecklembourg. Chanzy, se retirant sur Vendôme, fit encore face aux

FIG. 406. — **Gambetta [quitte Paris en ballon.** — Le 7 octobre 1870, Gambetta quitte Paris dans le ballon *Armand Barbès*, pour aller donner à l'organisation militaire de la province une impulsion que la délégation de Tours était impuissante à provoquer.

troupes du prince Frédéric-Charles. Les forces réunies de trois corps d'armée prussiens le contraignirent à se retirer sur *le Mans*, où fut livrée, le 11 janvier 1871, la bataille décisive. Notre armée fut défaite et, après d'héroïques efforts, il fallut encore battre en retraite.

FIG. 407. — **Général Chanzy**, né à Nouart (Ardennes), le 18 mars 1823, mort à Châlons-sur-Marne, en janvier 1883.

2. Les armées du Nord et de l'Est.
— Dans le nord, Faidherbe, vainqueur à *Pont-Noyelles* et à *Bapaume*, fut écrasé par les for-ces supérieures de l'ennemi à *Saint-Quentin* (18 janvier); il parvint cependant à sauver son armée.

L'armée de l'Est, confiée à Bourbaki, s'avança pour délivrer *Belfort*, qui résistait toujours sous le commandement de Denfert-Rochereau. Cette armée fut d'abord victorieuse à *Villersexel*; mais, repoussée à *Héricourt*, elle battit en retraite par un froid terrible, et, voyant toutes les routes interceptées, elle dut passer en *Suisse*.

3. Défense de Belfort.
— Le colonel Denfert, pendant la *défense héroïque de Belfort*, reçut une lettre menaçante du général allemand, le sommant de

FIG. 408. — **Général Faidherbe**, né à Lille, le 3 juin 1818, mort à Paris en 1889.

capituler. Le colonel fit la réponse suivante

Belfort, 3 novembre 1870.

Au général de Treskow.

Général,

J'ai lu avec toute l'attention qu'elle mérite la lettre que vous m'avez fait l'honneur de m'écrire avant de commencer les hostilités.

En pesant dans ma conscience les raisons que vous me développez, je ne puis m'empêcher de trouver que la retraite de l'armée prussienne est le seul moyen que conseillent à la fois l'honneur et l'humanité, pour éviter à la population de Belfort les horreurs d'un siège.

Nous savons tous quelle sanction vous donnerez à vos menaces et nous nous attendons, général, à toutes les violences que

FIG. 409. — **Colonel Denfert-Rochereau**, né à Saint-Maixent (Deux-Sèvres), en 1823, mort à Versailles, le 11 mai 1878.

vous jugerez nécessaires pour arriver à votre but. Mais nous connaissons aussi l'étendue de nos devoirs envers la France et la République et nous sommes décidés à les remplir.

Veuillez agréer, général, l'assurance de ma considération très distinguée.

DENFERT-ROCHEREAU.

4. Le siège de Paris.

Le Gouvernement de la Défense nationale réunit dans Paris 75 000 hommes de ligne, 115 000 mobiles, 15 000 hommes des corps francs : francs-tireurs, éclaireurs, etc., 240 000 gardes nationaux.

FIG. 410. — Défenseurs de Paris : 1. Garde mobile. — 2. Garde nationale. — 3. Franc-tireur.

Ces troupes, formées, pour la plus grande partie, de jeunes gens à peine exercés, acquirent assez vite une véritable solidité et s'illustrèrent dans la défense de Paris. De leur côté, leurs officiers montrèrent un dévouement qui ne se démentit pas un instant.

Paris avait reçu un secours inappréciable : 14 000 marins qui, durant tout le siège, ont été l'objet de l'admiration unanime.

5. Autour de Paris : Le Bourget*.

Le 19 septembre, le général Ducrot, à Châtillon*, ne parvint pas à arrêter la marche des Allemands sur Versailles*, où ils établirent leur quartier général. Le 30, le général Guilhem est tué en s'emparant de Chevilly, et nos troupes sont obligées de se replier sur Villejuif* et les Hautes-Bruyères.

Le 12 octobre, les marins établissent des batteries de siège sur le plateau d'Avron*. Le 13 octobre, une action sérieuse a lieu vers Châtillon*, Bagneux* et Clamart*, sous les ordres du général Vinoy. Le combat est glorieux, mais inutile, les positions conquises ayant dû être évacuées. Le commandant de Dampierre, des mobiles de l'Aube, fut tué à l'attaque de Bagneux. Les

pertes des Prussiens furent énormes; ils demandèrent un armistice pour enlever leurs morts. Le 21, les troupes commandées par le général Ducrot faisaient une tentative sur les positions prussiennes situées en avant de Versailles : la Malmaison*, Montretout*, Buzenval* furent occupés. Ce succès imprévu causa quelque inquiétude au quartier-général allemand de Versailles. Dans la nuit du 27 au 28 octobre, le général Carrey de Bellemare fit occuper le village du Bourget; le commandant Baroche, des mobiles de la Seine, y fut tué en combattant héroïquement. Le commandant Brasseur rallia alors ce qui restait de défenseurs et s'enferma dans l'église, où il résista, jusqu'à la dernière extrémité, à un siège en règle.

6. Champigny.

Comme l'armée de la Loire essayait d'arriver vers le sud de Paris, le général Ducrot voulut marcher à sa rencontre par la route de Melun en franchissant la Marne à Champigny* : sept ponts furent établis entre Joinville* et Nogent; les troupes passèrent au centre sans obstacles, elles enlevèrent avec un entrain irrésistible Champigny et Bry-sur-Marne. Malgré leur brillant courage et l'intrépidité du général Ducrot, qui se prodiguait pour faire honneur à sa célèbre proclamation,

FIG. 411.

Les marins au Bourget (21 décembre 1870). — L'impétueuse audace de nos marins, qui se lançaient à l'assaut des maisons comme à l'abordage, vint encore échouer devant le nombre des ennemis.

où il promettait de ne « rentrer à Paris que mort ou victorieux, » il fallut battre en retraite et repasser la Marne (3 décembre).

Les combats du 30 novembre et du 2 décembre furent très meurtriers. Nos pertes s'élevèrent à 13 000 hommes et 429 officiers, dont 34 officiers supérieurs : Franchetti, le commandant des Éclaireurs de la Seine, et les généraux Renaud et Ladreyt de la Charrière étaient parmi les morts. Les 21 et 22 décembre, de nouveaux combats infructueux furent livrés à la Ville-Evrard et à la Maison Blanche; le général *Blaise* y fut tué. Le Bourget, où les marins firent des prodiges de valeur, sous la direction du capitaine *Lamothe-Tenet*, fut repris et abandonné.

7. Bombardement de Paris.

— Le 27 décembre, commença le *bombardement de Paris :* les obus prussiens tombaient sur toute la rive gauche de la Seine, allumaient de nombreux incendies, tuaient dans les rues des

Fig. 412. — **Bombardement de Paris.** — Le bombardement commença le 27 décembre; il fit 383 victimes dont 115 femmes et 67 enfants. Le Jardin des Plantes, le Muséum, les Invalides, le Panthéon, le lycée Henri IV et de nombreuses maisons furent gravement endommagés par les obus.

femmes, des enfants, des vieillards. Ces atrocités ne firent qu'exalter le courage des Parisiens, qui, le 19 janvier 1871, tentèrent une dernière sortie sur *Montretout* et *Buzenval*, où ils perdirent 3 000 hommes. La disette devenait intolérable : Paris dut capituler, le 28 janvier, après quatre mois et demi de siège.

8. La disette à Paris pendant le siège.

— Quand les vivres commencèrent à manquer, les denrées alimentaires furent portées à des prix exorbitants. Dès le mois de novembre, une oie se payait jusqu'à 50 francs, un lapin 20 francs; le kilogramme d'âne et de mulet 12 francs; le kilogramme de jambon 10 francs; une langue de cheval se vendait de 10 à 15 francs; le boisseau de pommes de terre 6 francs et plus, un chou 2 francs; on paya le beurre jusqu'à 45 francs le kilogramme.

Les vivres furent rationnés; c'est-à-dire que chaque habitant avait droit, en payant, à une petite quantité de pain et de viande. Pour se procurer une ration, le plus souvent composée de cheval, on était obligé de faire queue pendant des heures, à la porte des bouchers, dans la glace et la boue.

Vers le milieu du mois de janvier, le pain, presque entièrement fait d'avoine, fut rationné à 300 grammes et la viande à 30 grammes tous les deux jours; enfin on en arriva à la nécessité de manger les chiens, les chats et même les rats.

Fig. 413. — **Un coin du marché Saint-Germain, pendant le siège de Paris.**

Toutes ces privations affaiblissaient la population; la mortalité devenait effrayante : on comptait plus de 4 000 décès par semaine.

« Au milieu de tant de désastres, il n'y a pas
« eu un seul jour de découragement. L'ennemi
« est le premier à rendre hommage au courage
« et à l'énergie morale dont la population pari-
« sienne tout entière vient de donner l'exemple.
« Paris a beaucoup souffert; mais la République
« profitera de ses longues souffrances, si noble-
« ment supportées. »

EXTRAIT DE L'AFFICHE du 28 janvier 1871.

9. Proclamation de l'empire d'Allemagne.

— Le 18 janvier 1871, à Versailles, les princes allemands offraient à Guillaume le titre d'*empereur d'Allemagne*.

Rien ne doit paraître plus amer à un Français que les acclamations qui saluèrent, dans le palais de Louis XIV, au milieu de nos ruines et de nos désastres, la proclamation de l'empire d'Allemagne, au moment où Paris, manquant de vivres, était forcé de demander à négocier.

Et, pour comble, le roi de Prusse, en acceptant la dignité impériale, déclarait que l'unité allemande avait surtout pour but « d'assurer à sa patrie des garanties contre de nouvelles agressions de la France. »

10. Le traité de Francfort* (10 mai 1871).

— M. Thiers, dont les efforts et l'éloquence n'avaient pu empêcher la guerre, fut chargé de négocier le *traité de Francfort*. Ce traité, ratifié par l'Assemblée nationale qui siégeait à Bordeaux, nous enleva le département du Bas-Rhin tout entier; celui du Haut-Rhin, moins Belfort; celui de la Moselle, moins l'arrondissement de Briey; les arrondissements de Sarrebourg et de Château-Salins dans la Meurthe et deux cantons des Vosges.

La Prusse exigeait une somme de cinq milliards, et ses troupes ne devaient quitter notre territoire qu'au fur et à mesure du paiement de l'indemnité.

11. Résultats de la guerre de 1870. — Un million six cent mille Français arrachés à la mère patrie;

Les deux grandes places de Strasbourg et de Metz retournées contre nous;

Notre dette accrue de douze milliards;

Seize cent quatre-vingt-neuf communes perdues;

Tel est le bilan de la guerre follement entreprise par Napoléon III.

Grâce à la défaite de la France, l'unité allemande était réalisée, l'Allemagne formait un puissant empire sous la domination de la Prusse.

DÉCLARATION DES DÉPUTÉS DE L'ALSACE ET DE LA LORRAINE

La déclaration des députés de l'Alsace et de la Lorraine, lue par l'un d'eux, M. Grosjean, à l'Assemblée nationale, après l'acceptation des préliminaires du traité imposé par l'Allemagne (1er mars 1871) doit être retenue :

« Les représentants de l'Alsace et de la Lorraine ont déposé avant toute négociation de paix, sur le bureau de l'Assemblée nationale, une déclaration affirmant de la manière la plus formelle, au nom de ces provinces, leur volonté et leur droit de rester françaises.

« Livrés, au mépris de toute justice et par un odieux abus de la force, à la domination de l'étranger, nous avons un dernier devoir à remplir. Nous déclarons encore une fois nul et non avenu un pacte qui dispose de nous sans notre consentement. La revendication de nos droits reste à jamais ouverte à tous et à chacun, dans

la forme et dans la mesure que notre conscience nous dictera. Au moment de quitter cette enceinte où notre dignité ne nous permet plus de siéger, et malgré l'amertume de notre douleur, la pensée suprême que nous trouvons au fond de nos cœurs est une pensée de reconnaissance pour ceux qui, pendant six mois, n'ont pas cessé de nous défendre, et d'inaltérable attachement à la patrie, dont nous sommes violemment arrachés. Nous vous suivrons de nos vœux et nous attendrons, avec une confiance entière dans l'avenir, que la France régénérée reprenne le cours de sa grande destinée.

« Vos frères d'Alsace et de Lorraine, séparés en ce moment de la famille commune, conserveront à la France, absente de leurs foyers, une affection filiale, jusqu'au jour où elle viendra y reprendre sa place. »

LEXIQUE. — **Bapaume**, dép. du Pas-de-Calais (carte, fig. 405).

Bagneux, commune de la Seine, au S.-O. de Paris.

Belfort, grande place forte française, dans la trouée entre Vosges et Jura (carte, fig. 405).

Buzenval, dép. de Seine-et-Oise, près de Saint-Cloud (carte, fig. 405).

Champigny, sur la Marne, à l'est de Paris (carte, fig. 405).

Châtillon, commune de la Seine, au S.-O. de Paris.

Clamart, commune de la Seine, au S.-O. de Paris.

Coulmiers, au nord d'Orléans (carte, fig. 405).

Francfort, grande ville d'Allemagne, sur le Mein, affl. du Rhin (carte, fig. 405).

Héricourt, à l'ouest de Belfort (carte, fig. 405).

Joinville, com. de la Seine à l'E. de Paris, sur la Marne.

Le Bourget, bourg du dép. de la Seine (carte, fig. 405).

Le Mans, ch.-l. de la Sarthe (carte, fig. 405).

Malmaison, **Montretout**, localités à l'O. de Paris.

Plateau d'Avron, hauteurs de l'E. de Paris, qui dominent la vallée de la Marne.

Saint-Quentin, ch.-l. d'ar. de l'Aisne (carte, fig. 405).

Versailles, ch.-l. du dép. de Seine-et-Oise (carte, fig. 405).

Villejuif, ch.-l. de c. de la Seine, au S. de Paris.

Villersexel, ch.-l. de c. de la Haute-Saône (carte, fig. 405).

Résumé chronologique.

1870	9 novembre	Victoire de Coulmiers, remportée par le général d'Aurelles de Paladines. Reprise d'Orléans.
1870	30 nov.-2 décem.	Champigny.
—	4 décembre	Reprise d'Orléans par les Allemands de Frédéric-Charles.
—	—	Victoire de Faidherbe à Pont-Noyelles.
—	19 décembre	Combat de la Ville-Évrard.
—	—	Combat du Bourget.
1871	3 janvier	Victoire de Bapaume, remportée par le général Faidherbe.
—	11 —	Bataille du Mans, défaite de Chanzy.
—	15-16 —	Héricourt, défaite de l'armée de l'Est commandée par Bourbaki.
—	18 —	Guillaume proclamé empereur d'Allemagne à Versailles, dans la galerie des glaces du château.
—	19 —	Buzenval, sortie inutile des Parisiens.
—	29 —	Capitulation de Paris.
—	10 mai	Traité de Francfort. Perte de l'Alsace-Lorraine.

Devoir de rédaction.

LES ARMÉES DE LA DÉFENSE NATIONALE

Plan. — 1. La première armée de la Loire : Coulmiers.

2. Les défaites au nord d'Orléans ; la deuxième armée de la Loire ; l'armée du Nord ; l'armée de l'Est ; succès et revers.

3. Le siège de Paris.

4. Ces vaillants efforts forcèrent les ennemis à l'admiration et faillirent les épuiser.

13

Fig. 414. — Le relèvement de la France.

Dix-neuvième siècle.

LXVII. — L'ASSEMBLÉE DE 1871. — LA COMMUNE (18 mars — 28 mai)

Entretiens

1. — L'assemblée de 1871, élue pour conclure la paix, siégea d'abord à *Bordeaux*; le 10 mars, elle décida de se transférer à **Versailles**.

2. — **Thiers**, nommé *chef du pouvoir exécutif*, fut appelé ensuite à la *présidence de la République*.

3. — La majorité de l'Assemblée était monarchique. Les Parisiens, qui avaient supporté héroïquement le siège, soupçonnaient cette Assemblée de vouloir renverser la République.

4. — Alors, une effroyable guerre civile éclata sous les yeux des Prussiens (18 mars).

Après une lutte de deux mois et une bataille de sept jours, la **Commune** fut vaincue, le 28 mai.

5. — **Thiers**, qui avait obtenu, avant le terme fixé, l'évacuation du territoire français par les troupes allemandes, et mérité le beau nom de *Libérateur du territoire*, fut renversé le 24 mai 1873, parce qu'il était trop favorable aux républicains.

Questionnaire : 1. — Où siégea l'Assemblée de 1871?
2. — Quel fut le premier président de la République?
3. — Pourquoi les Parisiens étaient-ils hostiles à l'Assemblée?
4. — Que savez-vous de la Commune?
5. — Pourquoi l'Assemblée renversa-t-elle Thiers?

Récits

1. Thiers, président de la République (1871-1873). — Les élections de 1871, faites sur la question de paix ou de guerre, avaient donné la majorité aux monarchistes; mais il y avait aussi un certain nombre de républicains élus par les grandes villes. La majorité n'osa pas immédiatement rétablir la monarchie. Elle nomma *chef du pouvoir exécutif*, Thiers, qui avait été élu dans 26 départements. Ce n'est que plus tard qu'il eut le titre de *président de la République*.

2. Les causes de la Commune. — Bien qu'ancien ministre de Louis-Philippe, Thiers était convaincu que la République seule pouvait convenir à la France, et il résolut de la maintenir. Mais, à Paris, on croyait que les républicains allaient être sacrifiés aux royalistes ; ce fut l'une des causes de l'insurrection qui éclata le 18 mars, et qui est connue sous le nom de *Commune*. L'insurrection se prolongea jusqu'à la fin de mai 1871 ; elle fut vaincue ; et ses derniers jours furent marqués par de terribles scènes.

Fig. 415. — **Thiers**. *(D'après le portrait de Bonnat).* — Né à Marseille, le 16 avril 1797, mort à Saint-Germain-en-Laye, le 3 septembre 1877. — Président de la République, de 1871 au 24 mai 1873.

3. La fin de la Commune. — « Jamais, dit M. Camille Pelletan, poète ne rêva la formidable épouvante du spectacle qu'offrit Paris toute cette semaine (21 au 28 mai 1871). Sur la ligne, toujours portée plus avant, où l'on se battait, c'étaient des Français combattant des Français : les balles grêlaient sur les murs des maisons ; les obus sifflaient dans l'air.

« Certes, si de tels spectacles n'ont pas fait détester à jamais les guerres civiles au pays, s'ils ne lui ont pas appris quel crime c'est de tourner les Français armés les uns contre les autres, c'est à désespérer des leçons de l'histoire. »

4. Chute de Thiers. — L'insurrection réprimée, M. Thiers songea à réorganiser nos forces militaires et à assurer la prompte libération du territoire. Il fallait, pour obtenir le départ des Allemands, payer les cinq milliards d'indemnité ; Thiers y pourvut par des emprunts dont le succès fut prodigieux. En moins de deux ans, les cinq milliards étaient payés et, le 16 septembre 1873, le dernier soldat prussien passait la frontière.

L'Assemblée nationale décréta que *M. Thiers avait bien mérité de la Patrie*, et plus tard, sur la proposition de Gambetta, les républicains lui décernèrent le beau nom de *Libérateur du territoire*.

Comme M. Thiers affirmait de plus en plus ses tendances républicaines, les monarchistes, oublieux des services qu'il avait rendus, le renversèrent en votant contre lui (24 mai 1873).

Devoir de rédaction.

M. THIERS

Plan. — 1. Thiers, ministre de Louis-Philippe (voir les entretiens précédents).

2. Thiers chef du pouvoir exécutif en 1871 ; défaite de la Commune.

3. Thiers, premier président de la Troisième République ; libérateur du territoire ; renversé par la coalition monarchique, le 24 mai 1873.

Dix-neuvième siècle.

LXVIII. — LA CONSTITUTION DE 1875. — LA FRANCE RÉPUBLICAINE

Entretiens

1. — Thiers fut remplacé par le maréchal de Mac-Mahon ; mais les projets des monarchistes échouèrent et l'Assemblée se vit forcée de voter la *Constitution républicaine de 1875*.

2. — Après les élections républicaines de 1876, le maréchal de Mac-Mahon prit des ministres républicains ; il les renvoya le 16 mai 1877 et, d'accord avec le Sénat, encore monarchiste, il prononça la dissolution de la Chambre.

3. — Il constitua alors un ministère monarchique, sous la présidence de M. de Broglie, puis il fit procéder à de nouvelles élections.

4. — Malgré une pression extraordinaire, les **363 députés républicains**, qui avaient protesté contre le *Seize-Mai*, furent presque tous réélus, les 14 et 28 octobre 1877.

5. — Thiers, qui s'était mis à la tête des républicains, mourut au cours de la période électorale et Paris lui fit de grandioses funérailles.

6. — Le maréchal de Mac-Mahon donna sa démission en janvier 1879, et Jules **Grévy** fut élu à sa place.

7. — En 1887, **Sadi Carnot** fut élu pré-

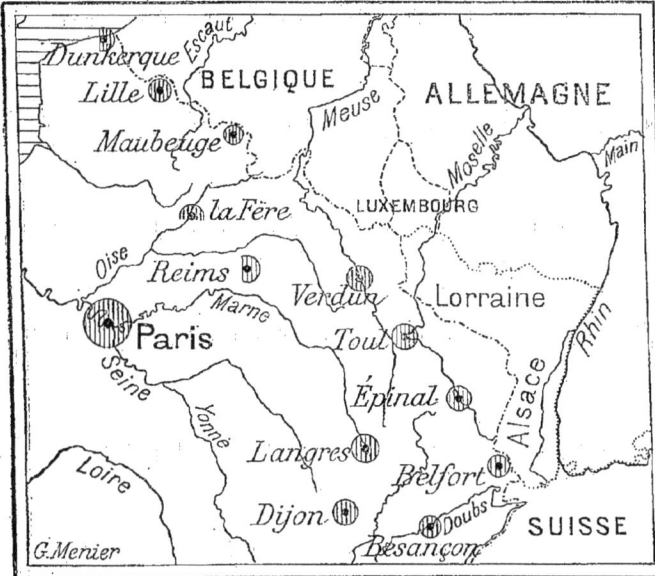

FIG. 416. — **Places fortes et camps retranchés de la France**. — Une longue ligne de camps retranchés, *Dunkerque, Lille, Maubeuge, Verdun. Toul, Épinal, Belfort.* défend notre frontière du Nord-Est. En arrière, *La Fère, Reims, Langres, Dijon, Besançon,* arrêteraient encore l'envahisseur. Enfin **Paris**, au centre de ce vaste système de défense, est aujourd'hui la place la plus formidable du monde.

sident de la République. Carnot, qui imposait le respect même à ses adversaires, fut assassiné à Lyon, le 24 juin 1894.

8. — Après six mois de présidence, M. Casimir-Perier donna sa démission, et fut remplacé par M. Félix Faure.

Questionnaire : 1. — Quand l'Assemblée vota-t-elle enfin une Constitution républicaine ?

2. — Le 16 mai 1877, que fit le maréchal de Mac-Mahon ?

3. — Quel ministère choisit-il ?

4. — Quel fut le résultat des nouvelles élections ?

5. — Parlez des funérailles de Thiers.

6. — Quand le maréchal de Mac-Mahon donna-t-il sa démission ?

7. — Comment mourut Carnot ?

8. — Qui succéda à M. Casimir-Perier ?

Récits

1. Présidence du maréchal de Mac-Mahon (1873-1879).

— Thiers fut remplacé par le maréchal *de Mac-Mahon*, qui était tout prêt à céder la place au comte de Chambord, que les légitimistes appelaient *Henri V*. Le prétendant ayant refusé d'accepter le drapeau tricolore, Mac-Mahon et son ministre, M. de Broglie, bien qu'au fond royalistes tous deux, furent obligés d'organiser le gouvernement de la République.

2. La Constitution de 1875.

— L'Assemblée vota la *Constitution de 1875*, qui a été un peu modifiée en 1884 et qui nous régit encore aujourd'hui. Le président de la République est nommé pour 7 ans par les deux Chambres réunies en Congrès; il choisit les ministres; ceux-ci sont solidairement* responsables devant les Chambres et doivent se retirer s'ils sont mis en minorité par elles.

La Chambre des députés et le Sénat ont le pouvoir législatif et votent chaque année le budget; les deux Chambres ont les mêmes attributions, mais la loi de finances doit être d'abord votée par la Chambre.

Les députés sont élus pour quatre ans par le suffrage universel direct. Les sénateurs sont élus pour neuf ans, par un collège électoral composé des députés, des conseillers généraux, des conseillers d'arrondissement, et de délégués nommés par les conseils municipaux. Le Sénat est renouvelé par tiers tous les trois ans.

FIG. 417. — **Maréchal de Mac-Mahon**. Né à Sully (Saône-et-Loire) le 13 juillet 1808, mort en 1893. — Président de la République de 1873 à 1879.

Le président de la République peut, sur l'avis conforme du Sénat, prononcer la dissolution* de la Chambre; on procède alors à de nouvelles élections dans un délai de trois mois.

3. Autrefois et aujourd'hui. — La Constitution de 1875, qui peut être modifiée et améliorée par l'Assemblée nationale, c'est-à-dire par la réunion en *Congrès*, du Sénat et de la Chambre des députés, assure le libre fonctionnement du *régime républicain* : elle garantit toutes les *libertés*, tous les *droits* pour lesquels nos pères ont combattu si longtemps.

Aujourd'hui, la France ne peut plus être engagée dans une guerre contre sa volonté, puisque aucune guerre ne peut être déclarée par le président de la République sans l'assentiment préalable des Chambres.

Aujourd'hui, le peuple ne peut plus être écrasé d'impôts ni le trésor public gaspillé comme sous l'*ancien régime*, puisque les *Chambres votent l'impôt* et en surveillent l'emploi.

Aujourd'hui, enfin, la *liberté individuelle* est garantie; l'*égalité* entre tous les citoyens est complète, si complète que chacun d'entre nous peut, s'il a les capacités suffisantes, aspirer aux plus grandes charges de l'État, aux grades militaires les plus élevés, aux fonctions civiles les plus hautes.

Fig. 418. — **Gambetta à la tribune.** (*D'après Jules Garnier*). — Gambetta, célèbre homme politique et grand orateur, est né à Cahors, le 3 avril 1838. D'abord avocat, il fut député de l'opposition sous l'Empire et membre du Gouvernement de la Défense nationale au 4 septembre. Pendant la guerre, il organisa la défense en province, et quand la paix fut signée, il devint le chef des Républicains. Il mourut à Ville-d'Avray, le 31 décembre 1882; la France lui fit de magnifiques funérailles.

Mais cette Constitution, qui nous donne des droits si précieux, nous impose aussi de grands devoirs.

4. Le Seize-Mai 1877. — A la suite des élections de 1876, qui envoyèrent à la Chambre une majorité composée de républicains, le maréchal de Mac-Mahon chargea Dufaure puis Jules Simon de former des ministères républicains; mais, le *16 Mai 1877*, dans l'espoir de substituer la monarchie à la République, il renvoya les ministres républicains et les remplaça par des monarchistes, avec le duc de Broglie à leur tête. Les députés républicains, au nombre de *363*, votèrent un ordre du jour de défiance contre le nouveau ministère.

C'est alors que Mac-Mahon obtint du Sénat, qui était encore monarchiste, la dissolution de la Chambre et qu'il essaya ensuite d'empêcher la réélection des 363. Les républicains, dirigés d'abord par Thiers, ensuite par Gambetta, déjouèrent les intrigues des monarchistes. Gambetta, dans un discours célèbre, déclara que le maréchal de Mac-Mahon, après les élections, n'aurait plus qu'à « se soumettre ou à se démettre. »

En effet, le 14 et le 28 octobre 1877, les *363 députés républicains* étaient presque tous réélus et le maréchal, qui se soumit, prit des ministres républicains.

En janvier 1879, se trouvant en dissentiment avec ses ministres, il donna sa démission.

Fig. 419. — **Jules Grévy.** Né à Mont-sous-Vaudrey (Jura) le 15 août 1813, mort en 1891. — Président de la République de 1879 à 1887.

5. Jules Grévy et Carnot. — Le boulangisme. — Le maréchal de Mac-Mahon fut remplacé par un républicain, *Jules Grévy*, qui, lui-même, eut pour successeur, en 1887, *Sadi Carnot*, petit-fils du grand Carnot, *l'Organisateur de la Victoire*.

La présidence de Carnot a été troublée, à ses débuts,

Fig. 420. — **Sadi Carnot.** Né à Limoges, le 11 août 1837, assassiné à Lyon, le 24 juin 1894. — Président de la République de 1887 à 1894.

par les intrigues du général Boulanger, qui prétendait établir la vraie République et avait derrière lui tous les monarchistes. Accusé d'attentat contre la sûreté de l'État, il s'enfuit à l'étranger avant l'ouverture du procès et fut condamné à la déportation par le Sénat constitué en Haute Cour de justice. Les élections de 1889 ruinèrent définitivement ses espérances. Réfugié en Belgique, il se suicida en 1891.

6. Assassinat du président Carnot. — *Sadi Carnot*, a sauvé la France du boulangisme, consolidé les institutions républicaines par sa prudence et son honnêteté, imposé le respect même à ses adversaires, relevé le prestige de la France par l'alliance franco-russe et permis à la patrie les plus grandes espérances. Il fut assassiné le 24 juin 1894, par un misérable anarchiste d'origine italienne, au milieu des acclamations dont il était salué, pendant les fêtes de l'Exposition de Lyon. Un deuil immense de la France et du monde entier, de grandioses funérailles, célébrées à Paris le 1er juillet, l'ont accompagné au Panthéon, où il repose auprès de son grand-père, l'Organisateur de la Victoire.

7. Présidence de M. Félix Faure. — La France est riche en dévouements; derrière

Fig. 421. — **M. Casimir-Perier.** Né à Paris en 1847. — Président de la République, du 27 juin 1894 au 15 janvier 1895.

ceux qui sont tombés, d'autres se relèvent, aussi vaillants.

Après *M. Casimir-Perier*, qui n'est resté que quelques mois à la tête de l'État, nous avons dans *M. Félix Faure* un président populaire, aimé, respecté de tous. Par la fermeté et la dignité de son caractère, il était tout indiqué pour présider aux destinées de la Patrie. Sa popularité s'est encore accrue, par la façon dont il a représenté la France en Russie, au mois d'août 1897.

Fig. 422. — **M. Félix Faure.** — Président de la République, né à Paris en 1841, élu le 17 janvier 1895.

LEXIQUE. — **Dissolution.** Dissoudre une assemblée politique, c'est lui retirer ses pouvoirs.
Solidairement. On dit que plusieurs personnes sont *solidaires*, lorsque la responsabilité de chacune est engagée pour toutes.

Devoir de rédaction.
LES PRÉSIDENTS DE LA RÉPUBLIQUE

Plan. — 1. Thiers, fondateur, avec Gambetta, de la République.
2. Mac-Mahon : le 16 Mai ; derniers efforts de l'opposition.
3. Jules Grévy : les institutions républicaines consolidées.
4. Carnot : défaite du boulangisme ; alliance franco-russe.
5. MM. Casimir-Perier et Félix Faure ; transmissions pacifiques du pouvoir, qui est toujours remis aux mains les plus dignes.

Dix-neuvième siècle.

LXIX — LES RÉFORMES RÉPUBLICAINES
L'EXPANSION COLONIALE DE LA FRANCE

Entretiens

1. — Les républicains, maîtres du pouvoir, ont établi la *liberté de la presse*, voté les *lois scolaires* de 1881 et la *loi militaire* de 1889, qui nous donne une armée formidable.

2. — Ils ont fait exécuter de grands *travaux publics;* les *Expositions* de *1878* et *1889* ont prouvé la prospérité du pays.

3. — La Tunisie*, le Tonkin*, l'Annam*, Madagascar* ont été soumis à notre autorité ; nous avons acquis de vastes territoires au *Congo* *, au *Soudan* * et au *Dahomey* *.

4. — Au mois d'octobre 1896, l'empereur et l'impératrice de Russie rendent visite à la France, et, pendant trois jours, la nation entière est en fête.

5. — A son tour, au mois d'août 1897, M. Félix Faure se rend en Russie, où il est

Fig. 423. — **Carte de l'Indo-Chine française.** — Nos possessions en Indo-Chine comprennent : le Cambodge, la Cochinchine, l'Annam et le Tonkin.

accueilli par les acclamations unanimes du peuple Russe.

6. A la **Triple alliance** (Allemagne, Au-

triche, Italie) nous répondons aujourd'hui par l'**Alliance Franco-Russe**, *qui*, comme l'a dit le Tsar, « *crée un nouveau lien entre deux nations amies et alliées.* »

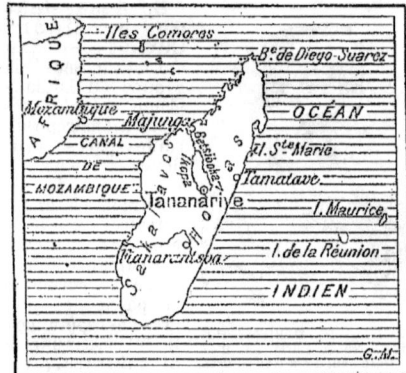

Fig. 424. — **Carte de Madagascar.** — L'île de Madagascar nous appartient entièrement : nous possédons, en outre, au nord, les îles Comores et à l'Est l'île de la Réunion.

Questionnaire : 1. — Quelles sont les grandes lois républicaines ?

2. — Qu'est-ce qui a prouvé la prospérité du pays ?

3. — Énumérez les pays occupés par la France sous la République.

4. — Comment le Tsar a-t-il été reçu en France ?

5. — Parlez de la visite du président de la République à la Russie.

6. — Quel est le résultat de l'Alliance Franco-Russe ?

Récits

1. Les réformes. — Les républicains sont maîtres du pouvoir depuis la fin de l'année 1877. Sous la direction du grand orateur Gambetta, de Jules Ferry et de M. de Freycinet, ils ont accompli des réformes importantes. Une loi de 1881 a donné à la presse une liberté presque absolue.

Les lois scolaires, dites *lois Ferry*, ont établi la *gratuité* de l'instruction primaire, l'*obligation* pour les parents d'envoyer leurs enfants à l'école, la *laïcité* du personnel enseignant.

En 1882, en attendant le vote de la loi municipale, les conseils municipaux des chefs-lieux de département, d'arrondissement et de canton ont reçu le droit d'élire leur maire.

En 1884, on a autorisé les ouvriers à former des associations ou *syndicats*, qui leur permettent de défendre efficacement leurs intérêts.

La *loi militaire de 1889* a décrété le service obligatoire : tous les Français doivent servir pendant 3 ans dans l'armée active (il y a quelques exceptions motivées par des raisons d'intérêt public); tous les Français, jusqu'à l'âge de 45 ans, peuvent être rappelés en temps de guerre; ils font partie, suivant leur âge, soit de la réserve de l'armée active, soit de l'armée territoriale ou de sa réserve. Cette organisation nous permettrait de mettre sur pied des forces formidables.

Enfin la République a fait exécuter un vaste programme de travaux publics : de nouvelles lignes de chemins de fer ont été construites, pes ports ont été creusés ou agrandis, notre réseau de routes de toutes catégories a été complété.

La prospérité matérielle est grande, et la France supporte, sans trop de difficulté, le poids énorme d'un budget annuel de plus de trois milliards. Deux grandes Expositions, en 1878 et en 1889, ont donné la mesure des progrès accomplis par l'industrie. Une nouvelle Exposition se prépare pour l'année 1900.

FIG. 425. — **Jules Ferry.** —Célèbre homme politique, né à Saint-Dié (Vosges) le 5 avril 1832, mort à Paris, le 17 mars 1893.

2. Les colonies : la Tunisie*. — Les Italiens convoitaient la *Tunisie*, pays riche et prospère, et, s'ils l'eussent prise, ils eussent été des voisins dangereux pour notre colonie algérienne. La France, sous le gouvernement de Jules Ferry, envoya une armée qui, presque sans lutte, fit accepter notre protectorat* au bey de Tunis (1881).

3. L'Indo-Chine. — En *Indo-Chine*, la France possédait déjà, depuis 1862, la Cochinchine*, et, depuis 1867, le protectorat du Cambodge*.

FIG. 426. — **Amiral Courbet.** — Célèbre marin, né à Abbeville (Somme) en 1827, mort en 1885.

En 1874, l'empereur d'Annam avait promis d'ouvrir le fleuve Rouge au commerce européen. Il ne tint pas ses promesses. Jules Ferry, en 1883, fit décider une expédition. Cette expédition se compliqua d'une guerre avec la Chine, où s'est illustré un vaillant marin, l'amiral Courbet (mort en 1885). Le *Tonkin** est devenu une possession française et l'*Annam** a été placé sous notre protectorat en 1885.

4. Madagascar*. — La même année, nous avons aussi soumis à notre protectorat la grande île de *Madagascar;* mais le gouvernement hova n'ayant tenu aucun compte de ses engagements,

une nouvelle expédition fut décidée en 1895. Malgré la mauvaise organisation des transports et une mortalité considérable de l'effectif, grâce à l'habileté du commandant en chef, le général Duchesne, et à l'intrépidité de nos soldats, l'expédition s'est terminée le 30 septembre par la prise de Tananarive. *Madagascar* est aujourd'hui une dépendance de la France.

5. Le Congo* et le Dahomey*. — En Afrique, des territoires plus vastes que la France ont été ajoutés à notre empire colonial.

Nos possessions du *Sénégal* se sont étendues jusqu'au delà du Niger et comprennent maintenant une partie du *Soudan**. Au nord du Congo, M. de Brazza a conquis la région qu'on appelle le *Congo français*. Sur la côte de Guinée, l'expédition du général Dodds nous a donné tout le *Dahomey*. La France étend aujourd'hui son influence sur le nord et le nord-ouest de l'Afrique.

6. La France et l'Europe. — Nos concitoyens d'Alsace, séparés de nous de-

FIG. 427. — **La flotte russe à Toulon.** — En 1893, la flotte russe, sous les ordres de l'amiral Avellan, vint à Toulon rendre à la France la visite que nous avions faite à Cronstadt en 1891. Une réception enthousiaste accueillit les marins russes, à Toulon, à Paris, à Lyon et à Marseille.

puis 1871, n'ont pas cessé de protester contre leur annexion à l'Allemagne. Pour conserver sa conquête, l'Allemagne ne s'est pas contentée d'entretenir une armée considérable : elle a conclu la *Triple alliance* avec l'Autriche et l'Italie. C'est là sans doute une coalition formidable qui est dirigée contre nous. Mais les manifestations enthousiastes qui ont accueilli notre flotte dans sa visite au port russe de *Cronstadt**, en 1891, et les fêtes données à *Toulon** et à *Paris* aux marins russes en 1893, ont montré que nous n'étions pas isolés.

La Patrie est toujours mutilée, mais, grâce à la République, la France, redevenue prospère, a retrouvé son prestige au dehors.

7. La visite de l'empereur de Russie à la République française (5, 6, 7, 8 octobre 1896).—

Le commencement du mois d'octobre de l'année 1896 a été marqué par un très grand événement : le souverain le plus puissant du monde est venu rendre visite à la France républicaine. L'empereur *Nicolas II*, l'impératrice *Alexandra-Féodorowna*, accompagnés de la grande-duchesse *Olga*, leur fille, ont débarqué le 5 octobre à Cher-

Fig. 428. — **Nicolas II**, empereur de toutes les Russies, né en 1868, a succédé, en 1894, à son père Alexandre III, ami de la France.

bourg*, où ils ont été reçus par le président de la République, M. *Félix Faure*, par les présidents du Sénat et de la Chambre des députés et par les ministres.

Après avoir passé en revue une magnifique escadre*, réunie dans la rade de Cherbourg, les souverains et le président sont partis pour Paris. Une foule immense les attendait. Elle leur a fait un accueil enthousiaste; elle leur a prodigué pendant trois jours les acclamations et les témoignages de sympathie; chacune de leurs promenades à travers la capitale, en voiture découverte, a été comme une marche triomphale, et Nicolas II a dit avec émotion « qu'il avait senti battre le cœur de la belle France dans sa belle capitale. »

Après avoir vu Sèvres et Versailles, l'empereur de Russie passait en revue, le 9 octobre, à Châlons-sur-Marne*, une admirable armée de 70 000 hommes; il constatait notre puissance militaire comme il avait constaté notre puissance maritime, et il quittait notre pays plein de joie et de reconnaissance pour l'accueil qu'il avait reçu, laissant ceux qui ont eu la bonne fortune de l'approcher charmés de son affabilité et de la grâce exquise de l'impératrice, laissant aussi tous ceux qui n'ont pu assister à ces belles fêtes pleins de confiance dans l'avenir.

La visite de la famille impériale russe à la République française crée entre les deux peuples une union fraternelle et indissoluble.

L'ALLIANCE FRANCO-RUSSE

8. Voyage en Russie de M. Félix Faure. — L'alliance franco-russe. —

En août 1897, M. Félix Faure, président de la République française, accompagné de M. Hanotaux, ministre des affaires étrangères, s'embarque à Dunkerque pour la Russie, où il va rendre au Tsar l'inoubliable visite que celui-ci avait faite à la France en 1896. On peut dire que le chef de l'État français fut acclamé par la nation russe tout entière.

Ces fêtes de deux peuples, attirés si sympathiquement l'un vers l'autre, se sont terminées par la proclamation de *l'alliance* décidée depuis longtemps entre les deux nations.

Avant le départ, pendant le déjeuner offert au Tsar sur un vaisseau français, *le Pothuau*, les deux toasts suivants ont été prononcés :

LES TOASTS DU PRÉSIDENT DE LA RÉPUBLIQUE ET DE L'EMPEREUR DE RUSSIE

Toast du Président de la République.

Je remercie Votre Majesté Impériale et Sa Majesté l'Impératrice d'avoir si gracieusement accepté de venir passer quelques instants sur un des bateaux de notre flotte. J'en suis d'autant plus heureux qu'il m'est ainsi possible de leur dire, à l'ombre de nos couleurs, combien je suis touché de l'hospitalité qu'Elles nous ont offerte et jusqu'à quel point nous sommes reconnaissants au peuple russe de l'accueil grandiose qu'il a fait au président de la République française.

Votre Majesté a voulu arriver en France es-cortée par les marins russes et français; c'est au milieu d'eux qu'avec une profonde émotion je salue la Russie avant mon départ.

La marine française et la marine russe peuvent être fières de la part qu'elles ont prise dès le premier jour dans les grands événements qui ont fondé l'intime amitié de la France et de la Russie; elles ont rapproché des mains qui se tendaient et permis à *deux nations unies et alliées*, guidées par un idéal commun de civilisation, de droit, et de justice, de s'unir fraternellement dans la plus sincère et la plus loyale des étreintes.

Je lève mon verre en l'honneur de Votre

Majesté, de Sa Majesté l'Impératrice. Au moment de me séparer d'Elles, je les prie de recevoir les vœux ardents que je forme pour leur bonheur et celui de la famille impériale.

Au nom de la France, je bois à la grandeur de la Russie.

Toast de Nicolas II empereur de Russie.

L'empereur a répondu au toast du président :

Les paroles que vous venez de m'adresser, Monsieur le Président, trouvent un vif écho dans mon cœur et répondent entièrement aux sentiments qui m'animent ainsi que la Russie entière.

Je suis heureux de voir que votre séjour parmi nous crée un nouveau lien entre nos *deux nations amies et alliées*, également résolues à contribuer par toute leur puissance au maintien de la paix du monde, dans un esprit de droit et d'équité.

Encore une fois, laissez-moi vous remercier de votre visite, Monsieur le Président, et vider mon verre en votre honneur et à la prospérité de la France.

LEXIQUE. — Annam, en Asie, entre le Tonkin, au nord, et la Cochinchine au sud (carte, fig. 423).

Cambodge, pays situé au nord de la Cochinchine (carte, fig. 423).

Châlons, ch.-l. du dép. de la Marne.

Cherbourg, grand port de guerre sur la Manche, s.-préf. du dép. de la Manche.

Cochinchine. On appelle ainsi le *delta* formé par l'embouchure du Mé-Kong ou Cambodge (carte, fig. 423).

Congo, il s'agit ici du Congo Français, situé en Afrique, à l'Ouest du Congo Belge, entre l'Atlantique et le cours inférieur du fleuve Congo.

Cronstadt, port militaire russe, dans une petite île du golfe de Finlande, près de Saint-Pétersbourg.

Dahomey, royaume nègre de l'Afrique, dans la Guinée septentrionale.

Escadre, chacune des trois divisions qui composent une flotte.

Madagascar, grande île de l'Océan Indien, au sud-est de l'Afrique; plus vaste que la France, mais relativement peu peuplée (carte, fig. 424).

Protectorat. Dans le système du protectorat, on laisse subsister le gouvernement indigène. Exemple : le bey de Tunis, qui n'a pas été détrôné, mais qui se laisse diriger par la France dans toutes les affaires importantes.

Soudan, grande contrée d'Afrique, à l'est du Sénégal.

Tonkin, en Asie, entre la Chine et l'Annam, pays riche et très fertile (carte, fig. 423).

Toulon, grand port de guerre sur la Méditerranée, s.-préf. du dép. du Var.

Tunisie, en Afrique, à l'est de l'Algérie ; 1 500 000 hab., sol très fertile (carte, fig. 361 .

Résumé chronologique

1871	8 février	Élection de l'Assemblée nationale, qui se réunit à Bordeaux.
—	18 mars	Insurrection à Paris.
—	28 mai	Fin de la Commune.
1872		Loi militaire. — Emprunt de trois milliards couvert 14 fois, pour la libération du territoire.
1873	24 mai	Chute de Thiers, renversé par la majorité monarchique de l'Assemblée.
—	16 septembre	Évacuation du territoire.
1875		Constitution républicaine.
1876		Élections pour le Sénat et la Chambre. Ministère Jules Simon.

1877	16 mai	Ministère de Broglie, dissolution de la Chambre des députés.
—	14-28 octobre	Réélection des 363.
1878		Exposition universelle.
1879	30 janvier	Démission de Mac-Mahon. Grévy élu président.
1880-81-82		Lois scolaires : instruction gratuite, obligatoire et laïque.
1881		Les Français à Tunis.
1882	31 décembre	Mort de Gambetta.
1883		Mort du comte de Chambord et du général Chanzy.
1885		Protectorat du Tonkin, de l'Annam et de Madagascar.
1887		Carnot, président de la République.
1889		Exposition universelle.
1891		Manifestations de Cronstadt, alliance franco-russe.
1892	22 septembre	Centenaire de la proclamation de la première République.
1893	17 mars	Mort de Jules Ferry, président du Sénat.
1893	octobre	Fêtes franco-russes à Toulon et Paris.
1894	24 juin	Assassinat de Carnot.
—	27 —	M. Casimir-Périer, président de la République.
1894		Mort du comte de Paris, petit-fils de Louis-Philippe.
1895	17 janvier	Élection de M. Félix Faure à la présidence de la République.
—	30 septembre	Entrée des Français à Tananarive.
1896	5 octobre	Arrivée en France de Nicolas II, empereur de Russie.
1897	août	Voyage de M. Félix Faure en Russie.

Devoir de rédaction.

LES GLOIRES COLONIALES DE LA TROISIÈME RÉPUBLIQUE

Plan. — 1. La Tunisie (1881), complément merveilleux de l'Algérie.

2. Le Tonkin (1885), et l'établissement de la domination française sur la plus grande partie de l'Indo-Chine.

3. Le Dahomey, et l'établissement de la domination française au Soudan, vers le lac Tchad et le Congo (1893).

4. Madagascar (1895).

5. Aucune nation n'a fait de tels progrès depuis un quart de siècle.

3ᵉ RÉVISION

1. La Révolution française.

1. Comment fut établie la souveraineté nationale?

Les privilégiés voulaient maintenir la séparation des trois ordres aux états généraux de 1789. Mais le tiers état, qui voulait une assemblée unique, *nationale*, finit par l'emporter. La Constituante détruisit l'absolutisme royal et tous les privilèges de l'ancien régime.

2. Rappelez quelques grandes journées de la Révolution.

Le *14 juillet 1789*, le peuple de Paris détruisit la *Bastille*, où avaient été enfermées beaucoup de victimes de l'arbitraire royal. Le *4 août 1789*, tous les privilèges féodaux furent supprimés. Le *14 juillet 1790*, eut lieu la *Fédération*, grande fête de la fraternité entre tous les Français.

3. Quelles furent les grandes Assemblées de la Révolution? Laquelle de ces Assemblées proclama la République?

La *Constituante*, la *Législative* et la *Convention*. C'est cette dernière Assemblée qui proclama la République, le 21 septembre 1792.

4. Que devons-nous à la Révolution?

La Révolution a fondé la *souveraineté nationale* sur les ruines de l'absolutisme royal. Elle a établi l'*égalité* entre tous les Français. Elle leur a assuré *toutes les libertés* : liberté du travail, liberté de la conscience, liberté de la pensée. Ces grands bienfaits sont inscrits dans la *Déclaration des Droits de l'homme et du citoyen*, adoptée par la Constituante.

5. La France fut-elle glorieuse au dehors pendant la Révolution?

La France ne fut jamais plus glorieuse; les armées républicaines conquirent en quelques mois, par de brillantes victoires — *Valmy, Jemmapes* (1792), *Fleurus* (1794) — les frontières du Rhin, des Alpes et des Pyrénées. Tous les rois de l'Europe tremblèrent devant la puissance de la première République.

6. Quel fut le caractère du gouvernement révolutionnaire?

La France et la République étaient menacées de mille dangers. La Convention, pour sauver la patrie, créa un pouvoir très fort, le *Comité de Salut Public*, qui souvent usa de procédés violents, mais qui repoussa l'invasion étrangère.

2. Le premier Empire.

7. Comment fut renversée la République?

On était las des désordres et de la mauvaise administration du Directoire. *Napoléon Bonaparte*, populaire par ses victoires en Italie et en Egypte, fit le coup d'Etat du 18 brumaire (1799) contre le gouvernement républicain du Directoire; il établit le Consulat à son profit et devint empereur en 1804.

8. Rappelez quelques-unes des grandes victoires du premier empire.

A *Austerlitz* (1805), Napoléon vainquit les Autrichiens et les Russes; à *Iéna* et à *Auerstaedt* (1806), les Prussiens; à *Friedland*, les Russes; à *Wagram* (1809), les Autrichiens.

9. Napoléon n'a-t-il pas enfin été vaincu?

Il perdit, en 1813, la grande bataille de *Leipzig ;* en 1815, il fut définitivement écrasé à *Waterloo*.

10. La France était-elle grande à la fin du premier Empire?

Elle était plus petite qu'avant la Révolution et elle avait perdu toutes les conquêtes de la première République.

11. Quelle est l'importance des institutions de Napoléon?

Napoléon a tenté d'organiser l'œuvre de la Révolution. Il a consacré le principe d'égalité, il a conservé une partie des institutions établies par la Constituante et la Convention, mais de l'ancien régime il a repris la centralisation administrative. L'administration qu'il a créée subsiste presque entièrement aujourd'hui.

3. La Restauration et le règne de Louis-Philippe.

12. Quels règnes comprend en France la période de la Restauration?

La Restauration comprend les deux règnes de *Louis XVIII* et de *Charles X*.

13. Pourquoi s'appelle-t-elle ainsi?

Louis XVIII et Charles X prétendaient rétablir, *restaurer* le pouvoir absolu de la royauté, comme il existait avant 1789. En réalité, Louis XVIII avait dû respecter les principes de 1789, et la Charte de 1814 avait créé une sorte de régime parlementaire.

14. La dynastie des Bourbons put-elle se maintenir?

Charles X voulut rétablir complètement l'ancien régime : il fut chassé du trône par la *Révolution de juillet 1830*.

15. Quel fut le caractère du gouvernement de Louis-Philippe?

Louis-Philippe fut d'abord un prince libéral et populaire, mais il prétendit gouverner par lui-même en imposant sa volonté à la Chambre : il refusa d'accorder les réformes que l'opinion publique lui demandait.

16. Quelle guerre remplit presque tout le règne de Louis-Philippe?

Louis-Philippe s'efforça de ne pas engager de guerre en Europe; son règne fut presque tout entier occupé par la *conquête de l'Algérie*, commencée sous Charles X.

17. Pourquoi Louis-Philippe fut-il renversé du trône?

L'opinion publique réclamait l'augmentation du nombre des électeurs : Louis-Philippe se refusa à toute concession; la Révolution le renversa en 1848.

4. La seconde République et le second Empire.

18. Quel système de suffrage fut établi par la seconde République en 1848?

La seconde République fonda le *suffrage universel* qui permit à tous les citoyens de prendre part aux élections.

19. Comment la seconde République fut-elle renversée?

Les différentes fractions du parti républicain se combattirent. Le suffrage universel élut comme président de la République *Louis-Napoléon Bonaparte*, neveu de Napoléon Iᵉʳ, qui exécuta contre la République le coup d'Etat du 2 décembre 1851 et qui se fit nommer empereur un an après.

20. Napoléon III fut-il un souverain libéral?

Napoléon III gouverna d'abord par la violence, exerça un pouvoir absolu et réprima tous les mouvements libéraux. Il ne fit des concessions qu'à la fin, lorsqu'il craignit une nouvelle révolution.

21. Quelles furent les grandes victoires du second Empire?

En Crimée, les armées impériales remportèrent sur les Russes la victoire de *l'Alma* et prirent *Sébastopol* (1855). En Italie, elles vainquirent les Autrichiens à *Magenta* et à *Solférino* (1859). La France contribua à la formation de l'unité italienne.

22. Le second Empire a-t-il été glorieux jusqu'à sa chute?

Non, après une expédition fâcheuse au *Mexique*, il fit la guerre à la Prusse, fut écrasé dans de grandes batailles à *Wœrth*, à *Metz*, à *Sedan* (1870), et fit perdre à la France *l'Alsace et la Lorraine*. Grâce à cette guerre, la Prusse réalisa à son profit l'unité allemande et fonda l'empire d'Allemagne.

5. La troisième République.

23. Pourquoi la royauté avait-elle été détruite en France en 1789 et en 1848?

La royauté absolue avait été renversée en 1789, parce qu'elle refusait à la France la liberté et l'égalité, et qu'elle ne pouvait pas faire cesser la misère du pays. Charles X avait été renversé en 1830, parce qu'il voulait restaurer l'absolutisme royal. Louis-Philippe tomba en 1848, parce qu'il ne voulait pas accorder à tous les citoyens français le droit de vote et la liberté politique.

24. Comment étaient tombés le 1ᵉʳ et le 2ᵉ Empire ?

Le premier et le second Empire tombèrent en 1815 et en 1870, au milieu des plus terribles défaites que la France ait connues. Le *premier* nous fit perdre les conquêtes de la première République. Le *second* nous fit perdre l'Alsace et la Lorraine.

25. Sur quel régime repose le gouvernement de la troisième République ?

La troisième République repose sur le régime de la *liberté absolue*, liberté du travail, de la conscience, de la pensée, telle qu'elle a été fondée par la Révolution. Elle s'est efforcée de supprimer tous les privilèges injustes et laisse la nation se gouverner elle-même. Ainsi *elle permet tous les progrès.*

26. Quels sont les présidents de la République, qui se sont succédé depuis 1871 ?

Thiers, le « Libérateur du territoire »; *Mac-Mahon*, qui donna sa démission, à la suite du Seize-Mai; *Jules Grévy*, sous la présidence duquel la République s'est consolidée; *Sadi Carnot*, qui mourut assassiné à Lyon, en 1894; *M. Casimir-Perier*, qui a donné sa démission au bout de six mois; enfin *M. Félix Faure*, élu le 17 janvier 1895.

27. Qu'a fait la troisième République pour la grandeur de la France ?

La troisième République a fortifié les frontières, réorganisé l'armée et la marine, fait exécuter de grands travaux publics. Elle a donné à la France de belles colonies : *Tunisie, Soudan, Indo-Chine, Madagascar*. Elle lui a rendu sa place entre les premières puissances du monde. La France peut désormais considérer l'avenir avec confiance.

28. Qu'a fait la troisième République pour la prospérité nationale ?

Elle a assuré à tous les enfants l'*instruction primaire gratuite*. Elle a restauré la fortune de la France épuisée par les désastres de l'année terrible : les *Expositions universelles* le prouvent par leur éclat. Elle s'efforce de développer le bien-être de tous les travailleurs, *paysans et ouvriers*. Elle y réussira par *l'union de tous les Français*.

29. La France est-elle isolée en Europe ?

Non, la France n'est pas isolée. Les manifestations de *Cronstadt* (1891), de *Toulon* et de *Paris* (1893), la visite en France (1896) de l'*empereur de Russie*, accompagné de l'impératrice et de la grande-duchesse, sa fille, et enfin le voyage de *M. Félix Faure en Russie*, au mois d'août 1897, ont prouvé à l'Europe que notre pays a des amis puissants et qu'il est l'allié du plus grand empire.

LES GOUVERNEMENTS DE LA FRANCE DE 1789 A NOS JOURS

Les Gouvernements qui se sont succédé dans notre pays depuis la chute de la royauté, qui date *en réalité* du 10 août 1792, sont :
La République, 1792-1804.
Le Premier Empire, 1804-1814.
La Restauration, 1814-1830.
La Monarchie Constitutionnelle, 1830-1848.
La Seconde République, 1848-1852.
Le Second Empire, 1852-1870.

La Troisième République a eu, après le Gouvernement de la Défense Nationale (1870-1871), six présidents :
1° Thiers, 1871-1873.
2° Le Maréchal de Mac-Mahon, 1873-1879.
3° Jules Grévy, 1879-1887.
4° Sadi Carnot, 1887-1894.
5° M. Casimir-Perier, 1894-1895.
6° M. Félix Faure, élu au mois de janvier 1895.

TABLE DES MATIÈRES

PREMIÈRE PÉRIODE : DES ORIGINES A LA FIN DU MOYEN AGE

DEUXIÈME PÉRIODE : DE FRANÇOIS Ier A LA RÉVOLUTION

HISTOIRE DES TEMPS MODERNES

TROISIÈME PÉRIODE : DE LA RÉVOLUTION A NOS JOURS

HISTOIRE CONTEMPORAINE

Paris. — Imp. A. Picard et Kaan, 192, rue de Tolbiac. — 798 K. P

ALCIDE PICARD ET KAAN, ÉDITEURS — PARIS

A. CHALAMET

Professeur d'Histoire au Lycée Lakanal

◆▶◀◆

JEAN FELBER

Histoire d'une Famille alsacienne
La Guerre franco-allemande — Excursions à travers la France
Descriptions
Le Sentiment de Famille — L'Amour de la Patrie
Le Soldat

LECTURES COURANTES

DIVISÉES EN 192 LEÇONS AVEC NOTES, MOTS EXPLIQUÉS, DEVOIRS DE RÉDACTION, ETC.
A L'USAGE DES CLASSES ÉLÉMENTAIRES
DES LYCÉES ET COLLÈGES ET DES COURS MOYEN ET SUPÉRIEUR
DES ÉCOLES PRIMAIRES
Ouvrage adopté par la Commission du Ministère de l'Instruction publique pour les
Bibliothèques scolaires

UN FORT VOLUME IN-18 DE 372 PAGES

Contenant :

100 Vues de Villes, Sites, Monuments;
74 Scènes d'après le texte;
22 Portraits de grands hommes avec Notices biographiques;
110 Gravures expliquées sur les leçons de choses;
17 Cartes d'ensemble ou régionales.

D'après les dessins de BEUZON, NOTOR, MASSÉ, etc. — Prix cartonné : **1 fr. 50**

◆◆◆◆

Ce n'est pas seulement un récit de la guerre de 1870-71 que l'auteur a eu l'intention d'écrire, mais bien un LIVRE DE LECTURES sur tout ce qu'un petit français doit connaître de notre beau pays. La guerre franco - allemande, quoique suffisamment racontée, ne tient qu'une place restreinte dans ce bel ouvrage.

LES LIVRES CLASSIQUES A BON MARCHÉ

ENCYCLOPÉDIE ÉCONOMIQUE

DES ÉCOLES ET DES FAMILLES

Fondée par	Continuée par
M. A. BURDEAU	**M. W. MARIE-CARDINE**
Président de la Chambre des Députés	*Inspecteur d'Académie, à Rouen*

COURS MOYEN. — CERTIFICAT D'ÉTUDES

(ARRÊTÉS : 29 DÉCEMBRE 1891. — JANVIER 1894)

Lectures expliquées *par M. J. VAUDOUER*	Lecture expressive, prose, poésie. In-12 illustré de 26 gravures, cartonné. **0.60**
Histoire nationale *par* **EDOUARD DRIAULT**	Récits. Entretiens par demandes et par réponses. Devoirs d'examen. Ouvrage contenant 168 pages dont 80 d'histoire contemporaine. In-12 illustré de 92 gr. et cart. expliquées, cart. **0.75**
Éducation morale *par* **A. BURDEAU**	Récits, Entretiens par demandes et par réponses. Devoirs d'examen. — In-12 illustré de 18 gravures expliquées, cartonné. **0.50**
Éducation civique *par* **A. BURDEAU**	Récits. Entretiens par demandes et par réponses. Devoirs d'examen. — In-12 illustré de 36 gravures expliquées, cartonné. **0.50**
Éléments de Sciences *avec applications à l'Agriculture et à l'Hygiène par* **EDMOND PERRIER**	Leçons. Entretiens par demandes et par réponses. Devoirs d'examen. In-12 illustré de 332 gravures expliquées, cartonné. **0.75**
Hygiène *par* **LE Dr R. LAFFON**	Leçons. Entretiens par demandes et par réponses. Devoirs d'examen, soins à donner en attendant le médecin. In-12 illustré de 40 gravures expliquées, cartonné. **0.75**
Arithmétique. Calcul mental, Système métrique et Géométrie *par* **BARREAU et LELARGE**	Leçons, Questionnaires, Exercices oraux et écrits, Problèmes donnés aux examens du certificat d'études. Système métrique, Géométrie. In-12 illus., cart. **0.80**

N. B. — Tous les ouvrages indiqués au programme paraîtront successivement. Tous les volumes de cette collection sont reliés par un procédé nouveau, impossible à découdre. (Bté S. G. D. G.)

www.ingramcontent.com/pod-product-compliance
Lightning Source LLC
Chambersburg PA
CBHW070615100426
42744CB00006B/490